Xueshu Daode de Benzhi、
Shifan yu Jiaoyu

学术道德的本质、失范与教育

江新华 著

学术道德概念的质的规定性必须通过学术研究、学术评价、学术奖励活动的主体——人来体现。但是，学术道德并不完全等同于学术主体人的道德。作为从事学术活动的主体人，既从事学术活动，还是一个社会人，承担着多种社会角色。因此，学术道德只能是从事学术活动的主体人的道德的一个方面，体现了他在从事学术研究活动、学术评价（审）活动、学术奖励活动的过程及结果中所应处理的与他人、与社会、与自然的关系之中。基于此理解，学术道德就是指从事学术活动的主体在学术研究活动、学术评价（审）活动、学术奖励活动的整个过程及结果中处理个人与他人、个人与社会等方面关系时所应遵循的行为准则和规范的总和。

中国·武汉

内 容 提 要

学术道德是指从事学术活动的主体在进行学术研究活动、学术评价活动、学术奖励活动的整个过程及结果处理中个人与他人、个人与社会等方面关系时所遵循的行为准则和规范的总和。作者江新华教授长期从事学术道德方面的研究。在本书中,作者围绕学术道德的本质、原则和规范,学术道德失范,学术道德制度和学术道德教育进行了多方面的研究,对学术道德失范的原因和危害进行了深入的探讨,在学术道德制度和学术道德教育方面提出有益的建议。这些研究和建议必将促进我国的学术道德制度建设。

图书在版编目(CIP)数据

学术道德的本质、失范与教育/江新华著. —武汉:华中科技大学出版社,2018.1(2022.7重印)
ISBN 978-7-5680-3485-2

Ⅰ.①学… Ⅱ.①江… Ⅲ.①科学研究工作-道德规范 Ⅳ.①G644

中国版本图书馆 CIP 数据核字(2017)第 313412 号

学术道德的本质、失范与教育 江新华 著
Xueshu Daode de Benzhi、Shifan yu Jiaoyu

策划编辑:钱　坤
责任编辑:封力煊
封面设计:原色设计
责任校对:张汇娟
责任监印:周治超

出版发行:华中科技大学出版社(中国·武汉)　　电话:(027)81321913
　　　　　武汉市东湖新技术开发区华工科技园　　邮编:430223
录　　排:华中科技大学惠友文印中心
印　　刷:广东虎彩云印刷有限公司
开　　本:710mm×1000mm　1/16
印　　张:21　插页:2
字　　数:401 千字
版　　次:2022 年 7 月第 1 版第 3 次印刷
定　　价:58.00 元

本书若有印装质量问题,请向出版社营销中心调换
全国免费服务热线:400-6679-118　竭诚为您服务
版权所有　侵权必究

序

江新华教授从1995年发表第一篇学术论文,至2015年发表最后一篇学术论文,从事教育研究20年。20年教育研究,虽然涉及德育的有效性、院校研究、办学特色、课堂教学等教育的多个方面,但主攻方向始终是学术道德。在华中科技大学攻读博士学位期间,他在原来研究的基础上,以《大学学术道德失范的制度分析》为题,做博士论文,2004年完成博士论文。由于论文做得扎实、深入,有自己的学术创新,因而获得中国高等教育学会优秀博士论文奖。此后,结合自己的教学、研究,他围绕学术道德进行了持续、深入的探究。江新华对学术道德研究、探索的成果,主要体现在以下几个方面。

学术道德的本质、原则和规范。学术道德是指从事学术活动的主体在进行学术研究活动、学术评价活动、学术奖励活动的整个过程及结果处理中个人与他人、个人与社会等方面关系时所遵循的行为准则和规范的总和。学术道德的准则和规范是:学术研究活动应以追求知识创新,推动人类学术事业的发展,为人类谋幸福为目的,不能将学术研究活动作为个人谋取名利的手段和工具;获取研究课题、争取研究经费要光明正大,不能以权谋私,投机钻营;研究过程中要实事求是,追求真理,捍卫真理,反对学术研究上的见风使舵,不讲原则;研究过程中要充分尊重被研究对象的个人隐私和权利,不能因自己的研究需要而侵害他人的权益;研究过程中要尊重事实,不能弄虚作假,不能为达到个人的目的捏造事实,伪造数据;学术批判应坚持科学精神,尽力做到客观、全面、准确;学术评价应坚持实事求是,遵循客观、公正、全面、准确的原则;学术论文、专著的写作应遵循《中华人民共和国著作权法》及其他相关法律的各项规定;尊重编辑人员的劳动,严禁一稿两投或多投。

学术道德失范。道德失范是指学术人员用不符合学术道德规范的手段实现自己的文化目标。学术道德失范会严重影响大学社会功能的发挥,阻滞我国"科教兴国"战略的实施,加剧社会风气的腐败,危害极大。学术道德失范的根源主要在于,学术制度的绝对供给不足,学术制度的有效供给不足,科学共同体科学精神气质的缺乏。作者花了大量精力,调查、剖析了方方面面的学术道德失范,如高考失范、函授教育失范、研究生学习道德失范、教师学术道德失范、学术奖励中的学术道德失范,等等,并对这些失范进行了深刻剖析。

学术道德制度。学术制度本身存在着重大缺陷，且是导致当今学界学术道德失范的重要根源，因而，完善、改革现行的学术制度，进行学术制度创新是必然选择。整治学术道德失范，必须完善现行的学术制度体系，重点抓好学术道德失范行为的监察制度；学术道德行为的惩罚制度。整治学术道德失范，必须充实相关学术制度内容，如审稿制度、学术奖励制度等。

学术道德教育。实施学术道德教育是克服大学教育的片面性，培养合格研究人才的需要，也是重塑科学共同体的科学精神气质的需要，还是净化社会学术风气，推动我国学术进步和社会发展的需要。实施学术道德教育，要更新大学德育观念，变片面的大学德育观为全面的大学德育观；要加强对学术道德教育内容的研究，并将其成果纳入大学德育课程中；要采取有效措施，提高教师的学术道德素养。作者还对美国防止剽窃行为及进行相关教育、建立荣誉制度等进行了考察，并得出了有益的启示，以供借鉴。

江新华教授由于工作过度劳累，因病于2014年9月去世。他20年教育学的教学、研究，特别是担任湖北师范大学教育科学学院院长多年，对教育学科的发展，特别是对湖北师范大学教育学科的建设做出了有益的贡献。作为他的博士生导师，为失去这样一位优秀的学生、朋友，而万分悲痛。他刻苦学习、勤奋工作的精神，教学科研中良好的学术道德风范，为人朴实、对人诚挚的优良品德，值得我们学习。他留下的教育研究成果，特别是关于学术道德研究的成果，可供我们借鉴。为学习、研究他的学术成果，也为纪念江新华教授，特出版此书，文书中论文排列，以文章发表年限为序。在此，还要感谢湖北师范大学校长李宏教授的支持，以及对江新华家人的关爱；感谢湖北师范大学教育科学学院对江新华教授著作出版的支持；感谢谭冬冬同学为该书出版所付出的辛勤劳动；感谢出版社钱坤同志为编辑该书所付出的努力。

刘献君

2017年3月于武汉喻家山

目　录

试析现代西方心理学哲学方法论之困境　/1
德育概念泛化是影响德育有效性的理论根源　/10
透视德育概念的泛化现象　/13
素质教育的本质特征及其对教师素质的要求　/18
论大学学术道德教育　/25
大学德育应重视大学生学术道德素质的培养　/32
论学术道德失范　/39
提高高校教育质量应实施全面质量管理　/46
教育科研选题的标准、路径与策略　/51
论中小学教学质量保障体系　/57
论高师院校的办学特色　/63
成人高考失范问题探究　/68
高校函授教育失范的表现、根源与对策　/72
研究生学术道德失范:行为表现、教育根源与治理对策　/77
论大学教师学术道德素质的提升　/85
论高校质量文化建设　/93
论"育德首位"　/98
美国大学防剽窃教育的主要特点及其启示　/106
美国大学研究生荣誉制度及启示　/113
美国是如何防止剽窃的　/120
学术道德的本质初探　/127
大学教师应有的科研伦理　/131
成人高考失范的制度根源及治理对策　/135
论高职培养目标市场价值取向的合理性及局限　/140
论我国学术评审制度的缺陷与创新　/146
论大学学术道德失范的主要危害　/155
美国中小学"六特质"人格教育:内涵、模式与效果　/160

论学术奖励制度的内涵与构成 /167
中小学课堂教学重难点问题探究 /173
提高中小学教师教育研究能力的主客观条件分析 /178
社会制度与学术制度的应然关系分析 /184
中小学道德教育应重视学生的"耻感"培育 /193
论对我国学界科学的精神气质的培育 /200
美国人格教育的"12点·综合法"及其启示 /208
论我国学术奖励制度的缺陷与创新 /218
如何防止大学生学术论文中的剽窃行为——美国大学教师防剽窃的基本策略及其启示 /228
高校辅导员职业的专业划分问题研究 /235
推动中国高等院校研究的条件分析 /242
研究生写好学术论文需要哪些素养 /250
基础教育对高师院校人才培养服务需要的调查 /257
引领社团活动提升大学生的就业竞争力——湖北师范学院"教师技能促进协会"社团活动课程化案例研究 /266
"科研兴校"的内涵、机制与条件 /274
高师生应充分利用各种学习资源提升自己的核心竞争力 /282
美国大学PARE服务学习模式及其启示 /288
农村大学生专业承诺现状调查——以湖北师范学院为例 /294
高校二级学院的发展特色策略探究——以湖北师范学院教育科学学院为例 /300
地方院校如何培养大学生的创新能力——湖北师范学院生命科学学院的教育探索 /307
特色学校顶层设计策略初探 /316
高师课堂教学如何适应新课改的要求——湖北师范学院教科院"六步"课堂教学模式的实践探索 /322

试析现代西方心理学哲学方法论之困境

作为一个科学范畴的哲学方法论,是指一门科学在哲学意义上的方法论。它是科学方法论最高的、最具有普遍意义的层次。哲学方法论与哲学关系密切,它是哲学思想与具体科学研究实际相结合的产物,是哲学对科学指导作用的具体化。科学的研究和科学的发展离不开哲学方法论。对科学而言,哲学方法论是规范科学的目的、任务、对象、范围、原则和方法的指导思想,也是科学理论赖以建立和发展的理论基础。在心理学中,研究现代西方心理学哲学方法论及其困境,既是我们深入认识、正确对待现代西方心理学的需要,又是坚持和发展辩证唯物主义指导思想,推动心理学科学化历史进程的需要。

一、现代西方心理学哲学方法论提要

西方心理学哲学方法论思想源远流长。在远古时代,人们围绕着灵魂问题而展开的激烈的争论,就反映了唯物主义与唯心主义两大哲学方法论的对立。在古代与近代,心理学与哲学没有严格的界限与分工。此时的心理学思想被称为哲学心理学,其哲学影响不言而喻。不过,历史上的哲学方法论不完整、不精确、不系统。真正独立的、系统的、具备理论形态的哲学方法论的出现,是在现代西方心理学诞生前后,心理学的独立对其哲学方法论的产生起着决定性的作用。这是因为:

其一,心理学的独立意味着心理学从对哲学的直接依附关系中解脱出来,成为一门具有自己独特研究对象和研究方法的具体科学,因此,它应该像其他科学门类一样接受哲学的指导。

其二,独立的心理学以意识为主要对象,这就与哲学的对象产生交叉与重叠。对象上所产生的这种特殊关系决定了心理学应以哲学为基础。

其三,意识现象是宇宙中最复杂的现象,是许多矛盾的焦点、汇集点、结合点与交叉点,要揭示其本质和变化规律没有哲学指导是不行的。

总之,哲学方法论是顺应西方心理学独立与发展的历史要求产生的。

一百多年来,西方心理学哲学方法论最鲜明的特点是理论的多元性。这种理论的多元性是现代西方哲学多足鼎立局面在心理学中的反映。18世纪40年代以后,现代西方哲学涌现出了许多流派,它们大多对西方心理学产生了深刻的影响。现代西方心理学十多个主要流派都可以从它们那里找到哲学依据:冯特内容心理学派的主要哲学基础是马赫主义,意动心理学派受到了现象学的影响,构造主义心理学派将马赫主义推至极端,机能主义带有较强实用主义倾向,格式塔心理学以现象学为主要依据,行为主义心理学派接受了实证主义和分析哲学的指导,精神分析心理学派的哲学基础是释心学,人本主义心理学派的哲学来源主要是现象学和存在主义,日内瓦学派带有明显的结构主义痕迹,现代认知心理学是实证主义与现象学相结合的产物,等等。

  不过,在众多哲学方法论中,占统辖地位的方法论是现象学和实证主义。在西方,实证主义和现象学被称为"现代心理学的两大对比基础"[①]。它们之所以占据如此重要的地位,原因之一在于它们的哲学背景是现代西方哲学的典型代表。现代西方众多的哲学流派可划分为两大阵营:一是以人为主要对象的人本主义;二是以科学为主要对象的科学主义。实证主义是科学主义的开端,现象学则是人本主义的重要基础。所以,现代西方哲学对心理学的影响可集中表现在对实证主义和现象学的影响之中。原因之二在于,这两大方法论对西方心理学的影响最为深远与长久。从现代西方心理学诞生至今,除弗洛伊德为代表的精神分析学派主要是受释心学的影响之外,几乎所有学派都直接或间接地接受了它们的影响。从这个意义上讲,实证主义和现象学是现代西方心理学哲学方法论的主体,是现代西方心理学的两大哲学支柱。正如高觉敷教授所说,现代西方心理学受实证主义和现象学的影响,可以说,西方心理学不是病在唯心主义,就是病在形而上学,前者与现象学有关,后者则主要来源于实证主义。[②]

  现代西方心理学中的实证主义哲学方法论源于哲学中的实证主义流派。实证主义哲学最初为孔德所创立,先后经历了三种形式,即孔德的实证主义、马赫主义以及逻辑实证主义。三种形式各有特点,如孔德重视观察事实,否定直接经验,而马赫主义否认观察事实,强调直接经验。不过从根本上讲,它们是一致的。它们都反对形而上学和抽象思维,推崇实证方法,提倡经验证实。哲学中的实证主义与现代西方心理学有着共同的阶级基础和哲学传统,而且相互间构成需要、互补关系,因此,实证主义能很快受到西方心理学的青睐。实证主义与心理学的结合,推动了现代西方心理学的诞生和发展。历史上的内容心理学,构造主义学派,新老行为主义,日内瓦学派以及现代认知心理学都接受了这种方法论的影响。

[①] 刘翔平.论西方心理学的两大方法论[J].心理学报,1991(3).
[②] 高觉敷.西方心理学的新发展[M].北京:人民出版社.1987.

从实际影响来看,实证主义在心理学中具有如下方法论意义。第一,研究对象的可被观察性。这里的观察,既指外部观察,也指内部感知。第二,任务的描述性。它拒绝回答心理的本质和发展规律之类的问题,只注重心理现象及其函数关系的描述。第三,方法中心。实证主义所言的方法一般是指自然科学所采用的实证方法。第四,元素主义。第五,还原论。第六,定量分析。第七,客观方法。实证主义极力反对抽象思辨,强调研究方法的客观性和可操作性。

心理学中的现象学则与哲学中的现象学有着不可分割的联系。现象学哲学以"现象"为对象,以现象学方法为基本方法。按照它的意思,现象学方法是一种排除一切客观事物、客观认识,专注于探究先验的纯粹意识领域,凭直观去观察本质的方法。现象学以自己的理论反对具有片面性的实证主义,颇受对实证主义心怀不满的心理学家的欢迎。因此,它也能很快渗入心理学。意动心理学、二重心理学、格式塔心理学、人本主义心理学均以现象学为基础,现代认知心理学也深受其影响。现象学对心理学的方法论意义体现在以下几个方面。第一,对象的主观性与主动性。现象学以直接经验为对象,它所指的直接经验含有人的意向、理解、体验、目的、价值、需要等。第二,任务的解释性。现象学不仅重视如实描述意识经验,它更加强调揭示其本质。第三,整体观。第四,定性分析。第五,问题中心。第六,非还原论。第七,主观方法。它不反对客观方法,但更偏爱主观方法,如直观、内省等。

二、现代西方心理学哲学方法论之困境

现代西方心理学自诞生以来一直尝试着确立科学的方法论,尝试主要在实证主义与现象学之间进行。但是,这种尝试非但没有成功,反而使其在哲学方法论上陷入困境。

现代心理学的创史人冯特,为填补心理学从哲学分离后指导思想的空虚,最早将实证主义,特别是马赫主义引入心理学,比较自觉地以这种哲学思潮作为自己内容心理学的哲学方法论。在冯特的内容心理学中,"直接经验论"是马赫主义"经验批判论"的体现,内省法是马赫主义"内在论"的表现,"心理元素论"是马赫主义"要素论"的反映。[①] 实证主义的渗入颇受以铁钦纳为代表的一大批心理学家的欢迎。铁钦纳更加坚定地执行实证主义,特别是马赫主义路线,提出了比内容心理学更趋极端的构造主义心理学。客观地说,实证主义的早期介入对现代心理学发挥了重

---

① 车文博.意识与无意识[M].沈阳:辽宁人民出版社,1987.

要作用,它促进实验心理学的诞生,推动了实证主义在西方心理学研究中的迅速传播和发展,倡导了对人的复杂心理现象进行细致分析的研究传统。但是它所极力提倡的带有浓厚经验论色彩的元素分析和经验实证的观点,又使刚刚起步的心理学脱离人类心理生活的实际,陷入深重的危机。

哲学方法论危机导致心理学危机。要摆脱危机,许多西方心理学家总是在两条路中做出选择:要么抛弃实证主义;要么发展实证主义。选择第一条道路的是格式塔心理学。格式塔心理学以现象学代替实证论,用现象学提倡的整体观反对实证主义的原子观。这种整体观的确切中实证主义要害,在一定程度上纠正了心理学中的原子主义倾向。但是整体观本身也存在诸多问题,如忽视发展,排斥分析,片面强调主观等。因此,格式塔心理学实际上没有力量从根本上否定实证主义,这就给实证主义的东山再起提供了机会。做出第二种选择的是以华生为代表的行为主义心理学流派。行为主义不仅批判吸收了构造学派中的马赫主义传统,而且先后融进孔德的实证主义和逻辑实证主义,以及逻辑实证主义之变种操作主义。在心理学中行为主义强调方法的绝对客观性,并从这一要求出发,将研究对象限定在可观察的材料之内。这些基本主张促进了心理学的客观化和自然科学化,扩展了心理学的研究领域,提高了心理学的应用性。但是,行为主义的实证主义方法论在反对传统心理学的主观性和狭隘性上走过了头,以至于陷入还原主义、机械主义、客观主义的泥潭。所以,即使行为主义将一度陷入低谷的实证主义方法论推上了历史顶峰,并在这一地位苦苦支撑了30多年,但终究避免不了再次跌落的命运。

将曾居于主导地位的实证主义拉下马的不是其他方法论,而是曾经试图取代它但没有成功,之后便一直隐藏在其阴影之下的现象学。现象学针对实证主义排斥意识、漠视人、漠视人之主体性的错误,指出:心理学不仅要研究人的经验,还要研究更能触及人性的领域。除此之外,现象学在心理学的解释原则上也做出了新的规定。现象学重视质的分析、提倡问题中心、主张整体观等思想集中表现在人本主义心理学的基本主张之中。人本主义学派的兴起,表明了现象学方法论的重新崛起。人本主义心理学所提倡的现象学方法论不同于格式塔学派,无论在心理学对象的理解上,还是在心理学解释原则的规定上,前者比后者要全面、深刻、成熟。同时,人本主义学派能产生比格式塔学派大得多的影响,能更深刻地动摇实证主义。不过,人本主义现象学方法论并没有也不可能将心理学带入科学境界,它所指导的人本主义心理学并没有正确揭示人的心理本质,即使是已有的结论也缺乏足够的说服力。总之,在近百年的历史中,实证主义曾两次攀上心理学哲学方法论的主导地位,但两次被现象学拉下马来;现象学虽有力量将实证主义拖入危机,但自身却无力主宰整个西方心理学。历史表明,无论实证主义还是现象学,都不能担负

试析现代西方心理学哲学方法论之困境

指导西方心理学的责任。

这一点实际上也为实证主义和现象学所承认,因此它们开始尝试着从对抗走向结合。最早出现这种结合趋向是在20世纪30年代。当格式塔学派的现象学方法论取代构造主义学派的实证主义,而构造主义学派的实证主义又通过行为主义死灰复燃时,实证主义与现象学两大哲学方法论便开始了相互吸收、取长补短。这种倾向反映在他们所指导的心理学派别的立场变化上。例如,在华生之后的行为主义者不再否认意识的作用,并在集中体现行为主义立场的典型行为公式"S—R"中引入了中间变量"O",这就使行为主义带有现象学色彩。格式塔学派虽然极力反对实证主义,但它的哲学基础也有马赫主义成分,它的后期代表甚至提出了行为公式,足见它与实证主义貌似对抗,实则藕断丝连。

然而,实证主义与现象学真正自觉的结合始于20世纪70年代,其标志是现代认知心理学的兴起。现代认知心理学从方法论角度来讲,是实证主义与现象学相结合的产物。一方面,认知心理学接受现象学的影响,主张心理学要重视人类意识,强调认知过程的整体性,重视主观方法;另一方面又接受了实证主义的影响,强调重视客观行为,追求对象的客观性和方法的实证性与可操作性。实证主义与现象学的结合,使认知心理学能在心理学的对象、任务、方法等基本问题上提出比较全面合理的看法,从而推动现代认知心理学的迅速发展。但是,调和折中的态度并没有使西方心理学哲学方法论在现代认知心理学这里实现历史的超越,因为它所指导的现代认知心理学在揭示人们的心理实质和心理活动规律上并不比其他学派做得更好。正如朱智贤所说,迄今为止,他们还没有说明人的心理意识是人的社会实践活动的产物,是完整的主体和客体相互作用的产物,是认识、情感和意志辩证统一的产物,因而也就不能真正说明人的心理的社会性、能动性和创造性。[①] 更何况,现代认知心理学貌似中立,实则偏向实证主义。这表明,走调和折中之路是很困难的。

现代认知心理学的种种缺陷,意味着实证主义与现象学的结合也不可能指导心理学走向科学,为它所指导的心理学充其量是心理学中一个新颖别致的大流派,而不能代表心理学未来的发展方向。因此,实证主义与现象学的结合不是西方心理学哲学方法论的出路。

总之,实证主义与现象学争争斗斗,由分到合,这并没有给西方心理学哲学方法论带来希望,致使人更加清楚地看到它所处的困境。

---

① 朱智贤.朱智贤心理学文选[M].北京:人民教育出版社.1989.

三、现代西方心理学哲学方法论困境探析

现象学与实证主义之间拉锯式的争斗没有最终的胜利者,原因在于他们在许多基本问题上各执一端,互不相让。

在研究对象上,实证主义坚持心理学只研究可观察的材料,对象的客观性是科学研究的基本前提和基本要求,独立的心理学希望成为名副其实的科学,自然会主动适应这种要求。而且实证主义的这一主张实际上抓住了心理学客观性的某个侧面。根据心理学客观性的要求,人的心理终究要通过人的行为和活动表现出来,强调对这些客观材料的研究,也就是强调对心理客观性某个侧面的研究。但是实证主义只触及心理客观性的一个侧面,而且它否定心理的主观性,针对实证主义这种不足,现象学提出以直接经验为对象的主张,强调对人的主体性心理主观性的探讨。显然这一主张可克服实证主义的缺陷。但现象学矫枉过正,犯了过分强调主观性的错误。

在问题与方法的关系上,实证主义强调方法中心。这一原则是当时科学研究中崇尚实证方法的时代特征在心理学中的反映。方法中心既有助于巩固心理学的独立地位,又能提高心理学的科学性。但是,这毕竟是一种"宁可完全错了,不要接近正确"①的策略。维果茨基称这种策略为心理学中的"庸医"。明斯托博格也批评这一策略说并指出:归根到底,对正确提出的问题给予接近正确的回答,比对错误提出的问题给予正确的回答要好。② 现象学所选择的正是前一种策略。在心理学中这种策略虽有其合理性,但实际上它又一定程度贬低了实证方法的地位,损害梦想成为一门严密科学的心理学的严密性和科学性。

在整体观和元素分析问题上,实证主义坚持元素分析。如同了解零部件有助于了解钟表工作原理一样,对心理现象的元素分析,有助于心理现象的简化和对心理认识的深化。不过心理现象被分析为元素之后,它与实际的心理生活有了较大距离。所以只讲元素分析,不讲整体综合不利于对心理现象的认识。反过来,只讲整体不讲元素分析是绝对整体主义。现象学的失误就在于此。

在质与量的关系上,实证主义重视事物量的规定性和定量研究,而现象学则强调事物质的规定性和定性研究。事物的质与量是统一的。在研究中,定性研究与定量研究互为补充,相得益彰。割裂两者之间的关系,片面强调某一面,都是错

---

① Б.М.维里契科夫斯基.现代认知心理学[M].孙晔,等,译.北京:社会科学文献出版社.1988.
② Б.М.维里契科夫斯基.现代认知心理学[M].孙晔,等,译.北京:社会科学文献出版社.1988.

误的。

在还原论问题上,实证主义坚持还原论,而现象学反对还原论。在宇宙中,各种现象可划归一定的层次,不同层次的现象之间具有一定的联系,高层现象以低层现象为基础,并包含低层现象,所以还原论也可揭示事物之间某些内在联系。在心理学中,还原也是有一定意义的,它有助于揭示心理的生理机制,加深对心理的认识。但是简单的还原忽视了高层现象本身特有的质,这是不可取的。实际上,心理学完全可以在心理水平上研究心理,大可不必在大脑机制完全搞清楚之后再研究心理现象,所以在还原论问题上采取非此即彼的态度是不适合的。

在心理学的任务上,实证主义强调描述,现象学则强调先如实描述后解释本质。科学的任务不仅要回答是什么,还要回答为什么。只不过,由于心理现象的复杂性和神秘性,描述在心理学中的地位比在其他学科中显得更为重要。显然在这一方面现象学并不比实证主义全面多少,现象学的解释只涉及心理的主观性而回避心理的客观性,所以在任务的理解上它仍失之片面。

在研究方法上,实证主义主张客观方法,而现象学偏爱主观方法。方法服从研究的目的与对象,心理学研究的目的和特殊对象要求心理学既要重视客观方法,也要重视主观方法。从方法本身来看,无论客观方法还是主观方法都有其优缺点,如果将两种方法结合起来,就可以取长补短。况且在实际研究中,客观方法与主观方法之间没有绝对的界限。所以,心理学对待主、客观方法的正确态度应是以有助于解决问题为中心,将两者有机结合起来。

总之,无论是实证主义还是现象学都具有片面性。他们要么只强调心理的客观性,要么只强调心理的主观性;要么只讲方法中心,要么只讲问题中心;要么只坚持元素分析,要么只讲整体综合;要么只讲质的研究,要么只讲量的研究;要么只讲主观方法,要么只讲客观方法;要么追求还原,要么反对还原;等等。所以,实证主义和现象学都不是科学的方法论。

如果说实证主义与现象学相互牵制,谁也不能成为主要方法论是因为二者各自的片面性,那么为什么两个处于对立两极的方法论折中起来仍不能统辖西方心理学呢?显然,他们自身还存有更深层次的致命弱点。这一致命弱点就是没有正确的心理观。

从哲学的角度看,方法论和世界观是紧密联系的。一般说来,有什么样的世界观,就有什么样的方法论。在心理学中,世界观具体表现为心理观,心理观制约着心理学方法论,方法论正确与否取决于是否有正确的心理观。所以西方心理学方法论的失误,可以从心理观上寻找根源。

实证主义极力反对形而上学,不承认"主观现象的有效性",因此,它不屑于探讨心理观之类的问题。但是，一方面马赫主义在反形而上学问题上立场不够坚定，另一方面，形而上学实际上难以避免。正如朱智贤所说，这些科学家只考虑科学事实，声言对方法论、对哲学观点不感兴趣，但是，哲学对他们感兴趣。[①] 所以他们实际上仍持有一定的心理观。从他们心理学的基本主张来看，他们的心理观主要有：不承认心理有其本质与发展规律，否认心理的主观性与能动性，强调心理的属性，将心理理解为部分的构成物，认为心理现象与较低层次的生理现象、物理现象和化学现象是同一的，等等。

与实证主义羞羞答答的态度相反，现象学则鲜明地提出了自己的心理观。这种心理观集中表现在现象学的"纯粹意识论"之中。纯粹意识论认为意识是整体的体验之流，即"意识体验之流"。意识有其本质，这就是意识的意向性。所谓意向性，即意识具有总是指向一种对象的意指性。因此，意识是能动的，表现为：第一，对象因此才能被体验，意识才能解释与说明现实的客观性，使对象的意义发生与形成，即从主观性去引出客观性；第二，意识才能能动地构成对象，谓之"能动的发生"。现象学还对意识进行分析，提出了著名的意识结构论。总之，现象学的心理观主要体现在它对心理主观性、能动性、整体性、结构性等方面的认识上。

综合上述两种心理观可以看到，现象学和实证主义实际上触及了有关心理的一些基本问题，即心理主观性与客观性的关系，心理的能动性与受动性的关系，心理现象与本质的关系，心理的自然性与社会性的关系，心理整体与部分的关系，心理的质与量的关系，等等。但是，他们对这些问题的回答或者是错误的，或者是片面的。

心理观是世界观的有机组成部分，它与世界观关系密切。世界观的失误，必然导致心理观的失误。现代西方心理学心理观的失误正是由他们的哲学观造成的。

虽然现象学与实证主义在一些具体问题上针锋相对，但其本质是一致的。首先，二者的世界观是唯心的。在哲学观上，二者都极力回避哲学的本体论问题，标榜自己超越了唯物主义与唯心主义的对立。但是，实证主义实际上是主观唯心主义，因为它们都将经验或中性的感觉元素作为世界的最终实在。当现象学把一切都看作是自我的意识现象时，它恰恰是以唯心主义的解决方式回答了哲学的基本问题。其次，二者的哲学观是形而上学的。实证主义与现象学都反对辩证法，特别是唯物辩证法。这种反对的态度集中在唯物辩证法核心的对立统一规律之上。现象学和实证主义都割裂运动与静止、相对与绝对、质变与量变诸方面的关系。这从他们对待有关真理绝对性与相对性关系的态度中可略见一斑。

---

① 朱智贤.朱智贤心理学文选[M].北京：人民教育出版社.1989.

四、现代西方心理学哲学方法论的启示

西方心理学哲学方法论的症结在于没有正确的心理观,其病根则在于唯心主义和形而上学的哲学观。因此,西方心理学哲学方法论要摆脱困境,根本出路在于用科学的世界观取代错误的哲学观。这也是现代西方心理学哲学方法论给我们的启示之一。在哲学史上,大体有两种根本对立的世界观和方法论,即唯物主义和唯心主义,辩证法和形而上学。近现代心理学以及整个科学的发展历史证明,唯心主义和形而上学只能将心理学指向死胡同。因此,西方心理学哲学方法论的希望只能寄托于辩证唯物主义。辩证唯物主义是唯一科学的世界观和方法论。列宁在批判马赫主义时说,从马克思主义的理论是客观真理这一为马克思主义者所同意的见解出发,所得出的唯一结论就是,遵循着马克思主义理论前进,我们将愈来愈接近客观真理,而遵循着任何其他道路前进,除了混乱和谬误外,我们什么也得不到。现在,西方有些学者也开始意识到这一点,并尝试着建立辩证唯物主义的心理学理论体系。美国心理学家里格尔就是一个典型代表。

确立了辩证唯物主义世界观之后,还应该以此为依据确立正确的心理观。这是现代西方心理学哲学方法给我们的第二点启示。正确的心理观既是在心理学中贯彻辩证唯物主义,清算唯心主义和形而上学的需要,也是在心理学中建立方法论的直接思想基础的需要。根据辩证唯物主义世界观的要求,结合现代西方心理学哲学方法论心理观的实际,正确的心理观应体现"六个统一",即心理活动与生活实践的统一,心理反映的主观性与客观性的统一,心理世界的现象与本质的统一,心理结构的系统与层次整体及部分的统一,心理发展的量变与质变的统一,个体心理发展动因的受动性与主动性的统一。

现代西方心理学哲学方法论给我们的第三点启示是,心理学方法论不应只停留在心理观层面上,而应该将它具体化为正确的研究原则和相应的方法体系。唯有如此,科学的哲学方法论才能落到实处,心理学才真正具有光辉灿烂的未来。

(原载于《湖北师范学院学报(哲学社会科学版)》,1995年第5期,与陶宏斌共同撰写。)

德育概念泛化是影响德育有效性的理论根源

自新中国成立以来,我国学校德育所受到的重视程度与体育、智育、美育等形成鲜明对比。然而,学校德育有效性普遍不佳也是一个不争的事实。究其原因,这既有社会的,也有学校的;既有德育理论的,也有德育实践的。从理论上探寻,我们认为,造成学校德育有效性不佳的根源,在于德育概念的泛化。

德育概念泛化是指德育概念的外延由道德教育扩展为政治教育、思想教育和道德教育的"三位一体",甚至被扩展为包括民主与法制教育、无神论教育、青春期教育、社会主义人道主义教育、心理健康教育、职业和生活指导教育、市场经济意识教育在内的"多位一体",从而使道德教育质的规定性逐渐被削弱、淡化的一种现象。

德育概念的本义应指道德教育。在我国古代,"德""育"二字是分开的。《说文解字》释"德"为"外得于人,内得于己"。"外得于人"说的是要正确地处理与他人的关系,"内得于己"讲的是内心修养,也就是无愧于心。① 可见,"德"即道德。"育"在《说文解字》中的释义为"养子使作善也","即熏陶涵育子弟使其为善"②,"育"同道德教育。事实上,在我国封建社会,学校教育也主要实施的是"明贵贱,别尊卑"的封建伦理道德教育,不存在明确的政治教育和思想教育。"德育这一概念的出现,从教育史上看,是起始于中国近代教育,多半是作为道德教育的简称和同义语。"③ 德育概念泛化现象产生于社会的政治斗争、思想斗争。早在第一次国内革命战争结束,党在创建自己的军队后,就十分重视军队的政治教育工作,对中国工农红军官兵所实施的教育包括政治教育、军事教育和文化教育。其中,政治教育居于首位。

新中国成立后,随着新的社会政治制度与经济制度的建立,思想文化领域或意识形态领域的矛盾越来越突出,革命工作的目的、任务、内容、具体情况发生了较大变化,学校德育也相应发生了较大的变革。原先的政治教育工作在新中国成立后

---

① 沈善洪,王凤贤.中国伦理学说史(上卷)[M].杭州:浙江人民出版社,1985.
② 张家生.德育的概念[J].四川师范学院学报(哲学社会科学版),1998(5).
③ 鲁洁,王逢贤.德育新论[M].南京:江苏教育出版社,2000.

德育概念泛化是影响德育有效性的理论根源

变成了思想政治工作,到 20 世纪七八十年代便演变成了思想政治道德教育与德育。① 由于德育概念的泛化产生于社会的政治斗争和思想斗争,并不是道德教育自身发展的要求,因而其科学性受到质疑。政治教育、思想教育、道德教育各自涉及人的不同心理活动,遵循人的不同的心理活动规律。思想教育"属于认知范畴",不涉及人的情感意志及行为领域;政治教育尽管涉及人的情感立场、态度,但不涉及人的意志领域;道德教育则要求涉及人的知、情、意、行诸方面。因此,三者统一于德育,这既缺乏心理学上的依据,也不可能拥有共同的教育规律。

概念是对事物本质属性的概括和反映。由于泛化的德育概念缺乏心理学上的依据,也不具备共同的教育规律,以其作为指导德育实践的依据,必然会影响到学校德育的有效性。

首先,德育概念泛化,会导致德育目标的泛化、德育任务的复杂化。按照德育本义,德育的主要任务是教学生学会做人,使他们善于处理人与人、人与社会、人与自然的关系,其目标与任务具体、明确,既易于理解,也便于实施。但是,将德育概念由道德教育泛化为政治教育、思想教育和道德教育的"三位一体",甚至泛化为包括民主与法制教育、无神论教育、青春期教育等在内的"多位一体",就会使德育要实现的目标越来越多,完成的任务越来越复杂,加上各类教育的心理依据不同,遵循的教育规律各异,目标泛化、任务复杂化的结果,既影响道德教育的有效性,也会影响到其他各育的有效性。

其次,德育概念泛化,会导致德育途径的单一化。道德教育涉及人的知、情、意、行多种因素。因此,要使道德教育取得理想的效果,必须多渠道实施教育。通过课堂教学学习系统的道德理论;利用各科教学内容进行渗透式教育;通过各种课外活动、社会实践、生产劳动,寓道德教育于丰富多彩的活动之中……德育概念的泛化,会导致以政治教育或思想教育的规律来替代复杂的道德教育规律,或视道德教育为政治说教,或把道德教育当作知识传输,课堂教学便成为德育的主渠道,偶尔开展一些活动,也多为形式化的点缀,并不影响课堂教学是实施道德教育的主渠道,结果,"知道"的人多,"体道"的人少。

最后,德育概念泛化,也会导致道德教育方法的简单化。道德教育方法,有侧重于道德认识提高的说服教育法,有侧重于道德情感培养的情感陶冶法,有侧重于道德行为和道德习惯养成的实际锻炼法,还有侧重于受教育者自觉地进行全面的道德修养的自我教育法,等等。道德教育要取得理想的效果,就应该正确地选择并配合运用各种方法。德育概念的泛化,德育途径的单一化,必然使"传授"、"灌输"

---

① 魏贤超.现代德育原理[M].杭州:浙江大学出版社,1993.

的德育方法成为主导的,甚至是唯一的方法,从而导致其他德育方法得不到有效运用,使道德教育难以获得多种方法配合所能取得的最佳效果。

综上所述,德育概念泛化既缺乏科学的依据,又是导致德育有效性不佳的理论根源,我们是否应该得出这样的结论:德育概念泛化的现象应该终结?

(原载于《高等教育研究》,2001年第5期。)

透视德育概念的泛化现象

如何认识德育概念不仅是一个重要的理论问题,也是一个重要的实践问题。对德育概念的认识,既决定着德育理论体系的构建,也支配着德育实践活动的开展。德育概念的泛化,一方面造成德育理论研究的混乱,另一方面导致德育实践的迷茫。因此,反思当今流行的德育概念,正本清源,还德育概念以本来的面目,是德育理论领域和实践领域的共同的迫切需要。本文基于对德育概念本义的考察,分析了我国德育概念的泛化现象,并对其泛化的过程、原因和消极影响进行了探讨。

一、德育概念的本义与德育概念的泛化

德育概念的本义应是指道德教育。《说文解字》释"德"为"外得于人,内得于己"。"外得于人"说的是要正直地处理与他人的关系,"内得于己"讲的是内心修养,也就是无愧于心。[①] 按此理解,"德"指的就是道德。《说文解字》释"育"为"养子使作善也",意为"熏陶涵育子弟使其为善"[②]。"育"也就是指道德教育。德育这一概念起始于中国近代教育,多半是作为道德教育的简称和同义语。[③]

在英语国家,德育(moraleducation)广义的解释可泛指整个人的教育本身,一般与道德教育同义。[④] 英语中的道德(morality),源于拉丁语中的 mo,more,morali,"起初意味着传统的习惯之意"[⑤],但自亚里士多德著《尼各马可伦理学》以来,道德教育已经超越了单纯牵涉风俗、习惯、传统惯例和人品之德性,而是作为一门研究、遵从完美德性的灵魂活动——人类生活方式与行为方式,尤其是属于个人伦理诸问题——的学问,有了新的涵义。[⑥] 可见,在英语国家,德育也主要是指伦理道德教育。

---

① 沈善洪,王凤贤.中国伦理学说史(上卷)[M].杭州:浙江人民出版社,1985.
② 张家生.德育的概念[J].四川师范学院学报(哲学社会科学版),1998(5).
③ 鲁洁,王逢贤.德育新论[M].南京:江苏教育出版社,2000.
④ 钟启泉,黄志成.西方德育原理[M].西安:陕西人民教育出版社,1998.
⑤ 钟启泉,黄志成.西方德育原理[M].西安:陕西人民教育出版社,1998.
⑥ 钟启泉,黄志成.西方德育原理[M].西安:陕西人民教育出版社,1998.

把德育规定为政治教育、思想教育和道德教育"三位一体",是中国特有的现象。《现代教育大辞典》对德育概念的解释清楚地证明了这一点。该辞典释德育为:旨在形成受教育者一定思想品德的教育,在中国包括思想教育、政治教育、道德教育;在西方,一般指伦理道德教育以及价值观的教育。

德育概念的泛化现象,就是指德育概念的外延,由最初的道德教育扩展为政治教育、思想教育、道德教育的"三位一体",或被扩展为政治教育、思想教育、道德教育、法制教育的"四位一体",使道德教育的质的规定性逐渐被削弱、淡化的一种现象。目前,我国德育概念泛化现象呈日益加剧的趋势。对于德育被泛化为"三位一体"、"四位一体",有人还不满足,不断提议再补上民主与法制教育、无神论教育、青春期教育、社会主义人道主义教育、心理健康教育、职业和生活指导教育、市场经济意识教育等。① 在一些人看来,德育概念似乎可以根据需要无限制地泛化下去。问题在于"包医百病"的"万能"的德育是否科学?是否有效?

二、德育概念泛化的原因

德育概念的泛化,既有客观的社会根源,也有人们主观认识上的偏差,还有德育理论自身形成中的先天不足。

从社会角度看,德育由传统的道德教育为政治教育所替代,乃至后来演变成政治教育、思想教育和道德教育的"三位一体",实际上是当时社会的政治斗争、思想斗争的需要。现在又有人提出将德育泛化为包括民主与法制教育、无神论教育、青春期教育等在内的"多位一体",其根源还是在于希望德育能满足社会的多方面的需要。德育作为社会的上层建筑,理应为一定社会的政治、经济、文化等方面的发展服务,这是无可置疑的。问题在于什么样的德育才能够予社会以有效的服务。如果仅仅是出于主观上的良好愿望,随意地给德育增加"负担",置德育自身的科学性于不顾,目的与结果最终会走向背离。当前,学校德育的实效性普遍不高,恐怕与德育概念的泛化不无关系。

从人们的主观认识上看,德育概念的泛化是基于一个貌似合理的假设,即德育概念可以随着人们教育实践活动的发展和认识的深化而不断变化。根据辩证唯物主义的观点,事物是运动、变化和发展的。作为对客观事物能动反映的人的认识,也会随着事物的运动、变化和发展而不断深化。因此,概念随着时代的发展,随着人们认识的深化而不断丰富其内涵,或扩展其外延,应该是符合人的认识辩证法

---

① 鲁洁,王逢贤.德育新论[M].南京:江苏教育出版社,2000.

透视德育概念的泛化现象

的。基于此,"泛化论者"认为德育概念也应随着社会的发展、教育实践的发展和认识的深化而不断变化。表面看来,这种观点似乎有根有据,其实不然。人们的教育实践并不只是德育(本义)实践,人们认识的深化也不是对德育认识的深化,而只是根据社会的需要及主观上的愿望人为地给德育贴上不同的标签。这种认识上的深化与辩证唯物主义认识论所论及的对同一认识对象的深化完全是两回事。我们不否认政治教育、思想教育和道德教育在内容上有一定的关联性,在"德育"目标与内容上包容各项教育并不困难。但问题在于个人品德的形成,人生观的形成,特别是政治觉悟的提高,属于不同层面的问题,其形成过程各有不同的规律,形成的途径差别甚大,很难以统一的方式实现不同的目标。① 因此,德育概念的泛化既缺乏科学的理论依据,也不可能是人们对德育认识深化的结果。

德育概念泛化的另一个原因在于我国德育理论形成过程中的先天不足。我国现今德育理论的来源相当复杂,其中包括:第一,从开辟革命根据地以来人民教育传统;第二,苏联德育理论影响;第三,西方近代以来德育理论的渗透;第四,儒家道德修养学说的深层影响;第五,新中国教育发展过程中德育理论与实践经验的积累。② 德育理论众多的来源必然导致人们对德育概念的理解不尽相同,加上"加入德育研究行列者又并非都属训练有素的专家"③,因此,德育概念的泛化现象的产生也就不足为怪了。

三、德育概念泛化的消极影响

(一) 德育概念的泛化不利于政治教育、思想教育和道德教育理论的发展

一种理论要获得发展,必须有明确的研究领域和确定的研究对象。尽管我国的德育理论著作一般把德育界定为政治教育、思想教育和道德教育三个方面,但大多数德育理论著作实际上仅仅只是按道德教育来展开其逻辑体系。"三位一体"的德育基本上研究的是道德教育的问题、规律、原则和方法。政治教育和思想教育的问题、规律、原则、方法基本上被道德教育理论无意识地消解了。由此造成了政治教育和思想教育理论研究上的危机:德育工作者以为自己已经研究了政治教育和

---

① 陈桂生. 为"德育"正名——关于"德育"概念规范化的思考[J]. 上海教育科研,1997(7).
② 陈桂生. 为"德育"正名——关于"德育"概念规范化的思考[J]. 上海教育科研,1997(7).
③ 陈桂生. 为"德育"正名——关于"德育"概念规范化的思考[J]. 上海教育科研,1997(7).

思想教育的理论;非德育工作者则可能断定政治教育和思想教育已在德育理论的研究之中。这就不可避免地出现政治教育、思想教育理论研究上的盲点,不利于政治教育和思想教育的理论发展。另一方面,德育概念的泛化,必然导致道德教育的研究范围被扩大,研究对象被泛化,因而不可避免分散研究精力,影响研究的深度。更由于三者缺乏统一的理论基础、不具备共同的教育规律、统一的实施途径、共同的教育方法,三者"捆绑"的结果,只能造成德育理论研究上的捉襟见肘,漏洞百出。因此,要使政治教育和思想教育理论得到健康的发展,必须将它们从德育中剥离出来,建立起自己的研究领地,明确自己的研究对象,摆脱依附于德育的地位。只有这样,政治教育和思想教育的理论研究才能得到应有的尊重,取得较大的发展。同时,道德教育自身也才能轻装上阵,集中精力于自己的研究领域和研究对象,深化自己的理论研究。

(二)德育概念的泛化会降低政治教育、思想教育和道德教育的实效性

影响政治教育、思想教育和道德教育实效性的因素有社会方面的,有学校与家庭方面的,也有教育自身的。就教育而言,要提高政治教育、思想教育和道德教育的有效性,其前提是各类教育必须目标明确、任务具体,遵循各自的教育规律,选择适合于各类教育的有效途径和方法。只有这样,各类教育才能有的放矢,取得应有的实效。德育概念的泛化,会导致德育目标的泛化、德育任务的复杂化。按照德育的本义,德育的主要任务是教会学生学会做人,使他们善于处理人与人、人与社会、人与自然的关系。其目标与任务具体、明确,既有科学的道德教育规律可供遵循,也易于选择合适的教育途径、有效的教育方法。但是,将德育概念泛化为政治教育、思想教育和道德教育,甚至泛化为包括民主与法制教育、无神论教育、青春期教育等在内的"多位一体",就会使德育要实现的目标越来越多,要完成的任务越来越复杂。另一方面,由于道德教育与政治教育、思想教育及其他教育涉及人的不同的心理层面(道德教育涉及人的道德的知、情、意、行诸方面;思想教育主要是一个认识问题,"属于认知范畴"[①];政治教育尽管涉及人的认知和态度方面,但不涉及人的意志领域),各自拥有自己的教育规律、教育途径和方法。德育概念泛化的结果,就易出现以一种教育规律替代其他的教育规律,将适用于某一种教育的有效途径和方法随意套用于其他教育,自然会降低种类教育的实效性。我国教育领域长期存在着道德教育政治化或政治教育道德化(如将"爱祖国"、"爱人民"、"爱社会主

---

① 鲁洁,王逢贤.德育新论[M].南京:江苏教育出版社,2000.

义"作为国民公德)以及道德教育中盛行的政治说教、道德灌输,致使我国各类教育的实效性长期不高,就是有力的证明。

(三) 德育概念的泛化还会影响德育工作者与国外同行的对话和交流

随着我国改革开放的深入,德育理论工作者与国外同行的对话、交流的机会将日益增多,也不可避免地要借鉴国外德育研究的成果。德育概念的泛化,导致国内德育概念的外延与国外的不一致,使双方的对话、交流缺乏概念同一的基础。涉及国外的德育文献,若无意偷换概念,几乎每次都得认真细致地考究一番。这样就会给理论上的交流造成不必要的困难。

综上所述,德育概念的本义应是指道德教育。德育概念的泛化是当前我国特有的现象。德育概念的泛化缺乏科学的理论依据,其泛化的结果会降低政治教育、思想教育和道德教育的实效性,不利于政治教育、思想教育和道德教育理论的发展,影响德育工作者与国外同行的对话与交流。因此,我们是否可以得出这样的结论:德育概念的泛化现象应该终结?

(原载于《理论月刊》,2001 年第 10 期。)

素质教育的本质特征及其对教师素质的要求

《中国教育改革与发展纲要》明确提出,中小学教育由应试教育转向旨在全面提高国民素质的素质教育轨道。这是中国教育改革和发展过程中的一项重大战略任务。教师是教育工作的直接承担者。要完成这项重大的战略任务,关键在于提高教师的素质。要提高教师的素质,首先必须明确一个前提性问题,即应该提高教师哪些方面的素质。否则,提高教师的素质只能是无的放矢,未必有很好的效果;或者只能是一句空洞的口号,没有任何实际意义。教师的素质得不到真正的提高,势必影响我国教育改革和发展的战略任务的完成进程和质量。

本文通过对素质教育本质特征的探讨,试图揭示素质教育对教师的素质提出了哪些新的要求,以明确教师提高自身素质的努力方向。

一、素质教育的本质特征

素质教育是针对我国中小学普遍存在的应试教育而提出的,目的在于克服应试教育存在的种种弊端。应试教育就是单纯按高一级学校选拔的要求,以应付考试为目的教育训练活动。素质教育是面向全体学生,注重开发个体的智慧潜能,形成个体的健全个性为根本特征,以全面提高学生的基本素质为根本目的的教育。这里的素质概念,指的是人在遗传因素的基础上,经后天的环境与教育影响而形成和发展起来的人的内在身心品质。

基于应试教育的弊端提出的素质教育,有何本质特征呢?

(一)素质教育是全体教育

"素质教育是以提高整个民族素质为根本目的的教育。"[①]个体是群体的细胞,民族由个体组成。民族素质的提高依赖于组成民族的个体素质的提高。素质教育要提高民族素质,就必须面向全体学生,使每个学生都具有作为新一代合格公民所需具备的基本素质。因此,素质教育不是面向少数学生的"淘汰教育"、"选拔教

---

① 张武升,等.关于教育实验发展若干问题的思考[J].教育研究,1995(7).

育",而是面向全体学生的"全员教育"。

应试教育是一种"选拔"和"淘汰"教育,是"面向少数,忽视多数"的教育。应试教育在我国经久不衰,既有社会的原因,也有教育理论的误导。布鲁姆曾指出,应试教育隐藏着这样一种观点:只有很少的人真正能完成中学或进入并完成高校学程。教育的基本任务被假设为鉴定少数可进入并完成中学学程,然后再接受高等教育的人。① 表面看来,这种观点似乎既有理论上的依据,也有教育实际结果的支持。心理学的研究揭示出人的智力存在着差异并呈正态分布,即教育实际的结果也往往表现出学生的学业成绩存在着差异,且呈正态分布:教师的水平再好,一个班的学生的水平都有好、中、差之分,其比例呈正态分布。这似乎表明,学生的智力与学生的学业水平必然呈正相关,无论教师的水平再高,学校的教育条件再好,都似乎是如此。对此,布鲁姆做出了不同的解释。他认为,学生的智力水平与学业成绩之间并不存在必然的正相关。具体来说,群体中两端的学习者(智力高低两极者)与其余的学习者能力倾向存在着差异,而对这两端之间大约90%的学习者来说,能力倾向预示着学习速度,而不是到达的学习水平或复杂的程度。因此,提供足够的时间和适当的帮助,95%(5%的优生加上90%的中等生)的学生能够达到相同的学业水平。教育实际中,学生的学业水平存在着差异呈正态分布,这是由于教师没有满足特定的学生在学习时间与帮助方面的特殊要求。由此,他得出的结论是:只要给每个学习者足够的学习时间和适宜的帮助,几乎95%的学生都可达到同样的学业水平。

因此,布鲁姆主张教育者的基本态度应是选择适合儿童的教育,而不是选择少数适合教育的儿童。尽管布鲁姆的理论主要涉及的是学生的学业水平,但其理论既动摇了应试教育赖以存在的理论假设,也为素质是全体教育的可行性做了很好的理论说明。

(二) 素质教育是全面发展教育

古往今来,许多进步的教育家都主张受教育者在德、智、体等方面的全面发展。如法国的卢梭,瑞士的裴斯塔洛齐,苏联的克鲁普斯卡娅等人的教育思想,无不渗透着全面发展思想(当然,他们主张的全面发展的出发点及具体内涵各不相同)。我国自新中国成立以来,也大体上以马克思主义的"人的全面发展学说"作为制定教育目的的依据,主张教育应促进学生德、智、体等方面的全面发展。遗憾的是,由于多种原因,这种目的,迄今仍是属于一种"外在的、应然的教育目的"。内在的教

---

① 李建刚,等.义务教育教学新体系——单元达标教学实验与研究[M].济南:山东教育出版社,1994.

育目的是教育过程当事人确立的,对教育过程实际发挥作用的实然目的;外在的教育目的是来自教育过程、教育实体以外的各种部门和单位厘定的教育目的,是具有理想性的应然目的。① 而非内在的,实然的教育目的。全面发展的教育主张,仍只是人类教育的一种美好的理想。"文革"期间的突出政治,现在盛行的片面追求升学率,两者的表现不同,本质都是以人的片面发展取代人的全面发展。人的片面发展,既不能满足现实及未来社会发展的需要,也无法满足人的自身发展的需要。

素质教育,就是从社会发展和人的自身发展需要出发,克服以往贯彻马克思主义关于人的全面发展学说中存在的偏差,面向全体学生,促进每个学生的全面发展。李岚清曾指出:素质教育要彻底摒弃应试教育的片面教育观,面向全体学生,为学生学会做人、学会求知、学会劳动、学会生活、学会健体、学会审美打下扎实基础,使学生在德、智、体等方面得到全面协调的发展。②

素质教育所主张的全面发展教育,不能理解为平均教育,即要求学生德、智、体、美等方面的平均发展,而是指全面发展的个性教育,既要使受教育者在德、智、体等诸方面都得到发展,又要在全面发展的基础上,形成自己的个性,即德、智、体等因素在受教育者身上形成自己特殊的组合。

(三) 素质教育是对人的潜能的开发教育

按照现代教育理论观念,素质既是一个发生性概念,指人的先天的生理解剖上的特征,也是一个发展性概念,强调人的先天生理解剖特征通过教育和社会实践活动能得以发展。教育是促进人的由发生性向发展性转化的基本途径。应试教育或忽视教育的这种转化作用,只把学生当作机器,只重视信息的输入和输出;或只重视教育的部分转化作用,如重视应试能力的开发的"题海战术"。素质教育追求的是实现先天素质向可能素质的有效转化,通过科学合理的教育影响,使个体的潜能得到充分、全面的发展。

先天素质主要指感觉器官和神经系统方面的解剖生理特点,它是人的整个素质赖以生存的基质。人脑是体现人的先天素质的核心,是其他素质发展的物质基础。人类学、心理学、生理学的成果证明,人类的潜在能力是巨大的,人脑蕴藏着巨大的学习和创造潜能。在正常情况下工作的人,一般只使用了其思维能力的很小一部分,如果我们能迫使我们的大脑达到其一半的工作能力,我们就可以轻而易举

---

① 陈桂生.教育原理[M].上海:华东师范大学出版社,1993.
② 李岚清.基础教育是提高国民素质和培养跨世纪人才的奠基工程[J].人民论坛,1996(9).

素质教育的本质特征及其对教师素质的要求

地学会40种语言,将一本大百科全书背得滚瓜烂熟,还能够学完数十所大学的课程。① 人的潜能不仅体现在大脑上,而且体现在人的身体上。体育运动会中世界纪录不断被刷新,足以说明这一点。

人大脑的巨大潜能,给予适宜的条件,都可以得到开发。洛扎诺夫的暗示教育理论,充分运用大脑两个半球的整体功能,在开发人的记忆及学习能力方面,取得了巨大的成功。素质教育作为对人的潜能的开发性教育,不是天方夜谭,而是有现实的可能性的。

（四）素质教育是面向未来的教育

《中国教育改革和发展纲要》中指出:世界范围的经济竞争,综合国力竞争,实质上是科学技术的竞争和民族素质的竞争。从这个意义上说,谁掌握了面向21世纪的教育,谁就能在21世纪的国际竞争中处于战略主动地位。教育是培养人的活动。掌握面向21世纪的教育,就是指教育能为21世纪培养合格的人才。当今世界各国进行的教育改革,起点不同,内容各异,但改革的目标则是一致的,即希望通过教育改革,培养出21世纪的合格人才;通过人才优势,掌握参与国际竞争的主动权。

我国的素质教育是针对现实的应试教育存在的种种弊端提出的。但克服应试教育的弊端不是素质教育的终极目的。因为教育本身只是一种工具、手段。人们完善工具、手段,其目的在于使工具、手段更好地服务于人。我们完善教育这种工具,实施素质教育,目的在于使教育能更好地服务于现实及未来社会,为现实及未来社会培养合格的人才。素质教育是立足于现在,面向未来的教育。

21世纪合格的人才标准是什么？许多国家在对未来社会预测和对现行制度进行反思的基础上,得出的共识是:只有德、智、体全面发展的人才,才称得上合格的人才;未来信息社会要求的现代化的人,必须具有科学的价值观念,全新的知识能力,思维方式及健康的心理素质,科学的生活态度及文明的行为方式等。这不就是我们的素质教育追求的目标吗？素质教育面向未来,为未来社会培养所需的人才,这是时代发展的需要,历史进步的必然。

二、素质教育对教师素质的要求

人们常说,名师出高徒。名师何以能出高徒呢？这恐怕与名师自身的高素质

---

① 马斯洛,等.人的潜能和价值[M].林方,主译.北京:华夏出版社,1987.

分不开。素质教育是对传统教育的扬弃,是培养"新人"的教育。弟子的高标准,必然对师父提出高要求。素质教育对教师素质的要求,体现在不同的层次和不同的方面。限于篇幅,本文从笔者认为素质教育对教师素质提出要求的几个主要方面,进行粗浅的探讨。

(一)素质教育要求教师树立新的教育观念

教育观念是教师对一系列教育教学中重要问题的基本看法,主要包括人才观、学生观、教学观、评价观、质量观等方面。不同的教育观支配着不同的教育行为,产生不同的教育效果。对教师而言,不管意识与否,每位教师都在一定教育支配下,从事教育活动。随着应试教育向素质教育的转变,必然要求教师教育观念的转变,否则"新瓶装旧酒",恐只能是"换汤不换药"。

人才观是教育观的核心问题,它支配着人们的学生观、教学观、评价观和质量观。应试教育持的是片面的人才观:以掌握应试知识的多寡作为衡量学生是否成才的标准。知识的多寡主要通过考试来体现,因而人才标准又体现为应试能力和分数的高低、升学率等。在这种人才观的支配下,学生被人为地贴上好、中、差不同的类别标签。不同类别的学生应接受不同的教育、享受不等的教育待遇被视为天经地义。教育教学的任务被认为是单纯地传授知识,不断筛选出少数适于应试的学生。教育评价的任务则被认为是通过考试,对学生不断进行区分与鉴别、分类与划等。衡量学校教育质量好坏的标准,就是看其升学率的高低。

素质教育的本质特征决定了教师必须抛弃支配应试教育的教育观,树立全面的人才观,以学生德、智、体等诸方面是否得到全面充分的发展来作为衡量学生是否成才的标准;树立正确的教育质量观,以学校是否促进所有学生的全面发展,来衡量其教育质量的高低;树立科学的学生观、教学观、评价观,应相信每个学生是具有独立人格的,有巨大潜能的,有个别差异的个体,只要给他们提供所需的条件,每个人都能成才。教师教学既应传授学生以知识,更应促进学生整体素质的全面提高,变教学为选择适合教育的学生到选择适合学生的教学;教学评价则应成为改进教师的教和学生的学的有力手段,以促进学生最大限度的发展。

(二)素质教育要求教师提高教育能力

教师要真正承担起素质教育的重任,还必须提高自己的教育教学能力。只有这样,教育观念才能有效地支配自己的教育行为,取得应有的教育效果。素质教育要求教师提高或具备哪些能力呢?

1. 因材施教能力

自孔子提出因材施教以来,因材施教能力一直是对教师素质的基本要求。班级授课制自身固有的局限性,因材施教能力作为对教师素质的基本要求,并没有真正有效地落实。我国的应试教育则使这个问题更为突出。应试教育只要求教师保证少数"尖子生"能顺利升学,至于尖子生其他方面的发展和其他学生的教育与发展,并不是教师关心的问题。理论上虽有因材施教之说,但理论在应试教育实践光环的映照下暗淡无光。对教师而言,所需要的是如何发现"优材",予以施教。做到这点也颇为容易,通过几次考试,排排名次即可;"题海"战术,时间加汗水之法,则足可以施教。教育实践不存在因材施教的迫切需要,教师也大可不必为提高相应能力大伤脑筋。

素质教育是全体学生的教育,是全面的个性发展教育。教师必然面临学生的共性与个性的矛盾:既要使所有的学生得到全面发展,又要使每个学生个性得到发展。要解决这一矛盾,对教师而言,必然要因材施教:既要因高材而教,也要因中低材而教;既要因知识能力而教,又要因兴趣特长而教。因此,对教师因材施教能力的要求,不只是理论上的号召,更是实践的需要。可见,作为推行素质教育主体的教师,必须具备较高的因材施教的能力。

2. 开发学生潜能的能力

应试教育在一定层面上谈开发人的潜能,但主要是开发学生的应试能力,至多是重视开发人的智力。虽然人的智力开发是教育的一个重要任务,但仅仅重视人的"工具"价值,忽视人的全面发展价值,既不"人道",也不能真正有效地开发人的智力。因为人体是一个有机整体,人的智能的开发也依赖于人体其他潜能的开发。素质教育是人的潜能的开发教育,教师必须具备开发学生潜能的能力。

要形成某种能力,首先必须掌握相关的理论。就目前高师职前培训的课程来看,有关学生的潜能开发理论几乎一片空白。中小学教师具备相应能力者恐怕屈指可数。因此,如何将脑科学、优生优育等理论综合起来,形成一门人体潜能开发课程,用以训练教师,势在必行。没有一定的理论武装,使教师具备相应的能力是不可想象的。

3. 指导学生有效学习的能力

素质教育是指向未来的教育。未来社会的一个重要特征是科学技术的迅猛发展,由此将导致工艺技术淘汰的速度和知识更新的速度加快。无论从事哪种行业的工作,都必须不断学习。这就要求教师将教学的重点,由"如何传授知识"转向"如何指导学生学习"上,重视对学生的学法指导,指导学生有效学习。

对于这一点,我国教育理论界已形成共识。中小学教育实践领域,不少教师在相应学科进行了有益的探讨,并取得了较好的效果,如魏书生的语文自学指导实验。但就全社会而言,如何将教育理论的研究成果及部分教师的教改经验"武装"教师,使他们形成指导学生有效学习的能力,仍然是一个问题。高师教育中至今未开设专门的学法指导课程,不能不说是一种缺憾。

4. 指导学生进行创造性解决问题的能力

未来社会的另一个重要特征是信息的急剧增长。由于我们无法预测未来所需的信息,我们所采取的最好方法是使学生具备处理信息的策略。处理信息涉及选择信息,内化信息及分析、综合信息,并利用信息解决实际问题。这不仅要求学生进行有效学习,还要求学生具备创造性解决问题(运用新颖独特方法解决问题)的能力,而且这种能力在一定意义上比学习能力更为重要。因为学习本身,从终极意义上讲,只是一种手段而非目的。学习能力只有服务于现实生活中的问题解决才有意义。

虽然学习活动中也必然存在问题解决情境,但学习中的问题解决主要是作为求知的手段。学习材料既提供了问题解决过程中的思维材料和思维方向,也通常存在固定的答案。学习过程中的问题解决多为常规性问题解决(使用现有的方法的问题解决)。但信息社会的问题解决,其本身是目的,各种知识、信息则成为手段,且都处于无序状态,思维的方向乃至思维的结果都是不确定的。学生若只是习惯于常规的问题解决,不具备创造性解决问题的能力,恐怕难以适应信息社会。为此,培养学生创造性问题解决的能力,是素质教育对教师的一项基本要求。

综上所述,素质教育的本质特征,既要求教师树立与素质教育相适应的教育观念,又要求教师具备提高教育能力,只有这样,教师才能真正承担起素质教育的新使命。

(原载于《集美大学学报》,2001年第3期。)

论大学学术道德教育

自20世纪90年代以来,在政治腐败和社会腐败等社会丑恶现象的熏染下,学术界的各类丑闻也接连不断:"攘人之美,弄虚作假,剽窃抄袭等侵犯他人知识产权的现象屡见不鲜;东拼西凑,胡编乱造,改头换面,瞒天过海,以达到捞取外快,沽名钓誉的'写手'和'编书匠'如过江之鲫……"① 规模空前的学术腐败事件在我国的出现不是偶然,而是社会的历史与现实、政治经济与文化、学术共同体与学术人自身等诸多因素交互作用的结果。对此,不少学者进行了较深入的剖析与探讨。但是,对导致学术腐败的另一个重要原因——大学教育的失误,则鲜有人涉足。笔者认为,我国大学教育长期只重视学术能力教学,忽视学术道德教育,使得一批学术道德素养不高的"次品"流入了社会。这是导致当今学术界日益腐败的一个深层次的原因。尽管治理学术腐败的顽症需要全社会的共同努力,但大学对此应尽的责任和义务是:实施学术道德教育,筑起防止学术腐败的第一道长城。

一、学术道德与学术道德教育的概念

要理解学术道德教育的概念,关键在于理解"何为学术道德"。虽然学术界对学术腐败和学术道德问题进行了广泛的讨论,但就笔者的视野所及,大多数论者在讨论中往往视学术道德为心照不宣、不必界说的概念,仅有少数论者对该概念的内涵或外延进行了描述性的说明。概念界定是进行学术对话和交流的基础与前提。因此,从事学术道德问题的探讨,首先应明确学术道德的概念。

学术道德从本质上讲,应是从事学术研究活动的主体的道德。道德是一种用善恶概念调整人与人、个人与社会之间关系的原则、规范和实践的总和。② 道德涉及的主要是人与人、人与社会、人与自然的关系问题,道德的主体只能是人。学术研究本身只是一种活动,它本身不能构成道德关系,形成道德问题。只有从事学术研究活动的主体人,才有可能在学术活动中与他人、与社会、与自然等方面构成一

---

① 李醒民."学术规范与学风建设笔谭"编后语[J].自然辩证法通讯,2001(4).
② 李奇.道德学说[M].北京:中国社会科学出版社,1989.

定的关系,需要运用一定的原则、规范来进行调节,从而产生道德问题。因此,学术道德概念的质的规定性必须通过从事学术性研究活动的主体人来体现。

尽管学术道德概念的质的规定要通过学术活动的主体人来体现,但学术道德并不完全等于学术主体人的道德。从事学术研究活动的主体人,不只是一个学术人,而且还是社会人,承担着多重社会角色,需要处理多方面的道德关系。因此,学术道德只能是从事学术活动主体人的道德的一个方面,体现于他在从事学术性研究活动中所应处理的与他人、与社会、与自然的关系之中。

基于上述理解,笔者认为,学术道德就是指从事学术性研究活动的主体人,在进行创造性研究活动的整个过程中,处理个人与他人、个人与社会、个人与自然之间的关系时所应遵循的原则和规范。

对于学术道德原则和规范的具体内容,目前理论界也是见仁见智,说法不一。依据学术研究活动中研究主体所应处理的各种关系,笔者认为学术道德的原则和规范至少应包括下列内容。

(1) 学术活动应以追求知识创新,推动人类学术事业的发展,为人类谋幸福为目的,不能将学术研究活动作为个人谋取名利的手段和工具。

(2) 获取研究课题、争取研究经费要光明正大,不能以权谋私,投机钻营。

(3) 研究过程中要实事求是,追求真理,捍卫真理,反对学术研究上的见风使舵,不讲原则。

(4) 研究过程中要充分尊重被研究对象的个人隐私和权利,不能因自己的研究需要而侵害他人的权益。

(5) 研究过程中要尊重事实,不能弄虚作假,不能为达到个人的目的捏造事实,伪造数据。

(6) 学术批判应坚持科学精神,尽力做到客观、全面、准确。

(7) 学术评价应坚持实事求是,遵循客观、公正、准确的原则。

(8) 学术论文、专著的写作应遵循《中华人民共和国著作权法》及其他相关法律的各项规定。

(9) 尊重编辑人员的劳动,严禁一稿两投或多投。

弄清学术道德的概念,无疑有助于我们理解学术道德教育的内涵。教育是一种培养人的社会活动,除教育目标外,学术道德教育与其他道德教育的根本区别在于其教育内容不同。学术道德教育的内容是学术道德原则和规范。基于这种认识,我们认为学术道德教育就是指教育者有目的、有计划地运用一定的学术道德原则和规范,对受教育者的心理施加影响,以培养起教育者所期望的学术道德品质的活动。

二、大学实施学术道德教育的必要性

（一）实施学术道德教育是克服大学教育的片面性，培养合格研究人才的需要

大学是学习、研究高深学术的园地。① 大学教育（本科层次以上的教育）与其他层次的教育的一个重要区别在于它有很强的学术性。培养大学生（包括研究生）的学术研究能力和学术道德素养是大学教育两项同等重要的任务。

然而，我国大学教育存在的一个明显的问题是：重视学生学术研究能力的培养，忽视学生学术道德素质的养成。这一点可以从政府有关部门颁布的几个重要文献中得到充分的体现。《中华人民共和国学位条例》规定：学士须具有从事科学研究工作或担负专门技术工作的初步能力；硕士必须具有从事科学研究工作或独立担负专门技术工作的能力；博士则要求具有独立从事科学研究工作的能力；在科学或专门技术上做出创造性的成果。该条例没有对学生的学术道德素质提出明确的要求。如果该条例只注重学生的学术研究能力资格的认定，或许可以不考虑学生学术道德素质的要求，那么作为指导大学德育工作的重要指导性文件，理应对此做出具体的规定。然而，事实上并非如此。《中国普通高校德育大纲》仅仅在"德育内容"的"学风教育"中有所涉及，但只是限于"学习目的教育"、"治学态度教育"两个方面。《高等学校学生行为准则（试行）》中与学术道德有关的要求也只是要求学生"勤奋学习，刻苦钻研。在努力完成各项学习任务中树立科学性和革命性相结合的学风"；"维护教学秩序。遵守学习纪律，考试不作弊"。指导性文件是大学开展教育工作的指挥棒。指挥棒上的厚此薄彼不可避免导致教育实践出现偏差。大学学术教育中普遍存在的重智轻德现象就是证明。其结果也必然导致学生在学术性研究活动中产生种种失范行为。据有关研究者的调查分析，大学生在学术研究活动中存在着大量的失范行为："在毕业设计中剽窃他人创造性成果；伪造和删改实验数据；在网上制造恶作剧危害他人……"大学生求学时就如此从事"学术研究"，步入社会又当如何研究学术呢？当今社会"丑陋的学术人"充斥学术界，或许可以对这个问题做出回答。

大学是研究人才成长的摇篮。大学教育"种什么因"，研究人才就会"结什么果"。因此，要培养合格的研究人才，大学教育不能只是重视对大学生学术研究能

---

① 周光迅.大学教育综合化[M].济南：山东教育出版社，1999.

学术道德的本质、失范与教育

力的培养,还要重视对大学生学术道德素质的提升。大学实施学术道德教育,既是其弥补自身教育缺陷的需要,也是培养合格研究人才的需要。

(二)实施学术道德教育是净化社会学术风气,推动我国学术进步和发展的需要

风气是指社会流行的习气。社会学术风气是社会学术共同体中流行的习气,主要体现为学术共同体成员的整体的学术道德风貌。大学的学术风气既是社会整体学术风气的构成部分,也是对社会学术风气产生影响的影响源。大学既是社会选择、传承、保存文化的中心,也是发展文化和创新文化的中心。大学在发展文化和创新文化的过程中,往往会形成自己独特的学术风格。这种独特的学术风格既会对本校的学术活动产生巨大的影响,也会借助于广大师生的学术活动,借助于大学生的社会流动向社会辐射,从而对社会学术风气产生巨大的影响。不过,大学学术风气是一把"双刃剑",既能使社会学术风气得到净化,也可能导致社会学术腐败的加剧。影响的性质依赖于大学自身学术风气的好坏优劣。

学术进步的主要标志是知识创新,是人类知识总量的增加。学术研究是推动社会学术进步,促进社会学术繁荣的主要手段,因此,学术研究必须有所创新,所得的成果要能为科学的积累提供实质意义的知识增量。① 从严格意义上说,研究无创新,就不是研究。要使学术研究能推动学术进步,既依赖于研究者的学术研究能力,也依赖于研究者遵循基本的学术道德规范。"有'德','才'生福;无'德','才'作祸。无'德','才'便成为滋生祸端的工具。"②抄袭、剽窃等学术腐败行为的始作俑者,未必是学术研究的"低能者",但一定是学术研究的"缺德者"。也许没有人会怀疑教授、博导们的学术研究能力,但媒体曝光的抄袭、剽窃者中,不就有一些是教授、博导吗?可见,研究者研究能力的高低并不是决定其能否取得创造性成果的主要条件。因此,只有兼备学术研究能力和学术道德素质,研究者才能使自己的研究之树长青,并不断开花结果。

大学实施学术道德教育,既有助于提高大学研究主体的学术道德素质,也有助于自身良好学术风气的形成。前者有助于推动社会的学术进步(因为大学是社会的一个非常重要的学术研究中心),后者则有益于社会学术风气的净化。大学生是学术道德教育的直接对象,实施学术道德教育的目的就是培养他们的学术道德品

---

① 杨守建.中国学术腐败批判[M].天津:天津人民出版社.2001.
② 胡慧河.共建学术规范,整饬学术道德(续七):高校学子学术腐败探究[J].自然辩证法通讯,2001(3).

质。学术道德教育的结果,必然会提升他们的学术道德素质。大学教师是实施学术道德教育的主体,实施的过程也是他们自我提升的过程。对此,《礼记》云:"是故学然后知不足,教然后知困。知不足,然后能自反也;知困,然后能自强也。故曰:教学相长也。"教师实施学术道德教育的过程不只是一个单向的授受过程,也是师生之间相互作用、相互促进、共同提高的过程。大学师生学术道德素质的提高,就会使大学形成厚重的学术文化氛围,提升学校的学术文化品位。

综上所述,实施学术道德,既有助于净化社会风气,也有助于推动社会的学术发展,因此,大学应实施学术道德教育。

三、大学实施学术道德教育的主要措施

(一)更新大学德育观念,变片面的大学德育观为全面的大学德育观

学术道德教育属于大学德育范畴,实施学术道德教育的任务应由大学德育来承担。为此,必须更新大学德育观念,变片面的大学德育观为全面的大学德育观。

由于历史的原因,我国大学德育的一个鲜明的特征是其政治功能突显。党的十一届三中全会以后,随着工作重心的转移,大学德育浓烈的政治色彩有所淡化,对大学生做人的基本行为规范要求有了较大的提高,《高等学校学生行为准则(试行)》的颁布就是一种体现。但由于我国大学德育传统及人们对大学德育本质认识上存在的偏差,支配我国大学德育的教育观仍然是一种片面的教育观,学术道德教育在大学德育中并未受到应有的重视。

大学德育作为社会的意识形态,理应为社会的政治、经济等方面的发展服务,要对大学生进行政治教育和思想教育;大学德育作为一种培养人的社会活动,也应培养大学生做人的基本道德行为品质。然而,大学德育又不能仅仅是局限于上述两个方面。如前所述,大学教育的一个本质的特征是其有很强的学术性。本科生、研究生都必须参加学术研究活动。因此,学术道德教育应是大学德育区别于其他层次学校德育的一个本质特征。舍弃了学术道德教育的大学德育,就不是完整的、科学的大学德育。

思想是行为的先导,如何认识大学德育支配着如何去实施大学德育。更新大学德育观念,将学术道德教育纳入大学德育之中,是使学术道德教育能够得以顺利实施的前提。

(二) 加强对学术道德教育内容的研究,并将其成果纳入大学德育课程之中

学术道德教育的目标是培养大学生的学术道德素质。要实现学术道德教育目标,教育者必须运用一定的影响物作用于受教育者。这种影响物就是学术道德教育的内容。尽管目前理论界对作为学术道德教育内容的学术道德规范和原则有不同的说法,但几乎每种说法都只是限于经验性的阐述,很少经过严格、充分的科学论证。为保证学术道德教育内容的科学性,就必须加强对作为学术道德教育内容的原则和规范进行深入的研究。通过研究,使每条原则和规范建立在有充分科学依据的基础上,同时还要建立起科学、系统的原则和规范体系。

另一方面,要将学术道德教育内容的研究成果尽可能纳入大学德育课程体系之中。因为课程是教育的"心脏",是教育思想、观念、目的和宗旨等转变为具体教育实践的中介。[①] 只有将学术道德教育内容的研究成果纳入大学德育课程体系,才能通过课堂教学这一主渠道与学生发生相互作用,作为实现学术道德教育目的的影响物才能最终实现自身的使命,体现自己的价值。

(三) 采取有效的措施,提高教师的学术道德素质

大学之良窳,几乎全系于师资与设备充实与否;而师资为尤要。[②] 大学教师是实施学术道德教育的主体。实施学术道德教育不只是少数德育教师的责任,也是每个大学教师共同的义务。各科教师都要结合自己的专业、学科的实际,对学生实施有针对性的学术道德教育。这就要求教师不仅应是"经师",也应是"人师",既要有较高的学术能力素养,又要具备较高的学术道德品质。

就目前我国大学教师整体的学术道德状况而言,主流是好的。一大批有学术良心的专家、学者在为繁荣我国的学术事业,促进我国的学术发展默默耕耘。但是,我们也必须承认,大学教师队伍中不乏学术道德败坏分子。因此,大学实施学术道德教育,一方面要净化教师队伍,剔除一些屡教不改的学术腐败分子;另一方面采取有效的措施,提高教师的学术道德素质。

提高教师的学术道德素质,可以采取不同的模式和方法。一种有效的模式是"立体人才链"模式,即老一代学术带头人带出新一辈带头人,教学相长,青蓝媲美,

---

① 李泽彧.大学生素质教育的特点及其实施之我见[J].高等教育研究,1998(5).
② 刘述礼,等.梅贻琦教育论著选[M].北京:人民教育出版社,1993.

优良的师德师风师艺代代相传,环环相扣,链链相绕的模式。① 另一种是"课题实践型"模式,即由学术道德教育素养高的教师同其他教师组成课题组,进行课题研究。在研究过程中,通过优秀教师的示范及在优秀教师指导下处理研究过程中的各种道德关系,来提高其他教师的学术道德素质。此外,由学校组织全校教师展开学术道德教育问题的大讨论。通过讨论,统一思想,提高认识和觉悟,这也不失为一种行之有效的方法。

(原载于《集美大学学报》,2002年第4期,与上官林武共同撰写。)

---

① 华中师范大学.以师为本,多模式建设师资队伍[J].高等教育研究,1998(5).

大学德育应重视大学生学术道德素质的培养

学术腐败是当今学术界的一种"顽疾",其成因是多方面的。从学术人的成长过程来看,大学教育的失误是导致当今学术界腐败现象日益严重的一个重要原因。学术人不管其丑陋与否,都是教育的"产品",产品质量的高低依赖于其生产过程质量的优劣。大学教育是学术人的主要"生产工厂",大学德育是学术人道德素质的"生产车间"。学术腐败是学术人学术道德素质败坏的一种表现,也是我们大学德育忽视学术道德教育的恶果。从教育的角度看,整治学术腐败必须提升学术人的道德素质。因此,大学德育应重视大学生(包括本科生,研究生。下同)学术道德素质的培养,为社会培养合格的学术研究人才。

一、学术道德与学术道德素质的内涵

尽管学术界对学术腐败和学术道德问题进行了较广泛的探讨,但就笔者的视野所及,至今未见学术道德概念的明晰定义,仅见少数论者对该概念的内涵或外延进行了描述性的说明。

学术道德从本质上讲,应是从事学术性研究活动的主体人的道德。道德是一定的社会或阶级依靠社会舆论、习惯传统、教育力量和人们的内心信念,调节人与人之间、个人与社会集体之间关系的行为准则和规范的总和。[①] 道德涉及的主要是人与人、人与社会、人与自然的关系问题。

学术研究本身只是一种活动,不能构成道德关系、形成道德问题。只有从事学术研究活动的主体人,才有可能在学术活动中与他人、与社会、与自然等方面构成一定的关系,并需要运用一定的原则、规范来进行调节,从而产生道德问题。因此,学术道德概念的质的规定性必须通过从事学术性研究活动的主体人来体现。但是,学术道德并不完全等同于学术主体人的道德。作为从事学术研究活动的主体人,不仅仅是从事学术性研究活动的学术人,还是社会人,承担着多种社会角色,需

---

① 朱作仁.教育辞典[M].南昌:江西教育出版社,1987.

要处理多方面的道德关系。因此,学术道德只能是从事学术活动的主体人的道德的一个方面,体现于他在从事学术性研究活动中所要处理的与他人、与社会、与自然的关系之中。

基于上述理解,笔者认为:学术道德就是指从事学术性研究活动的主体,在进行创造性研究活动的整个过程中,处理个人与他人、个人与社会、个人与自然之间关系时所应遵循的原则和规范的总和。

明确学术道德的概念,为我们把握学术道德素质的内涵铺平了道路。对于素质的概念,不同的学科有不同的解释。教育学对素质的定义是:人在先天生理的基础上,受后天环境、教育的影响,通过个体自身的认识与社会实践,养成的比较稳定的身心发展的基本品质。① 人的素质是一个整体,学术道德素质是人的整体素质的一个方面,只是出于研究的方便,我们才将其从人的整体素质中划分出来。从发生学的角度看,人的学术道德素质同人的其他素质一样,是在先天生理的基础上,通过环境、教育和个体主观能动性之间的相互作用而形成的。不仅如此,人已经形成的学术道德素质也会成为一个重要的影响因素,参与遗传素质、环境影响、教育和个体主观能动性之间的相互作用,影响后继的学术道德素质的形成。人的学术道德素质是一个动态的生成过程。

人的学术道德素质与其他素质的不同,表现在两个方面。一是它赖以形成的内容与其他素质形成的内容不同。学术道德素质的形成,依赖于外在的学术道德原则和规范以及自身学术道德素质基础。它是个体将环境、教育中的学术道德原则、规范,经自身的认识和实践活动内化,并与原有的学术道德素质基础相互作用的产物。

二是它的形成机制与其他素质的形成机制不同。个体智能素质的形成过程,只是一个"外铄—内化"的过程。学术道德素质的形成则不仅是一个"外铄—内化"的过程,也是一个"体悟—内化"的过程。学术道德素质属于品德修养范畴,品德修养作为人类文化中更具有个性特征的情感与精神方面的内容,只有通过内化陶冶才能形成个体人格方面的素质。②

借助第一个方面,可以将学术道德素质与其他道德素质相区别;借助第二个方面,则可以使其与智能素质相区分。

基于上述分析,我们认为,学术道德素质是指人在先天生理的基础上,通过自

---

① 郭文安,王道俊.试论有关青少年学生素质的几个问题[J].教育研究,1994(4).
② 贾永堂.我国大学素质教育的理论审视[D].武汉:华中科技大学,2000.

身的认识与实践活动,将环境、教育中的学术道德原则和规范内化、体悟而形成的较稳定的心理品质。

二、大学德育培养学生学术道德素质的必要性

(一) 培养学生学术道德素质,是大学德育本质的内在要求

本质是指事物固有的、决定该事物区别于他事物的根本属性。大学教育的本质属性是学术性。蔡元培早就指出:大学者,研究高深学问者也。① 布鲁贝克也明确指出:高等教育研究高深的学问,在某种意义上,所谓高深学问只是程度不同,但在另一种意义上,这种程度在教育体系的上层建筑是如此突出,以至使它成为一种不同的性质;教育阶梯的顶层所关注的是深奥的学问。② 可见,对大学本质属性——研究高深学问的学术性,理论界已基本取得了共识。问题在于学术性的具体内涵是什么,大学教育如何从自身的角度体现学术性。

要从事高深学问的研究,研究者离不开两个基本的条件:较高的学术研究能力和较好的学术道德素养。因而,大学教育的学术性应体现为学术能力教育和学术道德教育两个方面。前者属于大学学术性教育中的"智育",后者则应属于大学学术性教育中的"德育"。

学术道德教育应在大学德育中体现大学教育的学术性,这是区别于其他类型学校德育的一个本质特征。大学德育作为社会的意识形态,理应为社会的政治、经济等方面的发展服务,要对大学生进行政治思想教育;大学德育作为一种培养人的社会活动,也应培养大学生做人的基本道德品质。但这些方面是学校德育的共性,大学德育如果仅仅只是实施政治思想教育和一般的道德行为品质教育,就难以体现自身的本质规定性,不足以与其他类别学校的德育相区分。因此,实施学术道德教育,培养大学生的学术道德素质,是大学德育的本质要求。舍弃了学术道德教育,忽视了对大学生学术道德素质培养的大学德育就不是完整的、科学的大学德育。

(二) 培养学生的学术道德素质,是造就合格的研究人才的需要

合格的研究人才,既应具备较好的学术能力素质,也应具备较高的学术道德素

---

① 高平叔.蔡元培教育论著选[M].北京:人民教育出版社.1991.
② 约翰·S.布鲁贝克.高等教育哲学[M].郑继伟,等,译.杭州:浙江教育出版社,1987.

养。"有'德','才'生'福';无'德','才'作祸。无'德','才'便成为滋生祸端的工具。"①当今学术界,抄袭、剽窃等学术腐败行为的始作俑者,未必是学术研究的"低能者",但一定是学术研究的"缺德者"。恐怕没有人会怀疑教授、博导们的研究能力,但媒体曝光的抄袭、剽窃事件中,有一些竟然就是教授、博导!可见,研究者研究能力的高低并不是决定其能否取得创造性成果的必要条件。只有兼备学术研究能力和学术道德素质,研究者才能使自己的研究之"树"结出累累硕果。古今中外的一些学术大师,如爱因斯坦、居里夫人、马寅初、陈寅恪等人的学术成功之路,也充分证明这一点。因此,大学教育要培养合格的研究人才,既应重视学生学术能力的培养,也应重视他们学术道德素质的提升。

但是,我国大学教育中长期存在着只重视学生学术能力的培养,而忽视学生学术道德素质培育的问题。《中华人民共和国学位条例》明确规定,学士须具有从事科学研究工作或独立担负专门技术工作的能力;硕士必须具有从事科学研究工作或独立担负专门技术工作的能力;对博士则要求具有独立从事科学研究工作的能力,在科学或专门技术上做出创造性的成果。但该条例并没有对学生的学术道德素质提出要求。如果说该条例只注重对学生学术研究能力资格的认定,或许可以不考虑学生学术道德素质的要求,那么,作为指导大学德育工作的几个重要的指导性文件,理应对此做出具体的规定。然而,《中国普通高校德育大纲》仅仅在"德育内容"的"学风教育"中有所涉及,但只是限于"学习目的教育"和"治学态度教育"两个方面。《高等学校学生行为准则(试行)》中与学术道德有关的要求,也只是包括要求学生"勤奋学习,刻苦钻研,在努力完成各项学习任务中树立科学性和革命性结合的学风"和"维护教学秩序,遵守学习纪律,考试不作弊"两条。可见,在我国大学的学术能力教育和学术道德教育中,存在"一手硬,一手软"的现象是一个不争的事实。

大学只重视学术能力教育,而忽视学术道德教育,必然导致学生学术素质的片面发展。据有关研究者的调查分析,大学生在学术研究活动中存在着大量的失范行为,"在毕业设计中剽窃他人创造性成果;伪造和删改实验数据;在网上制造恶作剧危害他人……"②这些事实,一方面证实了大学只重视学术能力教育,忽视学术道德教育的危害;另一方面也说明了大学德育培养大学生学术道德素质的重要性和必要性。合格的研究人才,理应在学术能力素质和学术道德素质两个方面获得

---

① 胡慧河.共建学术规范,整饬学术道德(续七):高校学子学术腐败探究[J].自然辩证法通讯,2001(3).
② 李小平,刘德权.大学德育新课题:创造道德[J].空军雷达学院学报,2001(3).

协调发展。

（三）培养学生的学术道德素质,是净化社会学术风气,促进我国学术进步和繁荣的需要

风气指社会流行的习气。社会学术风气是指社会学术共同体中流行的习气,主要体现为学术共同体成员整体的学术道德风貌,其好坏要受到社会多种因素的制约。

大学的学术风气,既是一定社会整体学术风气的构成部分,也是社会学术风气的影响源。大学既是社会选择、传承和保存文化的中心,也是发展文化和创新文化的中心。大学在发展文化和创新文化的过程中,往往会形成自己独特的学术风格。这种学术风格既会对本校的学术活动产生巨大的影响,也会借助广大师生的学术活动,借助大学生的社会流动向社会辐射,从而对社会学术风气产生巨大的影响。因此,大学学术风气是一把双刃剑,它既可能使社会学术风气得到净化,也可能导致社会学术腐败的加剧。

大学又是推动社会学术进步,促进社会学术发展和繁荣的学术研究中心。学术进步和繁荣的主要标志是知识创新,是人类知识总量的增加。学术研究是推动社会学术进步,促进学术发展和繁荣的主要手段。大学既有良好的科研设备,也有规模庞大的师生研究群体。这决定了大学是极为重要的学术研究中心的地位。一个国家的大学的整体学术研究水平,影响甚至决定着一个国家学术发展的进程。

无论是大学良好学术风气的形成,还是大学学术研究水平的高低,其决定的影响因素是人,即大学的师生。在大学德育中实施学术道德教育,培养大学生的学术道德素质,不仅能提高大学生的学术道德素质,也能提高大学教师的学术道德素质。"教学相长",实施学术道德教育的过程也是师生互动、相互促进、共同提高的过程。师生素质的共同提高,一方面,可以提高学校学术研究的整体水平,推动社会学术的进步;另一方面,有助于学校良好学术风气的形成,进而影响、净化社会的学术风气。因此,在大学德育中实施学术道德教育,培养学生的学术道德素质,既是净化社会学术风气的需要,也是推动社会学术繁荣和发展的需要。

三、大学德育培养学生学术道德素质的主要措施

（一）更新大学德育观念,变片面的大学德育观为全面的大学德育观

大学德育观是人们对于大学德育的认识。思想是行为的先导,如何认识大学

大学德育应重视大学生学术道德素质的培养

德育,决定着如何实施大学德育。因此,要实施学术道德教育,培养学生的学术道德素质,首先应树立科学的大学德育观。

在我国,人们对大学德育的认识较为片面。由于历史的原因,人们主要把大学德育看作是社会的上层建筑,视为无产阶级专政的工具。20世纪50年代,学校德育一直因为教育阶级性与社会性原因而成了阶级斗争、革命战争、思想斗争与政治运动的工具。① 党的十一届三中全会以后,党的工作重心由"以阶级斗争为纲"转入社会主义现代化建设的轨道,大学德育浓烈的政治色彩开始淡化,但同时又暴露出另一个问题,即把大学德育简单地看作是社会生产力的工具,忽视大学生的政治思想教育,结果使大学生的政治素质大为降低。随后,党和国家有关部门颁布了一系列文件,强调既要加强大学生的思想政治素质的培养,也要加强大学生做人的基本道德品质的培养,使人们对大学德育的认识有所深化。

随着近年来学术腐败现象在我国大规模的出现,人们不得不对我国大学德育的认识进行反思。如前所述,大学德育对大学生实施政治思想教育和基本的道德品质教育,比单纯实施政治思想教育或完全忽视政治思想教育,在认识上是大大前进了一步。但笔者认为,仅仅这样还不够,完整、科学的大学德育应内在地包括学术道德教育。大学德育应是政治思想教育、个人道德品质教育和学术道德教育三者的统一。确立学术道德教育在大学德育中的应有地位,变片面的大学德育观为完整、科学的大学德育观,是实施学术道德教育、培养学生学术道德品质的认识前提。

(二)加强学术道德教育内容的研究,完善大学德育课程体系

学术道德教育的目标是培养大学生的学术道德品质。要实现学术道德教育目标,教育者必须运用一定的影响物作用于受教育者。这种影响物就是学术道德教育的内容。目前,理论界对作为学术道德教育内容的学术道德原则和规范有不同的提法,且几乎每种提法都只限于经验性的阐述,很少经过严格、充分的科学论证。为保证学术道德教育内容的科学性,就必须加强对学术道德教育内容的原则和规范进行深入的研究,使每条原则和规范都建立在有充分科学依据的基础上。

在加强学术道德教育内容研究的同时,要逐步完善大学德育课程体系。因为课程是教育的"心脏",是教育思想、观念和宗旨转变为具体教育实践的中介。② 只有加强大学德育课程体系建设,将学术道德教育内容的研究成果纳入体系之中,才

---

① 魏贤超.现代德育原理[M].杭州:浙江大学出版社,1993.
② 李泽彧.大学生素质教育的特点及其实施之我见[J].高等教育研究,1998(5).

能使学术道德教育内容通过课堂教学这一主渠道与学生相互作用,作为实现学术道德教育目标的影响物才能最终实现自身的使命,体现自己的价值,起到提升学生学术道德素质的作用。

（三）采取有效的措施,提高教师的学术道德素质

大学之良窳,几乎全系于师资与设计之充实与否,而师资为尤要。[①] 大学教师是实施学术道德教育,提升大学学术道德素质的主体。实施学术道德教育,提高学生的学术道德素质不只是少数德育教师的责任,也是每个大学教师共同的义务。各科教师都要结合自己的专业、学科的实际,有针对性地培养学生的学术道德素质。这就要求教师不仅应是"经师",而且也应是"人师";既要有较高的学术能力素养,也要具备较高的学术道德品质。

目前,我国大学教师整体的学术道德主流是好的,一大批有学术良心的专家、学者在为繁荣我国的学术事业,促进我国的学术发展默默耕耘。但是,我们也必须承认,大学教师队伍中不乏学术道德败坏分子。因此,大学实施学术道德教育,一方面要净化教师队伍,剔除一些屡教不改的学术腐败分子;另一方面须采取有效的措施,提高教师的学术道德素质。

提高教师的学术道德素质,可以采用不同的模式和方法。一种模式是主体人才链模式,即老一代学术带头人带出新一辈带头人,教学相长,青蓝媲美,优良的师德、师风、师艺代代相传,环环相扣,链链相绕的模式。[②] 另一种是课题实践型模式,即由学术道德素养高的教师同其他教师组成课题组,进行课题研究。在研究过程中,通过优秀教师的示范及在优秀教师的指导下,处理研究过程中的各种道德关系,以提高其他教师的学术道德素质。此外,开展学术道德教育问题的大讨论,也不失为一种行之有效的方法。

（原载于《教育探索》,2002 年第 6 期。）

[①] 刘述礼,等.梅贻琦教育论著选[M].北京:人民教育出版社,1993.
[②] 华中师范大学.以师为本,多模式建设师资队伍[J].高等教育研究,1998(5).

论学术道德失范

"学术腐败"是当今我国学界一个突出的问题。严重的学术腐败既会阻滞我国学术的发展与繁荣,延缓我国物质文明和精神文明的建设进程,也不利于国家的长治久安。因此,整治学术腐败的呼声在学界日益高涨。对于如何整治学术腐败,学者们见仁见智,开出了不同的"处方"。笔者认为,学术腐败是学术人学术道德失范的外在行为表现,整治学术腐败必须控制学术人的学术道德失范。但是,何为学术道德失范?其主要的根源是什么?如何进行有效的整治?诸如此类的问题学界还鲜有探讨。本文尝试着对上述问题谈谈笔者认识。

一、学术道德失范的概念及其主要的行为表现

要理解学术道德失范的概念,首先必须明确学术道德的概念。"学术"一词,不同的学者有不同的理解。梁启超认为:学也者,观察事物而发明真理也;术也者,取所发明之真理而致诸用者也。[1] 不难看出,梁启超是将"学""术"分别理解为理论研究和应用研究。当代也有论者持与梁启超相似的观点。如倪梁康教授认为:学术主要指学问,用较西方化的术语来说,大多是指科学研究。[2] 我们也倾向于将学术理解为科学研究(包括自然科学研究和社会科学研究)。这样,我们就可以将学术道德理解为科学研究道德。道德是一定的社会或阶级依靠社会舆论、习惯传统、教育力量和人们的内心信念,调节人与人之间、个人与社会集体之间关系的行为准则和规范的总和。[3]

道德主要涉及的是人与人、人与社会、人与自然的关系问题,其主体只能是人。科学研究本身是一种活动,不能构成道德关系,形成道德问题。只有从事学术研究活动的主体人,才有可能在研究活动的过程中或通过活动的结果与他人、社会、自然构成一定的关系,需要运用一定的原则、规范来进行调节,从而产生道德问题。

---

[1] 邓九平.谈治学[M].北京:大众文艺出版社.2000.
[2] 倪梁康.学术与思想:是否对立以及如何对立[J].学术月刊,2001(10).
[3] 朱作仁.教育辞典[M].南昌:江西教育出版社.1987.

因此,学术道德概念的质的规定性必须通过学术研究活动的主体人来体现。但是,学术道德并不完全等同于学术主体人的道德。从事学术研究活动的主体人,不只是从事学术研究活动,他还是社会人,承担着多种社会角色。因此,学术道德只能是从事学术研究活动的主体人的道德的一个方面,体现在他从事学术研究活动的过程及结果中所应处理的与他人、与社会、与自然的关系之中。

基于上述理解,笔者认为学术道德就是指从事研究活动的主体在进行学术研究活动的整个过程及结果中处理个人与他人、个人与社会、个人与自然关系时所应遵循的行为准则和规范的总和。

失范(anomie)一词,最初是由法国社会学家杜尔克姆所使用。按照杜尔克姆的解释,失范是指一种无规范状况,或者是社会准则的缺乏和含混不清。① 美国社会学家墨顿根据美国社会失范的实际,对杜尔克姆的失范概念的内涵进行了修正和发挥。墨顿在阐述失范概念时引入了两个重要的因素,即文化目标和制度化手段。文化目标是指社会依据它的规范体系认定某些社会事物是值得存在的、有价值的东西;制度化手段是指被社会认可为合法地获得文化目标的方式。② 墨顿认为,当个人以正当手段去实现正统目标时,个人行为是符合社会要求的。当目标与手段不一致时,失范行为即出现了。根据目标与手段不一致的情况,他列举了四种不同的失范行为:"它们分别是创新、形式主义、退却主义和造反"③。

从杜尔克姆和墨顿对失范的理解来看,两人看待问题的视角是不同的:杜尔克姆将失范视为社会规范的一种存在状态;墨顿则着眼于人与社会规范的关系。本文准备采用墨顿看待失范问题的视角,从人与社会规范关系的角度来解释失范,但不拘泥于墨顿对失范概念的理解。根据我国学术腐败的实际,我们将学术道德失范理解为:学术人用不符合学术道德规范的手段来实现自己的文化目标(职称、金钱、学位等)。

在行为层面,学术道德失范表现为种种学术腐败行为,体现于科研活动的诸环节、诸方面。申报课题中以权谋私、投机钻营;研究过程中的弄虚作假、捏造事实、伪造数据、不尊重研究对象的个人权利,独占合作者的研究成果,学术论文、专著写作中抄袭、剽窃他人的研究成果;学术评价中的营私舞弊、弄虚作假,学术批评中的人身攻击、打击报复;一稿两投或多投,不尊重编辑人员的劳动等,都是学术道德失范的外在行为表现。

---

① 杰克·D.道格拉斯,等.越轨社会学概论[M].张宁,等,译.石家庄:河北人民出版社,1987.
② 郑杭生.社会学概论新修[M].北京:中国人民大学出版社.1994.
③ 庞树奇,范明林.普通社会学理论新编[M].上海:上海大学出版社,1998.

二、学术道德失范的主要根源

人既是一种社会性存在,也是一种主体性存在。因此,学术人的学术道德失范既有社会经济、政治、文化等方面的根源,也有个体自身的主体根源。不过,我们认为,学术制度的供给不足是导致学术人学术道德失范的一个重要的深层次的根源。限于篇幅,本文仅限于探讨学术制度上的根源。

按照西方新制度经济学的解释,制度是指一种行为规则,这些规则涉及社会、政治及经济行为。[①]制度包括正式制度和非正式制度两种形式:正式制度是指通过各种组织而形成的正式规章、规则、法则等;非正式制度是指风俗习惯、伦理道德、信念、信仰等社会行为规范。[②]制度的一个非常重要的功能是激励(包括奖励和惩罚)。制度通过奖励符合规范的行为,惩罚不符合规范的行为而向特定的方向、目标改变人们的行为方式乃至信念。

学术制度的供给不足,主要表现在以下几个方面。

(一) 学术制度的绝对供给不足

科学共同体作为一种社会建制,要保证自身组织的有序运行,实现其知识创新的目标,就必须建立一套系统完整的学术制度,来规范、导引其成员的科研活动。学术制度的绝对供给不足是指学术制度体系不完整,存在着一些重要的必不可少的制度"缺席"。从目前我国的学术制度系统来看,学术界至今既缺乏对学术道德失范行为进行监控的监察制度,也缺乏对已发现的学术道德失范行为进行有效惩治的惩罚制度。监察制度缺位,学术道德失范行为就难以得到及时有效的识别,一些学术人浑水摸鱼、投机取巧的动机也会因此而不断膨胀;惩罚制度缺位,一些已被发现的违规者也不能得到有效制裁。如果一种违规行为既难以被发现,且即使被发现也不用支付任何违约成本却能获得较大的收益,那么要求人们守约恐怕只能是一张"空头支票"。因此,学术制度的绝对供给不足,必然会导致学术道德失范。

(二) 学术制度的有效供给不足

任何制度都是向着特定的目标来规约、导引人们的行为。有效的学术制度,其

---

① 卢现祥.西方新制度经济学[M].北京:中国发展出版社,1996.
② 高兆明.社会失范论[M].南京:江苏人民出版社,2000.

内容应能规约、导引学术人去实现科学共同体的知识创新目标。学术制度的有效供给不足,是指学术制度的内容存在着缺陷,使学术制度的实质精神(导引学术人实现知识创新的目标)无法得到有效实现。我国现行的大多数学术制度,均不同程度存在着有效供给不足的问题。例如,学术论文、专著的审稿制度,大多数期刊和出版社采用的是主编负责制,这就必然造成主编知识的有限与投稿人知识"无涯"的矛盾。对于来自不同领域、不同学科、采用不同研究方法的稿件,无论主编能力多强、水平多高,也难以有效地识别所有稿件的创新程度、学术价值的高低及其内容的真伪。另外,主编的思想水平、价值取向也会决定着对文章、稿件的取舍。一些严重抄袭、剽窃的学术垃圾之所以能够不断地被成批复制出来,与审稿制度自身的缺陷不无关系。既然抄袭、剽窃的"作品""销路"很好,其生产也必然繁荣。

除审稿制度外,学术奖励制度也存在着严重的缺陷:一是急功近利,二是重量轻质。学术研究是一种长期的、艰苦的智力劳动。一件真正有价值的学术成果常常需要几年、几十年、甚至几代人的艰苦努力才能获得。《资本论》的写作差不多花费了马克思毕生的精力;《正义论》也花费了罗尔斯20多年的心血。然而,我们现行的学术奖励制度,存在着明显的急功近利的倾向,对科研人员"一年一考核,两年一评估",且评估往往重的是数量(质量的标准往往是形式上的),加上考核、评估的结果又与加薪、升职、住房分配等利益和荣誉挂钩,这就极易诱使一些人为获取评价背后的名利去做短、平、快项目。抄袭、剽窃等各种违背学术道德的行为也随之纷纷"出笼"。

(三)科学共同体科学精神气质的缺乏

现代意义上的科学研究在我国不过一百多年的历史,其间经历多年的战乱,我国学术界的科学精神气质的发育本身就存在着严重的缺陷。近年来,社会转型及多样化的价值冲突,使我国学术界的科学精神气质被进一步削弱。科学精神气质是科学共同体成员为保障学术研究实现知识创新的目标而约定俗成的基本的道德律令。默顿将其概括为四点,即普遍主义、公有主义、不谋私利精神、有条理的怀疑精神。[①] 不谋私利精神要求科学家最好地为科学而做研究,进行创新,而不是为了自己;有条理的怀疑精神要求科学家的工作受到仔细的评价与考究;普遍主义要求这种评价与考究与贡献者的社会归属无涉;公有主义要求科学家公开其发现,其他

---

① 王萍.论科学界的行为失范及其根源[J].南京航空航天大学学报(社会科学版),2000(2).

人运用这些发现需要鸣谢及承认其发现优先权的荣誉。① 科学共同体科学精神气质的缺乏,使得一些学术人在科学研究的过程中缺乏内在的科学精神的支撑,在名与利的驱使下,不能恪守科学共同体的基本规范,丧失了学术人应有的科学精神气质。各种学术道德失范行为的产生也在所难免,且难以控制。

三、整治学术道德失范的主要措施

既然现存的学术制度本身存在着重大的缺陷,且是导致当今学界学术道德失范的重要根源,那么,完善、改革现行的学术制度,进行学术制度的创新应是必然的选择。

(一)整治学术道德失范,必须完善现行的学术制度体系

按照新制度经济学的"经纪人"的假设,人都存在趋利避害的动机和投机取巧的机会主义倾向。学术制度只有形成完整的体系,才能实现"法网恢恢,疏而不漏",有效地控制一些学术人的学术道德失范行为。

完善现行的学术制度体系,我们认为当前应着重抓好两种制度的建设:一是学术道德失范行为的监察制度;二是学术道德失范行为的惩罚制度。为此,各学术研究单位,如高校、科研院所等都应建立专门的督察机构,配备专职的学术"警察",颁布对各种违规行为的处罚条例。同时,完善相应的举报制度,发挥群众的监督作用。对于被学术督察机构认定为学术道德失范的行为,不论行为者谁,都要严惩不贷,绝不姑息。只有这样,学术制度的威严才能够真正确立,学术投机者也会因违约成本太大而不敢轻易越"雷池"一步。在这个方面,美国学界的一些经验值得我们效仿。20世纪70年代末,美国几所著名大学和科研机构连续出现了几次重大的弄虚作假的学术道德失范行为,美国主管科研项目和经费的两个主管部门(NSF和NHI)以此事为契机,分别于1987年和1989年公布了定义科学中越轨行为及举报和处理规则,具体到各科机构、大学。这对制约美国学界的学术道德失范行为,推动科学的发展都起到了很好的作用。

(二)整治学术道德失范,必须充实相关学术制度的内容

完善学术制度的内容,应根据制度的实质精神及自身的缺陷进行有针对性的

---

① 张华夏.现代科学与伦理世界——道德哲学的探索与反思[M].长沙:湖南教育出版社,1999.

改革。例如,审稿制度,应在保障学术论文、专著创新的前提下,基于现行的审稿制度的缺陷进行改革。该制度的改革可借鉴国外的"三审制",即由论文所涉及领域的三个专家依次进行评审。这既能保证稿件得到相对科学、客观的评价,防止编辑个人学识、能力、思想水平、价值取向的局限对稿件的评审造成的消极影响,也能有效地防止抄袭、剽窃等学术垃圾的成批"出笼"。学术奖励制度,则应改变急功近利的倾向,给学术人一个相对宽松自由的时空,使他们能够静下心来,从事真正的科学研究,避免迫于外在过强的压力,将精力放在如何进行学术投机、学术造假等上面。在质与量的问题处理上,学术奖励应重质轻量,注重学术的原创性。对重大的科研成果,应加大奖励的力度,提高奖励的效应。宽松的学术研究环境能够为学术人做深入研究提供必要的条件,重奖则可以为研究者的努力方向"导航"。两者相互结合,才能使真正具有原创性的科学研究之树不断开花结果,科技奖励制度也才能起到应有的作用。

(三)整治学术道德失范,必须重塑科学共同体的科学精神气质

重塑科学共同体的科学精神气质是一项系统工程,需要全社会的多方配合,共同努力。

首先,政府应加强政风建设。科学精神气质是科学共体成员在长期的科研实践中约定俗成的基本道德规范。它是整个社会风气的构成成分,其形成必然会受到社会总体风气的影响和制约,政风则是其中的关键。《韩非子》中说:"故越王好勇,而民多轻死;楚灵王好细腰,而国中多饿人。"一王之所好,尚且如此,执政群体的风貌如何,则更为直接地感染学术共同体的"民风"。面对社会转型较为严重的"吏治"腐败,政府必须加强政风建设,用良好的政风"淳化"学术共同体的"民风"。

其次,高校和科研院所,应加强学风建设。高校和科研院所是科研人员生活、工作、学习的场所,其学风的好坏优劣,会对科研人员的学术道德素质的形成和提高产生直接的作用和潜移默化的影响。高校和科研院所,应借助社会和学界"整治学术腐败"这一良好的契机,加强本部门、本单位的学风建设,给学术人提供一个良好的"软"的制度环境。

最后,学术人应提升自己的学术道德素质和自律精神。学者是社会的良知,"坚守学术伦理,是一个学者之所以能成其为学者的道义基础"。既然学者所从事的学术研究事业本身就是追求真、善、美,唯真理是从,就理应以学术为业,在道德操守上率先垂范,坚守科学共同体的科学精神气质。面对当今日益严重的社会腐

败,学术人应有一种"出淤泥而不染"的内在追求,不断提升自身的学术道德素质和自律精神。只有这样,科学共同体的精神气质才能够在中华大地上生根、开花、结果,我国的学术才有繁荣的希望。

（原载于《思想·理论·教育》,2002年第7、8期,与李红桃共同撰写。）

提高高校教育质量应实施全面质量管理

随着近年来高校连续大规模的扩招,教学质量问题在高校中日益突出。提高教学质量、保证人才素质既是目前社会对高校提出的迫切要求,也是高校自身生存和发展的客观需要。因此,如何提高教学质量是当前高校改革中的突出的问题。教学质量的提高要受多种因素的制约,管理因素是其中的一个非常重要的因素。从管理的角度看,高校要提高教学质量首先必须提高管理水平,即对高校工作实施全面质量管理。本文概述了全面质量管理的基本思想,揭示了在高校实施全面质量管理的可能性和必要性,探讨了实施全面质量管理的具体措施。

一、全面质量管理的由来及其基本思想

全面质量管理的概念和思想产生于20世纪60年代,最先由美国管理学家费根堡姆(Feigenbaum)和朱兰(Juran)两人提出。他们提出该理论的目的是为了克服传统质量管理的局限,以适应企业生产领域对提高产品质量的需要。

人类自从有了生产活动,也就有了质量问题,同时也就存在质量管理。但是,真正科学意义上的质量管理活动始于21世纪初。通常认为,近现代质量管理的发展历程经历了三个阶段,即质量检验阶段、统计质量管理阶段和全面质量管理阶段。[①]

由于质量检验是一种"事后把关",只能在产品完工之后进行,即使是检查出了废次品,但既成事实的损失也难以挽回。另外,采取全数检验的把关方法,量大面广、耗费资源增加成本,不利于生产效率的提高。此外,由于某些产品检验属破坏性检验,如胶片的感度检验等。虽然统计质量管理克服了质量检验中存在的上述问题,但统计质量管理自身也存在着严重的问题。统计质量也只是关注生产过程及最终产品的质量控制,而产品质量的形成不仅与生产制造过程有关,还涉及其他许多过程、环节和因素。只有将影响质量的所有因素纳入质量管理的轨道,并保持系统、协调的动作,才能确保产品的质量。为解决统计质量管理中存在的问题,全

---

① 龚益鸣.质量管理学[M].上海:复旦大学出版社,2000.

面质量管理理论便应运而生。①

全面质量管理的基本要求是管理的全员性、全过程性、全方位性。它使全体人员和所有部门都参与管理,并使生产的全过程受到监控,从而保证了组织全面质量管理目标的实现。

二、高校实施全面质量管理的可能性与必要性

高校实施全面质量管理是可行的。尽管全面质量管理最初主要是运用于企业的生产部门,而且企业的产品质量标准与高校教学的人才培养质量标准,企业产品的生产过程同高校的人才培养过程(包括教学过程)存在着质的区别。但是,两者在质量管理目标及实现质量管理目标所需控制的条件诸方面存有相通之处。两者质量管理中存在的诸多共性使企业的全面质量管理理论迁移到高校管理领域成为可能。质量和生产的技术与过程可以成功地移植于教育,企业界的模式可以在设计课程、安排与实施教学中予以运用,质量过程可以在改善学习环境和学生学习成绩的同时提高教育机构的管理和运行效率。② 事实上,全面质量管理理论已被世界上许多国家的高校运用。以美国为例,仅在 1991 年至 1992 年 10 月,全部或部分实施全面质量管理的高校就从 92 所增至 220 所。③ 其中既包括哈佛大学、哥伦比亚大学等世界著名的研究型大学,也有像"狐狸谷技术学院"这样的社区学院。当然,由于高校教学活动及其对象的特殊性,在高校实施全面质量管理不能对企业全面质量管理机械地照搬,必须根据自身的实际吸取其精髓,把握其精神实质。

在高校实施全面质量管理也是必要的。首先,实施全面质量管理有利于纠正传统教学管理目标的偏差。受计划经济体制及当时的招生分配政策的影响,我国高校的教学目标是依据抽象的社会要求和单纯的学术标准制定的。学校教学管理目标就是保证教学工作达到规定的教学目标为宗旨。目标的制定没有考虑具体的社会用人单位、学生及其家长这些消费者的需求。随着社会主义市场经济发展,高校连续进行大规模扩招,招生和分配政策的改变、高校法人地位的确立,必然导致社会对人才需求的质量标准日益多样化,学生就业、学校生存发展的压力越来越大。原来的高校教学目标、教学管理目标已越来越不适应社会发展和高校发展的

---

① 安心,等.试析高等教育质量保证的若干问题[J].高等教育研究,1998(6).
② 赵中建,等.美国高等教育全面质量管理——狐狸谷技术学院个案研究[J].全球教育展望,1998(5).
③ 赵中建,等.美国高等教育全面质量管理——狐狸谷技术学院个案研究[J].全球教育展望,1998(5).

需要。实施全面质量管理则有利于纠正传统教学管理目标的偏差,帮助高校依据社会需要、用人单位及学生和家长的需要,确立自己的管理目标,在保障国家确立的基本教学目标的前提下,办出特色,最终实现使本组织所有成员及社会受益的质量管理目标。

其次,实施全面质量管理,重视质量管理的全员参与,有利于克服传统教学管理中单纯的行政管理的局限,调动全体师生员工参与学校质量管理的积极性和主动性。传统教学管理重视行政管理,强调少数行政管理者在教学质量管理中的作用,将全校师生员工看作是管理和支配的对象,而不是把他们看作是管理的主体。这就难以调动广大师生员工参与学校教学管理的主动性、积极性。管理者也因管理工作缺乏广泛的群众基础,难以发现教学管理中存在的问题,不可避免使管理工作陷于盲目与被动。管理工作无法提高效率,教学工作也就难以保证质量。全面质量管理则使传统教学质量管理中的行政管理的局限性得到克服,使教学质量、管理中的行政管理的局限性得到克服,使教学质量、管理效率的提高有较好的群众基础做保障。

再次,实施全面质量管理,重视质量管理的全过程性,可以使教学质量的管理做到防患于未然。教学质量的提高不仅与学校管理人员的工作质量有关,也与教学工作的全过程有关。市场调研、课程设计、课堂教学、考试评估等环节均会影响到教学质量。传统教学管理往往只是强调事后的检查和把关,忽视过程管理。全面质量管理注重对教学工作的每一环节的管理,尤其重视预防的作用。在全面质量管理者看来,"提升质量的良方是预防,而不是检验"。重视教学质量的全过程管理、重视预防的作用,就可以使管理工作做到"防患于未然",提高管理工作的科学性。

最后,实施全面质量管理,重视质量管理的全方位性,避免了传统教学质量管理中各部门自行其是的问题。学校是一个系统,教学工作是其中的一个子系统。教学质量的提高既依赖于本系统各部门的共同努力,也依赖于学校其他系统、其他部门的配合和协调。教学质量的提高是学校系统内所有部门共同努力的结果。传统的学校教学管理把教学质量的提高仅仅看作是教务部门的事。后勤部门及其他部门并未参与到教学质量管理中来,未发挥学校系统的整体优势,无法求得系统功能的附加值,也就难以最大限度地提高教学质量。全面质量管理,既要求教学系统各部门之间相互联系、相互作用,也要求学校其他业务部门相互联系、相互作用,在提高教学质量的总目标的统摄下,来展开各自的工作。这就保证了提高教学质量是学校各部门共同的追求,使各部门的人力、物力、财力等资源得到最大限度的发挥,有利于提高教学质量。

提高高校教育质量应实施全面质量管理

综上所述,在高校实施全面质量管理不仅是必要的,而且也是可能的。因此,要提高高校教学质量,就应实施全面质量管理。

三、实施全面质量管理的主要措施

(一)建立学校全面质量管理机构,确立学校的质量方针

组织机构是组织开展活动的前提条件。没有组织机构就无从开展组织管理活动,更谈不上实现管理目标。[①] 高校要求实施全面质量管理,首先必须建立完善的组织机构,以保证全面质量管理各项工作的顺利展开和落实。根据国外高校实施质量管理的经验,应在学校设立全面质量领导委员会,以确定质量管理的具体过程并制定其框架,并对质量管理过程的实施予以监督。委员会的成员应来自学校的各个部门,以便使学校的各个部门都认识到参与的重要性。

在建立学校全面质量领导委员会之后,学校领导(校长)应正式颁布本校的质量方针。质量方针是学校总的质量宗旨和质量方向,是指导学校质量管理实践的"方向盘"。它应是校长代表全校教师员工对质量的承诺"对外是对客户的承诺,对内则是组织(学校)追求的目标"[②]。制定学校质量方针就可迫使学校必须对学生和其他的企业消费者进行调查,使学校的人才培养目标、课程设置和所提供的服务更能符合需要。

(二)进行教育和培训,提高人的素质

实施全面质量管理中很重要的组成部分是进行有关质量管理的教育和培训。[③] 人是管理主体,人的因素是质量管理的核心因素。无论是质量决策的正确与否,还是各项质量改进的推行,都离不开人的积极性和能动性。人的工作质量是一切过程质量的保证。因此,实施全面质量管理必须高度重视人的素质,提高人的素质。

提高人的素质,必须坚持不懈地进行有计划的、有针对性的质量教育和培训。通过教育和培训,创造出一种厚重的质量文化氛围,使"质量第二,服务至上"的意

---

① 黄志成,程晋宽.现代教育管理论[M].上海:上海教育出版社,1999.
② 赵中建,等.美国高等教育全面质量管理——狐狸谷技术学院个案研究[J].全球教育展望,1998(5).
③ 赵中建,等.美国高等教育全面质量管理——狐狸谷技术学院个案研究[J].全球教育展望,1998(5).

识深入人心,成为学校每个人的工作指南和行为要求;通过教育和培训,使所有员工知道自己在改造质量中所负的责任,而且具备应有的特殊知识。在质量的教育与培训过程中,领导者要以身作则,发挥模范带头作用。

(三) 制定质量标准,明确各自职责

质量标准既是展开工作的依据,也是评价工作优劣的尺度。由于教学质量取决于学校的每个工作部门的每一个人,取决于学校管理工作、教师教学工作及后勤员工服务工作的质量。因此,质量标准应包括管理人员的管理工作质量标准、教师教学工作的质量标准及后勤服务人员的工作质量标准。通过各项质量标准的制定,使所有人明确各自在质量改进过程中的职责,以便能够在日常工作中实施并实现质量改进。所制定的各项工作质量标准应科学合理、明确具体。科学合理的标准易于调动师生员工的积极性、主动性,明确具体的标准易于理解和操作。因此,制定的质量标准应科学、合理、明确。

(四) 完善各项质量管理制度,依法管校

规章制度是学校领导、师生员工必须遵循的"硬约束",是强化质量意识,确定工作规范的必要手段,是保证工作质量,实现教学质量目标的有效措施。

完善各项质量管理制度,就是要建立和健全学校的各项工作制度、责任制度、管理和奖惩制度。通过各项制度的建立,使学校的各项工作规范化,做到依法治校,依法管校。各项制度的建立,最终达到"职责到位,任务到人",有法必依,执法必严,使学校各项管理制度落到实处,发挥应有的作用。

(原载于《培训与研究——湖北教育学院学报》,2002年第2期,与李炎清共同撰写。)

教育科研选题的标准、路径与策略

选题是进行科学研究的第一步,且是至关重要的一步。英国科学家贝尔纳指出:课题的形成和选择,无论作为外部的经济技术要求,抑或作为科学本身的要求,都是研究中最复杂的一个阶段。一般来说,提出课题比解决课题更困难,所以评价和选择课题便成为研究战略的起点。选题既决定着研究者现在和今后科研工作的主攻方向、目标和内容,也在一定程度上规定了科研活动应采用的方法和途径。课题选择的好坏直接关系到教育科研的成败。选得好事半功倍,选得不好则劳而无功。因此,研究者,尤其是刚刚涉入教育研究领域的"新手",应认真、慎重地对待选题。

一、教育科研选题的基本标准

(一)课题应有理论价值和应用价值

价值通常是指事物所能发挥的积极作用。教育科研课题的理论价值是指课题满足教育理论发展需要的程度。越是能满足教育科学理论发展需要,对教育科研发展推动作用越大的课题,其理论价值越大。理论创新、方法创新或理论上的完善,是教育科研课题理论价值体现的几种主要形式。课题的应用价值是指课题满足教育实践及社会发展需要的程度。这类课题往往与解决实际问题密切相关,其研究对教育实践乃至社会实践均有直接的指导意义,研究结果因操作性强而往往成为实践活动的依据。其价值主要体现为:解决了教育改革中亟待解决的问题,直接为教育工作原则、内容、方法提供了依据等方面。

课题的理论价值和应用价值的区分是相对的。有的课题可能侧重于体现理论价值,有的可能侧重于体现应用价值。但即使是纯理论研究,也可以为应用研究提供理论依据,从而间接地体现出应用价值。应用研究的课题对其研究结果经过进一步的抽象、概括,也可以上升到理论,从而具有理论价值。因此,对课题研究的价值,不宜做绝对化的理解。

(二)课题应有创新

创新,是科学研究的灵魂,没有创新,就根本谈不上是在进行科学研究。因此,教育科研选题,应选择前人未曾解决或尚未完全解决的问题。尽管研究过程中也要借鉴前人的研究成果,但应以表达自己的见解为主,要超越前人已达到的成就。

科研上的创新,有几种不同的境界。著名的文学史家王瑶,把学术文章分为以下几种境界:一曰有口皆碑,成为定论;二曰自圆其说,言之成理;三曰虽有偏颇,不乏创造;最不好的是人云亦云,空话连篇。① 所谓创新,不可能通篇皆新,一篇文章有几处新意就不错了。"不乏创见",即使有偏颇,也还是好文章。至于通篇写的都是别人说过的话,是众所周知的陈词滥调,就无任何价值可言了。有创见、有新意是教育科研论文的灵魂,也是衡量一篇科研论文水平高低的主要标志。

选题中的创新不能理解为标新立异、追求时髦。诚如北京大学一位教授所说,在有些人看来,新的就是好的,中国没有的就是好的,古人没有讲过的就是好的;他们把过去的传统的公认的东西一概斥之为过时、陈腐,认为伟大的科学家之所以伟大就在于全盘否定过去的东西,这种思潮借思想解放之风到处泛滥。② 这种追求新奇之风,会把科学引入歧途。因此,在科研选题的过程中,要处理好继承与创新的关系,实事求是,不能为创新而创新,故意标新立异,而是要推动教育科学事业的发展。

(三)课题要有科学性

任何课题都不是凭空臆想,胡编乱造的产物,而是基于一定的科学依据的基础之上。没有科学依据的选题,要么是胡编乱造、骗人骗己,要么是得不出任何有价值的结论,因此,教育科研选题必须保证课题的科学性。

课题的科学性,首先表现在课题应以教育科学的基本原理为依据,使所选的课题有坚实的理论基础。没有一定的科学理论依据,选题则会盲目。因此,课题应纳入教育科学的某个理论体系中加以研究和处理。课题的科学性还表现在课题要以一定的经验事实为依据,使课题具有客观的现实基础。实践是认识的源泉,认识来源于实践。科学研究作为一种特殊的认识世界的方式,其课题的产生也要基于人们的经验及客观事实。"上不着天,下不着地"的课题也是无法进行研究的。课题

---

① 严家炎.一位受人尊敬的学者[N].光明日报,1990-02-15.
② 黄楠森.创造性是博士论文的灵魂——培养博士生王东的体会[J].学位与研究生教育,1986(4).

的科学性也表现在所选的课题应具体、明确。课题研究的对象、研究的范围、研究的内容乃至研究的方法应尽量在课题设计中明确体现出来,不能空泛、笼统、模糊,否则就可能因为课题欠具体、明确,缺乏应用的针对性,导致研究无从下手。

（四）课题能获得成果

获得研究成果是进行科学研究的目的。有很多研究课题看起来很有研究价值,但因受研究者主客观条件的制约而未必能获得研究的成果,这样的选题再有价值也不宜选择。

影响研究者获得某项研究成果的主观因素包括研究者的研究能力、研究兴趣；客观因素包括是否有适当的研究工具,是否有足够的参考资料以及学术道德的制约等因素。因此,研究者在选题的过程中,应充分考虑到自己的主客观条件,尽可能挑选自己力所能及的课题。

二、教育科研选题的主要路径

（一）从社会发展需要中选题

教育作为社会的一个子系统,与社会的政治、经济、文化存在着必然的联系。一方面,教育受社会政治、经济、文化发展水平的制约；另一方面,教育对社会的政治、经济、文化的发展起促进作用。当今迅速变革发展的社会不断使教育事业的改革和发展面临着一些新的重大问题,教育要适应经济建设和社会发展的需要,就必须研究和解决这些问题。从社会发展需要中选题,既能拓展教育研究选题的范围,也能解决现实社会中的许多重大问题,推动社会的不断向前发展。

（二）从教育实践中选题

教育实践是一切教育科学理论的源泉。教育工作者,尤其是教学工作第一线的广大教师和学校领导干部,会在教育实践活动中遇到大量的实际问题需要得到解决。教育工作者只要做有心人,就能结合自己的工作实际提出许多值得研究的问题,从中就可以选择提炼出大量的研究课题,且选出的课题往往具有很强的针对性,具有较高的实用价值。实践中选题应注意对问题进行科学提炼、抓住问题的关键。

（三）从教育信息资料中提炼课题

教育信息资料往往能及时反映一些新的教育思路、教育经验体会、教育科研成果以及教育动态。通过收集、筛选、整理其中的一些信息，可以从中受到启发，发现和提出问题形成研究课题。如李吉林的"小学语文情景教学法"是受国外的"暗示教学法"的启示提出的；《中小学各科单元达标教学的实验研究》是受到美国教育家布鲁姆的"掌握学习理论"的启发而提出的。因此，教师要重视教育信息的作用，随时关注教育科学的新动向、新进展，从而提高对教育问题的敏感性，随时提出研究的课题。除通过上述途径获取教育信息，提炼教育课题外，教师也可以通过参与学术活动获取教育信息。

（四）从《课题指南》中选题

教育行政部门、教育科研院所、学术团体、教育科研管理部门往往根据社会发展及学科发展的需要，定期不定期地下达供研究人员参考的《课题指南》。列入《课题指南》中的课题，往往出自教育专家之手，有较强的科学性、现实针对性，且符合教育管理部门的要求，从中选题容易受到重视，获得研究经费的支持，故从《课题指南》中选题，不失为一条捷径。

三、教育科研选题的基本思维策略

（一）类比思考策略

类比思考策略是根据两对象的相似关系受到启发而产生的一种发现问题、确定研究课题的思维方法。

相似性是一种普遍性的存在。大到宇宙星系之间，小到每个原子运动的形式都存在着大量的相似之处。普朗克曾经感叹：从表面看来，自然界的现象千差万别，但是在不相干的领域常常体现着类似的简单原理，如果没有这种情况，以比喻和类推为主要手段的人类思维去探讨自然奥妙，不知要困难多少倍。[①] 根据事物之间的相似性而提出问题，是一种主要的发现问题、确定研究课题的策略。德国飞机制造商从鲨鱼"皮肤"上得到启示：为什么身体粗糙的鲨鱼会是鱼类中游泳的佼佼者呢？根据这一问题他们确定了自己的研究课题并进行了一系列的流体实验，

---

① 张大均.教学心理学[M].重庆：西南师范大学出版社，1997.

终于发现了其中的奥妙,最后创造了一种新机身的飞机——仿鲨鱼皮肤的节能飞机。这种通过类比的方式发现问题,确定研究课题的现象不仅大量存在于自然科学中,也同样大量存在于教育科学中。教育学家夸美纽斯的《大教学论》,就是在把教育现象与自然现象做类比的基础上,根据自然规律提出了一系列教学原则。夸美纽斯的依据是:人是自然的一部分,人的成长遵循自然的规律;教育是模仿自然的艺术,故教育应遵循自然的规律。"教育社会学"、"教育系统论"也是研究者运用类比的方法,前者把学校类比社会,运用社会学的方法形成的;后者则是把学校类比成一个系统,运用系统的方法构建的。因此,通过类比可以发现教育领域中存在的大量的问题,选择出大量的研究课题。

(二) 对立思考策略

对立思考策略是指从已有事物、经验或课题等完全对立的角度来思考,从而发现问题、确定课题的一种方法。如英国科学家法拉第从电产生磁的现象中得到启发,他反过来提出问题:磁能不能产生电呢?以此问题作为研究课题,通过实验,他发现了电磁感应现象。在我国,近年来有人针对现实中人们只关注对正面文化,如对真实的宣扬、对善良的赞誉、对美好的描绘,忽视对负面文化的阐发的现象,提出了一系列研究负面文化的课题,并写成了专著。例如,高帆的《虚假论——真实背后的理性沉思》、文清源的《错误论——辨错·治错·防错·化错》及李兴武的《丑陋论——美学问题的逆向探索》等。在教育领域,也有不少研究者运用了对立面的选题策略,如孙孔懿的《教育失误论》、石鸥的《教学病理学》就是从教育和教学的积极方面的对立面选题。这种方式所确定的课题,往往能给人以耳目一新之感。

(三) 转换思考策略

转换思考策略是指通过对事物之间的转换,从而获取新的研究课题的思维方法。转换思考策略是一种没有直接的道路可走时,通过间接道路巧妙绕过障碍物的一种思考策略,如我国古代的曹冲称象、用代数的方法解决几何问题,或用几何的方法解决代数问题,都是运用了转换思维的策略。

转换思考策略不是以否定原有结论为前提,而是摆脱原有的思维定势和已有知识的影响,另辟蹊径。例如,对教学这一学校中最经常进行的认识活动的研究,最初是从教师教的角度去认识它的特点与规律,后来又发现了活动的另一面——学生的学,由此提出一系列的研究课题,得出了一套完全不同于从教师教的角度看问题所能得出的结论。随着研究的深入,进而认识到从教的角度或只从学的角度认识教学,都不可能得到全面的认识,全面的认识也不等于把这两个方面的结论简单相加,而应该从教与学的各种不同性质的相互作用中来认识教学的规律。这种视角的转换,就可以产生出一批新的研究课题,如语文教学中师生相互作用的模式,数学教学中的讲与练等。

(四)移植思考策略

移植是将某个领域的原理、技术、方法引用或渗透到其他领域而引起新课题产生的一种思维策略。

英国剑桥大学教授贝弗里奇指出:移植是科学发现的一种主要方法,大多数发现都可以应用于所在领域以外的领域时,往往有助于进一步发现。[1] 在科技史上,许多新课题、新发明均来自于移植,如美国阿波罗Ⅱ号所使用的月球轨道指令舱与登月舱分离方法,实际上就是移植的巨轮不能泊岸时而用驳船靠岸的方法。

移植的途径可以多种多样。在教育科学研究选题中运用较多的是原理移植、方法移植。例如,将管理学原理应用于教育领域,就产生了一门新的学科——教育管理学;将心理学的原理应用于教育领域,便产生了教育心理学。方法移植在教育领域上也被广泛使用,从而引起一些新课题、新学科的产生,如教育统计学、教育测量学、教育系统论等,就是分别将统计学、测量学及系统论的方法应用于教育领域而产生的新学科。

(原载于《教学与管理》,2002 年第 4 期。)

---

[1] 张大均.教学心理学[M].重庆:西南师范大学出版社,1997.

论中小学教学质量保障体系

中小学教育是基础教育,承担着培养学生的基础素质、夯实民族素质根基的任务。教学工作是中小学教育工作的中心,是保证中小学教育任务得以实现的"主战场"。中小学教学质量的高低,既制约着学生基础素质提高的幅度和民族素质根基的牢固程度,也会影响到我国"科教兴国"战略能否顺利实施以及实施的深度与广度。因此,建立中小学教学质量保障体系以保证中小学教学质量,应是当前我国中小学教育改革的一项重要任务。

然而,何谓中小学教学质量保障体系?依据什么理论来构建?如何构建?这些问题目前理论界还鲜有探讨。本文试图对这些问题做一些粗浅的解答,以就教于学界的专家、学者与同仁。

一、中小学教学质量保障体系的含义

保障是卫护事物的一种力量。保障作为卫护力量,起着维护、支撑的作用。顾名思义,中小学教学质量保障体系维护和支撑的对象当然是中小学教学质量。质量是指产品或工作的优劣程度。教学既是一种工作过程,也内在包含着这种过程的"产品"。因此,教学质量既包括教学工作质量(教师教授活动与学生学习活动的质量),也包括其"产品"质量(学生素质的高低)。教学"产品"是教学工作过程的结果,因而教学的"产品"质量取决于教学工作的质量,教学工作的质量则要通过"产品"的质量来体现。对教学"产品"——学生素质的高低优劣做出判断可依据不同的质量评判标准。根据我国中小学教学的实际,我们认为,对中小学教学质量进行评价,宜采用泰勒的达成目标标准。[①] 由于我国政治、经济、文化发展极不平衡,中小学教育水平地域差异巨大,为保证教学的基本质量,我国中小学基本上是采用统一的教学计划,开设统一的课程门类,使用统一的教学大纲,确定统一的教学目标。中小学的教学任务就是以实现各学科教学大纲所确定的教学目标为根本目的的活动。因此,教学目标的实现程度既是衡量教学工作质量高低的标准,也是评价教学

---

① 陈玉琨,沈玉顺.建立高等教育的质量保障系统[J].江苏高教,1996(2).

"产品"质量优劣的尺度。

依据布鲁姆的教育目标分类学及我国中小学教育目的的组成部分,笔者认为,中小学教学质量就是指在不增加学生课业负担,不违反学校卫生标准的条件下,教学工作达到德、智、体、美、劳诸学科教学大纲所规定的认知、情境和动作技能各方面教学目标的程度。这种目标的实现程度要通过学生身心素质的变化来体现。从系统论的观点看,教学是一个系统,既存在着系统内部诸因素的相互影响、相互作用,也存在着系统与环境之间的物质、信息和能量的交换。教学系统的"内因"与"外因"及其之间的相互作用,共同决定、影响着教学质量。

从教学系统的内部影响因素来看:教师的专业水平、教学水平和教学态度,学生的知识水平、学习能力和学习态度,教材难易与学生学习水平的切适程度以及教学所需要的基本物质条件等均是影响教学质量的重要因素。从教学系统的外部影响因素来看:领导者的办学思想、管理水平、敬业精神,后勤人员的工作能力、服务意识与服务质量、学校整体的办学条件、校园文化风貌等都是制约、影响学校教学质量的重要因素。

因此,中小学教学质量涉及学校工作的方方面面,决定于学校的每个工作部门及其中的每个人。

中小学教学质量保障体系,是指中小学教育管理者为维护和支撑教学质量,依据全面质量管理的基本原理及影响教学质量的众多因素,设置统一的组织机构,把教学质量管理的各个阶段和环节,学校各部门控制质量的职能和活动有机地组织起来,形成一个任务、职责、权限明确,互相协调、互相促进的体系。

二、构建中小学教学质量保障体系的理论基础

从管理学的角度看,构建中小学教学质量保障体系的理论基础是全面质量管理理论。全面质量管理的科学概念是由美国的费根堡姆和朱兰于20世纪60年代初提出的。随着全面质量管理理论在世界范围内的传播、应用和发展,其思想、原理和方法对于各国质量管理的理论研究和实际应用的指导价值已得到充分的证实。全面质量管理是当今世界质量管理最基本、最经典的理论。[①]

对全面质量管理的定义,目前存在着多种解释。在所有关于全面质量管理的定义中,《质量管理和质量保证——词汇》(ISO8402—1994)标准中的定义最为简

---

① 龚益鸣.质量管理学[M].上海:复旦大学出版社,2000.

洁和科学。① 该标准的定义是:一个组织以质量为中心,以全员参与为基础,目的在于通过让顾客满意和本组织所有的成员及社会受益而达到长期成功的管理途径。按此定义,全面质量管理强调一个组织必须以质量为中心来开展活动,注重提高组织全体人员的素质,调动组织中每个人的工作积极性,强调质量管理不是某个部门的事,而是要求所有部门都应施行质量管理。全面质量管理的基本要求可概括为"三全、一多样",即指管理的全员性、全过程性、全方位性和管理方法的多样性。② 尽管全面质量管理最初主要是适用于企业生产领域,其产品的质量标准、生产过程与中小学教学质量标准、人才培养过程存在着质的差别,但从管理的角度看,两者都存在着保障"产品"质量,提高质量管理工作的效率、效益等问题,在质量管理、质量保障方面,两者存在着一定的共性。正因为如此,企业的全面质量管理理论才可以应用于中小学教学质量管理领域。

另一方面,面对教学质量众多的影响因素,构建中小学教学质量保障体系也必须基于全面质量管理理论,才能取得应有的实效。基于全面质量管理理论构建中小学教学质量保障体系,必须满足全面质量管理的"三全、一多样"的要求,即中小学教学质量保障体系的构建,必须满足质量管理的全面性、全员性、全过程性和管理方法的多样性要求。教学质量管理的全面性,是指管理要以教学质量为中心,对教学、后勤各部门都要实施质量管理,控制各种影响教学质量的因素,调动一切积极因素,发挥所有人、财、物的作用。教学质量管理的全员性,则是指全校的所有人员,包括领导、教师、职工乃至学生都要关心并积极参与学校管理。在各自做好自己的本职工作的同时,为管理工作出谋划策。教学质量管理的全程性,则是指质量管理不能只是关注各项工作的结果质量,而应关注各项工作的过程质量,强调工作的每一环节都要符合预定的目标,重视预防在质量保障中的作用,做到防患于未然。

三、构建中小学教学质量保障体系的具体措施

(一)构建中小学教学质量保障体系,须建立完善的质量管理机构

中小学要构建教学质量保障体系,首先必须建立完善的管理组织机构。管理

---

① 龚益鸣.质量管理学[M].上海:复旦大学出版社,2000.
② 安心,等.试析高等教育质量保证的若干问题[J].高等教育研究,1998(6).

组织机构的建立既要依据全面质量管理的基本原理,又要考虑影响教学质量的一些核心因素。根据我们的理解,中小学教学质量管理机构应包括以下几个方面。

(1)学校质量管理委员会。该委员会的主要管理者为学校的校长、副校长,其职能是领导、监督学校的教学工作质量保障机构和服务工作质量保障机构的各项工作。

(2)学校教学工作质量保障机构。该机构包括两个管理组织:教务处和年级教研组。教务处的主要管理者有教学副校长和教务主任,指导、监督、协调各年级教研组的工作。年级教研组由年级教研组长、班主任和教师代表构成,负责指导、监督各科教师的备课、上课、课后辅导等方面的工作。教务处和年级教研组共同承担保障教师教学工作的质量。

(3)服务工作质量保障机构:包括总务处和各服务部门管理组织。前者由后勤副校长和总务主任构成,指导、监督各服务部门开展工作;后者包括各部门的负责人和职工代表,负责各部门人员的服务工作。教务处和服务部门管理组织,所保障的是服务人员的工作质量。

以上三个机构既存在着上下组织的隶属关系,也存在着同级组织的横向交流;既存在着各种信息的上传下达,也存在着信息的反馈与沟通。三者相互联系、相互作用,共同构成中小学教学质量保障体系的组织机构,其简图如图1所示。

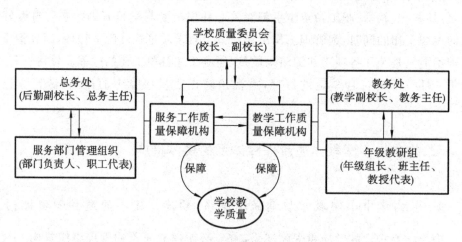

图1 中小学教学质量保障体系的组织机构

（二）构建中小学教学质量保障体系，须完善各项质量管理制度

规章制度是学校领导、师生员工必须遵循的"硬约束"，是强化质量意识、明确工作规范的必要手段，是保证工作质量、实现教学质量目标的有效措施。完善各项质量管理制度，就是要建立和健全学校的各项工作制度、责任制度、管理和奖惩制度。通过各种制度的建立，使学校的各项工作规范化，做到依法治校、依法管校，使维护工作质量成为每个人的自觉行为，使保障教学质量成为全体师生员工共同的行为准则。各项制度的建立，最终达到"职责到位，任务到人""有法必依，执法必严"，使学校各项管理制度落到实处，发挥应有的作用。

（三）构建中小学教学质量保障体系，须制定科学的工作质量标准

质量标准既是展开工作的依据，也是评价工作优劣的尺度。中小学教学质量决定于领导管理工作、教师教学工作及后勤员工服务工作的质量。因此，质量标准应包括管理人员的管理工作质量标准、教师教学工作的质量标准及后勤人员的服务工作质量标准。各种工作质量标准应科学合理、明确具体。只有科学合理的标准才能调动领导、师生员工的工作积极性、主动性；只有质量标准明确、具体才能易于操作，对各项工作真正起到引导作用。因此，科学的质量标准应适度、合理、明确。在制定科学的工作质量标准的同时，还应制定相应的评价制度，由学校质量委员会、教学工作质量保障机构和服务工作质量保障机构定期对其管理对象进行评估，并把评估的结果及时反馈给相关人员，以便他们改进自己的工作，提高自己的工作质量。

（四）构建中小学教学质量保障体系，须重视人的素质的提高

尽管影响中小学教学质量的因素众多，既有管理因素、工作因素，也有物的因素、人的因素，但"人"是众多影响因素中的核心因素。物的因素要靠人去控制、去管理；教学工作、服务工作、管理工作的主体是人。离开了人的积极性、主动性，各项工作便难以取得满意的结果，教学质量也难以获得有效的保障。因此，构建中小学教学质量保障体系，必须高度重视人的素质的提高。思想是行为的先导，人的素质的提高，首先就要形成正确的质量意识。质量管理制度和工作质量标准作为外在的"硬约束"要发挥应有的作用，必须以"内约束"——质量意识的形成作为条件。

因此，必须坚持不懈地有计划、有针对性地对全校领导、师生员工进行质量意

识的教育与培训。通过质量意识的教育和培训,创造出一种厚重的质量文化氛围,使"质量第一,服务至上"的意识深入人心,成为学校每个人的工作指南和行为追求。在质量意识的教育与培训的过程中,领导者要以身作则,发挥模范带头作用。因为领导对学校的其他成员往往会产生示范效应、威望效应和权力效应。[①]

(原载于《辽宁教育研究》,2002年第4期,与郭浩、李炎清共同撰写。)

---

① 李伯亭.浅论质量文化:兼谈建设有中国特色的质量文化[J].中州学刊,1993(3).

论高师院校的办学特色

随着我国社会主义市场经济的深入发展,市场经济运行机制对高师毕业生的就业和招生及办学资源的配置等方面,均会产生深刻的影响。同时,高校办学主体地位的确立并作为法人直接面向社会办学,高校之间在生源及其他办学条件等方面的激烈竞争。高师院校同其他院校相比,面临的竞争更加激烈:既面临着与同类院校之间的竞争,也面临着与办有师范专业的综合性大学之间的竞争。面对日益激烈的竞争,高师院校的出路何在?优胜劣汰,适者生存。在竞争日益激烈的情况下,高师院校必须以办出特色来满足社会的需要,以特色求生存的发展。

一、什么是高师院校的办学特色

对于办学特色,学界至今没有公认的界定。有的论者只是对其所包括的内容进行了详细的说明,没有揭示其内涵;有的只从主观意义上谈特色化;更多的是干脆把它看成是约定俗成,且心照不宣、不必界说的概念。

《汉语大辞典》对特色的定义是:事物表现出的独特的色彩、风格等。依此定义,独特性是特色的基本属性。但事物的独特性可以表现为正、反两个方面,如历史上中国的女子裹小脚,是其他国家没有的现象,照此理解应看作是中国的特色,只是一种消极的、应废弃的特色。为避免概念使用上的混乱,有人提出把特色分为广义和狭义两种。① 广义的特色是个中性词,包括正、反两个方面;狭义的特色是褒义词,专指正面。其含义为事物独特的出类拔萃之处,"事物的独胜处曰特色,言其特别出色也"②。这种理解包含着特色的另一规定性,即质优性。因此,狭义的特色是事物独特性与质优性的统一所表现出来的整体风貌。人们通常也是在这个意义上使用此概念。

高校办学的涉及面非常广泛,包括学校管理、教育教学、科学研究、社会服务、校园文化建设等方面,这些方面均可以体现为独特性与质优性的统一而成为特色。

---

① 孙孔懿.学校特色论[M].北京:人民教育出版社,1998.
② 孙孔懿.学校特色论[M].北京:人民教育出版社,1998.

但就其主要方面而言,应体现在学生素质、教学、科研及社会服务等几个方面,核心是体现在人才素质上。因为高等学校以培养人为根本,以教学、科研,为社会服务为三大基本任务。① 因此,高校办学特色是指高校在人才培养、教学、科研及社会服务等诸方面的独特性与质优性的统一而呈现出的面貌。

高师院校的办学特色,一般的理解是"师范性"。这种理解有其合理,它体现了"类"的特性,使师范类院校与非师范类院校相区别。正是"师范性"体现了高师院校的"类"的社会存在价值,获得了与其他类院校共存于社会的基础。但这种理解忽视了同类院校之间的独特性与质优性。事实上,在"师范性"确定的前提下,同类院校之间的独特性与质优性,即个体的特色,是其获得竞争力的资本。因此,师范院校的办学特色,不能只是体现"师范性",还要在"师范性"的前提下体现个体的独特性与质优性。

"师范性",从高校办学涉及的几个主要方面去理解,可概括为以下几个方面:以为中小学培养合格的师资为培养目标;强调开设教育理论课程和教育实习课程;主要是进行教育科学研究;为社会提供的是与教育有关的服务。例如,为中小学培训师资,为中小学解决教育问题提供咨询等。

对质优性与独特性,我们往往从其表现形式上去加以理解。独特性表现为人无我有;质优性表现为人有我优,人优我精。

基于上面的理解,我们可把高师院校的办学特色确定为:独特、质优的师范性。

二、高师院校形成自己办学特色的必要性

(一)办出特色是我国当前中小学的现实需要

我国地域辽阔,各地经济、文化发展极不平衡,各地中小学的发展基础、存在的问题各不相同,因而他们对高师办学上的需求也存在着很大的差异。例如,在对高师生素质的要求上,城市中小学和农村中小学的侧重点就可能不一样。城市中小学的办学条件、发展基础比较好,往往对学生的学历层次、科研等方面的能力要求较高。农村中小学一般办学条件及发展基础较差,往往较注重学生的教学基本功和敬业精神。尽管以上诸方面的素质都应该是每个高师生都具备的,也是每所高师院校都应该培养的。但各校的条件不同,可以各有侧重,形成自己的特色,以满

---

① 周济.以改革求发展,以特色创一流——在华中理工大学1997年庆祝教师节大会上的发言[J].高等教育研究,1998(1).

足不同中小学的不同需求。

（二）办出特色是高校自身生存和发展的需要

我国的高师院校，长期以来是以适应计划经济体制为根本特征，办学的大小事宜都以政府主管部门的文件，指示为依据，学校几乎无办学自主权。学校的人、财、物都由政府按计划进行配置，毕业生也由政府调配，高校直接对政府负责。完成政府下达的人才培养计划是高校办学的首要任务，也是评价高校工作优劣的基本根据。[①] 高校客观上不存在办出特色的需要。随着经济体制的转变和高校办学自主权的确立，高校尤其是同类院校之间的竞争日益激烈。高师院校还要与办有师范的综合性大学展开竞争。后者往往在办学条件、教师整体素质和生源素质等方面优于一般师范院校，师范院校在竞争中自然处于劣势。

就师范院校类内部来看，既有综合性大学，也有一般的师范学院和专科学校。各校的起点不同、办学经验、教师素质、生源素质以及环境条件等方面也存在着差异。这就意味着各个院校不是处于同一竞争起跑线。尽管师范院校内部也有较好的综合大学，他们似乎不存在生存问题，但在竞争日益激烈的今天，不进则退。因此，对他们来说存在着一个发展问题。对多数处于竞争劣势的高师院校而言，必须办出特色。通过自己的特色，满足社会的不同需要，获得自己的生存空间。因此，办出特色是高师院校生存和发展的需要。

三、高师院校如何形成自己的办学特色

（一）知己知彼，构建特色目标

明确高校办学的需要，特色目标的构建才有现实的针对性，目标自身才是真正的价值。脱离社会需要所构建的目标是没有意义的。了解兄弟院校的办学情况，可以把握他们办学上的优势与劣势，自己构建的目标才能避实就虚，避免彼此在特色方面的冲突。

"知己"，就是了解本校的现状，分析自己的长处与不足。"知彼"只能弄清自己应该办出什么特色；"知己"才能知晓自己能够在哪些方面有所作为。

在知己知彼的基础上，制定出可行的特色目标。目标的内容，既要突出"师范性"，又要体现自身的独特性与质优性。南京师范大学的办学目标，就较充分地体

---

① 胡建华.大学办学个性化的内涵、必要性及条件[J].高等教育研究,2001(1).

现了这"三性"。用他们的话说,就是体现为"一、二、三、四、多"。"一"就是争创一流水平,即师资水平一流,教育质量一流,科研成果一流,办学效益一流;"二"就是将南京师大建成两个基地,即高层次、高质量的人才培养基地;"三"是立足基础教育,兼顾成教、职教,以师为本,三教兼顾;"四"是培养高级学科教学人才、高级教育管理人才、高级科学技术人才以及社会急需的其他高级人才等人才;"多"就是形成多元化、多样化的办学体制和办学格局。①

目标的制定,应充分发扬民主,尽可能让教职工参与制定过程。这样既可以利用集体的智慧,避免不必要的失误,也能让教职工理解目标,并得到他们的拥护和支持,使目标的实现有较好的群众基础。

(二)明确重点,兼顾一般

在特色目标确定的前提下,要依据目标明确学校工作的重点。特色目标的实现往往涉及学校多方面的工作,但众多的方面对目标实现的作用各不一样。在这种情况下,就需要抓住实现目标的关键因素,将其作为学校的重点。

有所不为才能有所为。一所学校的财力、物力、人力总是有限的,只有集中力量解决问题,才有可能取得突破。面面俱到"撒胡椒面"的做法只能浪费人力、物力和财力。另外,突破重点可以以点带面、推动全盘。例如,一所学校的教育学科能取得较大的突破,就可以带动全校的教育科研工作,推动不同专业的学科教学论的发展,进而提高全校教师的教育教学水平,提高学生的教育素养。

重点突破,不宜孤军奋战,必须兼顾一般。学校是一个整体,教学、科研与管理诸方面的工作相互影响,相互制约。只搞教学,不抓科研,教学水平即便提高也相当有限;只抓科研不抓教学,教学质量将会受影响,学生的质量就得不到保证,甚至危及学校的生存,科研也就失去意义;管理水平不提高,教学、科研上的突破也会受到制约。因此,学校在明确重点,突破重点时,必须兼顾一般。

(三)巩固定型,形成特色

整个宇宙,除了生成和灭亡的不断过程,无止境地由低级上升到高级的不断过程,什么都不存在。② 学校办学特色的形成,也是从低级到高级,不成熟到成熟的发展过程。突破重点,带动一般只是意味着学校特色的初步形成,须经过不断的巩固、定型。

---

① 陈松涛,等.学科建设:新型高师发展的龙头[N].中国教育报,1995-04-27.
② 孙孔懿.学校特色论[M].北京:人民教育出版社,1998.

巩固定型的关键是建立院校的自我评估机制。院校要有专门的评估机构,定期依照特色目标进行自我评价,不断发现问题和解决问题,使已初步形成的特色不断得到巩固。

(原载于《湖北师范学院(哲学社会科学版)》,2002年第1期。)

成人高考失范问题探究

成人高考作为一种人才选拔制度，曾经为我国的成人高校选拔了大量的合格学生。但随着社会上文凭热的"升温"和拜金主义的泛滥，成人高考中的失范行为屡有发生，且呈日益严重的态势。这种现象如果不加以整治而任其泛滥，就不利于成人高等教育的良性运行和发展。因此，有必要对该问题进行探究，并寻求解决问题的有效对策。

一、成人高考失范及其主要特征

失范概念最先由法国社会学家杜尔凯姆（又译迪尔凯姆、涂尔干等）提出，后来美国的社会学家默顿对这一概念进行了修正和发挥。默顿把失范解释为"规范的缺席"，即人们对现存的社会规范缺乏广泛的认同，从而使社会规范丧失了控制人们行为的权威和效力。成人高考作为一种人才选拔制度，为保证给广大的考生提供一个公平的竞争环境，为成人高校选拔出合格的学生，必然存在着一套制约巡视人员、监考人员和考生的行为规范。成人高考失范指的是用以制约巡视人员、监考人员和考生的行为规范因合法性和权威性的丧失，难以对相关人员的行为起到真正的制约作用。成人高考失范的典型表现就是考场作弊。

虽然自隋唐兴办科举制度以来，考场上的作弊现象时有发生。然而，目前成人高考中的作弊行为同过去的作弊方式相比，则更具特点，也更为严重。具体表现在以下几个方面。

（一）作弊主体的多元化

考场中的作弊主体不只是限于考生个人，还包括考生与监考人员合作的作弊联合体，甚至扩展到包括考生、监考人员及招生单位在内的、彼此串通作弊的"作弊集团"。

（二）作弊形式的多样化

考场上夹带、抄袭者有之；雇用"枪手"者有之；考生与"枪手"同场，交卷时互换姓名者也有之……可谓五花八门、应有尽有。

（三）作弊空间的扩大

随着招生单位、监考人员与考生之间的作弊联合体、作弊集团的形成，现代化通信工具的普及，招生考试中的作弊空间已不仅仅限于考场。既有场内考生借助监考人员与场外的招生单位或"朋友"的里应外合，也有场外人员运用现代化通信工具对场内考生的遥控指挥。

尽管上述现象在成人高考中并不普遍，只是存在于个别地区的考场之中，但是，它造成的影响则是极为恶劣的：既败坏了成人高考的考风，降低了学校的生源质量，也影响了成人高考的社会形象，并给成人高等教育带来了一系列的负面效应。

二、成人高考失范的根源

成人高考失范现象的产生，原因是多方面的：既有社会政治、经济、文化方面的原因，也有成人高考所涉及的巡视人员、监考人员、考生等有关人员自身方面的原因。不过，我们认为制度的供给不足是导致成人高考失范的深层次的主要原因。

按照西方新制度经济学的解释，制度指的是一种行为规则，涉及社会、政治及经济行为。制度分为正式制度和非正式制度。正式制度是指通过国家或某种组织规定的法律、法规、规章等。非正式制度是指被社会认可的，人们在交往中形成的道德规范、价值观念等。制度的作用是通过一系列的规则来规范人们的行为，以保障社会或组织的有序运行。制度的供给不足，就容易导致人们的行为失范。

成人高考中的制度供给不足，主要包括以下几个方面。

（一）制度的绝对供给不足

制度的绝对供给不足是指为保障组织的有序运行，实现组织目标所必需的制度的缺席。制度的绝对供给不足，意味着人们的行为没有规矩、没有约束，人们的行为好坏优劣缺乏判定的依据。在无规范可循的情况下，人们的行为就容易失范。在成人高考中，尽管存在巡视员巡视制度、监考人员的监考规范、考生的考场规则等，但是，仍然存在着一些制度的缺位，如缺乏对巡视人员、对考场所在教育主管部门、对考场所在考点等监管制度。成人高考中一些考场中的舞弊行为之所以严重，正是考点管理松懈，巡视人员巡视不力，考场所在教育主管部门不重视造成的。正是这些制度的缺位，相关人员的行为失去约束，导致考场管理混乱，使作弊者有机可乘。

（二）制度的有效供给不足

制度只有能够有效地运行、落到实处，才能对人的行为起到真正的规范制约作用，否则，制度只不过是一种形式上的存在。制度的有效供给不足，是指制度在形式上存在，但由于缺乏有效的运行机制难以落到实处。成人高考中无论对考生、监考人员等都制定有相应的规则，但由于对违规者的监控不力、惩罚不到位，使相关的制度实际上被悬置。制度的实质精神难以落实，无法对人的行为起到真正的规范和制约作用。

（三）社会缺乏强有力的正确的道德价值观念的导引

由于我国尚处于计划经济向市场经济转轨时期，旧的道德价值观念被废除，新的道德价值观念尚未确立，社会缺乏一致的、强有力的、正确的道德价值观的导引。相反，市场经济的一些特有的价值观念却对人们的思想和行为产生了巨大的影响，带来了一些负面效应。例如，利益最大化、等价交换等观念是市场经济有别于自然经济和计划经济的特有的价值观念，这些观念应用于经济领域，可以促进商品经济的发展，提高社会生产力和人民的生活水平。但是，将这些本属于经济领域的价值观念无原则地引入成人高考，就会导致招生考试中的钱权交易（招生单位或考生通过花费金钱来谋取作弊的特权）等失范行为的产生。

三、成人高考失范的治理对策

整治成人高考失范的主要策略在于制度创新。市场经济条件下的个性是自己的最佳利益判断者，他们从事的活动都得考虑预期收益大于预期成本。当法规不完善、不健全、个体预料违约成本小于守约成本时，就有可能置诚实信用于不顾，做出各种违规行为。基于成人高考制度不健全的现实，有必要进行制度创新。

（一）在正式制度方面，应加强、完善成人高考的相关法规及其落实机制

成人高考失范，归根到底是巡视人员、监考人员、考生及相关人员的行为失范。因此，克服成人高考失范，就应加强法制、规范建设，为相关当事人提供一个强制性的规约。一方面应建立相关的制度，如考场所在地的教育主管部门的责任制度，考场所在考点的责任制度、巡视人员、监考人员的责任制度等。通过责任制度的建立，使相关人员明确各自的权利和义务；另一方面，对已有的考场规则应进一步完善，使之更细致、周密。

在加强、完善成人高考相关法规建设的同时，也应加强其落实机制的建设。从历史上看，我国主要是一个"人治"国家，人们的法律意识普遍不强。受这种传统的影响，我国的执法同立法相比，执法更难。因此，加强成人高考相关法规的落实机制建设，在当前更显必要。法规落实机制建设的核心是监控机制和惩罚机制的建设。通过两种机制的建设，使违规者感到无机可乘，且违约成本远远高于守约成本。这样，法规的尊严才能真正确立，法规才能落实到位。

（二）在非正式制度方面，应确立与社会主义市场经济相适应的道德价值观

尽管法规、制度是协调和控制人的行为，调整社会关系的主要规范，但是，法规和制度的作用不是万能的。成人高考中并不是不存在任何规范。考场规则之所以得不到遵守，固然有规范落实的监控机制和惩罚机制不完善的问题，也存在规范、制度自身固有的局限性问题。一方面，法规、制度要起作用，离不开正式的社会控制机构。社会控制机构的工作人员（如考场巡视人员、监考人员）也总有人所共有的局限（能力及品行上的），这就使得法规、制度再完备，执法者也难以做到万无一失，绝对公正；另一方面，任何法规、制度对人的行为约束主要是他律，即主要是通过外在的力量起作用。这就可能导致有的人在现有的规范、制度范围内根本无法达到个人目标，而当违背法规、制度所获得利益大于可能付出的代价时，有的人就有可能置法规、制度于不顾。因此，仅靠法规、制度等外在的他律制约，无法从根本上制止成人高考中的失范行为。

因此，在加强、完善成人高考相关法规、制度的同时，还须确立与社会主义市场经济相适应的道德价值观。如倡导在公平的竞争环境中，在遵纪守法的条件下，追求利益的最大化，实施等价交换的原则等。用正确的道德价值观，导引、规范巡视人员、监考人员、考生及相关人员的行为，提升他们的道德素质，用道德的力量来防止他们的行为失范。道德有一个不同于法规、制度的重要特征，即道德的自律性，道德对人们行为的调节主要诉诸人的内在道德精神。个人所具有的道德精神能够促使或引导人们自觉遵守法规和制度。个人道德精神的形成需要正确的道德价值观的导引和内化。面对经济转轨时期多元的道德价值冲突，形成与社会主义市场经济相适应的道德价值观，对整治成人高考中的失范行为无疑有着深远的意义。

总之，整治成人高考中的失范行为，既要重视正式的制度建设，也应重视非正式制度的道德价值观的确立。通过"软"和"硬"两种制度的建设，发挥自律与他律两种约束机制的共同作用，成人高考中的失范行为才可望得到有效的整治。

（原载于《职教论坛》，2002年第9期。）

高校函授教育失范的表现、根源与对策

我国高校函授教育自20世纪80年代开办以来,确实为国家培养了大批合格的急需人才。但是,目前我国高校函授教育在招生、教学、管理等方面的失范现象却日益严重,如果任其发展,高校函授教育将因无法为社会培养合格的人才而丧失其合法地位。因此,为保证我国高校函授教育能够正常进行,就必须对高校函授教育中的失范问题进行认真研究和清理。

一、高校函授教育失范的主要表现

(一)招生考试中的作弊现象严重

目前,高校成人招生考试中的作弊行为同过去相比更为严重,具体表现在以下几个方面。

1. 作弊主体的多元化

考场中的作弊主体不只限于考生个人,还包括考生与监考人员合作的作弊联合体,甚至扩展到包括考生、监考人员及招生单位在内的,彼此串通作弊的作弊集团。

2. 作弊形式的多样化

考场上抄袭者有之,雇用"枪手"者有之,考生与"枪手"同场,交卷时互换姓名者也有之,可谓应有尽有。

3. 作弊空间的扩大

随着招生单位、监考人员与考生之间作弊联合体、作弊集团的形成,现代化通信工具的普及,招生考试中的作弊空间已不仅仅局限于考场,既有场内考生借助监考人员与场外的招生单位或"朋友"的里应外合,也有场外人员运用现代化通信工具对场内考生的遥控指挥。尽管考场中的作弊现象在整个高校函授招生考试中只占少数,但它败坏了高校函授招生考试的风气,严重损害了高校函授教育的社会形象。

（二）办学方向上的向"钱"看

高校函授教育作为社会主义高等教育的一个有机组成部分,应同普通高等学校一样,遵循党的教育方针,为社会主义现代化建设服务,培养德、智、体、美全面发展的高级专门人才。然而,不少高校的函授教育已背离了社会主义高等教育的办学宗旨和方向,过分追求办学的经济效益,忽视办学的社会效益,甚至把函授教育作为学校增加计划外收入、提高教职工福利的创收渠道。为达到创收的目的,不少学校不顾自身的办学条件和管理能力,盲目扩大招生,扩大办学规模。其结果只能是以数量取代质量,以局部短期的经济利益损害社会的长远利益。

（三）函授教育只"授"不"函"

要保证函授教育的教学质量,就必须重视每个教学环节的作用。但不少学校的函授教育为节省开支,仅重视面授和考试两个环节,对贯穿于函授教育过程始终的自学环节没有给予应有的重视,既无自学提纲、自学指导用书、自学进度安排,也无自学检查和评价。不仅如此,函授教育的其他环节,诸如辅导、答疑、定期实验、实习等环节也基本上流于形式。只"授"不"函"的教育,事实上已丧失了函授教育的质的规定性——函授。

（四）教学管理混乱

教学管理混乱集中体现在以下几个方面。

1. 随意更改教学计划

教学计划体现了国家对高校函授教育的统一要求,是办学的基本纲领和重要依据,然而,不少高校的函授教育随意删减面授课程门类,尽可能压缩面授课程的教学时数。

2. 教师聘任中的任人唯亲

一些高校,尤其是高校的地方函授站,在聘请教师时,不是看教师能否胜任所授的课程,而是看教师与自己关系的亲疏程度,导致不少教师难以胜任教学工作。

3. 日常教学管理流于形式

"自学为主,面授为辅"的函授教学,日常教学管理应抓好自学、考勤、考试。但是,不少高校函授教育的自学是放任自流,考勤松懈,考试只是走过场。教学管理混乱,难以保证正常的教学秩序,更无法确保教学质量。

二、高校函授教育失范的根源

高校函授教育失范现象产生的原因是多方面的,但我们认为,制度的供给不足是导致高校函授教育失范的主要原因。

高校函授教育中的制度供给不足主要包括下列几个方面。

(一)制度的缺席,即相关制度的绝对供给不足

制度缺席使各种失范行为的产生成为可能。就高校函授教育的情况来看,虽然国家已颁布了《高等教育法》等法规,但至今还未出台规范高校函授教育的成人教育法。由于高校函授教育有其自身的特殊性,《高等教育法》难以规范高校函授教育的许多重要方面。因此,一些高校的函授教育在办学宗旨上偏离了社会主义高等教育的办学方向,却难以得到有效整治。此外,高校函授教育还缺乏一套科学合理的教育教学质量、教师函授教育教学质量评价及奖惩制度,结果是学校办好办坏一个样,教师教好教坏一个样。这就难以规范办学主体和教师的行为,也难以调动他们办好函授教育、提高教学质量的积极性。

(二)制度的悬置,即相关制度的有效供给不足

高校函授招生考试中有明确的考场规则,学校函授教育中有明确的教学计划,教师的教学中有相应的教学规范,学校的教学管理中也有明确的管理规章,但这些制度由于缺乏有效的运行机制,实际上只是处于被悬置状态。制度难以落实,也就无法对人的行为起到真正的规范和制约作用。

(三)缺乏强有力的、正确的道德价值观念的引导

市场经济的一些特有的价值观念给人们的思想和行为带来了一些负面影,如利益最大化、等价交换等观念,这些观念应用于经济领域,可以促进商品经济的发展,提高社会生产力和人民的生活水平。但是,这些本适用于经济领域的价值观念被一些人无原则地引入高校函授教育领域,就导致以上列举的诸多失范行为的产生。

三、高校函授教育失范的治理对策

市场经济条件下个体最大获利的判断者是自己,他们从事的活动都得考虑预

期收益是否大于预期成本。当法制、规范不完善、不健全,个体预计违约成本将小于守约成本时,就有可能置诚实、信用于不顾,做出各种违规事情。因此,针对因法规、制度跟不上时代的发展而引起的高校函授教育失范的现实,有必要进行制度创新。

（一）应加强法律、法规及其落实机制的建设

高校函授教育失范,归根到底是办学主体、教师、学生及相关人员的行为失范。因此,克服高校函授教育失范离不开健全的教育法律、法规建设,以明确当事人的权利和义务,为他们提供一个强制性的法规。根据目前我国高校函授教育法律、法规的建设实际,我们认为,国家应尽快建立成人教育法,将高校函授教育纳入法制轨道,依法治校、依法治教;政府教育行政部门,应加强高校函授管理制度建设,建立高校函授教育质量评价及奖惩制度;高校函授教育应加强教学管理制度建设,建立和完善教师教学质量评价及奖惩制度、教师聘任制度等。此外,还应加强法律、法规的落实机制建设,使法规、制度能够真正落到实处。

（二）应建立与社会主义高等教育相适应的道德价值观

尽管法律、法规、制度是协调和控制人们的行为,调整社会关系的主要规范,但法律、法规和制度的作用不是万能的。高校函授教育在招生考试、教学及管理中的种种失范行为,并不都是由于没有相应的规范,也存在有规范、制度自身固有的局限性问题。一方面,法律、法规和制度要起作用,离不开社会控制机构。社会控制机构的工作人员也总有人所共有的局限性(能力及品行上的),这就使得法律、法规、制度再完善,执法者也难以做到万无一失、绝对公正。另一方面,高校函授教育相关的法律、法规、制度对人的行为约束主要是他律,即主要是通过外在的力量起作用。这就可能导致当人们在现有的法律、规范、制度范围内根本无法达到个人目标,而违背法律、法规、制度所获得收益大于可能付出的代价时,人们就有可能置法律、法规、制度于不顾。

因此,仅靠法律、法规、制度等外在的他律制约是难以根除高校函授教育领域中的失范行为的。要从根本上制止高校函授教育中的失范行为,除建立相关的法律、法规、制度外,还须树立正确的价值观,并用它来引导、规范办学主体、教师、学生等的行为,提升他们的道德修养,用道德的力量来防止他们的失范行为。

总之,整治高校函授教育的失范行为,既要重视制度及相应的保障机制的建设,也应重视非制度的价值观的建设。通过"软"和"硬"两种制度的建设,发挥自律

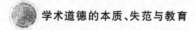

与他律两种约束机制的共同作用,相信高校函授教育中的种种失范行为最终能够消除,并能够步入良性运行的轨道。

(原载于《北京教育(高教版)》,2002年第4期。)

研究生学术道德失范:行为表现、教育根源与治理对策

近年来,受社会上不良之风的熏染,研究生中的学术道德失范现象时有发生。研究生是我国未来学术科研事业的接班人,对研究生中日益严重的学术道德失范行为必须予以有效的整治,否则将导致我国的学术发展后继无人,科教兴国战略也将难以实施。对于如何整治研究生中的学术道德失范行为,不同的论者有着不同的看法。笔者认为,必须提升研究生的学术道德素质,同时,研究生教育是提升研究生学术道德素质的主要阵地,研究生日益严重的学术道德失范必然有着教育上的根源。因此,通过分析导致研究生学术道德失范的教育根源,据此提出相应的治理对策,不失为一种有效的研究策略。

一、学术道德失范的概念

要理解学术道德失范的概念,首先要明确学术道德的概念。"学术"一词,不同的学者有不同的理解。梁启超认为:学也者,观察事物而发明真理也;术也者,取所发明之真理而致诸用者也。① 不难看出,梁启超是将"学""术"分别理解为理论研究和应用研究。当代也有论者持与梁启超相似的观点,如倪梁康教授认为:学术主要指学问,用较西方化的术语来说,大多是指科学研究。② 我们也倾向于将学术理解为科学研究(包括自然科学研究和社会科学研究)。这样,我们就可以将学术道德理解为科学研究道德。道德是一定的社会或阶级依靠社会舆论、习惯系统、教育力量和人们的内心信念,调节人与人之间、个人与社会集体之间关系的行为准则和规范的总和。③ 道德涉及的主要是人与人、人与社会、人与自然的关系问题,其主体只能是人。科学研究本身是一种活动,不能构成道德关系,形成道德问题。只有从事学术研究活动的主体人,才有可能在研究活动的过程中或通过活动的结果与他人、与社会、与自然构成一定的关系,需要运用一定的原则、规范来进行调节,从

---

① 邓九平.谈治学[M].北京:大众文艺出版社,2000.
② 倪梁康.学术与思想:是否对立及如何对立[J].学术月刊,2001(10).
③ 朱作仁.教育辞典[M].南昌:江西教育出版社.1987.

而产生道德问题。因此,学术道德概念的质的规定性必须通过学术研究活动的主体人来体现。但是,学术道德并不完全等同于学术主体的道德。作为从事学术研究活动的主体,不只是从事学术研究活动,他还是一个社会人,承担着多种社会角色。因此,学术道德只能是从事学术研究活动的主体的道德的一个方面,体现于他在从事学术研究活动的过程及结果中所应处理的与他人、与社会、与自然的关系之中。基于上述理解,我们认为,学术道德就是指从事研究活动的主体在进行学术研究活动的整个过程及结果中处理个人与他人、个人与社会、个人与自然关系时所应遵循的行为准则和规范的总和。

失范(anomie)一词,最初是由法国社会学家杜尔克姆所使用。按照杜尔克姆的解释,失范"是指一种无规范状况,或者是社会准则的缺乏和含混不清"[1]。美国社会学家墨顿根据美国社会失范的实际,对杜尔克姆的失范概念的内涵进行了修正和发挥。墨顿在阐述失范概念时引入了两个重要的因素,即文化目标和制度化手段。文化目标是指社会依据它的规范体系认定某些社会事物是值得存在的,有价值的东西;制度化手段是指被社会认可为合法地获得文化目标的方式[2]。墨顿认为,当个人以正当手段去实现正统目标时,个人行为是符合社会要求的;当目标与手段不一致时,失范行为即出现了。根据目标与手段不一致的情况,墨顿列举了四种不同的失范行为,"它们分别是创新、形式主义、退却主义和造反"[3]。从杜尔克姆和墨顿对失范的理解来看,两人看待问题的视角是不同的,杜尔克姆将失范视为社会规范的一种存在状态,墨顿则着眼于人与社会规范的关系。

本文准备采用墨顿看待失范问题的视角,从人与社会规范关系的角度来解释失范,但不拘泥于墨顿对失范概念的理解。根据我国的实际,我们将学术道德失范理解为:学术人用不符合学术道德规范的手段来实现自己的文化目标(职称、金钱、学位等)。

二、研究生学术道德失范的主要行为表现

完整的科研过程包括课题申请、课题评审立项、课题研究、成果发表和评价等阶段。从整个学术界来看,学术道德失范行为在各阶段都会发生,研究生由于很少参与课题申请及课题立项,故其失范行为主要表现在课题研究和成果发表两个阶

---

[1] 杰克·D.道格拉斯,等.越轨社会学概论[M].张宁,等,译.石家庄:河北人民出版社,1987.
[2] 郑杭生.社会学概论新修[M].北京:中国人民大学出版社,1994.
[3] 庞树奇,范明林.普通社会学理论新编[M].上海:上海大学出版社,1998.

段,具体有以下几种行为表现。

(一)伪造和修改实验数据

这类失范行为在研究生中较为普遍。有人曾对博士生进行了一次问卷调查,其中一题是:在学位论文的实验中,因时间紧迫,修改一下实验数据可以拿到学位,而按事实可能拿不到学位,你想改还是不改?① 结果想改的人数占总调查人数的33%。如果考虑到对这种涉及个人声誉问题的回答的人为的掩饰性,我们有理由相信,实际的情况要比这一调查结果严重得多。据某著名大学一工科博士生反映,他所在实验室的博士生伪造和修改实验数据的现象相当普遍,以致该实验室的博士生不愿看、也不敢看自己实验室中的同学在期刊上发表的文章,以免被其误导。如果在报刊上发表的文章尚且如此,那么,在涉及自己切身利益,关系到自己能否拿到学位的学位论文中,伪造和修改数据的严重程度就可想而知了。

(二)抄袭剽窃他人的研究成果

研究生中抄袭剽窃他人论文成果的形式多种多样:或全文或部分照抄他人的作品;或将同一类型的几篇文章进行剪辑、组装;或对原文的题目或小标题稍加改动;或将外文翻译过来略加整理,如此等等。据有人调查,54%的研究生在第一篇论文完成过程中,有"剪刀加糨糊"的拼凑行为,而硕士生所占的比例比博士生更高。② 笔者就亲眼看见过一家颇有影响的学术期刊的编辑,查实、核准该期刊中发表的一篇文章属于严重剽窃之作的全过程,该文只是对原文的大小标题稍加变动,论文的框架甚至语言也少有变更。剽窃者竟是南方某名校的博士后流动站人员。研究生中能够被发现的这类剽窃、抄袭者毕竟是少数,更多的是逍遥法外,无人知晓。布劳德和韦德曾估计,每一个大作弊者被揭露出来,就会有一百多个类似的大作弊者逍遥法外,而每发生一起大作弊,就会有一千来起小作弊得逞。③ 如果布劳德和韦德的估计是科学的,根据近年来媒体曝光的一些博士、博士后抄袭剽窃的案例,我们不难估计研究生中的这类失范行为的严重程度。

(三)一稿两投或两发

同前者两种失范行为相比,一稿两投或多投是研究生中最为普遍的现象。就

---

① 陈朝余.加强高校研究生科学道德教育的探讨[J].学位与研究生教育,2001(12).
② 姜春林.研究生科研越轨:一个值得关注的现象[J].科学学与科学技术管理,2002(3).
③ 江水法,等.科技界精神文明概论[M].北京:经济管理出版社,2000.

笔者了解的情况来看,许多研究生有一稿两投或多投的经历。不少研究生认为,一稿两投或多投,如果没有造成一稿两发或多发,就没有违背学术道德,甚至有人认为一稿多投是解决文章(尤其是社科类文章)的时效性短与期刊审稿周期长矛盾的一种有效策略。对于一稿两发或多发的现象,尽管大多数研究生持否定态度,认为一稿两发或多发会引起期刊之间的知识产权纠纷,属于学术道德失范行为,但是,还是有少数人对此不以为然。他们认为有多家杂志发表论文,登记成果时只取一家则不存在违规问题。[①]

除上述几种典型的学术道德失范行为以外,论文署名中的"搭便车"现象,论文参考文献中的弄虚作假,在研究生中也普遍存在。囿于篇幅,本文不便展开论述。

三、研究生学术道德失范的教育根源

人既是一种社会性存在,也是一种主体性存在,因此,导致研究生学术道德失范既有外在的社会根源,也有研究生自身的主体根源。本文着重探讨导致研究生学术道德失范的教育根源。

(一)仅重视研究生学术能力的培养,忽视了研究生学术道德素质的培育

从政府颁布的文件来看,对研究生学术研究能力的重视远远胜过对研究生学术道德素质的重视。《中华人民共和国学位条例》对硕士、博士研究生应达到的研究能力均做出了明确的规定,但是,该条例并没有对学生的学术道德素质提出要求。《高等学校学生行为准则(试行)》中与学术道德有关的要求,也只限于要求学生"勤奋学习、刻苦钻研,在努力完成各项学习任务中树立科学性和革命性结合的学风"和"维护秩序,遵守学习纪律,考试不作弊"两条。目前,学生的学术道德素质问题已引起教育行政部门的重视。教育部"教人〔2002〕4号文件"颁布了《关于加强学术道德建设的若干意见》,对高校加强学术道德建设的要求和措施等做出了较具体的规定。但是,如何使文件的精神落到实处,仍然有许多工作要做。从研究生的教育实践来看,从培养计划到课程设置,明显地存在忽视研究生学术道德素质培养的倾向。对此,一位学者曾发出感叹:我们在教育中,从小中大学到研究生,哪个环节对学生进行了科学道德教育,知识产权教育?有谁告诉过学生和科研人员在科研中应注意的道德问题是什么?又有谁向学生分析过科研作伪行为,并告诉他

---

① 陈朝余.加强高校研究生科学道德教育的探讨[J].学位与研究生教育,2001(12).

们应当如何做一个诚实的科学家?① 这位学者提出的问题,值得我们反思。研究生教育重智轻德的结果,必然导致研究生学术道德素质低下,失范行为的产生也就难以避免。

(二) 学业评价制度存在缺陷

科学、合理的学业评价制度有利于导引、激励和规范研究生的研究行为。然而,我国目前对研究生的学业评价,无论是评价的标准还是评价的方法,均不同程度地存在问题。

评价标准方面,一是表现为重智轻德,与前述的研究生教育的缺陷相类似。对学生学业的评价仅需考评是否修完必要的学分、完成规定数量的论文、论文答辩是否通过。对学生的学术道德素质,既没有明确的标准,也很少予以考量。二是表现在重视论文的数量,忽视论文的质量。许多高校明文规定,研究生必须以校方的名义,在确定的刊物发表规定数量的文章,否则学位论文不予答辩,不准毕业。武汉某大学的几名博士生,因未在校方规定的刊物发表校方要求数量的文章,结果不允许毕业,尽管其中的一位博士生在国内一家很有影响的出版社出版了专著。我们暂且不论以校方的名义在规定的期刊发表一定数量的文章的目的何在,依据何在,仅从一些学校对研究生发表论文的数量的过分追求中就可以在一定程度上看出当今学界浮躁学风的根源所在。由于论文的数量标准是硬性的,一些学术研究能力欠佳的学生为获得答辩的"通行证",不得不投机钻营,置学术道德于不顾。从评价的方法来看,研究生学业评价的主要方法是论文答辩,通过同行专家的评定来判定论文的质量及学生能否毕业。该方法运用得当,可以较准确地判定学生学位论文的质量及学生的真实水平。然而,现在的一些论文答辩会,从答辩委员会的组成、提问、决议起草到评阅表送达等方面都不太规范和严格……使一些不合格的论文通过了答辩。② 由于研究生的学位论文答辩不能严格遵守应有的学术规范和学术道德,一方面为研究生中的"学术混混"开了绿灯,另一方面也使学术规范与学术道德在研究生中失去了应有的尊严,丧失了对研究生研究活动的制约作用。

(三) 教育的主体——导师,自身存在着学术道德失范行为

导师是对研究生进行教育的主体,其自身学术道德素质会对研究生的学术行为产生潜移默化的影响,起到示范和导向作用。虽然从总体上看,我国研究生导师

---

① 王锋.科学不端行为及其成因剖析[J].科学学研究,2002(1).
② 杨增能,王平,宋子良.硕士生科学道德素质状况与影响因素[J].高等教育研究,1997(5).

群体的整体学术道德素质是较高的,能够在科学研究活动中以身作则,率先垂范。但是,不可否认,研究生导师队伍也是良莠杂陈,其中不乏个别的学术道德败坏分子。一项对硕士生的调查表明,导师本人在科研中存在伪造实验数据、抄袭或剽窃他人成果及搞科研马虎的现象。① 对博士生进行调查,恐怕也会得出类似的结论。如果硕士生导师、博士生导师们自身的学术道德素质低劣,在科研活动中不能恪守学术道德规范,那么,其弟子出现学术道德失范行为也就不难理解了。

四、研究生学术道德失范的主要整治措施

(一)必须重视研究生的学术道德教育

首先,要提高对研究生实施学术道德教育必要性的认识。研究生教育应以培养合格的研究人才为目标。合格的研究人才,既应具备较好的学术研究能力,也应具备较高的学术道德素养。"有'德','才'生福;无'德','才'作祸。无'德','才'便成为滋生祸端的工具。"②当今学术界抄袭、剽窃等学术道德失范行为者,未必是学术研究的低能者,但一定是学术研究的失德者。对于博士、博士后恐怕没有人怀疑他们的研究能力,但是,媒体曝光的抄袭、剽窃案例中,不是也有博士、博士后吗?因此,要保障研究生取得创造性研究成果,防止研究生的学术道德失范,必须重视学术道德教育。

其次,要采取有效的措施,切实提升研究生的学术道德素养。实施学术道德教育的目标,在于提高研究生的学术道德素质。

要使目标真正实现,一是要为研究生开设学术道德教育的课程。课程是教育的"心脏",是教育思想、观念和宗旨转变为具体教育实践的中介。③ 通过学术道德课程的开设,使作为学术道德课程内容的学术道德规范通过课堂教学这一主渠道与研究生相互作用,进而提升他们的学术道德素质。

二是要采用有效的教育方法。道德不是知识。传统的高校德育的一个误区是将道德当作知识来传授,结果收效甚微。因此,对研究生实施学术道德教育,不宜单纯采用传授法。在这个方面,我们不妨借鉴美国研究生学习科研道德所采用的

---

① 杨增能,王平.研究生科研道德的现状及分析[J].科技导报,1998(1).
② 胡慧河.共建学术规范,整饬学术道德(续七):高校学子学术腐败探究[J].自然辩证法通讯,2001(3).
③ 李泽彧.大学生素质教育的特点及其实施之我见[J].高等教育研究,1998(5).

方法——讨论法,即这门课的教授,主要是给研究生提供一些有关学术道德的案例,导师和研究生针对案例相互讨论,共同提高。

三是采用多种教育途径。对研究生实施学术道德教育,不能局限于学术道德教育课程。研究生教育的各学科,均应根据自己学科教育的实际,实施学术道德教育。除课堂教育之外,还应寓学术道德教育于科研实践中,在导师指导下,使研究生学会处理各种道德关系,提升学术道德素质。

(二) 应改革现行的学业评价制度

研究生学业评价制度的改革,既要有利于合格研究人才的培养,又要有利于制约、控制研究生的学术道德失范行为。

为此,首先要建立科学、合理的评价标准。评价标准要改变过去对研究生在学术研究能力和学术道德素质要求中的倚重倚轻现象,两手都要硬。对于情节较严重的抄袭、剽窃等学术道德失范行为,应严惩不贷,甚至可以采用一票否决制,取消其行为主体获得学位的资格。对研究生的学术道德素质要求只有在评价标准中做出明确的规定,学术道德规范才能获得研究生的应有的尊重,并对研究生的学术道德失范行为起到良好的制约作用。

其次,建议取消要求研究生在规定的期刊发表确定数量的文章的规定,给研究生一个相对宽松的环境。学术研究是一种艰苦的智力劳力,需要一种轻松自由的环境。研究生求学的时间短,学习任务重,一年级要学外语及其他课程,二年级要写论文,三年级要准备论文答辩和找工作,要求他们在三年内在指定的刊物上发表三至五篇文章,会给他们造成很重的心理压力,分散他们的研究精力,降低学术论文的质量。同时,还会助长浮躁的学风,引发各种学术道德失范行为。

最后,要改进学位论文的评价方法,严把论文质量关。把好论文质量关,关键在于做好以下两方面的工作:

(1) 保证答辩委员会成员能够遵守学术道德和学术规范,实事求是、秉公执"法"、不徇私。现行的由导师聘任答辩委员会成员的方法是很难保障这一点的,因此,必须予以改革。一种可行的方法是国家建立专家人才数据库,各学校的研究生院(处)组织专门的聘任小组。答辩委员会由聘任小组根据答辩学生的学科、专业实际,通过人才数据库聘请相关的专家来组成。这种方法可避免导师聘请中的任人唯亲现象及此产生的各种违背学术道德、影响论文评价质量的行为。

(2) 要保证评价程序的公正。例如,学位评阅表的送达采用匿名的方式,论文的答辩决议经过评审专家的集体讨论再起草等,都是保证评价程序公正的具体措施。

(三) 应采取有效的措施,提高导师的学术道德素养

提高导师的学术道德素养,一是要靠教育。根据导师工作和学习的实际,学校或研究生院(处)定期在导师之间开展学术道德问题的大讨论,通过讨论,统一思想,提高认识,不失为一种有效的方法。

二是要靠环境的熏陶。学校是导师们生活、工作和学习的场所,其学风的好坏会对导师们的学术道德素养提高或降低产生直接的作用和潜移默化的影响,高校应借助社会和学界整顿学术风气这一良好的契机,加强本部门、本单位的学风建设,给导师们提供一个良好的环境。

三是要靠制度规约。制度是一种行为规则,制度的一个非常重要的功能是激励(包括奖励和惩罚)。制度通过奖励符合规范的行为,惩罚不符合规范的行为而向特定的方向、目标改变人们的行为方式乃至信念。当今高校应着重抓好两种制度的建设:一种是学术道德失范行为的监察制度;另一种是学术道德失范行为的惩罚制度。通过这两种制度的建设,使导师中的学术道德失范行为既易于识别,又会受到应有的惩罚。此外,学校的职称评审制度、学术成果奖励制度等应与导师的学术道德素养相联系,使导师良好的学术道德素养成为其职称晋升、学术成果受奖励的必要条件。

四是靠导师们的自我修养。无论是教育、环境熏陶,还是制度规约,都是外因。外因最终要通过导师们自身的内因才能发挥应有的作用。因此,导师们的自我修养,是提升其学术道德素养的一个重要因素。作为研究生的导师,是社会的精英,应以学术为业,在学术道德上严于自律,并不断提升自身的学术道德素养,只有这样,才不会辜负社会的厚望。

(原载于《学位与研究生教育》,2003年第3期。)

论大学教师学术道德素质的提升

大学是创新型高素质人才成长的摇篮,是新知识、新思想、新技术的发源地。大学教师既是创新人才的教育主体,也是知识创新、思想创新、技术创新的直接承担者。大学教师的学术素质(学术能力素质和学术道德素质)的高低,既会影响到大学为社会培养的创新人才的质量好坏,也会制约着大学为社会提供新知识、新思想、新技术的多寡优劣。随着我国的社会转型但相关制度建设的相对滞后,学术界学术腐败之风日益严重,大学教师中的学术腐败行为也时有发生。学术腐败是其行为主体学术道德素质低下的外在行为表现。因此,为保障大学创新人才的培养质量、国家的学术发展繁荣、科教兴国战略的顺利实施,必须提升大学教师的学术道德素质。

一、学术道德素质的内涵

要理解学术道德素质的概念,首先须明确学术道德的概念。"学术"一词,不同的学者有不同的理解。梁启超认为:学也者,观察事物而发明真理也;术也者,取所发明之真理而致诸用者也。① 不难看出,梁启超是将"学""术"分别理解为理论研究和应用研究。当代也有论者持与梁启超相似的观点,如倪梁康教授认为:学术主要指学问,用较西方化的术语来说,大多是指科学研究。② 我们也倾向于将学术理解为科学研究(包括自然科学研究和社会科学研究)。这样,我们就可以将学术道德理解为科学研究道德。道德是指一定的社会或阶级依靠社会舆论、习惯传统、教育力量和人们的内心信念,调节人与人之间、个人与社会集体之间关系的行为准则和规范的总和。③ 道德涉及的主要是人与人、人与社会、人与自然的关系问题,其主体只能是人。

科学研究本身是一种活动,不能构成道德关系,形成道德问题。只有从事学术

---

① 邓九平.谈治学[M].北京:大众文艺出版社,2000.
② 倪梁康.学术与思想:是否对立及如何对立[J].学术月刊,2001(10).
③ 朱作仁.教育辞典[M].南昌:江西教育出版社.1987.

研究活动的主体人，才有可能在研究活动的过程中或通过活动的结果与他人、与社会、与自然构成一定的关系，需要运用一定的原则、规范来进行调节，从而产生道德问题。因此，学术道德概念的质的规定性必须通过学术研究活动的主体人来体现。但是，学术道德并不完全等同于学术人的道德。作为从事学术研究活动的主体人，不只是从事学术研究活动，他还是社会人，承担着多种社会角色。因此，学术道德只能是从事学术研究活动的主体人的道德的一个方面，体现于他在从事学术研究活动的过程及结果中所应处理的与他人、与社会、与自然的关系之中。基于上述理解，笔者认为，学术道德就是指从事研究活动的主体在进行学术研究活动的整个过程及结果中处理个人与他人、个人与社会、个人与自然关系时所应遵循的行为准则和规范的总和。

明确学术道德的概念，为我们把握学术道德素质的内涵铺平了道路。对于素质概念，不同的学科有不同的解释。教育学对素质的定义是：人在先天生理的基础上，受后天环境、教育的影响，通过个体自身的认识与社会实践，养成的比较稳定的身心发展的基本品质。① 人的素质是一个整体，学术道德素质是人的整体素质的一个方面，只是出于研究的方便，我们才将其从人的整体素质中划分出来。从发生学的角度看，人的学术道德素质同人的其他素质一样，是在先天生理的基础上，通过环境、教育和个体主观能动性之间的相互作用而形成的。不仅如此，人已经形成的学术道德素质自身也会成为一个重要的影响因素，参与遗传素质、环境影响、教育和个体主观能动性之间的相互作用，影响后继的学术道德素质的形成。因此，人的学术道德素质是一个动态的生成过程。

人的学术道德素质与其他素质不同，表现在两个方面。

一是它赖以形成的内容与其他素质形成的内容不同。学术道德素质的形成依赖于外在的学术道德原则和规范及自身原先的学术道德素质基础。它是个体将环境、教育中的学术道德原则、规范，经个体的认识、实践活动内化，并与原有的学术道德素质基础相互作用的产物。

二是它的形成机制与其他素质的形成机制不同。个体智能素质的形成过程只是一个"外铄—内化"的过程。学术道德素质的形成则不仅是一个"外铄—内化"的过程，而且也是一个"体悟—内化"的过程。学术道德素质属于品德修养范畴。品德修养作为人类文化中更具有个性特征的情感与精神方面的内容只有通过"外铄—体悟—内化"才能形成个体人格方面的素质。借助于第一个方面，可以将学术道德素质与其他道德素质相区别；借助于第二个方面，则可以使其与智能素质相区

---

① 郭文安，王道俊.试论有关青少年学生素质的几个问题[J].教育研究，1994(4).

分。基于上述分析,我们认为,学术道德素质是指人在先天生理的基础上,通过自身的认识与实践活动,将环境、教育中的学术道德原则和规范,经过体悟、内化而形成的较稳定的心理品质。

二、提升大学教师学术道德素质的必要性

(一)提升大学教师的学术道德素质是大学教师职业道德的内在要求

职业是人们由于社会分工而长期从事的具有专门业务和特定职责的工作。不同的职业活动存在着不同的、特殊的道德关系,需要运用不同的道德规范和准则来进行调节。所谓职业道德,就是指人们在从事各种正常的社会职业活动过程中,思想和行为应当遵循的道德规范和准则。①

教师是一种职业,自然存在着教师的职业道德。教师职业道德是指教师从事教育过程中形成的比较稳定的道德观念、行为规范的总和。教师的职业道德主要用于调整两方面的道德关系:一是教师职业内部涉及的人与人之间的关系,如师生之间的关系、集体成员之间的关系等;二是教师与职业外部各方面构成的社会关系,如教师与家长的关系,教师与社会其他人员的关系等。

大学教师作为教师职业群体的一个组成部分,必然会面对作为教师所应处理的类似的、共性的道德关系,必须遵循教师职业的一般的、共性的道德规范。但是,大学教师职业同一般教师的职业相比,又有其特殊性,主要表现在以下几个方面。

第一,教育的对象不同。大学教师的教育对象是大学生、研究生。大学生、研究生同中小学生及职校生相比,他们的发展目标存在着很大的差别。这种差别集中体现在大学生、研究生必须提高自己的学术研究能力。《中华人民共和国学位条例》明确规定,学士应该"具有从事科学研究工作的初步能力"。该条例对硕士、博士的科研能力要求更高。这就意味着大学生、研究生在现实及未来的学习、工作中除要处理与中小学生、职校生相同的社会关系之外,还须学会处理学术研究活动中的各种道德关系。

第二,工作的任务不同。大学教师除要给大学生、研究生传递人类文化遗产这一教师共同的任务之外,还负有发展科学知识、丰富人类文化遗产的任务。虽然中小学及职业学校的一些教师也会参与一定的科研活动,但他们的主要任务还是传

---

① 王正平,郑百伟.教育伦理学——理论与实践[M].上海:上海教育出版社,1998.

递人类已有的文化成果,教书育人。大学教师则不同,从事科学研究是与教书育人同等重要的任务。这一任务内在地要求大学教师必须面对并善于处理科研活动中的道德关系。因此,无论是从教育的对象还是从工作的任务来看,大学教师提升自己的学术道德素质是其职业道德内在的要求。

(二) 提升大学教师的学术道德素质是培养合格的创新人才的需要

随着我国大学的发展,大学人才培养的层次在不断增多。大学不仅要培养具有从事科学研究工作初步能力的学士,还要培养较高研究能力的硕士、博士及博士后研究人员,这就意味着大学教师培养创新人才的职能日益凸显。合格的创新人才,既要具备较高的学术研究能力,又要具备较好的学术道德素养。"有'德','才'生'福';无'德','才'作祸。无'德','才'便成为祸端的工具。"①当今学界的学术腐败行为的主体涉及教授、博导、博士、博士后。他们的研究能力毋庸置疑。然而,正是他们中的一些人,做出了种种违背学术道德,有损学术共同体形象,败坏学界学风的腐败行为。可见,合格的研究人才必须既要有较高的研究能力,又要有较高的学术道德素养。

要培养德才兼备的合格创新人才,必然要求教师既要具备较高的研究能力,又要有良好的学术道德素质。然而,由于历史的原因,我国无论是对大学教师的培养还是资格的认定,在学术素质要求上都存在着重智轻德的现象。研究生是高校师资的后备力量和主要来源,对研究生的培养要求大体上反映了对高校教师的培养要求。无论是1961年颁布的《中共中央关于讨论和试行教育部直属高等学校暂行工作条例(草案)的指示》(又称"高教六十条")还是1980年颁布的《中华人民共和国学位条例》,都存在着一个明显的特征:重视研究生的学术能力素质,忽视研究生的学术道德素质。两个文件对研究生的学术研究能力都做出了具体的规定,但均未对研究生的学术道德素质提出明确的要求。从对高校教师资格的认定情况来看,1961年颁布的"高教六十条"对此未做明确的规定,但该条例对教师职称升迁标准的规定,可反映出对教师学术能力素质和学术道德素质的倚重倚轻现象。该文件规定:教师的教学职别(教授、副教授、讲师、助教)的确定和提升,要根据他们担任的教育任务、教学质量和学术水平。教师的学术道德素质不在考评之列。1993年颁布的《中华人民共和国教师法》,对教师的任职资格除较为笼统地提出适用于所有教师的一般道德要求外,并未对高校教师的学术道德素质做出明确的规

---

① 胡慧河.共建学术规范,整饬学术道德(续七):高校学子学术腐败探究[J].自然辩证法通讯,2001(3).

定,只是提出大学教师"应当具备研究生或者大学本科学历"的要求。

由于大学教师的培养要求和任职资格中长期存在着重视学术能力素质,轻视学术道德素质的倾向,目前我国教师的整体的学术道德水平不容乐观。研究表明,研究生导师本人在科研中存在着伪造数据、抄袭或剽窃他人成果及做科研马虎的现象。① 媒体曝光的一些大学教师的学术腐败行为对此也给予了有力的证明。孔子曰:"其身正,不令而行;其身不正,虽令不从。"如果大学教师自身的学术道德素质低下,那么就难以培养出合格的创新人才。据有关研究者的调查分析,大学生在学术研究活动中存在着大量的越轨行为,比如在毕业设计中剽窃他人创造性成果,伪造和删改实验数据,在网上制造恶作剧危害他人等。② 这一方面反映了大学教师学术道德素质低下所产生的消极影响;另一方面也说明了提高大学教师的学术道德素质对培养合格研究人才的重要性和必要性。因此,要保证大学能培养出合格的创新人才,就必须提升大学教师的学术道德素质。

(三)提升大学教师的学术道德素质是净化社会学术风气,促进我国学术进步和繁荣的需要

风气指社会流行的习气。社会学术风气是社会学术共同体中流行的习气,主要体现为学术共同体成员整体的学术道德风貌,其好坏要受到社会多种因素的制约。

大学的学术风气既是一定社会整体学术风气的构成部分,也是社会学术风气的影响源。大学既是社会选择、传承、保存文化的中心,也是发展文化和创新文化的中心。大学在发展文化和创新文化的过程中,往往会形成自己独特的学术风格。这种独特的学术风格既会对本校的学术活动产生巨大的影响,也会借助广大师生的学术活动,借助大学生的社会流动向社会辐射,从而对社会学术风气产生巨大的影响。不过,大学学术风气是一把双刃剑,它既能使社会学术风气得到净化,也可能导致社会学术腐败的加剧。其影响的性质依赖于大学自身学术风气的好坏优劣。

大学又是推动社会学术进步,促进社会学术发展和繁荣的学术研究中心。学术进步和繁荣的主要标志是知识创新,是人类知识总量的增加。学术研究是推动社会学术进步,促进学术发展和繁荣的主要手段。大学既有良好的科研设备,也有规模庞大的师生研究群体。由此决定了大学是社会极为重要的学术研究中心。大

---

① 杨增能,王平,宋子良.硕士生科学道德素质状况与影响因素[J].高等教育研究,1997(5).
② 李小平,刘德权.大学德育新课题:创造道德[J].空军雷达学院学报,2001(3).

学的整体的学术研究水平影响甚至决定着一个国家学术发展的进程。

无论是大学良好的学术风气的形成,还是大学学术研究水平的提高,其决定性的影响因素是人,即大学师生。大学教师既是科学研究的主体,也是实施学术道德教育的主体。大学教师提升学术道德素质,一方面可以提高自己的研究能力,另一方面也可以通过教育及自身的榜样作用提高学生的学术道德素质,进而提高他们的研究能力。师生双方研究能力的提高可以使学校的整体的研究水平得以提升,从而推动社会的学术进步与繁荣;师生双方学术道德素质的提高则有助于学校形成良好的学术风气,进而影响、净化社会的学术风气。因此,大学教师学术道德素质的提升,既是净化社会学术风气的需要,也是推动社会学术发展和繁荣的需要。

三、提升大学教师学术道德素质的主要措施

(一)采取灵活多样的教育形式,提升大学教师的学术道德素质

我国大学教师整体的学术道德状况主流是好的。一大批有学术良心的专家、学者在为繁荣我国的学术事业,促进我国的学术发展默默耕耘,刻苦敬业。但我们也必须承认,大学教师队伍中不乏学术道德败坏分子。因此,要提升大学教师的学术道德素质,一方面要净化教师队伍,剔除一些屡教不改的学术腐败分子;另一方面须采取灵活多样的教育形式,对大学教师进行教育。

提高大学教师的学术道德素质,可以采用不同的教育方式。

一是可以采用思想大讨论的教育方式,即学校根据教师工作和学习的实际,定期在全校教师之间就某些学术道德问题展开大讨论。通过讨论,统一思想,提高认识。

二是可以采取学术活动的方式,即不同的学科或专业的教研室,定期进行学术探讨活动,结合学术活动的内容,进行相关的学术道德问题讨论。在学术活动中,充分发挥学术带头人和学术骨干的榜样和指导作用。

三是课题实践方式,即由学术道德素质高的教师同其他教师组成的课题组进行课题研究。在研究中,年轻或后进教师在优秀教师的指导下,或通过优秀教师的示范,学会处理研究过程中的各种道德关系,从而提高学术道德素质。

(二)完善各种学术制度,规约教师的研究行为,提高他们的学术道德素质

按照西方新制度经济学的理解,制度是指一种行为规则,这些规则涉及社会、

政治及经济行为。① 制度包括正式制度和非正式制度两种形式。正式制度是指通过各种组织而形成的正式规章、规则、法规等,非正式制度是指风俗习惯、伦理道德、信念、信仰等社会行为规范。② 制度的一个非常重要的功能是激励(包括奖励和惩罚)。制度通过奖励符合规范的行为,惩罚不符合规范的行为而向特定的方向、目标改变人们的行为方式乃至信念。

正是基于制度的上述作用,我们才有必要健全各种学术制度,通过各种制度的规约来提高大学教师的学术道德素质。根据目前我国高校学术制度的实际,笔者认为,在正式制度方面,目前高校应着重抓好两种制度的建设:一是学术越轨行为的监察制度;二是学术道德失范行为的惩罚制度。通过这两种制度的建设,使教师中的学术越轨行为既易于识别,也会受到应有的惩罚。此外,学校的职称制度、学术奖励制度等应与教师的学术道德素养相联系,使教师良好的学术道德素养成为其职称升迁,学术受奖励的必要条件。

在非正式制度方面,高校应加强校风、学风建设。学校是教师们生活、工作和学习的场所,其校风、学风会对教师的学术道德素质的提高产生直接的作用和潜移默化的影响。学校应借助于社会和学界整治学术腐败这一契机,加强本部门,本单位的校风、学风建设,给教师们提供一个"软"的制度环境。由于制度是硬性的,能对教师的学术研究活动起到硬性的制约作用,因而在养成教师良好的学术研究行为习惯,进而提升学术道德素质方面,能够起到柔性的教育无法实现的作用。

(三) 大学教师自身应加强学术道德的自我修养

无论是教育还是制度规约,对大学教师而言都是外因。外因最终要通过教师自身的内因才能发挥应有的作用。另外,大学教师作为学者群体的成员,是社会的良知,理应在学术道德上严于律己,加强自我修养,提升自己的学术道德素质。

教师加强自身的学术道德修养,首先,应加强学术道德知识的学习,提高自己对学术道德的认识。认识是行为的先导。教师只有把握学术道德的善恶标准和尺度,明确学术研究活动中的可为与不可为的标准,自己的学术研究活动才会有明确的方向。

基于我国学术道德理论建设相对滞后的实际情况,笔者认为大学教师应加强科学道德的理论学习。尽管科学道德与学术道德不能完全等同,但它们之间毕竟存在诸多的相通之处。其次,学术道德(科学道德)的理论学习应与学术研究活动

---

① 卢现祥.西方新制度经济学[M].北京:中国发展出版社,1996.
② 高兆明.社会失范论[M].南京:江苏人民出版社,2000.

的实践相结合。马克思主义的道德科学认为,个人道德修养,不能离开人们的改造社会,改造世界的客观实践。[①] 教师的学术道德修养,不能脱离学术研究活动的实践。与学术研究活动的实践相结合,按照学术道德的要求不断进行自我教育和自我改造,是学术道德修养的根本方法。最后,运用"慎独"的修养方法。"慎独"是我国古代先哲圣贤的一种极高境界的修养方法。"慎独"一词来源于《礼记》:"道也者,不可须臾离也,可离非道也。是故君子戒慎乎其所不睹,恐惧乎其所不闻。莫见乎隐,莫显乎微。故君子慎其独也。"学术道德修养中的慎独,就是要求教师在独立进行学术研究的活动中,在没有他人进行监督的情况下,自觉以学术道德规范和原则指导自己的行为,不做任何有违学术道德要求的事。

(原载于《黑龙江高教研究》,2003年第2期。)

[①] 王正平,郑百伟.教育伦理学——理论与实践[M].上海:上海教育出版社,1998.

论高校质量文化建设

近年来,随着我国高等教育规模的迅速扩张和发展,教育质量问题日益突出。同时,人们的质量意识的不断升温,质量保证、质量控制、全面质量管理等也成为我国高等教育领域积极探讨的问题。但是,无论是进行高等教育质量的控制、保证,还是推行全面的质量管理,其基本的前提是要营造学校的质量文化。因为控制、保证要基于学校实施全面的质量管理。全面质量管理必须从质量文化做起,技术也好,标准也好,只有在好的质量文化下才是有效的。[①]

一、质量文化的概念与高校质量文化的主要内容

质量文化属于企业文化的范畴,其内涵是指企业和社会在长期的生产经营中自然形成的涉及质量空间的理念、意识、规范、价值取向、思维方式、道德水平、行为准则、法律观念,以及风俗习惯和传统惯例等的总和。[②] 质量文化的核心是建立一套价值体系,使企业内部形成统一的质量价值观念。它既直接显现为产品质量、服务质量、管理质量、工作质量,而且还延伸表现为消费质量、生活质量和环境质量。

高校的质量文化应包括三个层次:物质层、制度层和精神层。具体内容包括以下几个方面。

(一)物质层

物质层是学校质量文化的表层,是形成学校质量文化的制度层和精神层的条件。学校的环境状况、建筑风格、教室与办公室的设计、实验室的设备、图书馆的藏书等方面,都属于学校质量文化的物质层。物质层往往能折射出学校对教育质量的关注及追求程度,体现出学校的办学理念、质量管理思想和工作作风等。

[①] 虞镇国.质量文化的价值取向[J].浙江大学学报(人文社会科学版),1997(3).
[②] 龚益鸣.质量管理学[M].上海:复旦大学出版社,2000.

（二）制度层

制度层是学校质量文化的中间层，它集中体现了学校质量文化的物质层和精神层对学校领导、师生员工的行为要求，规定了学校领导、师生员工为追求一定的质量标准，在工作、学习中应遵循的行为准则。制度层质量文化主要包括领导工作制度、教育教学工作制度、各种管理制度、奖惩制度以及学校各类人员的责任制度等。

（三）精神层

精神层是学校质量文化的深层，是学校质量文化的核心，是形成学校质量文化的物质层和制度层的基础和原因。精神层质量文化主要包括学校领导和师生员工应共同信守的办学理念、人才培养的质量方针、质量目标、质量价值观、质量信念和职业道德等。

二、高校质量文化建设的意义

（一）有利于高校建立自我约束机制，面向社会自主办学

十多年来，我国高等教育管理改革取得了显著的成绩，政府及各级教育主管部门在简政放权，促进高校真正成为办学实体方面做了大量工作。但在简政放权的同时，如何建立一套高校的自我约束机制，如何保证高校在成为办学实体的同时，能真正根据社会的实际办学，不断提高教育质量，仍然是各高校面临的较为突出的问题。

高校质量文化建设，有利于高校建立自我约束机制，面向社会自主办学。高校质量文化建设的中心，是使学校根据社会的需要，在学校内部形成诸如"质量第一，服务至上"之类的统一的价值观念。这类价值观念一旦成为学校的核心价值观念，就会对学校领导、师生员工产生熏陶和诱导作用，使他们对学校确立的与核心的价值观相一致的质量目标、行为准则、各种制度等方面产生认同感，自觉地按照学校共同的价值观念及行为准则努力工作。这样，学校共同信守的价值观念、行为准则及各种制度，就会形成对师生员工的"软约束"，并促使学校不断完善自身，建立起自我管理、自我约束的机制。

（二）有利于高校实施全面的质量管理，提高人才培养质量

按照国际标准化组织的界定，全面的质量管理是指一个组织以质量为中心，以全员参与为基础，目的在于通过让顾客满意和本组织所有成员及社会受益而达到长期成功的管理途径。① 全面质量管理高度重视人才资源的开发利用，在尊重人的价值的前提下，强调战略策划、全员参与、团队精神、协调工作等。具体到学校领域，涉及学校所有的活动，关系到学校所有人，贯穿于学校工作的始终，具有全面性、全员性和全程性的特点。②

开展全面的质量管理，必须高度重视人才素质的提高。因为人的工作质量是一切过程质量的保证，无论是质量决策的正确与否，还是各项质量职能的落实；无论是质量计划的制订，质量控制的实施，还是质量改进的推行，离开了人的积极性和能动性，很难有满意的结果。要想持久地、有效地开展全面的质量管理，必须重视人的素质的提高。

人的素质的提高，既依赖于教育，又依赖于良好的学校质量文化的熏陶，且这种潜移默化的熏陶作用是直接的正面教育难以替代的。良好的质量文化氛围，往往能产生一种激励作用。在追求质量的活动过程中，每个成员所做出的贡献都会及时得到其他同事以及领导的赞赏和鼓励。这种赞赏和鼓励，往往能促使成员不断按学校质量文化的要求提高自身的素质，积极参与学校的质量管理和质量建设，努力实现学校所确立的质量目标。

（三）有利于高校塑造自身的形象

高校的公众形象往往取决于学校的师资力量、科研实力、管理水平、学科建设水平以及人才培养质量等多方面的因素。但在众多的因素中，人才培养质量是最能体现一所学校形象的核心因素，因为人才培养历来是大学的重要职能，而且其质量如何是衡量一所学校水平的最重要的标志。③ 牛津大学之所以有名，且具有较好的公众形象，就是因为牛津大学几个世纪来被认为是英国显赫而有名望人的"养母"。哈佛大学也是因为它为美国培养了大批在世界上知名度高的政治家和学者

---

① 本刊记者.探求教育质量的全面管理与保障体系——上海高校教学质量保证体系研讨会侧记[J].上海高教研究,1998(8).

② 本刊记者.探求教育质量的全面管理与保障体系——上海高校教学质量保证体系研讨会侧记[J].上海高教研究,1998(8).

③ 陶爱珠.世界一流大学研究[M].上海:上海交通大学出版社,1993.

而闻名于世。① 纵观世界各国的名牌大学,无不如此。名牌大学之所以是名人的摇篮,是由于这些名牌大学拥有自己独特的学校质量文化。牛津大学的严格的筛选制度与导生制,催生了一批又一批显赫而有名望的人;哈佛大学则是以其严谨的治学精神和活泼的学术氛围,陶冶了一代又一代知名度高的政治家和学者。正是这些特色鲜明的学校质量文化,铸造着名牌大学的灵魂,塑造出大学自身的形象。

三、高校质量文化的建设

(一) 重视学校物质层质量文化建设,营造良好的学校物质文化环境

物质层质量文化是制度层和精神层质量文化的基础和保障。学校的物质文化环境,是与制度层和精神层文化相辅相成的。良好的物质层质量文化,既有利于制度层、精神层质量文化的培育,又有利于它们作用的发挥。高校的物质层质量文化的营造,要符合其育人环境的特点,体现出其学术中心的地位,既要表现出庄重、严整的学术氛围,又要能体现出青春的活力和雅静的美,还要体现出精益求精、追求完美的精神。因此,高校物质层质量文化的营造,要围绕环境育人这一中心,结合本校的质量目标、质量价值追求、学风、校风等特点,整体规划、系统设计,使学校的物质层质量文化建设与制度、精神层质量文化建设相互协调、相互促进。

(二) 重视制度层质量文化的建设,建立健全的质量管理行为规范和制度

规章制度是学校师生员工必须遵守的"硬约束",是强化质量意识的必要手段,是实现学校质量目标的有效措施和提高人才培养质量的重要保障。重视制度层质量文化建设,就是要建立和健全学校的各项工作制度、责任制度、管理制度和奖惩制度等。通过各种制度的建立,使学校的质量精神成为全体师生员工共同的行为准则;使维护学校的质量荣誉和形象成为学校每个人的自觉行为;使做出贡献的人得到奖励,造成质量损失的人受到惩罚。各项制度的确立,最终达到:职责到位、任务到人。

(三) 重视学校精神层质量文化建设,形成学校独特的质量价值体系

精神层质量文化是学校质量文化的核心和灵魂,是形成学校物质层和制度层

---

① 陶爱珠.世界一流大学研究[M].上海:上海交通大学出版社,1993.

论高校质量文化建设

质量文化的基础和原因。学校质量文化中精神层的有无是衡量其是否形成了其质量文化的主要标志。学校精神层质量文化的建设,重在形成学校自己的独特的质量价值体系,包括形成独特的办学理念、人才培养的质量方针、质量价值观、质量目标、教风、学风、工作作风和道德风貌;通过学校精神层质量文化的建设,使教职工明确人才质量的标准以及追求人才培养质量的意义,树立起"质量高于一切"的价值观;通过学校精神层质量文化的建设,使学校管理人员改进质量管理的作风和习惯,使整个学校遵循统一的质量管理方式和共同认可的质量管理方法,提倡质量改进中的集体协作和配合精神,鼓励员工大胆揭露存在的质量问题,提出建设性的质量防范措施和质量改进意见,使质量文化建设取得应有的实效。学校要积极开展学校质量文化教育,提高学校教职员工的整体素质。这样,学校的质量文化才能真正形成。

(原载于《湖北师范学院学报(哲学社会科学版)》,2003年第2期,与上官林武共同撰写。)

论"育德首位"

一、问题的提出

德育在学校教育中的地位及重要性是不争的事实,但是如何表述其地位却是一个有争议的问题。自20世纪80年代末"德育首位"提出以来,人们在对德育地位得到确认和提升表示认同的同时,又对德育首位的表述是否科学展开了讨论,至今仍见仁见智,众说纷纭。有的研究者对德育首位的表述持肯定态度,认为德育首位明确地表达和肯定了德育在我国社会主义学校教育中的重要地位和作用。[①] 有的研究者则指出要正确理解这一表述,认为"首位"绝不意味着要从理论上在德育与智育等其他各育之间划分次序和等级关系。从我国一贯重视德育来看,这里的"首位"用词是表示再一次重申德育的重要性,如果在这里把"首位"作为量词或序词,很容易形成各种误解和不良影响。[②] 由瞿葆奎主编的《教育基本理论之研究:1978—1995》一书在总结"德育首位说"与其他观点的争议时认为,现在研究者多持各类教育并举说:全面发展教育各组成部分相互平行、相互渗透、相互制约、相互促进,并在整个教育过程中得以统一实现。这说明大多数研究者对德育首位的表述并未认同。对这一问题继续探讨,不仅在理论上是必要的,而且在学校德育实践中有现实的指导意义。笔者认为,应将德育首位的表述作为我党领导人重视德育(尤其是政治思想教育)的教育思想来理解,而不应将其直接作为教育理论中的一个命题来理解。江泽民提出的德育首位与毛泽东和邓小平一贯高度重视德育的思想是一致的。他们主要作为政治家而不是教育家,是站在无产阶级革命和建设事业全局的高度来考虑教育问题,非常重视教育的政治和思想方向,非常重视培养人才的德的标准(尤其是政治和思想标准)。党的三代领导人的这一思想是教育理论研究和教育实践活动的理论基础。但是,如果将德育首位直接照搬到教育理论中作为一个具体的命题,则容易引起歧义。我们应在党的三代领导人高度重视德育的教

---

① 叶上雄.教育学专题[M].北京:北京师范大学出版社,1992.
② 鲁洁,王逢贤.德育新论[M].南京:江苏教育出版社,2000.

育思想指导下,认真探讨德育地位及重要性的科学表述。对此,笔者的思考是:用"育德首位"表述较为合适。

二、理论阐释

(一)从教育目的的视角理解,德育首位即育德首位

对于党的领导人德育首位的教育思想,笔者认为可以从两个相互联系的方面去理解。

第一,他们是就教育的性质和方向而言的,要求学校把坚持教育的社会主义性质和正确的政治方向放在第一位或首位。毛泽东在抗日战争时期为"抗大"制定的教育方针是:"坚定正确的政治方向,艰苦朴素的工作作风,灵活机动的战略战术"。1978年,邓小平在全国教育工作会议讲话中明确指出:毫无疑问,学校应该永远把坚定正确的政治方向放在第一位。1996年,江泽民与四所交通大学校领导座谈讲话时指出:在教育改革和发展中,要始终把坚定正确的政治方向放在首位,坚持用马列主义、毛泽东思想,特别是邓小平同志建设有中国特色社会主义理论武装全体师生,坚持倡导正确的世界观、人生观和价值观,坚持引导师生自觉抵制各种腐朽思想文化的侵蚀。党的三代领导人都是站在战略和全局的高度,将教育作为革命事业的组成部分来通盘考虑,要求学校教育为革命和建设事业服务,坚持学校教育的社会主义性质和正确的政治方向必然是第一位或首位的,否则,学校办得再好也没有意义。

第二,他们是就教育目的而言的,要求学校把培养人"德"的素质放在所有素质的第一位或首位。当德育与其他几育并存时,人们在表述上并非一定将德育排在前面,教育部于1952年颁发的《中学暂行规程(草案)》和《小学暂行规程(草案)》中曾指出:应对学生实施智育、德育、体育、美育等全面发展教育。当时在语言表述上并未特别强调德育。毛泽东在1957年提出,使受教育者在德育、智育、体育几方面都得到发展,成为有社会主义觉悟的、有文化的劳动者。这里他所讲的德育实际上是指"德"的素质。当"德"作为一种素质时,毛泽东在语言表述中将其提到最前面,同教育部对德育的表述有所不同。笔者认为,这绝非随意或偶然,而是反映了毛泽东高度重视德的素质的思想。邓小平在20世纪80年代提出做"有理想、有道德、有文化、有纪律"的"四有"新人,在"四有"中有三个方面是属于"德"的范畴。尽管他这里并非是对培养人的素质结构进行全面、科学的论述,但"四有"的表述充分表明了他对人才"德"的素质高度重视。1999年6月,江泽民在第三次全教会上,将

学术道德的本质、失范与教育

重视"德"的素质的思想表述得更为明确,他指出:要说素质,思想政治素质是最重要的素质,不断增强学生和群众的爱国主义、集体主义、社会主义思想,是素质教育的灵魂。党的三代领导人同样是站在战略和全局的高度,为了培养社会主义事业的接班人,要求把"德"的标准放在首位。德育首位教育思想的这两个方面是统一的,坚持学校的社会主义性质和正确的政治方向必然要求学校把培养人的"德"的素质,尤其是思想政治素质放在首位。这一教育思想已完整地体现在我国的教育方针中,认真领会德育首位的思想,为我们准确把握我国教育的性质、方向和教育目的内涵提供了指导。

德育首位作为党的三代领导人的教育思想是科学的,为什么作为一个教育理论的具体命题又会引起如此大的争议呢?笔者认为其主要原因是对这一命题理解的视角有偏差。

其一,有的从教育工作的视角理解,将德育首位理解成德育工作首位,其通常的提法是坚持把德育放在教育工作的首位。这是将德育看成学校的一项专门工作,等同于思想政治工作,与学校的教学工作、管理工作、辅助性服务工作相提并论。① 在这些工作中,德育处于首位。这种理解理论上逻辑是混乱的。德育是育人活动(教学生做人),要通过学校的各项工作(尤其是教学工作)全方位开展,即所谓教书育人、管理育人、服务育人。因此,学校各项工作是实施德育的途径。"德育工作首位说"是将教育途径与教育目的和内容混为一谈。这种理解在实践上也容易把德育引入误区。正如有的研究者指出的那样:它错把德育设置成学校的一项专职的工作,并配备与之相应的专职或兼职的德育工作者队伍,这种分工制度,本意是为了加强学校德育,实际上却妨碍学校全体教育工作者积极参与学校德育,造成对学校德育的忽视和削弱,甚至使各级各类学校越加强德育,越难有效实施德育。②

其二,有的从教育的内容和过程视角理解,将德育理解为"五育"中的首位。这种理解大多数研究者认为不科学。"五育"是我国全面发展教育的组成部分:从静态看,"五育"是教育的内容;从动态看,"五育"是教育的活动过程。无论从教育的内容,还是从教育的活动过程考察,德育都无法成为"五育"的首位。从教育的内容分析,德育首位就意味着德育要在内容中占更大的比重,这样必然会削弱智育等其他各类教育。但是,从各类教育的特点看,智育有其特殊的功能和任务,要帮助学生在掌握人类长期积累下来的科学文化知识的基础上开发其智力,客观上要在教

---

① 袁振国. 当代教育学[M]. 北京:教育科学出版社,1999.
② 袁振国. 当代教育学[M]. 北京:教育科学出版社,1999.

育内容中占更大的比重和占据更多的时间和空间,长期的教育实践也证明这是教育规律的体现,因此,德育在内容上无法占首位。从教育的活动过程分析,尽管德育有其独特的活动过程,但我们认为这是相对而言的。学校教育活动具有综合的发展功能,学校的每一教育活动对人的身心的各个方面都具有直接或间接、显性或隐性、轻或重的作用,不存在单纯以育德为目标的活动,也不存在单纯以传授知识发展智力为目标或以健体为目标或以育美为目标的活动。每一类的教育活动中不同程度、不同范围地实现德育、智育、体育、美育的任务。① 德育无法在综合性的育人活动过程中居于首位。

前文中提到有的研究者提出不能将"首位"作为量词,只能是从加强语气上理解。这种观点尽管有一定的道理,但仍然是从教育内容和过程的视角,在"五育"的范围里理解德育首位的,仍未能准确把握党的三代领导人的教育思想,也未能给德育的地位及重要性以科学的表述。笔者认为,在教育理论中,应坚持从教育目的的视角来理解和表述德育首位。德育的实质就是育德,是将社会的政治思想、法纪道德规范转化为个人的品德,促进人的品德素质的发展和提高。如果将教育看作是全面培养、提高人的素质的目的性活动,那么教学属于教育方式范畴,课程属于教育内容范畴,德育就属于教育目的的范畴,德育即教育的道德目的,是学校教学、管理和辅助性服务等一切工作的目的和归宿。② 从教育目的的视角理解,德育首位就是要求学校教育将培养、发展的人的良好品德(现阶段是社会主义品德)放在首位,最为准确的表述是育德首位。育德首位的表述既准确把握了党的三代领导人的教育思想的实质,又给学校德育(育德)以科学的定位,且含义明确,不会引起误解。

(二) 对育德首位命题科学性的进一步考察

仅仅从党的三代领导人德育首位思想中引出育德首位,还不足以说明这一命题的科学性,尚须多方面考察和论证。

育德首位意味着对教育目的要持这样一种价值取向:品德素质的发展在人的整个素质发展中处于最重要的地位,要优先发展。让我们首先从个性发展的角度看这一问题。从终极目标上讲,教育是要促进人的个性全面和谐地发展,全面发展即个性的全面发展。品德是个性的有机组成部分。思想品德和人的任何品质一样,只能在与人的完整个性相互关系中,在他的行为中,在他对现实态度、观念和信

---

① 金维才. "德育渗透说"之质疑[J]. 教育研究与实验,2001(1).
② 袁振国. 当代教育学[M]. 北京:教育科学出版社,1999.

念的体系中存在。① 人的个性包括个性心理特点和个性倾向性。品德与个性中的个性倾向性相联系,形成了人的政治观念、道德需要、道德动机、道德信念、世界观等,这些构成了人的个性中的动力系统,对个性的发展起着定向和动力的作用,因而最具有社会评价意义。但是,个性中的其他特征则是较少或没有社会评价意义的,如气质的类型、能力的大小、性格的外倾或内倾等。20世纪70年代,苏联心理学家提出了动机圈理论,认为个性的个别特征和特性彼此间联结成谱系化的统一完整的结构,在这个结构里有个中心,即动机需要区,在中心的周围排列着所有其余个性特征和特点,即组成结构的个性特征和品质、体验和价值观、世界观和信念、榜样和理想。这些特征依赖于动机和需要。品德结构与个性结构很多是重叠的,动机圈理论同样适用于品德结构。动机需要区中包含着道德动机和道德需要,周围排列着个性特征与道德体验、价值观、道德世界观、道德信念、道德理想、道德榜样等重叠。品德结构处于整个个性结构的核心位置。② 这都说明品德在人的个性中多么重要! 苏霍姆林斯基对此作了最好的总结:人的所有各个方面和特征的和谐,都是由某种主导的、首要的东西所决定的……在这个和谐里起决定作用的成分就是道德。③ 也正因如此,人们通常将品德形象地比喻为灵魂,品德出了问题,其他方面素质的发展就失去了社会意义,相反,品德败坏的人,只能给社会带来危害。育德首位就是基于品德在个性发展中的特殊地位和特殊作用而言的。

从历史的角度考察这一问题,就会发现,育德首位早已是被教育发展实践证明和众多教育家阐明过的基本原理。古代社会的学校教育主要是为培养国家机器的管理者所服务的,由于当时科学文化落后,管理国家可以不需要更多的文化知识,德行就成了国家管理者的最重要的品质。所以,中国儒家教育和欧洲古代中世纪的学校,多属于德育唯一型的教育,育德自然是学校教育的唯一目的。④ 孔子从教,实施的是"文、行、忠、信"四教,"文"是指古代的典籍、文化;"行"是指德行;"忠"是指对君王、圣道的虔诚态度;"信"是指对同辈、对他人的态度。四教之中,有三教属于道德修养。同时,四教之中,"文"是最不重要的,孔子声言,"行有余力,则以学文"。由此可见,"修德"在孔子的教育思想和实践中的地位。孔子所开教育重在修德之先河,在中国古代一直延续下来,宋代的朱熹对此做了较好的概括:学,本以修德。古之学者,维务善德,其他则不学。欧洲古代的教育亦莫不如此,比孔子稍晚

---

① 胡守棻.德育原理[M].北京:北京师范大学出版社,1989.
② 胡守棻.德育原理[M].北京:北京师范大学出版社,1989.
③ 瓦·阿·苏霍姆林斯基.给教师的建议(上)[M].杜殿坤,译.北京:教育科学出版社,1980.
④ 鲁洁,王逢贤.德育新论[M].南京:江苏教育出版社,2000.

论"育德首位"

的古希腊的思想家、教育家苏拉格底认为,教育的首要任务是教人"怎样做人"。他劝人敦品笃行,把精力用在高尚和善良的事上,努力成为有德行的人,禀赋最优良的、精力最旺盛的人,最可能有所成就的人。如果经过教育而学会了他们应当怎样做人的话,就能成为最优良最有用的人。① 进入资本主义社会以后,由于科学文化的发展,教育对象的扩大和功能的拓展,学校开始实行泛智教育,育德再也不是唯一的教育目的,而是众多教育目的中的一种,但一些著名的教育家仍然坚持育德是最重要的教育目的,所区别的是他们对德的内涵的理解不尽相同。首先倡导"泛智"教育的夸美纽斯虽然提出"把一切事物教给一切人",但在他看来,德育比智育更重要,他说"我们的真正的工作是什么呢?是智慧的学习,它提高我们,使我们得到稳定,使我们的心灵更高贵——我们把这种学习叫作道德,叫作虔信,有了它,我们就高出一切造物之上,就接近了上帝本身"②。显然,夸美纽斯对育德的重视带有浓重的宗教色彩。赫尔巴特则将教育目的建立在伦理学的基础之上,他指出:道德普遍地被认为是人类的最高目的,因此也是教育的最高目的,教育的唯一工作与全部工作可以总结在这一概念之中——道德。③ 他还主张智育、教学都是为育德服务的,他认为:教学如果没有进行道德教育,只是一种没有目的的手段,道德教育(或是品格教育)如果没有教学,就是一种失去了手段的目的。④ 另外一个有世界影响的教育家杜威虽然用自然进化论替代了夸美纽斯的有关神的旨意的观点,又标榜自己的教育思想与赫尔巴特分庭抗礼,但在将育德作为学校教育的最高目的上却与上述两人有惊人的相似,他认为,道德目的应当普遍存在于一切教学中,并在一切教学中居主导地位——不论是什么问题的教学。如果不能做到这一点,一切教育的最终目的在于形成品德这句人尽皆知的话,就成了伪善的托词。⑤ 20世纪以来,由于科学在改造世界方面所显示出来的巨大威力,学校教育中曾一度科学主义盛行,对道德、价值、人文精神有所忽视。然而,人们终于从对人类面临许多问题的反思中意识到:纯粹的知识和智力并不是万能的,世界的和谐、人类的幸福,需要更加重视美德、价值观、人文精神的培养。世界教育主题由"学会生存"向"学会关心"的转变,表明了这一反思过程。当代英国著名的教育哲学家怀特从"什么是受过教育的人"的角度阐述了他对教育真谛的领悟。他认为,受过教育的人从拓展的意义上考虑他的自身幸福,他把个人幸福推及他人,把幸福渗入一种道德高尚的

---

① 吴式颖.外国教育史教程[M].北京:人民教育出版社,1999.
② 吴式颖.外国教育史教程[M].北京:人民教育出版社,1999.
③ 吴式颖.外国教育史教程[M].北京:人民教育出版社,1999.
④ 吴式颖.外国教育史教程[M].北京:人民教育出版社,1999.
⑤ 袁振国.当代教育学[M].北京:教育科学出版社,1999.

生活之中,这不同于把拥有知识作为受过教育的人之主要特征的观点,它把美德放在中心位置。①

上述考察表明,学校教育的发展经历了由古代德育唯一型到近现代多种教育并存型的演变。在古代,"育德"自然是唯一的目的,在多种教育并存,强调人的个性全面发展的近现代,"育德"仍不失为众多教育目的中的首要目的。

三、实践意义

(一)育德首位,有利于进一步明确学校育人目标,引导素质教育健康发展

首先,育德首位表明,学校最主要的任务就是"教学生做人",培养学生具有良好的品德。学校目前还没有摆脱应试教育的惯性影响,推进素质教育步履艰难,其中一个重要的表现就是忽视或弱化学生的思想道德素质培养,学生在这方面出现的问题不容乐观。江泽民在2000年2月1日《关于教育问题的谈话》中曾用"触目惊心"来表明这一问题的严重性和他的忧虑。出现这一问题的原因是多方面的,笔者认为,主要的原因是不少教育工作者对学校教育最重要的任务是"教学生做人"认识不足,主要关注"教学生做学问"(其实是仅仅关注知识的掌握)和"教学生做事"(其实是仅仅关注获得谋生的技能),使学校教育偏离了育人目标。尽管德育首位提出多年,并在不断强化,但由于这一提法本身歧义甚多,人们理解不同,认识不统一,思想问题并未解决。明确提出育德首位有利于端正学校的办学思想,明确育人目标,改变忽视或弱化学生思想道德素质培养的状况。

其次,育德首位有利于构建以思想道德素质为核心的素质教育目标和评价体系。学校素质教育的总体目标是要全面发展、提高学生的素质。按照《中国教育改革和发展纲要》的表述,这些素质主要包括思想道德素质、文化科学素质、劳动技能素质和身体心理素质等。那么,这些素质之间是什么关系?有没有最重要、处于主导地位的素质?这是很多教育工作者并不明确的。"育德首位"表明,思想道德素质是最重要的素质,处于素质结构的核心,决定素质发展的方向并提供动力。素质教育目标体系应该以思想道德素质为核心来构建,将其置于优先发展、统领全局的地位。评价是以目标为依据的,评价体系亦应以思想道德素质的发展为核心来构建,无论是对学校(或班级)集体的教育质量评价,还是对学生个体素质发展的评

---

① 约翰·怀特.再论教育目的[M].李永宏,等,译.北京:教育科学出版社,1997.

价,思想道德素质的发展水平是第一位的标准,可以"一票否决"。

这样的目标和评价体系的构建,有利于改变学校目前存在重智轻德的现象,引导学校素质教育和学生素质健康发展。

(二)育德首位有利于将"育德"贯穿到学校各个教育环节中去,提高德育的实效性

低效是目前学校德育中存在的突出问题,究其原因是多方面,一个重要原因是德育与其他教育割裂开来而孤立地进行,违反了育人的综合性,形成"两张皮"(德育与教学)现象。如前所述,这种错误在理论上是源于将德育视为一项专职工作和专门活动过程的认识误区。育德首位从教育目的的高度看待德育的重要性,要求每一位教育工作者(无论是教师还是管理者,抑或是辅助性服务人员)、每一项教育活动(无论是教学活动还是管理活动,抑或是服务性活动)均要把"育德"作为第一位的目标,这有利于调动全体教职工参与德育的积极性,将"育德"贯穿、落实到各个教育环节中去,以提高德育的实效。

(原载于《湖北师范学院学报(哲学社会科学版)》,2003年第1期,与郭浩、曹忠保共同撰写。)

美国大学防剽窃教育的主要特点及其启示

一、美国大学防剽窃教育的主要特点

（一）各大学普遍重视防剽窃教育

在美国，学术研究的剽窃问题被认为是非常重要的问题而为许多大学所重视。这一点可以从两方面得以体现。

一是美国的许多大学在学校网页及学生学习生活手册的显著位置上都设有有关剽窃问题的专题，告诫学生何为剽窃、剽窃有何危害、如何避免剽窃、剽窃行为会受到哪些惩罚等之类的问题。乔治城大学、俄亥俄州立大学、密西根大学、明尼苏达州大学、华盛顿大学等都有类似的网页。除了利用学校网页之外，如哈佛大学、加利福尼利亚大学等大学也在大学生的学习、生活手册中告之学生相关的内容。哈佛大学在发给每一位新生的哈佛学习生活指南上，都会用加大加粗的字体甚至套色印着这样两段话：

"独立思想是美国学界的最高价值。美国高等教育体系以最严肃的态度反对把他人的著作或观点化为己有——剽窃。每一个这样做的学生都将受到严厉的惩罚，直到被大学驱逐出去。"

"当你在准备任何类型的学术论文——包括口头发言稿、平时作业、考试论文等时，你必须明确地指出，你的文章中的哪些观点是从别人的著作或任何形式的文字材料上移入或借鉴而来的。"

二是为研究生开设学术规范课程。在道德（包括学术道德）问题上，虽然美国大学非常重视对大学生、研究生的养成教育，尽可能避免直接的道德知识灌输，但科学已变得如此复杂、与社会需要如此紧密融合，以致我们也需要有关科研道德和这些义务所包含的责任的较正式的知识，这种知识是对研究生导师和辅导教师提供的一种非正式教育的一种补充。基于这种认识，美国出版了《怎样当一名科学家》的教材，为刚刚从事科研工作的研究人员介绍科研实践的道德基础和他们在科研中遇到的一些个人问题和职业问题。防剽窃问题是该课程的一个重要内容。自

美国大学防剽窃教育的主要特点及其启示

该教材出版以来,各大学纷纷将其作为研究生学习的正式课程,如波士顿大学、麻省理工学院、加利福尼亚大学等就为研究生开设了这门课程。社会重视、学校重视,必然引起学生们的重视。

美国大学何以如此重视防剽窃教育?这与美国学界对大学教育目标的理解有关。美国学界认为"大学教育的一项基本目标在于培育这样的学生:他们能够运用分析或综合的方法评价思想,能够产生重要、富有原创性的思想。"[①]在美国人看来,剽窃行为只是简单地重复他人的思想或观点,不能给人类知识宝库提供知识增量。如果学生提交的是一篇剽窃的论文,就无法显示作为一个受过高等教育的人应该具有的理解能力和写作能力,且这种行为与美国的大学教育目标背道而驰,因而必须予以坚决反对。

(二) 防剽窃教育内容系统明确

美国大学的防剽窃教育内容,无论是在网上公布的、印在学生生活学习指南上的,还是列入课程中的,都非常系统、明确,具有很强的可操作性。其内容一般包括:剽窃的定义、分类、预防措施及预防措施的练习方法等方面。

要防止学生的剽窃行为,首先必须让他们清楚何为剽窃。所谓剽窃,是指使用他人的观点或语句而不明确地承认这些观点或语句来源的行为。[②] 剽窃按其行为方式可以分为不同的种类。[③] 如图1所示。

购买、盗用或借用一篇论文	解释时使用了与原文过分接近的字句
雇用他人写作自己的论文	将自己的观点建立在未经引注的材料之基础上
未经引注而直接抄袭他人的材料 (有意或偶然地)	
故意剽窃	可能是偶然的剽窃

图1 剽窃的种类

上述剽窃行为尽管严重程度不同,但无论哪一种形式的剽窃都是不允许的。任何不经意的过失或者未经引注而使用了他人的思想、观点及语句都有可能被指

---

① Ronald Standler B. Plagiarism in Colleges in USA[EB/OL]. http://www.rbs.com/plag.htm.
② Plagiarism:What it is and How to Recognize and Avoid it[EB/OL]. http://www.indiana.edu/wts/pla-giarism.html.
③ Ronald Standler B. Plagiarismin Colleges in USA[EB/OL]. http://www.rbs.com/plag.htm.

107

控为剽窃。①

在教育内容上让学生明确剽窃概念的内涵与外延（剽窃的行为表现方式）固然是必要的，但更为重要的是让学生知道如何才能避免剽窃。因而，美国大学的防剽窃教育非常重视教给学生避免剽窃的方法。如印第安纳大学教育网站提供给学生防剽窃的方法就是告之学生在下列情形中给予明确地"引注"：②

（1）当你使用别人的思想、观点或理论时；

（2）当你使用任何并非常识的事实、数据、图表等信息时；

（3）当你引用他人的口头语言和书面语言时；

（4）当你转述他人的口头语言和书面语言时。

要使学生掌握上述防剽窃的方法，就应该使他们在平时的学习过程中不断得到训练，最终习惯自如地运用上述方法。为此，许多大学的防剽窃课程给学生提供了类似于下列类型的训练策略：③

（1）在平时做课堂笔记时，对直接摘录的课文上的任何材料都要用引号；

（2）在转述他人的材料时，要确信自己不只是重新安排或替代了几个词，相反，你必须仔细阅读你将要转述的材料，用于遮住课文或关上课本，使自己不能看清课本上的任何内容，然后用自己的语言写出原文的思想内容；

（3）将自己转述的材料与原文相对照，确信自己没有使用原文的词组或句子，而且所转述的信息应是准确无误的。

由于美国大学防剽窃的教育内容系统明确，既易于学生理解剽窃概念的内涵与外延，也便于学生掌握预防剽窃的方法，并在他们平时学习中得到训练，因而具有较好的针对性和实效性。

（三）防剽窃教育的途径与方法灵活多样，注重实效

美国的教育深受杜威实用主义教育思想的影响，非常重视教育的实用性和实效性，美国大学防剽窃教育的方式方法也鲜明地体现了这种特征。

首先，通过潜移默化的途径，利用潜在课程因素对学生实施防剽窃教育。潜在课程是以隐蔽的方式对学生施加影响，论道而不说教，易于为学生接受。自1968

---

① Purdue University Online Writing Lab. Avoiding Plagia-rism[EB/OL]. http://www.owl.English.edu/handouts/research/r-plagiar.html.

② Plagiarism：What it is and How to Recognize and Avoid it[EB/OL]. http://www.indiana.edu/wts/pla-giarism.html.

③ Plagiarism：What it is and How to Recognize and Avoid it[EB/OL]. http://www.indiana.edu/wts/pla-giarism.html.

年杰克逊提出潜在课程的概念以来，就受到了一些教育家，尤其是一些道德教育家的高度重视。柯尔伯格就曾指出，潜在课程作为道德教育的手段，比正规教育来得更为有力，并主张利用潜在课程进行道德教育。美国大学的防剽窃教育就非常重视利用潜在课程因素，对学生进行潜移默化的教育。前述的一些大学利用学校网页或发给大学生的学习、生活手册来宣传防剽窃教育的相关知识，一定程度上说明了这一点。

其次，利用课堂教学，通过显性课程对学生进行防剽窃教育。虽然潜在课程具有对学生影响深刻等优点，但它也存在自身的缺陷：对学生的影响只能是偶然的、零碎的，很难发挥系统完整的教育效果。因而，要使防剽窃教育取得理想的效果，还必须通过课堂教学，通过系统知识的授受。因此，美国的大学也非常重视通过课堂教学的主渠道对学生进行防剽窃教育。波士顿大学、麻省理工学院、加利福尼亚大学等就为研究生开设有如《怎样当好一名科学家》之类的课程。这类课程的授受方式以讨论、个案分析、师生对话等方式进行，课堂气氛活跃，学生的参与度也比较高，效果也比较理想。

最后，寓防剽窃教育于各教学环节之中。如斯坦福大学，将防剽窃教育寓于考试环节。在斯坦福大学，考试实行的是"荣誉制度"，即所有的考试均不设监考，教师发完试卷后就走开，学生交卷前都要在试卷上签名，保证无抄袭、剽窃行为。一旦发现有学生违反了这种制度，一经核实就立即开除。虽然考试中的抄袭和剽窃行为与学术论文中的剽窃行为有很大的区别，但如果学生能在考试中做到诚实无欺，那么这种诚实无欺的品质就可以很容易地迁移到学术论文写作活动之中，这对学生的剽窃行为起到良好的防范与控制作用。

（四）合理利用惩罚手段进行教育

美国学界的许多学者赞同将惩罚视为一种有效的教育手段。例如，有学者认为：惩罚的存在既可以使诚实的学生相信，他们的努力是受到尊重并有价值的，也向不诚实的学生表明，企图通过造假而逃避学术工作的行为将最终会受到应有的制裁。①

由于对惩罚作为一种教育手段所具有的积极价值的普遍认同，美国的教育实践比较重视运用惩罚的教育手段来对学生进行教育。美国学校教育中，教师采用了多种惩罚教育方式。② 美国大学的防剽窃教育也是如此。某大学教师在给一位

---

① Robert Harris. Anti-Plagiarism for Research Papers [EB/OL]. http://www.virtualsalt.com.
② 李爱秋.试谈学生个性培养与教育中惩罚方式的运用[J].教育探索，2002(6).

学术道德的本质、失范与教育

大四学生的论文评分时,发现这篇文章既无参考文献,也没有任何引文,而且论文用词华丽,与该生以前的课堂作业风格迥然不同,就怀疑这是一篇剽窃之作。在查阅了一些学生网络资源之后,并没有发现所抄袭的原始材料,这位教师只好将文章交给学校学生法律事务部门(student judicial affairs)处理。学生法律事务部门的一位工作人员就找这位学生谈话。在谈话中,该生承认了自己的剽窃行为。结果,他被列入了推迟毕业的学生名单。不仅如此,如果该生在此后的学习中出现了任何类似的违规行为,不仅论文将作零分处理,还会受到休学、开除的处罚。此外,该生还要拜访学习技能中心(learning skills center)的一位写作专家,并撰写一篇关于诚实和剽窃内容的论文。①

在美国大学防剽窃教育中,惩罚手段的运用视学生剽窃行为情节严重程度的不同而分为下列几种形式:降低课程的学分等级、取消课程学分、暂时停学或开除、扣留、拒绝给予或取消学位。

另外,美国大学的防剽窃教育在对学生实施惩罚时充分考虑到了学生的合法权益及程序的合理性。在对剽窃的学生实施惩罚时,一般都依据明确的程序规则。如果一个学生被指控有剽窃行为,除指控者要求提供具体的证明材料以外,也允许被指控的学生在规定的时间内向院系及学校的相关部门提出上诉。只有在学生行使了其申诉权利,且指控的证据确凿的情况下,惩罚措施才能实施。由于在对学生实施惩罚的过程中,注重用事实说话,且依循了程序公正的原则,受惩罚的学生一般也能心服口服。

二、美国大学防剽窃教育的几点启示

(一)大学要在治理学术失范方面有所作为,必须重视防剽窃及相关的教育

近年来,我国学界出现了严重的学术失范,其中剽窃行为尤为突出。剽窃问题在我国学界何以如此凸显?原因固然是多方面的,但我国大学教育长期忽视防剽窃教育是其中的一个重要原因。毕竟大学是学术人的"加工厂","工厂的生产质量"直接制约着其人才的培养质量。美国的大学教育高度重视对学生实施防剽窃教育,在其内部构筑了防止剽窃行为产生的第一道防线。虽然这道防线不足以杜

---

① Andy Jones. Plagiarism Cases Cited in the California Aggie [EB/OL]. http://cai.Udavis.edu/aggieplagiarism.html.

绝剽窃行为在美国学界的产生,但通过防剽窃教育可以帮助学生建立防剽窃的意识、提升防剽窃的能力,在学界创造一种良好的学术氛围而大大减少剽窃行为的发生率。我国大学要想在整治学界的学术失范方面有所作为,就应像美国的大学教育一样,高度重视防剽窃及相关的教育。

(二)大学防剽窃及相关教育要取得实效,必须保证课程建设的质量

随着我国学界反学术腐败的呼声日益强烈,包括剽窃行为在内的学术失范问题已引起了政府有关部门和一些重点大学的重视。教育部教人〔2002〕4号文件颁布了《关于加强学术道德建设的若干意见》,对高校和科研机构加强学术道德建设的要求和措施做出了较为具体的规定。一批国家重点院校也颁布了用以规约大学生、研究生学术行为的具体规范。但要使防剽窃等学术规范真正发挥规约作用,规范不能仅停留于口号式的行为规范和准则要求,还必须具体化为课程内容,使之对学生产生影响和作用。只有这样,外在的道德规范和准则才有可能为学生内化,变成约束自己学术行为的内在的道德律令。

要实现这种转化,就必须重视课程的建设质量。不同的课程内容,有着不同的教育效果。美国大学的防剽窃教育能取得比较好的效果,与他们的课程建设质量是分不开的。课程内容不仅告诉了学生剽窃行为是什么,有哪些具体的行为表现,还告诉了学生应采取哪些有效的策略去避免自己可能出现的剽窃行为以及在自己平时的学习中如何去练习这些策略。其课程内容层层相扣、不断深入和具体,具有很强的操作性,值得我们效仿和借鉴。因此,要使我国大学防剽窃及相关教育取得应有的效果,就必须重视相应的课程建设。

(三)大学防剽窃及相关教育的方式方法应灵活多样,避免单纯的知识灌输

作为一种规范教育,防剽窃教育属于道德教育范畴。在道德教育方面,美国的学界是反对单纯的道德美德知识灌输的。杜威指出:传统的道德训练方法是由老师把一套固定的行为准则或僵硬的道德习惯强加给儿童,或者把已经组织好的道德知识灌输给儿童,这是一种灌进等待装载的心理和道德洞穴中去的一种方法,这种方法不仅不能促进反而限制了儿童的智慧和道德发展。[①] 因而他主张,理想的道德训练方法应是用探究、商量和讨论的方法代替强制和灌输。美国大学的防剽窃教育在教育中运用了多种方法:利用环境因素的潜移默化作用,寓剽窃教育于各

---

① 胡守棻.德育原理[M].北京:北京师范大学出版社,1989.

教学环节之中。即便是正式的课堂教学,也尽可能避免单纯地运用知识灌输,而是通过案例分析、师生讨论等双向对话与交流的方法,来进行相关知识的授受。因此,我国大学在进行类似的教育时,应吸取美国防剽窃教育教学的长处,方式方法应灵活多样。

(四)大学防剽窃及相关教育要重视惩罚所具有的教育价值,并加以合理运用

随着素质教育在我国实践领域的全面展开及培养学生健康心理素质的呼声日益高涨,惩罚教育似乎成了教育工作者的禁区。如有人提出惩罚教育太悬,认为教师对学生进行惩罚是教育的无奈和教育的失败,与真正的素质教育是不相容的。[1]这种观点一定程度上影响着我国大学教育的实践。在我国大学中,本科生、研究生学术论文中的抄袭、剽窃现象相当严重,然而受到惩罚的学生却少之又少。教育中惩罚手段的缺位,必然会使一些大学生、研究生在学术论文的写作过程中有恃无恐地抄袭和剽窃。

惩罚作为教育手段是有其合理性的。因为制度规约人的行为功能的发挥离不开运用惩罚手段,否则制度的存在形同虚设。虽然惩罚作为规约人类社会行为手段的合理性并不足以证明将惩罚作为教育手段的合理性,但如果我们认定,在开放的社会里,学校应当是开放的,学生的学校生活应与他们将来融入的社会生活保持一定程度的一致性。如果我们认定,学生作为人必然具有人所固有的缺陷,这些缺陷也需要矫正,那么,我们就有理由认为新制度经济学在证明制度存在的合理性的同时,也证明了惩罚作为教育手段存在的合理性。

美国大学的防剽窃教育能够取得较好的结果,离不开将惩罚作为一种有效的教育手段,并合理地加以运用。将惩罚作为教育手段可以使学生明确可为与不可为的标准,抑制人性中恶的因素的膨胀,最终将学生的行为引向正和善。因此,在我国大学实施剽窃及相关的教育中,应重视惩罚手段的教育价值,并加以合理运用。不过,在实施惩罚的过程中,也要尊重学生的合法权益,做到合理合法,既满足实质公正的要求,也满足程序公正的要求。

(原载于《比较教育研究》,2004 年第 7 期。)

---

[1] 王永杰."惩罚教育"太悬[J].中小学管理,2000(3).

美国大学研究生荣誉制度及启示

美国作为一个研究生教育发展得比较好的国家,剽窃、抄袭现象在研究生中虽然时有发生,但一般能够得到有效控制而不至于出现严重的学术失范。这其中的一个重要原因是美国大学重视研究生荣誉制度的建设,通过良好的制度来规约研究生的行为。借鉴美国大学研究生荣誉制度建设的经验,有益于我国大学整治研究生中存在的较为严重的抄袭、剽窃等学术失范行为。

一、美国大学研究生荣誉制度概述

(一)何为研究生荣誉制度

美国大学有较大的办学自主权,各大学不仅在研究生教育上存在着差异,而且为研究生所设立的荣誉制度也各不相同。这无疑给我们理解美国大学的研究生荣誉制度带来一定的困难。不过,各大学的研究生荣誉制度在规约的对象及保障的目标上存在着共性,我们可以通过对这些共性的把握来了解美国大学研究生荣誉制度的大致内涵。

从规约的对象来看,美国大学研究生荣誉制度主要是规约研究生在学术领域中的行为。对于研究生而言,学术活动是他们在学校最主要的活动。研究生荣誉制度最基本的方面是使每个学生理解学术诚实的标准和懂得以恰当的方式承担智力责任而避免不诚实。[①] 从保障的目标来看,美国研究生荣誉制度建立了一种学术诚实的标准,尤为重要的是,它是建立在对自己和他人智力活动尊重的诚实概念的基础之上。[②] 遵守荣誉制度就是要求研究生在所有的学术活动中,包括学习、课程作业、研究和教学等方面做到诚实无欺。

根据规约的对象和保障的目标,不难看出美国大学的研究生荣誉制度是一种

---

① The Hamilton College Code [EB/OL]. http://www.wrt-Howard.syr.edu.
② The University Council. Constitution of the Graduate Honor System Virginia Polytechnic Institute and State University [EB/OL]. http://www.mba.vt.edu/current/content/GHH-SConstitution.html.

为在大学中维护学术诚实的标准而确立的用以规约研究生学术活动的行为规范。这些学术行为规范所维护的价值明显地区别于其他社会组织的价值和期望,由于它们独特的重要性而作为荣誉规范提出,并通过荣誉委员会予以实施。[①] 荣誉制度也由此得名。

（二）研究生荣誉制度界定了哪些主要的违规行为

美国研究生荣誉制度的一个特点是,它不以直接命令的形式告诉学生应遵循哪些规范,而以通过陈述违规行为的具体表现而使学生明确哪类行为是违规行为。美国各高校研究生荣誉制度对违规行为的界定虽有一定的差异,但就主要的违规行为而言,一般包括：

1. 欺骗

欺骗是指在任何学术工作中给予或接受未经许可的帮助、援助、不公正的好处。[②]

下列行为就是一些典型的欺骗行为：未经导师许可,在课堂测验、家庭测验中利用家庭教师、书籍、笔记和计算器等；在考试和测验中请人代考；偷窃试卷及其他课程材料；未经导师的事先许可请他人代做布置给自己的作业,如购买论文充当自己的作业等；在导师明确布置的个人作业中,同他人合作并作为书面报告提交；在实验室、电脑终端或现场工作中利用任何未经许可的帮助；未经导师许可,将同样论文或作业的全部或部分内容多次提交以获得更多的荣誉或学分；以任何方式修改成绩等级或分数等。[③]

2. 剽窃

剽窃是一种特殊的欺骗行为。剽窃被界定为使用了他人的观点、语词而不清楚说明这些观点和语词的出处的行为。

剽窃包括：使用了他人的语句而未引注；使用了他人的观点而未引注；借用了他人的语词和语句的结构而不承认其来源；"借用"他人论文的部分或全部内容；利用他人的写作框架来写作自己的论文；利用他人提供的论文写作"服务"或让他人为自己写作等。

上述剽窃行为虽然严重程度不同,但都属于被禁之列。

---

① The Honor System [EB/OL]. http://www.Wesleyan.edu/deans/honorsystem.html.
② The University Council. Constitution of the Graduate Honor System Virginia Polytechnic Institute and State University [EB/OL]. http://www.mba.vt.edu/current/content/GHH-SConstitution.html.
③ Indiana University Code of Student Rights, Responsibilities, and Conduct [EB/OL]. http://dsa.indiana.edu/Code/.

3. 弄虚作假

无论是以口头还是以书面形式,或通过电子媒体,篡改、伪造与学术活动有关的任何材料的行为都属于弄虚作假。

这类行为包括:伪造官(校)方签字、篡改官(校)方记录和文件;欺骗性地增删学术文件信息、更改作业、测验和考试的日期;未经许可进入他人的电脑账户或文件;在申请学科成绩、学位证书的报告中,在发表的论文中提供错误的数据或结果;等等。

(三)研究生荣誉制度对违规行为实施哪些处罚

研究生的违规行为一旦被确认,学校的司法小组就会对其进行适度的制裁。制裁视违规的严重程度不同而分为四种水平[①]:

1. 研究生荣誉制度考察

受到这种制裁的学生不会离开学校,而是留在学校接受研究生荣誉制度的考察,直至毕业或注册期满。研究生荣誉制度考察是一种警告,目的在于威慑学生以后不要再犯。如果违规者再次违规,所受到的惩罚将会把此次考察考虑进去,"两罪"并罚。如果学生在一年内退学后重新注册,自注册之后,研究生荣誉制度考察将自行恢复。如果违规行为涉及的是某项课程任务,则该课程的成绩以零分计;若涉及的不是课程任务,则取消因违规所取得的所有便利。违规者的行为将记录在注册办公室的文件夹里直至毕业或注册期满。此外,违规者将被要求同学校司法主管和所在系系主任一同参加一个会议,会议的目的在于了解违规学生是否对研究生荣誉制度有了更好的理解。违规的学生还必须在所在系或学校其他合适的单位提供一定期限的公益服务(服务时间长短视违规情节的轻重而有所不同,但一般不超过 50 小时)。如果学生不参加这个会议,或不提供这种服务,"置于研究生荣誉制度考察之下"的标记会永久地留在违规的这学期的学生记录里,即使毕业也不会消除。如果学生参加了上述会议,且提供了所要求的公益服务,则在毕业时或注册期满后,该学期的违规行为记录将被消除。

2. 暂时休学

接受这种惩罚的学生,在违规行为发生或听证会举行的所在学期,允许留在学校。其违规课程的成绩记为"因违反研究生荣誉规范而不及格",这种成绩将会出现在学生的成绩报告单上,并在学生的档案里永久记为"F"。接受这种处罚的学

---

① The University Council. Constitution of the Graduate Honor System Virginia Polytechnic Institute and State University [EB/OL]. http://www.mba.vt.edu/current/content/GHH-SConstitution.html.

生在完成违规学期的课程之后,将休学一段时间(不超过两个学期或一个学年)。同时,"因违反研究生荣誉规范而休学"的标记将永久地留在学生违规的那一学期的学生记录里。休学期满,学生在重新注册之时将自动接受研究生荣誉制度考察。

3. 休学

接受这种惩罚的学生不允许完成当下的课程而必须立即休学,休学的时间一般不超过两个学期或一学年。本学期已获得的所有学分将全部丢失,违规课程的成绩记为"因违反研究生荣誉规范而不及格"。这种成绩将会出现在学生的成绩报告单上,并在该学期学生的档案里永久记为"F"。休学期满,学生在重新注册之时将接受研究生荣誉制度考察。

4. 永久开除

接受这种惩罚的学生不允许完成当下的课程而必须马上离校,违规学期的所有学分全部丢失。此外,如果违规行为不是发生在听证会举行的那个学期,那么"因违反研究生荣誉规范而不及格"的成绩也将记入违规的课程,该成绩将会出现在学生的成绩报告单上,并在该学期学生的档案里永久记为"F"。违规的学生永远不会有在该大学重新注册的机会。"因违反研究生荣誉规范而被永久开除"的标记,将永远被记在学生违规的那一学期的学生档案里。

(四)研究生荣誉制度对违规行为的处罚依循哪些程序

美国大学的研究生荣誉制度对违规学生进行处罚时,一般能够依严格、公正的程序进行。主要程序包括:

1. 通知

诸如欺骗或剽窃之类的行为被发现后,负责相应课程的教师必须确定该问题是否在相关的师生之间已经得到解决,是否必须提交给研究生职业研究部主任。如果学生承认了自己的违规行为,就必须接受教师确定的制裁方式,并签署一个协议,承认接受指控和制裁。学生可以不承认违规、拒绝接受制裁,并可以要求将该问题提交给荣誉行为委员会。如果该问题在相关师生之间已经得到解决,就应分别将一份签名的制裁信提交给学生事务部主任、研究生职业研究部主任。他们将把该信件作为该生记录的一部分加以保存,学生自己也会收到此信件。如果该问题不能在师生之间解决,而且教师相信所宣称的违规行为性质严重,就必须召开荣誉行为委员会听证会。在此之前,教师必须将此事报告给研究生职业研究部主任,并提供相应的支持材料。

2. 调查

对于提交给研究生职业研究部主任的案件,负责相应课程的教师在听证会举

美国大学研究生荣誉制度及启示

行之前,应对所声称的违规事件进行彻底调查。在研究生职业研究部主任的要求下,学术部门将指定一位教师和一位研究生组成该事件的调查组。当案件需要调查时,研究生职业研究部主任将通知调查组进行调查。调查完成后,如果需要召开一个听证会,研究生职业研究部主任将通知学生事务部主任。

3. 召开听证会

学生事务部主任将任命两位研究生和两位研究生教师组成一个听证委员会。听证委员会由学生事务部主任担任主席和记录员,在受到违规事件报告后的一个合适的时间里,召开听证会。召开听证会的时间和地点一旦确定,至少在听证会举行的48小时前,学生事务部主任必须以书面的形式告知受指控学生有关指控的性质和听证会召开的时间和地点等。受指控者有权从大学中聘请一位顾问出席听证会。听证委员会将要求指控者、被指控者、证人陈述事实,并最终获得一个受指控者是否违反了研究生荣誉制度的结论。违规的结论必须由委员会中3个以上的成员投票才能成立。如果学生的违规行为成立,委员会将确定一个制裁方案。听证会内容全部被录音,听证会结束后磁带将交给相关的校政人员作为学校财产保留。如果受指控者认为"定罪"或惩罚不公,就可以在听证会后的48小时之内以书面的形式向校复审委员会提出申诉。

4. 复审委员会复查

当受控的学生以证据不足、制裁过于严厉、程序不公等理由向校复查委员会提出申诉时,校复审委员会将对该事件进行复查。复查过程也遵循严格的程序,包括成立新的调查小组重新调查、组成新的听证委员会举行新的听证会。复查委员会的复查结果有两种形式:如果学生的申诉缺乏证据,学生的申诉将被驳回;如果学生的申诉拥有足够的证据,其申诉将被接受并提交给校行政办公室做最终的裁决。

二、美国大学研究生荣誉制度的几点启示

(一)大学应重视研究生学术制度的建设

作为国家的高层次人才,研究生的素质高低,尤其是他们的科学研究素质的高低直接制约着我国的现代化进程和科教兴国战略能否顺利实施。研究生科研素质的高低,不仅取决于研究生的学术教育质量,也依赖于学术制度规约的力度。依据新制度经济学的人性假设,人都是理性的经济人,精于算计、投机取巧和追求个人私利的最大化是人之共性。研究生也是人,在学术领域也会存在着精于算计、投机取巧和追求个人私利最大化的倾向。要抑制研究生人性中丑陋的一面,就必须加

强研究生学术制度建设。近年来,频繁发生的研究生学术失范行为已引起了我国许多大学的关注,不少大学已在研究生工作手册或管理条例中增添了学术规范和准则。但客观地讲,研究生学术制度建设在我国的大学中仍未引起广泛和足够的重视。从有些学校已经颁布的研究生学术道德规范和行为准则的情况来看,制度建设还多是限于经验和应急水平。制度建设的一些基本问题,如制度保障的目标、制度规范和惩罚措施的具体阐述、制度的运行程序等还远未得到解决,制度本身也没有构成完整的体系。我国研究生学术制度建设的实际状况仍无法满足整治研究生学术失范行为的需要。因此,我们应借鉴美国大学重视研究生荣誉制度建设的经验,重视研究生学术制度建设,加大建设的力度。

(二)研究生学术制度的建设应保证内容规范、处罚措施具体明确

具体明确的制度规范,一方面易于为学生理解,便于他们在实际的学术活动中遵循;另一方面,也便于学校判断某一行为是否违规。美国大学研究生荣誉制度不是以几条抽象的行为准则规定学生应该干什么,不应该干什么,而是通过具体的行为描述,告知学生哪些行为属于违规行为,应尽可能避免。从我国一些大学已经建立的研究生学术(道德)规范的情况来看,这些规范往往是以几条准则的形式出现。至于规范的具体内容如何理解,在行为层面有哪些表现则少有论述。虽然这些简明的规范易于记忆,但在缺乏相应课程对这些规范进行具体阐释的情况下,既不利于学生理解和遵循,也不利于学校对违规行为的认定。制度规约人的行为功能的发挥,依赖于它所具有的惩罚手段。离开了惩罚,制度无异于一纸空文。但是,有了处罚手段也未必一定能够取得理想的效果。因为过于笼统的处罚措施,不仅不能在违规行为与处罚措施之间建立良好的对应关系,对学生起到很好的明示和预警作用,还容易导致制度在执行过程中的主观随意性。无论是规范的内容还是对违规行为的处罚措施都应具体、明确,否则就会影响制度功能的发挥。如前所述,美国大学研究生荣誉制度对违规行为的处罚规定是非常具体的。相反,我国一些大学在对违规行为的处罚规定却显得过于随意和笼统,如某大学对违规行为的处罚规定只有一句话:"凡有违反上述守则者根据有关规定,视情节轻重分别给予批评教育、纪律处分,直至追究相关的法律责任,一切后果由其本人负责。"依此处罚规定,不同的处罚措施还得依据其他的规定。其他的规定具体是什么?这种处罚规定,要么导致处罚的主观随意而有失公允,要么流于形式而无法实施。因此,在研究生学术制度的建设中,我们应借鉴美国大学研究生荣誉制度的相关经验,尽可能使规范和处罚措施具体化,更具有操作性。

（三）研究生学术制度建设应确定合理的运行程序

任何制度都要设置合理的运行程序。"程序公正先于实质正义"①，因为只有程序公正才能使人们对自己的行为结果可以有较准确的预期，才能使程序对决策者的权力预先限定而不至于被滥用，才能使程序运行结果最大限度地保证实质正义。道格拉斯大认为：权利法案的大多数规定都是程序性条款，这一事实绝不是无意义的，正是程序决定了法治与恣意的人治的根本区别。② 基于对程序重要性的认识，美国大学在研究生荣誉制度的建设方面，非常重视制度运行程序的规定。前面对违规者的处罚程序的介绍，可以使我们在一定程度上感受到这一点。由于受人治文化传统的影响，我国在制度建设方面，比较注重制度的"实质正义"，强调对制度规范的规定，而不太重视制度的"程序公正"，对制度的运行程序少有明确的界说。虽然近年来该问题在法学界已引起了广泛的注意，但在许多制度建设的实际操作层面，程序公正的理念并未真正落到实处。大学研究生学术制度建设方面则更为明显。对此，各大学在研究生学术制度建设方面应引起高度重视。研究生学术制度建设既要满足实质正义的要求，也要满足程序公正的要求。

（原载于《学位与研究生教育》，2004年第8期。）

---

① 朱学勤.程序公正与实质正义[EB/OL]. http://www.cReader.com.
② 贺卫方.从程序的角度看"长江读书奖"[J].学术界，2000(6).

美国是如何防止剽窃的

剽窃问题是世界各国面临的一个共性问题,由于剽窃是一种违反学术道德的严重越轨行为,故受到世界大多数国家的反对与禁止。但由于各国对该问题的重视程度及处理的方式方法不同,剽窃行为在有的国家得到了有效的控制,在有的国家却肆虐横行。科学技术高度发达的美国,不仅高度重视剽窃问题,而且拥有三道防止剽窃行为产生的"防线"。因而,美国在控制剽窃行为方面,取得了比较好的效果。探究美国的这三道防剽窃防线,对我国治理日益严重的剽窃问题不无启示。

一、美国防剽窃的三道主要"防线"

(一)教育防线:大学重视防剽窃教育,提升"学术人"的相关素质

美国大学一向重视防剽窃教育,这与美国学界对大学教育目标的理解有关。美国学界认为,大学教育的一项基本目标在于培育这样的学生:他们能够运用分析或综合的方法评价思想,能够产生重要、富有原创性的思想。[①] 在美国人看来,剽窃行为只是简单地重复他人的思想或观点,不能给人类知识宝库提供知识增量。如果学生提交的是一篇剽窃的论文,就无法显示作为一个受过高等教育的人应该具有的理解能力和写作能力,且这种行为与美国的大学教育目标背道而驰,因而必须予以坚决反对。重视防剽窃教育,是美国大学培养目标在教育实践领域的具体化和逻辑延伸。

美国大学重视防剽窃教育可以从两个方面得以体现。一是广泛利用潜在课程对学生实施潜移默化的影响。美国的许多大学在学校网页及学生学习、生活手册中的显著位置都设有有关剽窃问题的专题,告诫学生何为剽窃、剽窃有何危害、如何避免剽窃、剽窃行为会受到哪些惩罚等之类的问题。乔治城大学、俄亥俄州州立大学、密西根大学、明尼苏达州大学、华盛顿大学等都有类似的网页。除了利用学校网页之外,如哈佛大学、加利福尼利亚大学等,也在大学生的学习、生活手册中告

---

① Ronald Standler B. Plagiarism in Colleges in USA[EB/OL]. http://www.rbs.com/plag.htm.

之学生相关的内容。哈佛大学在发给每一位新生的《哈佛学习生活指南》上,用加大加粗的字体印有这些文字:独立思想是美国学界的最高价值,美国高等教育体系以最严肃的态度反对把他人的著作或观点化为己有,即剽窃;每一个这样做的学生都将受到严厉的惩罚,直到被大学驱逐出去……当你在准备任何类型的学术论文——包括口头发言稿、平时作业、考试论文等时,你必须明确地指出你的文章中的哪些观点是从别人的著作或任何形式的文字材料上移入或借鉴而来的。

二是普遍开设有关剽窃问题的显性课程。在美国,许多大学为大学生、研究生开设包括剽窃问题在内的学术规范课程。在道德(包括学术道德)问题上,虽然美国大学非常重视对大学生、研究生的养成教育,尽可能避免道德知识灌输,但科学已变得如此复杂、与社会需要如此紧密融合,以致我们也需要有关科研道德和这些义务所包含的责任的较正式的知识,这种知识是对研究生导师和辅导教师提供的一种非正式教育的一种补充。基于这种认识,美国出版了《怎样当一名科学家》的教材,为刚刚从事科研工作的研究人员介绍科研实践的道德基础和他们在科研中遇到的一些个人问题和职业问题,防剽窃问题是其中的一个重要内容。自该教材出版以来,各大学纷纷将其作为大学生、研究生学习的正式课程,如波士顿大学、麻省理工学院、加利福尼亚大学等就为研究生开有这门课程。该书的第一版,理工科研究生和大学生们就购买了20多万册。社会重视、学校重视,必然引起学生们的重视。至今,在课堂、研讨会和非正式的讨论会中,仍然在使用这本书。

大学是学术人的"加工厂",大学重视防剽窃教育,就无异于构筑了一道防剽窃的防线。一方面,防剽窃教育可以丰富大学生、研究生这些(准)学术人的防剽窃知识和提高他们防剽窃的能力,避免由于对剽窃知识的无知、无能所导致的剽窃。要防止学术人在学术活动中的剽窃行为,一个基本的前提是要使他们知晓何为剽窃,在行为层面有哪些行为表现,如何避免剽窃等问题。大学重视防剽窃教育,就可以使学生明确这些问题,并提高他们的防剽窃能力。另一方面,防剽窃教育也可以通过使学生明确学术研究活动中的可为与不可为的行为标准,掌握一些基本的学术道德规范来提升他们的学术道德素质,防止因无"德"而导致的剽窃。防剽窃认识的提高、能力的增强和道德素质的提高,就可以使他们在当下及未来的学术研究活动中一定程度上抵制和防范剽窃行为的发生。

(二)法律防线:政府重视运用法律手段规约、惩治剽窃行为

大学重视防剽窃教育,虽然可以提升学术人的防剽窃意识和能力,一定程度上抑制和阻止他们在实际学术活动中剽窃行为发生的可能性,降低剽窃行为的发生率。但是,仅凭防剽窃教育还不足以阻止学人们剽窃行为的发生。按照新制度经

济学的理解,人都是理性的经济人。人不仅一切行为都是从为"我"出发,追求自身的利益,而且会运用理性(如成本与收益的算计能力),遵循"最小—最大"的原则,即以最小的投入获得最大的收益,来确定自己的行为选择。一些人在学术活动中之所以要进行剽窃,并不是他们不知道不应该剽窃,而是明知故犯。对于这种明知故犯的现象固然可以用行为主体意志力薄弱及其他原因来进行解释。但不可否认的是,这种行为的产生更多地与行为主体的"成本—收益"的算计有关。在成本—收益的比较中,明知是恶,但有利可图,"得"远远大于"失",一个人就可能将任何学术规范和道德准则置之度外。为避免这种现象发生,就必须建立必要的制度,对理性经济人的行为加以规约。

在众多的制度中,法律制度尤为重要。法律制度是由国家制定的体现国家意志并由国家强力保证实施的制度,同其他形式的制度相比,更具权威性。有着法治传统的美国,非常重视法律制度的建设,运用法律武器来规约人的行为,在防剽窃方面也是如此。在美国人看来,剽窃不只是一种学术上的违规行为,也是一种法律上的违法行为,故有必要为之建立相应的法律制度进行规约。美国的《版权法》、《商标与不公平竞争法》等都有惩治剽窃行为的有关规定。例如,《版权法》规定,1989年3月1日以后,在美国创作的任何著作将自动受版权法的保护,即便是著作中没有附带版权标记;版权主体可以对任何侵权行为向联邦法院提出起诉。"试图避免侵权(起诉)而在抄袭的文章中所做的任何细小的改变,尤其为美国的法律所禁止",并会受到惩罚。由于教授和科研人员的雇用、提拔、薪金及奖金的获取都是取决于他们学术出版物的质量,而衡量学术出版物质量的标准是其文章为其他研究者的引用率。剽窃行为主体在剽窃他人文章的同时也占有了本不属于自己文章的引用率,导致他人应得的学术荣誉受损。这也是一种不公平的竞争行为,故为《商标与不公平竞争法》所禁止。"既然剽窃者将他人的著作据为己有,那么,原作者就可以因原文虚假的署名而在联邦法院起诉剽窃者。"剽窃行为除了违反上述法律而受到起诉以外,还会被指控为欺诈。"除了智力财产问题以外,剽窃者也犯有欺诈罪。因为剽窃者知道他自己并不是文章的真作者,却存心、故意地(隐瞒真作者的姓名)将自己的名字署在上面,并以之诱取某种回报(如使试卷获得高分数、获取毕业文凭与学位、在科技市场获取奖励等)。"由于在法律上规定了剽窃行为为违法行为,故剽窃者的剽窃行为一旦被认定,就会受到法律的制裁。正是美国政府重视有关剽窃问题的法规建设,同时对剽窃者毫不留情地进行制裁,这就客观上为从事学术活动的研究者设立了第二道防剽窃的屏障,大大减少了学术投机者剽窃行为的发生率。

（三）技术防线：学界和社会重视防剽窃技术的研究与开发

对违法行为予以制裁，必须以认定的事实为依据。要使已有的惩治剽窃行为的法律落到实处，离不开对剽窃行为的认定。众所周知，除了整篇、整段的剽窃行为易于确认以外，其他形式的剽窃，如思想、观点、单个语句等剽窃行为是很难确认的。如果仅有法律规范及相应的惩罚措施，却没有认定这些难以确认的剽窃行为的有效手段，法律无异于一纸空文，对剽窃者因无法确认而难以进行任何制裁，其规约功能也无从发挥。正是基于此，美国的学界和社会有关部门建立了防止剽窃行为的第三道防线：技术防线，重视防剽窃技术的研究与开发。

防剽窃技术是指如何诊断和判定一篇文章是否属于剽窃之作的方法与手段，包括人工诊断的方法和机械诊断的方法。对于人工条件下的诊断方法，有学者进行了研究，研究方法主要包括以下几个方面。

（1）寻找线索的方法，即在阅读学术论文时，在文章中查找可以证明剽窃的一些线索。这些线索包括混乱的引注风格、缺少参考文献和引号、内容离题、混乱的数字信息、时代错误、措辞风格异常、文体风格异常等。

（2）弄清论文的来源，即在查找一篇受到怀疑的论文证据之前，应知道到哪里去寻找。剽窃论文一般来源于免费或收费的论文网站、免费的可视网页、免费的不可视网页（网页只能查到论文题目，内容必须直接进入指定的网站）、网上付费的数据库等。

（3）在网上查询。在确定受怀疑的文章可能是来自某个网上，就可以上网查询了。

在知识爆炸的当代，在网络技术高度发达的今天，面对数以亿计的学术论文，仅凭人工查询和诊断，不仅会浪费大量的人力物力和时间，而且效果也未必理想。基于此，美国的一些商业部门就研制与开发了专门用于诊断剽窃的机械，机械查询与诊断技术也就应运而生。机械查询与诊断就是通过特制的网络或专门的搜索引擎来进行的。如plagiarism.com at http://www.plagiarism.com；plagiarism.org at http：www.plagiarism.org；wordcheck at http://www.wordchecksystems.com等就是专门用于查询、诊断剽窃的网站和搜索引擎。防剽窃技术的研制与开发，使得查询和诊断剽窃行为更为简便、快捷和有效。这不仅使防剽窃的相关法律措施易于落实，而且大大弱化了一些学术投机者的侥幸心理而使剽窃行为的发生率显著降低。

二、美国防剽窃"防线"的几点启示

(一)防剽窃是一项系统工程,需要全社会的共同努力

美国的三道防剽窃"防线"告诉我们:防治剽窃是一项系统工程,要使防剽窃取得理想效果,就需要大学、政府、学界和社会共同努力。大学、政府、社会和学界由于各自功能上的差异,所起的作用也必然不同。单纯依赖于其中的一两个部门,难以取得理想的效果。只有将所有部门各自的功能整合起来,才能取得应有的实效。

对照我国学界近几年来整治学术腐败的实际状况,可以更好地说明这一点。早在1990年9月,第七届全国人大常委会第15次会议就通过了《中华人民共和国著作权法》,对剽窃行为及相关的处罚措施做出了明确的规定。2002年,教育部也颁布了《关于加强学术道德建设的若干意见》。近几年来,北京大学、清华大学等一批国家重点大学颁布了用以规约大学生、研究生学术行为的具体规范。学界对治理学术腐败问题进行了广泛、深入的讨论,一些学者也提出了包括治理剽窃行为在内等问题的富有建设性的对策与建议。然而,实际的治理效果并不尽如人意。究其原因,除了政府、大学两道防线本身存在问题以外,另一个重要原因就在于第三道防线——技术防线的缺失。防剽窃技术的研究与开发至今仍未引起我国学界及相关部门的重视。这直接导致已有的相关法律、制度规范无法有效落实,难以规约人的行为。法律、规范无法落实必然会导致一些学术人侥幸、投机心理膨胀而肆意剽窃。对此,社会和学界应引起高度重视,加强防剽窃技术的研制与开发,使防治剽窃的几道防线没有明显的缺漏。

(二)防剽窃的各项措施要具体实用,具有可操作性

深受实用主义哲学的影响,美国的防剽窃措施,无论是宏观防剽窃防线系统的构建,还是防线内部微观的具体方法和手段,都具有很强的实用性与可操作性。从宏观层面来看,每道防线既有各自的功能,又相互依存,功能互补,共同实现防剽窃功能。从微观层面考察,每种防线内部的各种措施,也体现了实用性与可操作性特征。如在教育防线内部,不仅让学生明确剽窃概念的内涵与外延(剽窃行为的外在行为表现),而且教给学生掌握防剽窃的策略,并指导学生在平时的学习活动中对这些策略加以训练,使之习惯成自然。内容环环相扣,具体实用,可操作性强。前述的防剽窃技术的研究与开发方面,也明显地体现了这一特点。

尽管在我国《著作权法》中对有关剽窃行为及其处罚措施做出了规定,但其效

果因缺乏防剽窃技术手段的支持而大打折扣；教育部、大学虽然颁布了用以规约大学生（研究生）的学术道德规范，但这些规范至今还未纳入大学教育课程，难以对学生施加有效影响、发挥应有作用。这也是我国在治理剽窃方面效果不佳的一个重要根源。因此，我国的大学、政府、学界与社会，应吸取美国防剽窃措施的长处，既重视宏观层面的几道防线的配合与支持，形成完整的防剽窃防线体系，也要重视每一道防线内部措施的可操作性与实用性。

（三）防剽窃要做到内外控制，实行双重防范

综观美国防止剽窃的三道防线，从剽窃的行为主体方面考察，所要解决的问题主要有两个。一是解决剽窃主体的内部控制问题，这主要由大学这一条防线来解决。二是解决主体的外部控制问题，包括法律制度规约和技术防范。这主要是通过政府、社会和学界来解决。外因是变化的条件，内因是变化的根据，只有内外因素结合，实行双重防范，才能取得理想的效果。

内部控制是通过丰富行为主体的防剽窃知识、提高他们的防剽窃能力和提升他们的学术道德素质来发挥作用的。要实现这种内部控制，大学负有义不容辞的使命。虽然我国的许多大学对该问题已有明确的认识，但大多只限于颁布一些学术道德规范之类。在学校的非正式和正式课程中，包括防剽窃在内的一些学术规范、学术道德规范，还没有应有的地位，获得应有的重视。这不利于提升学生的防剽窃能力和相应的学术道德素质。因此，今后要加强该问题的研究，使大学防剽窃及相关教育落到实处。这也是解决内部控制的关键。

外部控制是通过两方面工作来实现的。一是通过严厉的法律制裁。美国对剽窃者的处罚是相当严厉的。Alsabti 是在马萨诸塞州行医两年的外科医生，由于有人发现他两年前就学期间有 6 篇论文存在着剽窃，结果他所获得的医学硕士学位和哲学博士学位都被取消，外科医生的行业执照也被吊销。正是这种严厉的法律惩罚，才使得投机者望而却步，不敢轻易越雷池一步。与之相比，我国已颁布的《著作权法》，对剽窃行为的处罚明显过轻。《中华人民共和国著作权法实施条例》规定，剽窃、抄袭他人作品的行为，罚款 100 元至 5000 元。以最高罚款额计算，5000 元的罚款是根本无法阻止剽窃行为的。这一点我们可以从与一所高校对教师在报纸杂志上发表文章的奖励力度的比照中清楚地看出。该校规定：被 SCI、EI、ISTP、SSCI 检索系统收录的学术论文，或发表在《中国科学》、《中国社会科学》上的学术论文，每篇奖励 5000 元。若这些论文能够获得省级四大奖，将获得追加奖励 2000～4000 元，若能获得国家级奖励，则按上述标准乘以系数 3。两相比较，5000 元的罚款岂不太少？如果再考虑到这些论文发表后所获得的诸如被评上学

科带头人、学术骨干,分到房子,解决家属工作问题等派生待遇,区区5000元更是不足挂齿。法律处罚太轻是导致我国学界剽窃行为猖獗的另一个重要原因。因此,要使我国《著作权法》能够真正起到规约投机者剽窃行为的作用,必须借鉴美国的做法,加大处罚力度,使精于算计的理性经济人感到剽窃最终会得不偿失。

二是依靠成熟的防范技术来进行控制,对此前面已有详述。在这个方面,目前我们所要做的,就是要尽快进行防范剽窃技术的研究和开发。

(原载于《科学管理研究》,2004年第3期。)

学术道德的本质初探

学术腐败是我国当今学界存在的一个突出问题。学术腐败的成因从其行为主体方面予以考量，无非是外部的社会根源和内部的主体根源。外部的社会根源固然重要，但外因是变化的条件，内因是变化的根据，外因最终要通过内因才能发挥作用。或许这就是"加强学术道德建设"的呼声在学界此起彼伏的原因。然而，加强学术道德建设的一个重要前提就是要把握学术道德的本质。否则，学术道德建设就可能是无的放矢，难以取得应有的成效。

一、对事物本质的认识可依据不同的逻辑规则

依照形式逻辑，事物的本质是反映事物的类的特性，是一类事物之所以成为该类事物而区别于他类事物的质的规定性。质的规定性是事物内在的固有属性，对于同类事物来说是相同的或共有的属性；对于不同类的事物来说是相异的或特有的属性。辩证逻辑则不同，它认为事物的本质是事物固有的矛盾的特殊性。事物的质的规定性只是事物自身同一和与其他事物相异的规定性。事物不仅是自身同一的而且是有内在差异的，事物与其他事物不仅是相异的而且与其他事物又是有同一性的；事物自身内在同一性和差异性的对立统一，以及事物与其他事物相互差异性和相互同一性的对立统一即事物固有的矛盾的规定性……事物的矛盾的特殊性就是事物的辩证本质。[①] 本文主要是揭示学术道德同社会中其他道德的类的本质区别，因而，笔者在揭示学术道德的本质时所遵循的是形式逻辑的规则，通过下定义的方式，揭示其概念的内涵来反映学术道德的质的规定性。

按照形式逻辑，定义是通过一个概念明确另一个概念内涵的逻辑方法。事物的本质是通过实质性定义来揭示的。实质性定义是揭示概念所反映的事物的本质的定义。[②] 因而，从形式逻辑的角度揭示事物的本质，就是对事物进行实质性定义。实质性定义是用属概念加种差的方式做出的，即种概念等于属概念加上种差。

---

① 中国人民大学哲学系逻辑教研室.形式逻辑[M].北京:中国人民大学出版社,1980.
② 中国人民大学哲学系逻辑教研室.形式逻辑[M].北京:中国人民大学出版社,1980.

也就是说,对概念下实质性定义,首先必须找到该概念的属概念,然后找到该概念所反映的事物与同属其他种概念所反映的事物相区别的本质规定性,最后将两者综合起来,形成揭示种概念内涵的下定义项。

随着种概念内涵的下定义项的明确,种概念的本质也就被揭示出来了。这样,依据形式逻辑对实质性定义进行定义的方法,我们就可以通过对学术道德进行实质性定义,来揭示其本质。

二、概念依据其外延的大小分为属概念和种概念

外延大的概念是属概念,外延小的概念是种概念。对于学术道德概念而言,比它外延大的属概念应是道德。道德有多种,如公民道德、医生道德、教师道德等,学术道德是众多道德中的一种,道德除学术道德之外,还包括各种形式的非学术道德。

依据形式逻辑的定义规则,揭示作为学术道德的属概念,是定义学术道德概念的基础,也是揭示学术道德的本质的前提。

"道德"这个词在我国古代是两个词。"道"的最初的含义为万物产生、变化的总规律。《韩非子》有云:"道者,万物之所然也,万理之所稽也。"后引申为社会道德规范、规则,见董仲舒的《举贤良对策》,"道之大原出于天,天不变,道亦不变"。"德"的最初含义为"得",《说文解字》释"德"为"德者,得也。外得于人,内得于己"。"德"事实上被理解为个人内心的品质和自我觉悟。可见,"道"与"德"原本是两个不同的东西,"道"是"德"的前提,没有基于万物产生、变化的总规律基础上产生的社会伦理规范、规则,就不可能有对规范、规则的内心自省和感悟;"德"是"道"的归宿,规范、规则只有通过"内得于己"才能被接受,并发挥其对人的行为的规范和制约作用,"道"若不为人所"德"(得)也就失去了其存在的价值。不难看出,在古人眼里,"道德"也就是"得道",意为或者通过他人,或者通过自己的内心自省得到基于万事万物运行规律的"道"的基础上的产生的社会伦理规范,并以所得之"道"来指导规范自己的行为。

因此,在中国传统文化中,"道"是指事物运行本身的客观规律;"德"即"得",是讲人们悟道之后又遵循道(遵循客观规律)的人的主观行为;道德两字合起来就是讲人们的主观行动必须符合自然、社会运行的客观规律。[①] 道德概念的内涵随着

---

① 陈惠雄.经济制度与道德规范:起源、效用差异及其互补性[J].财经论丛(浙江财经学院学报),2002(2).

时代的发展而被赋予新的内涵。

在当代伦理学理论中,道德则主要是指人们应当遵循的社会准则与规范,是指在一定社会历史条件下调整人们行为并使之和谐相处的行为准则。《伦理学大辞典》就将道德一词解释为道德是反映和调整人们现实生活中的利益关系,用善恶标准评价,依靠人们内心信念、传统习惯和社会舆论维系的价值观念和行为规范的总和。①

三、种差是将同属而不同种的事物区别开来的本质规定性

对于学术道德而言,其不同于其他形式的道德的种差就是其本质,正是这种种差使它与其他道德区别开来。学术道德与其他道德的种差就是"学术"概念的具体内涵。因而,揭示"学术"一词的内涵是我们把握学术道德概念的内涵及其本质的关键。

在我国古代,"学"与"术"是两个词。"学"一是指学问,如《礼记》"七年视论学取友";二是指获取学问之过程——学习,如"学而不思则罔,思而不学则殆"。"术"一是为"方法、手段、措施"之意,见《韩非子》"术者,因任而授官,循名而责实,操杀生之柄,课群臣之能者也";二是指"技艺、技术",见《礼记》"古之学术道者,将以得身也"。

近代学者对"学术"的理解主要有以下两种观点。一种观点将学术理解为"专门的系统学问"②。蔡元培先生在爱丁堡中国学生会与学术研究会欢迎会的演说中对"学"与"术"及其关系进行了说明:学是学理,术是应用;学与术之间是有区别的,必须并进才好;各国大学中所有科目,如工商、法律、医学,非但研究学理,并且讲求运用,都是术;纯粹的科学与哲学,就是学;学必借术以应用,术必以学为基本,两者并进始可。按照蔡先生的理解,"学"指的是系统的基础理论;"术"指的是系统的应用理论。另一种观点是将学术理解为探究学问、发展学问的研究过程。梁启超指出:学也者,观察事物而发明真理也;术也者,取所发明之真理而致诸用者也。③ 不难看出,梁启超将"学""术"分别理解为理论研究和应用研究。梁漱溟先生对学术也是持这种理解,他指出:学术出自人类的智慧而育成于社会交流之上,所谓人类智慧非他,人内心蕴之自觉是也。凡用心在某一问题者运用感官探索之时,必留有印象于衷怀之自觉中,先后多次较量,乃悟得其相关规律,从而步步深入

---

① 宋希仁,等.伦理学大辞典[M].长春:吉林人民出版社,1989.
② 李明山,等.当代中国学术思想史[M].开封:河南大学出版社,1999.
③ 邓九平.谈治学[M].北京:大众文艺出版社,2000.

焉,然一人经验有限,更赖彼此交流,先后传递修正,由小道而蔚成大观。① 对学术的两种不同的理解,反映了学者们观察学术的两种不同的视角或取向。

一是视学术为"学问"的获取过程:科学研究活动。

二是视学术为科学探究过程的实际结果:系统的科学知识。

两种理解都可以在词源上以及在现实中找到各自的依据。这实际上反映的是该词的多义性。事实上,目前理论界讨论学术腐败、学术道德失范问题时,"学术"一词的实际指称已经超出了上述两种理解。学术腐败、学术道德失范不仅存在于学术研究活动之中,也存在于学术评价(审)活动、学术奖励等活动之中。也就是说,学术一词的实际指称,既包括学术研究活动,也包括学术评价(审)活动和学术奖励活动等。概念的生命力在于它对现实的解释能力。既然学术一词的现实指称已包括有学术研究活动、学术评价(审)活动和学术奖励活动,我们有理由将该概念加以发展,将学术理解为包括学术研究活动、学术评价(审)活动和学术奖励活动在内的所有活动。

如前所述,道德是依靠社会舆论、习惯传统和人们的内心信念,用以调节人与人之间、个人与社会集体、个人与社会之间的关系的行为准则和规范的总和。道德涉及的主要是人与人、人与社会或人与自然的关系问题,其主体只能是人。科学研究、学术评价(审)、学术奖励等本身是活动,不能构成道德关系,形成道德问题。只有从事学术研究、学术评价(审)、学术奖励活动的主体人,才有可能在研究活动、评价(审)活动和奖励活动的过程中或通过活动的结果与他人、与社会、与自然构成一定的关系,需要运用一定的原则、规范来进行调节,从而产生道德问题。因此,学术道德概念的质的规定性必须通过学术研究、学术评价(审)、学术奖励活动的主体人来体现。但是,学术道德并不完全等同于学术主体人的道德。作为从事学术活动的主体人,不只是从事学术活动。他还是一个社会人,承担着多种社会角色。因此,学术道德只能是从事学术活动的主体人的道德的一个方面,体现于他在从事学术研究活动、学术评价(审)活动、学术奖励活动的过程及结果中所应处理的与他人、与社会、与自然的关系之中。

基于上述理解,笔者认为,学术道德就是指从事学术活动的主体在进行学术研究活动、学术评价(审)活动、学术奖励活动的整个过程及结果中处理个人与他人、个人与社会等方面关系时所应遵循的行为准则和规范的总和。

(原载于《理论月刊》,2004年第2期,与陈新松共同撰写。)

---

① 李明山,等.当代中国学术思想史[M].开封:河南大学出版社,1999.

大学教师应有的科研伦理

大学是创新型高素质人才成长的"摇篮",是新知识、新思想、新技术的发源地。大学教师既是创新人才的教育主体,也是知识创新、思想创新、技术创新的直接承担者。大学教师能否遵循科研伦理,既会影响到大学为社会培养的创新人才的质量,也会制约着大学为社会提供新知识、新思想、新技术的多寡优劣。近年来,学术界学术腐败之风日益严重,大学教师中抄袭、剽窃、一稿两投或多投、论文署名中侵占他人成果等现象时有发生。所以如此,一个重要的原因在于大学教师缺乏有效的科研伦理的规约。因而,构建科研伦理,以此来规约大学教师的科研行为就势在必行。

伦理作为处理人们相互关系所应遵循的准则,主要是用来处理人与人之间的关系。科研是一种活动,本身不涉及伦理问题,只有从事科研活动的主体人,才有可能在活动中或通过活动的结果同他人发生一定的关系,需要用一定的原则规范来进行调节。因而,科研伦理的质的规定性必须通过从事科研活动的大学教师来体现。但是,大学教师的科研伦理又不能等同于大学教师伦理,因为大学教师除了要进行科研活动以外,还要进行教育和教学等活动,由此就需要处理教育教学活动中所应处理的人际关系,遵循教育教学活动中的伦理规范。大学教师的科研伦理只能是大学教师伦理的一个方面,体现于他在科研活动的过程或科研活动的结果中所应处理的与他人、与社会、与自然的关系之中。大学教师科研伦理的这种特性决定了其规范的具体内容应依据科研活动本身的独特性来规定。同人类的其他活动相比,科研活动有其独特性,这种独特性体现在目标、过程和结果等方面。科研活动独特的目标、过程和结果决定了大学教师在科研活动中应依循下列基本的伦理规范。

一、追求真理、捍卫真理

大学教师的一个重要任务是从事科学研究。从科学研究活动的目的来看,首先就在于探求真理,由此决定了大学教师要以追求真理和捍卫真理为己任。历史上杰出的科学家,无不重视对真理的追求。法拉第说:真理是科学家的首要目标。[①] 爱因斯坦也曾指出:对真理和知识的追求并为之奋斗,是人的最高品质之一。西德·莫尔认为:科学家一般不为权欲而谋求权势,虽然他们对权势并非无动于衷,科学家一般不单纯追求财富,虽然他们对于家道富裕并非毫不动心。[②] 他们的首要动机是为增进真正的知识做出贡献。追求真理的目标要求大学教师要热爱科学、献身科学,能经得起困难和挫折的打击,经得起胜利和成功的考验。追求真理也要求大学教师能以科学的态度对待科学研究,实事求是、严格要求。追求真理内在地要求大学教师能维护真理。科学活动不可能在真空中进行,它直接或间接地要受到外界各种因素的制约。历史表明,政治、宗教、权威往往是影响科学工作者坚持真理的重要影响因素。这就要求大学教师在追求科学真理的过程中,不屈服于反动的政治权势,不屈服于专家权威的压力。当然,在坚持真理的同时,要避免把真理当教条。

二、敢于探索、勇于创新

从知识形态进行考察,真理总是表征为知识创新,包括科学理论的创新和技术理论的创新。追求真理也就是不断地发明、发现,不断地建立新理论、创立新方法、揭示新规律、增加新知识。如果只是在已知的世界里兜圈子,翻来覆去地解释前人的理论,述而不作,给古人做注脚;或者畏缩于已知世界之中,是与科学研究活动所追求的目标背道而驰的。科学研究追求真理的目标也要求大学教师敢于探索、敢于创新。要创新,就必须敢于探索。马克思说过,在科学的道路上没有平坦的道路可走,只有那些不畏艰险、敢于攀登的人,才有希望达到光辉的顶点。创新绝非一件轻而易举的事情,有的时候要付出沉重的代价,乃至生命的代价。在此情形下,缺乏敢于探索的精神,就不可能创新,不可能发现真理。李时珍为了改正古医书中关于草药记载的错误,为了写成《本草纲目》一书,不知多少次冒着生命危险尝试百草,才写出了中外医药史上的这部奇书。要创新,还必须具有敢于创新的精神。所谓创新精神就是科学工作者不应满足于现有的科学成果,不迷信权威,不崇拜偶像,不因循苟且,不墨守成规;而敢于冲破旧的思想牢笼,敢于冲闯禁区,敢于另辟蹊径,敢于标新立异。[③] 要具备创新精神,就必须准备冲破种种阻力,包括门户之

---

① 李光玉,等.科学研究与道德[M].武汉:华中工学院出版社,1987.
② 李光玉,等.科学研究与道德[M].武汉:华中工学院出版社,1987.
③ 李光玉,等.科学研究与道德[M].武汉:华中工学院出版社,1987.

大学教师应有的科研伦理

见、宗教信条、社会舆论和旧的传统积习的藩篱,必须准备遭受各种挫折甚至最终失败,必须准备牺牲自己的利益、幸福乃至生命。

三、诚实无欺

科学研究过程涉及课题的申报和结题、科学实验、社会调查、论文撰写、论文发表等各个环节。不同环节对研究者虽有不同的要求,但有一个共性的要求,这就是诚实无欺。

在日常生活领域,诚实一般是指说真话,欺骗则是指说假话。但是,从学理上讲,诚实和欺骗不仅包括语言,也包括行动。诚实是动机在于传达真实信息的行为,是自己以为真的也让别人信以为真、自己以为假也让别人信其为假的行为;欺骗则是动机在于传达假信息的行为,是自己以为真却让别人信其为假、自己以为假却让别人信以为真的行为。[①] 诚实无欺作为一种道德规范,并不是学术活动过程特有的,而是人类在所有社会活动中都应遵循的一条非常重要的规范。由于科研活动的对象是追求真理,探究高深的学问,加上在科研活动的诸环节中科研活动主体有较强的独立性,这就决定了诚实无欺的道德规范在科研活动过程中的极端重要性。从当今大学教师的学术腐败行为表现来看,几乎无一例外地违反了这条规范。申报课题和结题中的弄虚作假、科研实验中伪造和修改数据、科研论文写作中的抄袭剽窃、论文署名中的"搭便车"、论文发表中的一稿多投等现象,都可以说违背了这条规范。也正是基于此,有人认为诚实性规范是科学道德的核心。科学道德规范的核心问题就是从事科学活动的人的诚实。[②]

四、造福人类

任何学术研究,无论是自然科学研究还是社会科学研究,都会产生一定的结果。在"小科学"时代,任何学术研究的结果对人类而言都似乎只有好的一面:能够扩展人们对自然和社会的认识,能够提高生产水平和改善人民的生活质量。然而,在"大科学"时代,特别是在第二次世界大战期间,广岛和长崎爆炸的两颗原子弹,使人们从对科学的美好梦幻中惊醒,并使人们认识到,科学之"水",既可载"舟"也

---

① 王海明. 新伦理学[M]. 北京:商务印书馆,2002.
② 张彦. 科学价值系统论——对科学家和科学技术的社会学研究[M]. 北京:社会科学文献出版社,1994.

可覆"舟"。科学研究实际结果的双重性,必然内生出对科学研究者的一种重要规范:必须保证科学成果能够造福人类。①

将科学研究成果造福于人类是当代许多著名科学家的共同心愿。苏联著名科学家谢苗诺夫指出:一个科学家不能是一个纯粹的数学家、纯粹的生物物理学家或纯粹的社会学家,因为他不能对他工作的成果究竟对人类有用还是有害漠不关心,也不能对科学应用的后果究竟使人民状况变好,还是变坏采取漠不关心的态度。爱因斯坦也曾对学技术科学的青年说过只懂得应用科学本身是不够的,关心人的本身,应当始终成为一切技术上奋斗的主要目标,关心怎样组织人的劳动和产品分配这样一些尚未解决的重大问题,用以保证我们科学思想的成果造福人类,而不致成为祸害。② 遵循这条规范,要求大学教师不能出于功利的目的和狭隘的民族利益滥用研究权利,要尽可能防止自己的研究成果对社会、对人类可能造成的灾难。尤其在科技大发展的今天,在核研究、基因研究等高科技领域,遵循这条规范尤为重要。大学教师只具有将自己的研究成果造福于人类的权利。

(原载于《湖北师范学院学报(哲学社会科学版)》,2004年第2期。)

---

① M.戈德史密斯,等.科学的科学——技术时代的社会[M].北京:科学出版社,1985.
② 张彦.科学价值系统论——对科学家和科学技术的社会学研究[M].北京:社会科学文献出版社,1994.

成人高考失范的制度根源及治理对策

一、成人高考失范的主要行为表现

失范是一个社会学概念。美国社会学家墨顿认为,当个人以正当手段去实现正统目标时,个人行为是符合社会要求的;当目标与手段不一致时,失范行为即出现了。本文从人与社会规范关系的角度来解释失范,把失范理解为人用不符合社会规范的手段去实现自己的文化目标。

成人高考作为一种人才选拔制度,为保障给广大的考生提供一个公平的竞争环境,为给成人高校选拔出合格的学生,必然存在着一套制约巡视人员、监考人员和考生等的行为规范,用以规约他们的行为。成人高考失范是指巡视人员、监考人员和考生等,用不符合规范的手段去实现自己的文化目标(如获取金钱、谋取高分等)。

成人高考失范的典型表现是考场作弊。具体表现在:

(1) 作弊主体的"多元化"。考场中的作弊主体不只是限于考生个人,还包括考生与监考人员合作的作弊联合体,甚至扩展到包括考生、监考人员及招生单位在内的彼此串通作弊的作弊集团。

(2) 作弊形式的多样化。考场上夹带、抄袭者有之;雇用"枪手"者有之;考生与"枪手"同场,交卷时互换姓名者也有之。作弊的招数五花八门,应有尽有。

(3) 作弊空间的扩大。随着招生单位、监考人员与考生之间的作弊联合体及作弊集团的形成,现代化通信工具的普及,成人高考的作弊空间已不仅仅限于考场,既有场内考生借助于监考人员与场外的招生单位或朋友的里应外合,也有场外人员运用现代化通信工具对场内考生的遥控指挥。

二、成人高考示范的制度根源

成人高考之所以失范,原因是多方面的:既有转型时期社会政治、经济、文化方面的原因,也有成人高考所涉及的巡视人员、监考人员、考生等有关人员自身方面的原因。不过,我们认为成人高考相关制度的供给不足是导致成人高考失范的深层次的原因。

(一)正式制度的绝对供给不足

为成人高考有关的人员确立的正式制度,目的在于保障成人高考能良性运行,选拔出合格的学生。正式制度的绝对供给不足,是指保障高考目的得以实现的制度体系不完整,存在着一些重要的必不可少的制度的"缺席"。成人高考中,巡视人员、监考人员和考生等,考场所在地的教育主管部门、考场所在考点的主要负责人,都有各自的任务和职责。要保障成人高考处于良性运行状态,就应为所有相关人员制定相应的规范,从而形成一个完整的规范体系,以规约每个人的行为。如果制度体系不完善,就会导致相关人员的行为失去规约,无法保证其职责能够到位,这就可能给违规者以可乘之机、做出失范行为。当下的成人高考中,尽管存在着巡视员巡视制度、监考人员的监考规范、考生的考场规则,但是,仍然存在着一些制度的缺位,如缺乏对巡视人员、对考场所在地的教育主管部门、对考场所在考点的奖惩制度。这些奖惩制度的缺位,必然导致相关人员的责任心大打折扣。成人高考中一些考场中的舞弊行为之所以严重,就在于针对上述人员的奖惩制度的"缺席",导致考点管理松懈,巡视人员巡视不力,监考人员监考流于形式。作弊者有机可乘,行为失范自然在所难免。

(二)正式制度的有效供给不足

任何制度只有做到内容完整,并能够有效地落到实处,才能对人的行为起到真正的规范和制约作用,否则,制度就会因内容上的缺陷或无法有效运行而只是一种形式上的存在。制度的有效供给不足是指制度在内容上存在着缺陷,或制度的落实机制上存有不足,以致制度的实质精神难以落到实处。成人高考中尽管对考生、监考人员都制定有相应的行为规则,但由于对相应规则的执行情况监控不力,奖惩不到位,使相关制度实际上被悬置。制度用以保障成人高考良性运行的目的的实质精神无法实现,自然就难以对相关人员的行为起到真正的规范和制约作用。

(三)社会缺乏正确的道德价值观的导引

道德价值观属于非正式制度,对人的行为也可以起到规范、制约和导引作用。正确的道德价值观,能向正确的方向导引人们的行为,使人们的行为向善;反之,则会向不正确的方向导引人们的行为,使人们的行为作恶。由于我国尚处于计划经济向市场经济的转轨时期,旧的道德价值观已失去应有的效力,新的道德价值观又尚未形成。多元价值冲突的结果使人们的行为缺乏明确的、正确的价值观的引导。在这种情况下,市场经济的一些消极的价值观念乘虚而入,对人们的思想和行为产生了巨大的影响,带来了一些负面效应。例如,利益最大化、等价交换等市场经济的价值观念运用于经济领域,可以促进商品经济的发展和繁荣,提高社会生产力和人民的生活水平。但是,将这些本属于经济领域的价值观无条件、无原则地引入成人高考,必然会导致招生考试中的钱权交易(招生单位或考生通过花费金钱来谋取作弊的特权)等失范行为的产生。

三、成人高考失范的治理对策

(一)加强成人高考相关制度的绝对供给,完善成人高考的相关制度体系

保障成人高考的良性运行的各项制度只有形成一个严密的制度体系才能实现制度体系的实质目标——保障成人高考的良性运行。

基于目前我国成人高考相关制度建设的实际,笔者认为加强制度的绝对供给,完善制度体系应做好下列几种制度的建设。

一是建立层级责任制,实现职责到位,任务到人。省级教育行政部门,可授权考场所在地的教育主管部门,由他们负责组织、管理所在考点的各项工作;考场所在地的教育行政部门,可授权考点所在单位的主要领导,由他们承担考试管理的各项具体事务,如监考人员的选聘、考场的设置、考场秩序的维护等;考点的负责人则授权给监考人员、考场秩序的维护人员等以相应的权力。在分级授权的同时,明确各自的责任和义务。各层级人员只向自己的上级主管人员或部门负责,各上级部门或主管人员有权对下级人员实施监督。哪一环节出现重大问题,不仅要追究当事者的责任,也要追究其上级主管部门的责任。层级责任制既便于管理(管理者与被管理之间较为熟悉),也便于各自明确自身的责任,从而保证制度的有效落实。

二是要建立奖惩制度,对被授权的单位、负责人及相关人员执行制度,完成各自任务的情况进行奖惩。不同单位、不同个人在履行各自义务和职责的时候,必定会存在着差别。如果不建立相应的奖惩制度,就难以调动相关人员的积极性,甚至还会导致相关人员置相关的制度于不顾,参与作弊或协助作弊。因此,必须建立奖惩制度,对表现突出的考点、个人及相关的教育行政部门,要给予重奖;反之则给予重罚。只有做到奖惩分明,制度的威严才能真正确立,违规者也会因违约成本太大而不敢轻易越"雷池"一步。

三是要建立监察和举报制度,尤其是举报制度。上级部门的监察总会受到时空的限制,其作用的发挥总会存在着一定的局限。只有发挥群众的监督作用,才有可能做到"法网恢恢,疏而不漏"。为此,在成人高考期间,省级、地方级教育行政机构,除建立专门的督察机构以外,还要设立专门的举报电话,其号码在考场上公布。要维护检举者的利益,对检举有功者予以重奖。

制度供给如果能做到上述三个方面,则基本可保证制度的完整性,实现其实质性的目标。

(二)保障相关制度的有效供给,充实相关制度内容

完善相关制度内容应有的放矢,根据相关制度的实质精神及自身的缺陷,进行有针对性的改革。如巡视员的巡视制度,其实质就是对考场的实际情况进行监督。然而,现行的巡视制度基本上是流于形式,难以发挥应有的监督作用。巡视人员巡视过程不仅是公开的,而且是有规律的。这两点均可以为违规者所利用。解决这个问题的方法就是要完善巡视员的巡视制度。

一是巡视员应着便装巡视,不露声色,甚至对考点及考点所在地的教育行政部门,也不应透露任何风声。

二是巡视不应有任何规律。对有的考场可只巡视一两次,对有的考场可多次巡视。无规律的巡视可以给违规者以无形的压力而使其不敢轻易违规。

三是采用定点巡视。由专门的巡视人员负责专门的考点,实施对该考点的全程巡视,这就大大减少了违规者的违规机会,从而保证制度的有效落实。

(三)帮助成人高考的相关管理人员树立正确的道德价值观,提升他们的道德素质

尽管法规制度是协调和控制人的行为,调整社会关系的主要规范,但法规和制度的作用不是万能的。成人高考中并不是不存在任何规范。考场规则之所以得不到遵守,固然有规范落实的监控机制和惩罚机制等不完善的问题,也存在有规范、制度自身固有的局限性问题。

一方面,法规、制度要起作用,离不开正式的社会控制机构。社会控制机构的工作人员(如考场巡视人员、监考人员)也总有人所共有的局限(能力及品行上的),这就使得法规、制度再完备,"执法者"也难以做到万无一失和绝对公正。

另一方面,任何法规、制度对人的行为约束主要是他律,即主要是通过外在的力量起作用。这就可能导致当人们在现有的规范、制度范围内根本无法达到个人目标,而违背法规、制度所获得收益大于可能付出的成本时,人们就有可能置法规、

成人高考失范的制度根源及治理对策

制度于不顾。所以,仅靠法规、制度等外在的他律制约,也无法从根本上制止成人高考中的失范作为。

因此,在加强成人高考相关制度供给的同时,应帮助相关人员,如教育主管部门的负责人、巡视人员、监考人员等形成正确的道德价值观,提升他们的道德素质。

要形成相关人员的守法意识,提高他们的道德素质,一是靠教育,二是靠制度制约,三是靠行为主体的自律。为此,省级教育行政机构应对各地负责成人高考的行政机构的主要负责人和考点的负责人进行定期培训,地方教育行政机构和考点应对监考人员定期进行培训,通过经常性的教育来培养他们的守法意识,提高他们的道德素质。同时,对相关工作人员建立必要的奖惩制度,用制度规约他们的实际行为。因此,相关的工作人员教育也好,制度规约也罢,应加强自身的修养。毕竟都是外因,外因最终要通过行为主体的内因发挥作用。个人加强自我道德修养,一个重要的方面是要正确地看待功名和利禄。常人之所以容易违规,在于他们受到过多的欲望的左右。陆九渊曾提出"减担说"。他说,人们平时给自己的心上放了太多的欲望,这里只教人减担,减去一份欲望,便得一份清静,直到减得一无所有为止。陆九渊的"减担说"未必符合时宜,也未必正确,但对于我们提高自身的道德修养不无启示。成人高考中的一些人之所以做出各种失范行为,正是由于受到过多的名与利的诱惑。

(原载于《成人教育》,2004年第2期。)

论高职培养目标市场价值取向的合理性及局限

自 20 世纪 80 年代以来，我国的高等职业教育（以下简称高职教育）获得了较大的发展，尤其是在 1999 年以后，高职教育的发展进入了"快车道"。与此同时，高职教育也出现了一些问题。在人才培养目标问题上，一些高职院校存在着过分推崇市场价值取向的问题。高职人才培养目标上的市场价值取向有其合理性，但也存有其局限性。"言必称市场"，对市场价值取向的过分热衷，既不利于高职院校人才的培养，影响高职教育的发展，也不利于社会的进步和繁荣。因此，有必要辩证地、全面地认识该问题。

一、高职培养目标市场价值取向的内涵

对高职教育的概念，学界目前还未形成统一的认识。为讨论的方便，我们把高职教育定义为：由高等学校实施的旨在培养高等技术人才的正规的高等教育。依此理解，由一些教育机构实施的短期培训不在我们的讨论之列。

价值是一个关系范畴，它反映的是客体（功能）与主体需要的关系。客体或客体所具有的功能能够满足主体的需要，则客体或客体的功能对主体就具有了价值。价值的有无或高低反映的是客体或客体的功能是否满足主体的需要及满足需要的程度。

高职教育是具有多种功能的综合体。它既具有满足市场需要，促进社会经济发展的功能；也具有满足学生身心发展的需要，促进学生身心发展的功能；还具有为学校创收，帮助学生就业等功能。办学主体在对高职教育众多功能的选择时必然会存在着某种偏好，倾向于其中的某种功能。这种被选定的功能对做选择的办学主体而言，就具有了价值。将这种被选定的功能凝聚在高职培养目标的具体设计中，使高职培养目标表现出对高职教育的某种功能的价值偏好，这就是高职教育目标中的价值取向。高职培养目标的市场价值取向，就是指办学主体在设计高职培养目标的过程中，偏重于高职教育满足市场需要的功能，并将这种倾向体现在人才的质量规格的具体规定之中。简而言之，高职教育目标的市场价值取向就是指市场需要什么规格的人才，高职教育就设计什么样规格的人才培养目标。

二、高职培养目标市场价值取向的合理性

（一）市场价值取向有利于满足现实社会发展的需要

人是社会的主体，推动社会发展的关键因素是人。社会发展涉及政治、经济、文化等方面。为满足社会政治、经济、文化等方面的发展需要，社会就需要设置不同类别和不同层次的学校，培养不同的人才。高职教育是一种培养高技术人才的教育，就其主导方面而言，是满足社会经济发展的需要。

社会经济的发展归根到底是社会生产力的发展。社会生产力的发展既需要高技术人才，又不仅仅局限于高技术人才。人才有三种类型：第一种是高级研究人才，他们主要是从事科学研究，发现规律、原理是这类人才的主要任务；第二种是工程型人才，他们也要从事一定的科学研究，其任务是完成从原理到方案的设计；第三种是高技术人才，他们主要是从事实际生产和操作，完成从方案设计到产品的转化。这三类人才都是社会生产力的发展所必需的。其中，第三种人才主要由高职教育提供。

社会生产领域涉及不同的产业，不同的产业又有不同的部门，各部门又有各自的分工。这就意味着社会生产对从事高技术人才的质量和规格的需求是多种多样的，高职教育只有为社会不同产业、不同部门、不同领域培养它们所需质量和规格的人才，才能推动社会生产的发展。

高职教育如何才能满足不同产业、不同部门、不同领域各自不同的人才质量和规格的特殊需要呢？市场取向是一种必然的选择。社会生产领域对高科技人才的质量和规格的要求作为一种现实的存在，总会以一定的方式表现出来。市场则是一面镜子，能较好地反映现实的生产领域对高技术人才质量和规格的需求状况。这样，市场就在生产者的"生产"（教育）与生产部门的生产构筑了一座沟通的桥梁。依据市场价值取向构建的培养目标所培养的人才能够较好地满足现实生产部门的需要，从而推动社会生产力的发展。

（二）市场价值取向有利于学校自身生存和发展需要

在计划经济体制下，高职教育并不存在生存和发展问题。高职院校培养什么样质量规格的人、如何培养等，一切由教育行政部门设计。学校的任务就是按政府设定的路径运行，完成规定的培养指标。学生毕业后统一由政府有关部门进行安置，学校对此不用操心，也不用负责。学校运作的一切经费均由政府划拨。在当时

的情况下，高职院校既无生存之忧，也无发展的需要。

随着高等教育体制改革，高职院校与社会之间的联系途径由政府中介转向了市场中介。市场成了高职院校和社会之间进行联系的纽带和桥梁。高职院校培养什么样质量规格的人，主动权在高职院校自身。学生就业则是学生和社会用人单位相互之间的双向选择，社会用人单位的需求对学生就业起着决定性的作用。学校所需的教育经费，一部分由政府根据学校的招生人数划拨，一部分来源于学生的学费。这就意味着学校的招生状况直接决定高职院校能否生存及如何生存。

制约高职院校的生源多少的关键性因素是学生的就业状况。就业状况好的学校，其信誉就高，对新生的吸引力就大，反之就小。学生能否就业及如何就业，关键在于学生自身的素质结构能否符合市场上用人单位的需要。因此，高职培养目标的市场取向，有利于培养出符合市场需要的人，有助于学生就业。而这又有助于学校新的生源的获得和新的办学经费的获取，从而有利于学校自身的生存和发展。

（三）市场价值取向有利于满足学生就业的需要

学生求学，主要目的有二：一是求发展，即希望通过教育来掌握知识，发展技能，提高能力，提升修养，以成为一个真正意义上的现代人；二是求生存，即希望通过教育获取一技之长，凭借一技之长谋求一份理想的工作，在社会获取自己应有的生存空间。在高职院校中，不排除有以求发展为目的的求学者。但在生产力发展水平并不高，人民的普遍生活水平还并不富裕的我国，接受高职教育的学生中，更多的人的求学目的是为了获得生存。生存的价值同发展的价值相比，对大多数学生而言，意义更为重大。

生存之本在于谋职，谋职是否可能则在于谋职者的素质规格能否符合市场用人单位的要求。高职教育培养目标的市场取向一个重要目的就是帮助学生谋职，它对人才质量的规格的设计就是基于现实的或未来的人才市场需求的实际。而且，为保障市场价值取向目标的实现，高职教育从专业设置、课程安排、教育过程和实习诸多环节，均据此来展开。解决学生的就业问题，满足学生的就业需要本来就是高职教育市场价值取向。

三、市场取向的局限性

（一）单纯的市场价值取向不利于社会长远发展

社会的长远发展依赖于高职教育能较好地满足社会对高职人才的需求。单纯的市场取向往往有利于社会当下的发展需要,难以满足未来的社会发展需要。其原因主要有二:一是市场对社会需要的反映是当下的,而不是未来的;二是教育具有一定的周期性,高职院校培养的人才一般需要三至四年时间。因而,人才培养目标的市场价值取向难以培养未来社会所需要的人才,易导致人才供给与社会的未来需要脱节,不利于社会的长远发展。

市场取向能否立足于社会长远发展需要?从理论上讲是可能的,只要对未来社会人才需求的数量和规格做出较为科学的预测。对此,国内的许多学者持乐观态度,甚至有人提出了人才预测的原理,如湖南师范大学的黄中益教授就提出了人才预测的惯性原理、因果原理、类推原理。这种认识比单纯的市场适应取向是前进了一大步。但是,预测多带有对社会未来发展态势的主观设定(当然也有客观依据),且多是宏观上的,带有一定的盲目性和不确定性。以预测的结果作为构建高职院校的人才培养目标并非不可能,但在目前的技术条件下,有很大的风险性。在我国,财会类专业曾一度被非常看好,人们估计该专业的市场发展前景非常广阔,结果众多的学校一哄而上,纷纷开设这类专业,待学生毕业时,出现严重的供过于求。这种现象并非只是在财会类专业出现。这个事例说明,市场的未来取向虽然存有一定的可能性,但在科学的、成熟的人才预测理论和方法产生以前,不应过于乐观,而应采取谨慎的态度,避免办学过程中的大起大落。这导致既不利于学校的发展,也不利于社会发展的现象产生。

(二)单纯的市场价值取向易导致马太效应,不利于高职院校中的弱势群体的生存和发展

马太效应源于《圣经》中的一段话:因为凡有的,还要加给他,叫他有余;没有的,连他所有的也要夺过来。简而言之,马太效应是指穷者会更穷,富者会更富的一种现象。

单纯的市场价值取向易导致不同的高职院校之间出现马太效应,不利于处境劣势的学校的生存和发展。在市场经济条件下,市场是调节资源配置的有效途径,它追求的目标是利益最大化,功利性是市场条件下办学主体遵循的一条重要原则。在无序的竞争状况下,不同的办学主体都依据市场需求设置人才培养目标,以此来培养相同的人才。由于受利益的驱使,不同的高职院校很难实现明确的分工,甚至综合性大学也会主动参与竞争。结果办学条件优越、办学经验丰富、师资力量雄厚的学校自然处于竞争的优势;办学条件不好、师资力量不足的学校则很可能被淘汰出局。从社会来讲,优胜劣汰的竞争法虽有其合理性,但从学校来讲,在竞争中被淘汰的结果和影响则是不可估计的。这也给那些高职院校中的弱势群体敲响了警

钟，单纯的市场价值取向应尽可能避免。

（三）单纯的市场价值取向会导致受教育者被异化，不利于学生的可持续发展

单纯的市场取向易导致见物不见人。人才培养目标中若只注重社会发展的需要，忽视学生发展和完善的需要，只重视人的"工具"价值的设计，忽视对人的发展价值的规划，则会导致人被异化为社会生产的"工具"、教育加工的"零部件"。

在快速多变的当今社会，一次性的教育能够享用终身的年代已成为历史。快速多变的社会使人的职业变换更加频繁，对人的可持续发展能力，即适应社会变化的能力的要求更高。单纯的市场价值取向以某种设定的社会需要来构建人才的质量规格，只适宜于学生在设定的社会需要条件下就业。一旦社会需要变更，学生很难适应，最终将被淘汰出人才市场。

四、超越市场价值取向的局限：市场价值取向与人文价值取向的结合

既然在高职培养目标设定中单纯的市场价值取向有利也有弊，因而，对这种取向的全盘否定或全盘肯定的做法都是欠妥当的。正确的做法是既要坚持市场价值取向，又不能局限于市场价值取向，应在坚持市场价值取向的合理性的同时超越其局限性。具体的做法是，在高职培养目标构建过程中，将市场价值取向和人文价值取向结合起来，使两种价值取向定格在所确立的人才培养目标之中。

高职培养目标的人文价值取向，就是指在目标的构建中，尊重人的自身价值，将人的身心和谐发展置于重要的地位。任何教育都是有目的地培养人的活动，尊重人的自身价值，促进人的身心和谐发展是教育的本体功能。教育满足市场需要，满足社会需要，满足学校创收需要等均是教育育人功能的派生功能。离开人的身心发展，其他的所有功能均无法实现。因此，高职培养目标在坚定市场价值取向的同时，不能忽视人文价值取向。

两种价值取向在目标的设计过程中如何结合？由于高职教育是一种培养高技术人才的教育，高等技术人才只有为市场所接纳，高职教育的社会价值才能实现，人的生活和发展才具备现实的条件。因此，市场价值取向仍应是我们构建高职培养目标的主要取向。但是，在构建高职培养目标的过程中，我们不能只是见物不见人，把学生当作社会生产的工具。为此，在坚持市场价值取向的主导地位的同时，还要在目标的设计中渗入人文价值取向，将学生的身心和谐发展，尤其是学生的可持续发展，作为目标设定的重要依据，使目标能充分体现对学生学习能力、思维能

力、创新能力、实践能力及身体素质等方面发展的应有重视。通过两种取向的结合,使设计出的目标既能体现出市场价值取向的现实功利价值,又能体现出人文价值取向有利于人的身心现实及未来的和谐发展价值。

(原载于《集美大学学报》,2004年第4期。)

论我国学术评审制度的缺陷与创新

任何评审活动的主体是人,学术评审领域失范行为的产生,固然有评审主体自身的内部根源,但也有外部的制度根源。其中,学术评审制度的缺陷是一种重要的根源。何为学术评审制度?其缺陷体现在哪些方面?如何进行整治?这些问题学界少有探究,对这些问题的回答构成了本文的主要内容。

一、学术评审制度的概念

任何评审活动都由五个主要因素构成:一是评审主体,即评审活动的实施者;二是评审客体,即被评审的对象;三是评审标准,即对事物进行度量的尺度;四是事实判断,即对事物实存状况的描述性判断;五是价值判断,它是依据评审标准,对客观事物存在状况进行的好坏优劣的判断。评审就是评审主体依据一定的评审标准,基于一定的事实判断,对评审客体所做的价值判断。

学术评审的主体一般是由评审专家组成的评审委员会。学术评审的客体,从形式上看是人或组织,实质上则是人或组织的学术成果。学术评审标准是学术共同体所追求的目标,即知识创新。因为任何学术活动都是在学术共同体目标规范、指导下的活动,其价值只能以共同体目标的实现程度来衡量。评价一项科研成果在很大程度上是根据所创造的知识价值和提出的新思想的水平来衡量的。[①] 学术评审的必要性在于学术评审具有激励功能。

不过,学术评审激励作用的发挥,必须保证评审活动能够做到客观、公正,实现学术贡献与学术荣誉相一致。做到这一点绝非易事。因为任何评审都必须经由一个评议过程,人为因素总会参与其中。这就使得评审结果很难做到绝对的客观、公正,实现学术贡献和学术荣誉的绝对一致。客观、公正总会在一定程度上被打折扣,那么学术荣誉和学术贡献只能围绕着学术工作者的贡献量上下波动。比如,学术评审就会给一部分人的评价和承认高于其对学术发展的贡献,给另一部分人的

[①] 张彦.科学价值系统论——对科学家和科学技术的社会学研究[M].北京:社会科学文献出版社,1994.

评价和承认则要小于其对学术发展的贡献。不过,只要学术共同体唯一地根据学术工作者的角色来分配荣誉,评审系统坚持学术荣誉的大小必须由人们在学术活动中的贡献量的大小来决定,学术荣誉就会稳定地围绕着学术贡献波动,不会出现大的偏差。学术荣誉围绕学术贡献波动的规律称为学术系统的价值规律。在正常波动范围内,学术系统的价值规律并不会影响学术系统的良性运行。但是,当学术荣誉的给予不以或不完全与人们提供的知识成果为基础时,就不可避免地产生学术荣誉的"通货膨胀"。在此情形下,就会导致某些人所获得的学术荣誉大大超出他们所做出的学术贡献,造成学术荣誉的贬值。为避免学术评审中"通货膨胀"现象的产生,就必须建立学术评审制度,规范评审主体的行为,尽量排除评审过程中关系、人情等因素的影响。

综上所述,所谓学术评审制度,是指为保障学术评审的客观、公正,保证学术贡献与学术荣誉的一致,实现学术共同体组织目标而确立的用以规范、约束评审主体评审活动的规范、原则。

按照系统论的观点,世界上的万事万物都可以被视为大小不同、功能各异的系统。要使系统的功能发挥最优,就必须符合系统论的"整体原理",即任何系统只有通过相互联系形成整体结构才能发挥整体功能;或者说,没有整体联系,没有整体结构,要使系统发挥整体功能是不可能的。[①] 学术评审活动涉及评审主体的遴选、评审程序的确定、评审指标的确立等多个环节。因此,只有学术评审活动每一个环节都建立有一套完备的规范、原则,才能保障学术评审活动符合系统原理,并有序运行。因此,学术评审制度不是一个具体的制度,而是一个制度系统,包括专家遴选、监督制度、评审程序的规定、明确的评价指标体系等构成。

二、学术评审制度的主要缺陷

(一)专家遴选和监督制度的缺位

评价主体既是评价活动的组织者、实施者,也是评价结论的判定者。在评价对象被评特性既定的情况下,评价主体的学识、能力、道德等方面的素养,影响甚至决定着评价结论。评价主体的学识和能力决定着他能否对被评对象的特性进行准确把握,决定着他能否对评价指标正确地理解;评价主体的道德素养则决定着他是否能客观、公正地对待评价对象。因而,评价活动的主体在评价活动中起着非常重要

---

① 查有梁.系统科学与教育[M].北京:人民教育出版社,1993.

的乃至决定的作用。

在我国学界的各种评审活动中,基本不存在科学、统一的专家遴选制度。不少单位在学术评审活动中,对评审专家的遴选随意性很大,导致评审活动中的专家不少是"外行",学识、能力和道德修养都达不到所要求的标准,使得评审的结果不但不能保证科学性,也难以保证评审结果的公正性。有人对湖北省省级评审同行评议专家的同行情况、专家的能力等方面进行了研究。研究表明,在省级的同行评议中,参加评审专家有四分之一强是作为外行参加评审的,有近三分之二是作为准同行和非同行专家参加评审的,同行专家少,非同行专家多,这一现象在评奖时有所发生。① 评审专家的研究能力,也无法达到评审的基本要求,从总体上看,评审专家的科研能力偏低。缺乏专家遴选制度不仅不能保证所选的专家的学识、能力及同行与否达到评审活动所要求的基本标准,而且也很难保证所选专家的基本的道德素养。据邓晓芒、赵林、彭富春三位博导披露,在湖北省社会科学(1994—1998年)的评奖过程中,评奖主持人和个别评委利用职权,在哲学社会学组把一场严肃的评奖活动变成了一场一手遮天、结党营私、瓜分利益的丑剧。专家遴选制度的缺位,即使评审结论的科学性难以保证,也会导致学术评审腐败。

专家监督制度的缺位集中体现为当今的大多数学术评审活动是保密的暗箱操作。我国通行的评议制度都是采取秘密投票的方式,并且把透露会议情况者视为违反学术道德。② 这样做的初衷是保密使专家没有任何顾虑,可以放心大胆地投票,充分体现自己的意愿,以避免公开评审结果可能导致被评对象对专家们可能实施的打击、报复;同时,可以在中国这个非常重视人情世故的国度里,避免陷专家于"不义"。这条理由不仅很富人情味,符合中国的文化传统,而且的确能保证专家们毫无保留地表达自己的真实意愿,因而有其存在的合理性。但这种合理性是建立在一个重要的前提假设之上:所有的专家都是大公无私、秉公办事的具有良好道德素养的人。然而,专家也是人,作为人必然会存在人所具有的缺陷。名与利的诱惑不只是对普通人产生影响,同样也会对专家发挥作用。面对名与利的诱惑,如果缺少必要的监督,很难保证专家个个都能做到大公无私、秉公办事。休谟在谈到自由的政治制度设计时提出了一条著名的"无赖原则":每个人都必须被设想成无赖。休谟的本意并不是相信人人在本性上都是恶的,但是他却要假定这些人在进入政治生活后可能成为无赖,以确保社会生活中理性设计的制度应当使无赖行为发生的可能性最小。

---

① 王平,宋子良,刘爱玲.省级同行评议专家选择:理论与实现[J].科技管理研究,1997(4).
② 李申.学术"裁判"应公开[N].光明日报,2002-10-22.

休谟的"无赖原则"给我们的启示是:要防止专家的评审行为失范,保证他们在评审过程中做到大公无私、秉公办事,就必须在制度设计中将他们设想为"无赖"。我们只有在制度设计中假定了他们变为"无赖"的可能,才能理智地杜绝真正的无赖变为现实。

(二)学术评审制度缺乏公正合理的程序

我国学界的学术评审活动,似乎都是依据某种程序进行的。然而,程序的重要性及其威严并没有得到应有的尊重,随意更改评审程序,视评审程序为儿戏的事情时有发生。一个人,既要主持利益分配,又要参与利益分配,即使主观上千方百计地想做到公平,也很难让其他参与者或旁观者心服口服。① 其实,这种视评审程序为儿戏的现象在学术评审活动中屡见不鲜。据笔者所知,某高校的一位教师在申报副教授的过程中,初选被评委们刷下来了,结果这位老师不服,在这位老师的"争取"下,竟然能够在学校的复评中获得通过!

(三)学术评审指标存在着缺陷

评审指标是衡量评审对象好坏优劣的尺度。在评审对象、评审主体、评审程序等其他因素一定的情况下,评审结果直接受到评审指标的制约。科学的评审指标不仅能够保证评审结果的科学性,同时也能保证评审的导向和激励功能得到有效发挥。因而,评审指标在学术评审活动中具有非常重要的作用。

我国的学术评审一般都有确定的评审标准。然而,每种评审标准都不同程度地存在着缺陷。以学术评审活动最重要、也都离不开的学术论文评审指标体系为例,其评审指标体系中存在的突出问题是过分推崇量化标准,忽视质量标准。

任何事物都是质与量的统一,离开了事物的量,我们很难判定事物的质。这是量化评审在哲学上的依据。量化评审又有客观公正、简便易行、便于管理等优点,任何评审都无法离开量化评审,也需要量化评审。但是,对量化作用和功能不能估计过高,因为量化也存在有很大的局限性。量化只适宜于那些易于量化的领域,在那些难于量化的领域,过分推崇量化可能导致评价目标的异化。例如,学术论文评审的目的在于促进学术创新和人类知识总量的增加,但学术论文的创新性难以通过发表论文的数量多少来准确地进行衡量。据媒体报道,1982年国际诺贝尔物理学奖获得者、美国康奈尔大学的威尔逊教授,在获奖之前曾面临被校方解聘的危险。原来,威尔逊在该校任教期间,选择了难度很大的研究课题,以致连续4年未

---

① 贺卫方.从程序的角度看"长江读书奖"[J].学术界,2000(6).

发表一篇引人注目的研究成果。鉴于这种情况,在校董事会上,校方提议将他解雇。对此,绝大多数人都表示同意。就在这时,1967年诺贝尔奖获得者、著名物理学家贝蒂发表了不同意见。贝蒂认为,威尔逊学识渊博,思维敏捷,之所以几年没出成果,是因为他选的研究课题难度很大,需要长时间钻研。该课题一旦突破,就是震惊世界的成果。在贝蒂反对下,校方只好将威尔逊留任。事实证明,贝蒂的提议是正确的。此后第二年,威尔逊就取得了突破性进展,发表了后来荣获诺贝尔奖的优秀论文。这个事例证明,过分追求量化评审,难以产生高水平的研究成果。

不仅如此,它还会使学术评审的导向功能偏离正确方向,引导人们单纯地追求数量忽视质量,助长浮躁学风,导致学术道德失范。比如,一些大学教师,为评职称,只求文章数量,不注重文章质量,甚至为了达到数量的要求,不惜抄袭、剽窃。过分追求数量标准,忽视质量标准不只是体现在学术论文评审上,也体现在学术著作、职称评审等众多领域。

三、学术评审制度的创新

制度上的缺陷只能通过制度创新的方式予以解决。制度创新就是在一定目的的关照下,用新制度取代旧制度的活动。制度创新是人或组织所进行的用新制度代替旧制度的活动。① 基于我国学术评审制度存在的主要缺陷,制度创新应做到下列几个方面:

（一）建立科学合理的专家遴选制度和监督制度

建立科学合理的专家遴选制度,首先要有科学合理的专家遴选标准。学术活动的高深性决定了学术活动的评价主体应是由评审专家组成的评审委员会。另外,并不是任何由专家组成的委员会都具有合法性。要使由专家组成的委员会具有合法性,必须满足下列条件:

一是专家必须是同行,即必须是该领域或接近领域的专家。② 随着科学技术的日益发展,一方面是科学日益分化,另一方面是科学的日益综合,使得不同的学者有着不同的研究方向,即使是同一研究领域的研究者,研究方向也有很大的差别。这就意味着历史上那种百科全书式的学者在当今社会是不存在的。评价客体研究领域和研究方向的多样性,评价活动中被评价对象的复杂性,决定了只能是同

---

① 王跃生.没有规矩不成方圆:新制度经济学漫话[M].北京:生活·读书·新知三联书店,2000.
② 王平,宋子良,刘爱玲.省级同行评议专家选择:理论与实现[J].科技管理研究,1997(4).

行对同行进行评价。只有同行才能精通本学科领域的理论和方法，了解本领域的研究动态和研究前沿，把握被评对象研究成果是否有创新及多大程度上的创新。对评价对象的准确把握是获得科学评价结论的前提，因而，同行评价主体是保障学术评价活动科学性的必要条件。

二是专家必须有较好的学识和研究能力。英国学者Boden指出，作为评价主体的同行既要了解该研究领域的知识以判断申请人、研究组乃至研究领域的前景，又要了解作为一个有活力的研究人员的经历，以评审其申请项目中的措施规划能否取得预期的效果。①

三是评审专家要有较好的道德素养。即便评审专家既是同行，也具有较好的学识和较高的研究能力，并不足以保证评审结果的科学性。评审专家既可以客观公正地评审，也可以怀有私心。倘若评审专家道德素质不高，评审过程中不遵循客观公正的标准，则很难保证评价结果的科学性和公正性。

评审活动既是一种荣誉和利益的配置过程，也是一种权力的运用过程。孟德斯鸠对权力有一个著名的判断：一切有权力的人都容易滥用权力，这是万古不变的一条经验，有权力的人们使用权力一直到有界限的地方才休止。② 专家作为人，不能不具有人所具有的弱点。没有监督的权力必然会导致腐败。当今学界学术评审活动中的腐败行为之所以时有发生，与对评审专家的监督制度的缺陷有很大的关系。

所以，建立评审专家的监督制度势在必行。建立评审专家监督制度的目的在于监督专家的评审活动，以保证专家能够客观公正地评审。公开评审结果可能不失为一种有效的方法。有资格参与学术评议者，都应该公开表示自己的评价意见。并且设定制度，假如某人多次出现投票失正，则应被视为无能力担当此任，因而应取消其评议资格。或者将其评议的正误计入本人学术水平档案，作为考核之内容。这样一来，给那些不致力于学术本身，而企图以邪道取胜者设置一些障碍，使学术上的竞争较为公开和公平，以提高我们的学术水平。③

（二）建立公正合理的评审程序

在评审专家、评审对象及评审标准确定的前提下，评审程序是影响甚至决定评审结果是否科学和公正的一个非常重要的变量。只有公正的程序才能产生公正的

---

① 王平，宋子良，刘爱玲.省级同行评议专家选择：理论与实现[J].科技管理研究，1997(4).
② 秦德君.制度设计的前在预设[J].云南行政学院学报，2002(6).
③ 李申.学术"裁判"应公开[N].光明日报，2002-10-22.

结果。① 评审的程序公正决定着评审结果的实体公正。程序公正先于实质正义②，只有程序公正才能够使人们对自己的行为结果可以有较准确的预期。程序对决策者的权力可预先限定，避免权力拥有者的任意胡为，从而最大限度保证程序运行结果的实体公正。W.道格拉斯大法官甚至将《权利法案》中有无合理的程序作为人治与法治的基本区别：《权利法案》的大多数规定都是程序性条款，这一事实绝不是无意义的。正是程序决定了法治与恣意的人治的根本区别。③

学术评审制度如何才能保证程序的公正与合理？一般而言，应满足下列要求④：

一是要预先建立规则。评审标准和评审程序必须在评审前确定，且这些规则的确定应在发扬民主的基础上进行充分讨论，取得共识，然后以部门法规的形式予以颁布。正式颁布的规则应如同法令，不得以任何形式的借口随意变通执行。

二是专家遴选的随机性。评审专家一旦固定化和公开化，就可能会有人利用专家的头衔"寻租"，给试图行贿者以可乘之机，无法保证评审的中立性。

三是程序规则的监督性。建立程序规则执行的监督机制，管理部门应向监督部门汇报程序规则的执行情况。监督部门有权受理投诉，并对投诉进行调查处理。

（三）建立科学合理的评审指标

学术评审因评审目标、对象的不同，依据的评审指标体系也会存在很大的差异。如评价一所大学的综合实力与评价一个人的学术能力，在具体评审指标的内容上会大不相同。这里仅仅讨论作为所有学术评审基础的科学论文的评审指标问题。

由于学科特点不同，到目前为止还没有能适用于众多学科领域、得到普遍公认的科学评审指标。目前在国际学界较为流行的一种方法是科研计量评价。这种方法对我们确立学术论文质量的评审指标体系有一定的帮助。科研计量评价是将科学计量学与同行评议相结合的一种方法，它是将发表科学论著的数量和引证次数，根据不同的评价要求采取对应的细化指标，运用综合集成的方法求得分值，

---

① 贺卫方.从程序的角度看"长江读书奖"[J].学术界,2000(6).
② 朱学勤.程序公正与实质正义[EB/OL].http://www.cReader.com.
③ 贺卫方.从程序的角度看"长江读书奖"[J].学术界,2000(6).
④ 张保生.论程序正义与学术评审制度的建构[J].学术界,2001(6).

用以衡量科研机构和科学家的科学贡献和学术水平达到的程度。① 同行评议作为一种在学界中较为流行且符合科研特点的评价学术成果的方法,是通过借助于科学家的群体智慧来形成正确判断。然而,在科研实践中,同行评议也有着自身的缺陷:

一是评价活动缺乏公认的评价标准。同行专家评议也是一种评审,离不开评审标准。公认的评审标准的缺乏无法避免专家们各行其是。

二是受专家知识结构、学术视野、学术偏好、人情关系等学术和非学术因素的干扰,导致评审结论的科学性和公正性受到越来越多的怀疑。将科学计量学方法引入同行评议,为专家提供客观公正的计量统计分析数据,以解决同行评议中存在的缺陷。

依据科学计量方法,评审一篇科研论文、论著的质量可依据两个核心指标:论著被引用次数和影响因子。论著引用次数是指一定期限内该文章被引用的次数。在科研计量评价中存在着一个基本的假设:同类成果中,某项成果被引用频次的高低,在一定程度上反映该成果学术价值和影响的大小。② 论著被引用次数的多少是衡量论著价值大小的一个非常重要的指标。影响因子是指一定时期内论著被引用的次数与同期发表的论著总数的比值。③ 影响因子因被评对象的不同而不同,如评审一所高校的学术水平可以采用学术部门影响因子,即一定时期内该高校所发表论著被引用的总次数与同期所发表的论著总篇数的比值。对学术文章的质量而言,最重要的影响因子是期刊影响因子。期刊的影响因子是指某刊物前两年所发论文在第三年被引用的总次数,与该刊物前两年发表的可被引用的论文总数之比。④ 期刊的影响因子类似于我们所说的权威期刊或核心期刊,但又与我们的权威期刊或核心期刊的认定标准存在着差别。我们通常是以刊物所属级别的高低作为衡量其水平高低的一个重要标准,而期刊的影响因子实际上还是以引用率的大小决定论文质量。⑤ 因为在论文发表总数一定的情况下,影响因子直接决定于总

---

① 张国春.借鉴国际科研计量评价方法 构建新的人文社会科学科研评价体系[J].社会科学管理与评论,2001(1).

② 张国春.借鉴国际科研计量评价方法 构建新的人文社会科学科研评价体系[J].社会科学管理与评论,2001(1).

③ 张国春.借鉴国际科研计量评价方法 构建新的人文社会科学科研评价体系[J].社会科学管理与评论,2001(1).

④ 王晓莉,叶良均,徐飞,姚政权.SCI 作为科研成果评价标准的局限性的研究[J].自然辩证法研究,2001(11).

⑤ 王晓莉,叶良均,徐飞,姚政权.SCI 作为科研成果评价标准的局限性的研究[J].自然辩证法研究,2001(11).

体论文被引频次的高低。引用的次数越高,说明刊物的水平就越高,在高水平刊物上发表的文章的质量也就越好。虽然科学计量方法是目前国际学界在评审学术论文质量中普遍运用的一种方法,但其使用要求一定的条件,如期刊、书籍必须做到引文规范。在引文不规范的情况下,运用该方法很难保证其科学性。

(原载于《科学学研究》,2005年第5期。)

论大学学术道德失范的主要危害

当前,大学学术道德失范是一个不争的事实,大学生、研究生乃至大学教师中的学术越轨行为时有发生。基于此,整治大学学术道德失范的呼声日益高涨。大学学术道德失范的危害性何在?这个问题理论界少有探究,本文就这个问题谈谈笔者的认识。

一、大学学术道德失范会严重影响大学社会功能的发挥

培养高级专门人才、发展科学和开展社会服务是近代大学三项基本的社会职能。随着以信息网络技术为标志的高科技时代的到来,大学的这三种基本职能的作用日益彰显。农业经济时代,大学游离于社会之外;工业经济时代,大学处于经济社会边缘;而知识经济时代的到来,大学将被推向经济社会的中心。[①] 随着大学由社会边缘被推向社会中心,大学三项基本社会职能的发挥程度既制约着一定社会的物质文明进程,也影响着其精神文明的发展。因而世界各国无不重视大学的发展,视大学发展为立国之道、强国之本,并采取各种有效措施,保障、促进大学的良序运行和发展。

然而,我国大学近年来日益严重的学术道德失范,不仅影响着高级专门人才,而且影响着创新人才的培养质量,也大大阻滞了其发展科学,为社会服务功能的发挥。

大学学术道德失范,严重影响着高级专门人才,尤其是创新人才的培养质量。合格的创新人才,既要具备较高的学术研究能力,又要具备较好的学术道德素养。当今学界,抄袭、剽窃等学术腐败行为的人,未必是学术研究的低能者,但一定是学术研究的失德者。教授、博导们的研究能力毋庸置疑,但是,媒体曝光的抄袭、剽窃者中,有的就是教授、博导。可见,合格的研究人才,仅仅具备"才"的素质是不够的,必须德才兼备。

大学学术道德失范,无论是大学教师的学术道德失范还是学生的学术道德失

---

① 韩延明.大学教育现代化[M].济南:山东教育出版社,1999.

范,都不利于创新人才的培养。教师是教育的主体,教师学术道德素质的高低、研究行为是否规范,是学生学术道德素质高低的一个重要影响因素。教师如果自身学术道德素质不高、学术行为越轨,就难以对学生提出合理的学术道德要求,即便是提出了,也难以得到学生的接受和认同。这样,大学教育提升学生的学术道德素质,培养德才兼备的合格的研究人才的目标就无法实现。

学生的学术道德失范,既是自身学术道德素质不合格的表现,又是影响其他学生学术道德素质提升的影响源。学生"同辈群体"在求学时期相处时间最长,相互影响也最大。

因此,同学之间的不良习气和学风也能够传染导致同流合污。有的学校研究生中抄袭、剽窃等学术失德行为成风。因此,大学中存在的严重的学术道德失范,会影响到大学创新人才的培养质量,大学为社会培养高级专门创新人才的功能不可能得到有效发挥。

大学学术道德失范也会阻滞科学的发展进程,降低大学为社会提供的服务的质量。大学是推动社会科学进步,促进社会学术发展和繁荣的助推器,一旦学术道德失范,就会严重影响学术研究,阻滞科学发展进程。

自1862年美国总统林肯签署《莫雷尔法案》,以及"赠地学院"出现以来,大学为社会服务的"威斯康星思想"逐渐为世界各国的大学所接受。从广义上讲,培养高素质的创新人才、发展科学都是为社会服务。除此之外,现代大学还通过各种形式,随时为社会提供直接服务。人类既为社会的工农业生产和文化科学、卫生保健等方面工作提供指导和咨询,也为社会在发展中遇到的各种理论和实际问题提供帮助,如与生产单位联合搞科研,进行技术指导、科技咨询等。随着科学技术的迅猛发展,大学对社会提供的各种服务的科技含量越来越高。从一定意义上讲,大学社会服务功能的发挥程度依赖于大学科技开发及技术创新程度。

虽然大学作为人类社会的学术研究中心在发展科学、社会服务等方面有着自身的优势,但其优势能否发挥及发挥的程度,决定性因素是人——大学师生,具体来说是大学师生的学术素质(学术研究能力和学术道德素养)。如前所述,大学学术道德失范会降低学术研究主体的学术道德素养,进而削弱其学术研究能力。大学师生学术研究能力的降低必然导致大学难以有效实现其发展科学、为社会提供服务的职能。

培养高级专门创新人才、发展科学和为社会服务三项基本的社会职能是大学安身立命于社会,获得自身存在的合法性的基石。如果因大学学术道德失范影响、阻滞着大学这三种基本社会职能的发挥,必然会引发大学生存合法性和发展的危机。

二、大学学术道德失范会阻滞我国"科教兴国"战略的实施

教育是立国之本,科技是强国之路。这是对世界近代史正确而简明的概括。因此,我国明确提出了科教兴国的战略。

科技进步和劳动者素质的提高是科教兴国战略顺利实现的关键。科技进步和劳动者素质的提高都要依赖于教育,尤其是大学教育。大学教育,作为整个国民教育的龙头,更是理所当然地被推到了兴国中科教的中心地位和前沿阵地上。① 这主要有两方面的原因。

一是时代社会经济发展的特点决定了大学教育在"科教兴国"战略中的龙头地位。

我们知道,在农业经济社会,经济发展主要决定于劳动力资源,科技和教育对社会经济发展几乎不起什么作用;在工业经济社会里经济发展主要还是依赖于自然资源,科技和教育在社会发展中的作用得到了一定程度的体现。在工业经济初期,科技对社会经济发展的作用占10%~20%,到工业经济中期则占40%~50%。在知识经济时代,经济发展主要取决于知识创新,科技对社会经济的发展作用达到80%左右。与此相应,大学教育的作用也越来越突出。

农业经济到工业经济初期,与之对应的是重点发展和普及初等教育;工业经济初期到工业经济中期,与之对应的则是重点发展和普及中等教育,同时积极发展高等教育;工业经济中期到知识经济,与之对应的则是重点发展和普及高等教育,特别是研究生教育。②

二是大学特有的社会功能决定了大学教育在科教兴国战略中的龙头地位。

中小学教育对提高国民素质有其重要的作用,但中小学教育是为学生做人、为学生进一步接受专业训练打好基础。高等教育,尤其是大学教育则不同。大学教育的本质属性是学术性,这种学术性决定了它在知识经济时代的龙头地位。

知识经济作为一种以知识为基础、以智力为资源的经济,一方面将带来知识化社会的到来,另一方面将成为一种以教育特别是大学教育为中心的经济。这不仅因为大学教育在内容上包括高新技术及现代科学,更因为大学教育与知识经济的灵魂——知识创新,有着天然的结合,大学在知识经济中的核心价值也集中体现在

---

① 韩延明.大学教育现代化[M].济南:山东教育出版社,1999.
② 郭石明,丁东澜,薛蓉."科教兴国"战略与中国高等教育的关系[J].有色金属高教研究,1999(2).

这一点上。①

大学要在知识经济社会中真正发挥龙头作用,必须充分实现其三项基本的职能,否则,这种龙头作用不但不能够有效发挥,反而会产生负面作用。虽然其他科研机构,如中国科学院及其下属机构和各省市的研究所,各企业单位的科研机构在科教兴国战略的实施过程中都会发挥很大的作用,但他们无法取代大学的作用。因为大学负有其他科研机构不具备的培养高层次专门研究人才的职能,这是保障知识经济可持续发展的关键之所在。

如前所述,大学学术道德失范会严重影响大学三项基本社会功能的发挥。如果在知识经济时代,社会既得不到大学提供的高层次专门研究人才,也难以得到大学在发展科学方面的支持及大学提供的科研方面的服务,那么,我国的科教兴国战略的实施进程就会被大大延缓。

三、大学术道德失范会加剧社会风气的腐败

面对社会风气的日益恶化,人们自然将净化社会风气的希望寄托高等学府上。这是因为大学的功能不仅只是体现在对社会政治、经济发展等重大问题的判断和决策上,还体现在区分善恶、建立信念、认识真理等诸多方面。在认识事物、认识真理与谬误方面,现代世界中还没有什么社团比大学学者社团犯的错误更少。② 在人们眼里,大学是现代社会世俗的宗教、社会的良知。大学教育的宗旨不只是教人做人、做专家,而且是要做"士"——承担社会教化和转移风气之责任的知识分子。③ 即使社会的其他角落问题再多,人们也应当有希望在高等学府、科研机构中得到真理、正气;社会上腐败分子再多,人们也应当希望在高等学府、科研机构中寻找到一批与浊流相抗衡的清流!④ 人们对大学的期望是不无道理的。大学应成为抵制社会腐败,净化社会风气的坚实堡垒;知识分子应该是一个民族文明与良知的最有觉悟的守望者,应能把握一个民族文明与良知的最后底线,守住这条底线应是知识分子义不容辞的责任。

然而,大学不仅没有起到抵制社会腐败,净化社会风气的作用,而且自身学术腐败现象也层出不穷,屡禁不止。如果作为真理"守护人"、社会良知"担当者"的大

---

① 韩延明.大学教育现代化[M].济南:山东教育出版社,1999.
② 杨东平.大学精神[M].沈阳:辽海出版社,2000.
③ 杨东平.大学精神[M].沈阳:辽海出版社,2000.
④ 檀传宝."学术腐败""学术贿赂"与"学术打假"[J].社会科学论坛,2002(4).

学学人中日益严重的学术道德失范得不到有效的制止,社会上就不可能再有其他机构和组织来抵制、抗衡社会的不良风气。不仅如此,大学还会起到反面的带头作用,加剧社会腐败的风气,使社会风气进一步恶化。

(原载于《湖北教育学院学报》,2005年第3期。)

美国中小学"六特质"人格教育:内涵、模式与效果

自20世纪80年代以来,人格教育在美国中小学如火如荼地展开。关于美国人格教育的起因、主要思想,我国已有少数学者进行了介绍。但对于人格教育在中小学的具体实践,则鲜有所闻。就所掌握的资料来看,美国中小学人格教育的实践丰富多彩,花样繁多。其中,"六特质"人格教育在美国中小学形成了一定影响,也具有一定的特色。本文试图对其作简要的介绍,以便读者能对美国中小学实施的人格教育有进一步的了解。

一、"六特质"人格教育的内涵

美国当今的人格教育,大体可分为两个主要流派。一派主张人格教育就是价值教育、道德教育。如托马司·里克拉认为:人格教育是一种为促进儿童人格发展的有意识的、预先的积极努力,简单地说,就是教育儿童识别善与恶。人格教育假定,客观地存在着优先于个人选择的诸如善与恶、尊重、责任、诚实和公正等道德规范,人格教育就是用这些道德规范对年轻人进行直接的教育。①《语言学习:教育术语指南》一书的作者认为,人格教育是将人类的诸如诚实、善良、宽容、自信、自由、平等和尊重等基本价值传授给儿童的教育,其目的在于将儿童培养成具有道德责任和能够自律的公民。②

另一派则主张,人格教育是对人的全方位的,包括知识、能力和价值观等方面的教育。例如,波士顿教育学院伦理和人格促进中心的专家们认为,人格教育是指我们在学校中所做的,影响我们成为我们自己的一切事情;人格教育既不是一门科目,也不是一种活动,而是一切对我们心灵发生影响的课程。③

"六特质"人格教育实际上是属于第一种流派,即将人格教育视为一种价值观

---

① What is Character Education? [EB/OL] http://www.ascd.org/portal/site/ascd/menuitem.4d64d1d-40a85dbbddeb3ffdb62108a0c/template.articlearticleMgmtIdbe35016620520010VgnVCM1000003d01a8c0RCRD.

② The Definition of Character Education[EB/OL]. http://www.ascd.org/portal/site/ascd/menuitem.4d64d1d40a85dbbddeb3ffdb62108a0c/.

③ Frequently Asked Questions[EB/OL]. http://www.bu.edu/education/caec/files/FAQ.htm.

教育、道德教育。人格的"六特质"实际指称的是人类普遍、核心的六种价值观,这六种价值观是:可信赖性、尊重、责任、公平、关爱、公民的职责与权力。每一种价值观又包括一些具体的行为规范,具体如表1所示。

表1 美国中小学人格教育的"六特质"[①]

1. 可信赖性	• 诚实:不欺诈、不欺骗、不偷盗 • 可信赖:按照自己之所说行事 • 有勇气做正确的事情 • 赢得好的声誉 • 忠诚于家庭、朋友和祖国
2. 尊重	• 我们每个人都有义务营造一种尊重人的社会氛围 • 尊敬他人:依循金科玉律(欲人施于己者,必先施于人) • 宽容地对待他人的不同意见或意见分歧 • 讲礼貌,不说脏话 • 将心比心 • 不威胁、打骂或伤害他人 • 平和地处置愤怒、侮辱和争执
3. 责任	• 做别人期望自己所做之事 • 做事有毅力、有恒心 • 做事总是尽自己的最大努力 • 自控 • 自律 • 行为之前要慎思,考虑其结果 • 对自己的行为选择负责
4. 公平	• 按规则行事 • 胸襟开阔,认真地听取他人意见 • 不利用他人 • 不粗心大意地责备他人

---

① The Six Pillars of Character[EB/OL]. http://www.msue.msu.edu/arenac/The_Six_Pillars_of_CHARACTER.html.

续表

5. 关爱	• 仁慈 • 对他人富有同情心并表现自己对他人的关心 • 表达自己的感激 • 宽恕他人 • 帮助需要帮助的人
6. 公民的职责与权力	• 为使自己的学校和社区变得更好而尽自己的一份努力 • 合作 • 熟谙时事，参加投票选举 • 成为他人的好邻居 • 遵守法律和规则 • 尊重权威 • 保护环境 • 废物再利用

这六种价值观并不是某个人随意确定的，它们出自1992年在科罗拉多州的Aspen召开的一次高级人格教育会议，是与会专家共同讨论的结果。人格教育的这六种价值观不仅得到美国总统、参众两院的认可，也得到了全美近40个州，1000多个城镇、校区和商会的普遍认同。

综上所述，"六特质"人格教育是一种价值观教育、道德教育，是教育者有目的、有意识地用人类普遍、核心的六种价值观对受教育对象施加影响，以培养他们健全人格的活动。

二、"六特质"人格教育的"五步"教育模式

"六特质"人格教育的实施，固然需要学校、家庭、社会的共同努力和密切配合，然而，学校应发挥其主要作用。美国的一些学者认为，对许多学生而言，学校才是他们人格形成希望的最后灯塔。学生六种人格特质的形成，除了学校以外，不可能有其他场所能够发挥主要作用。诚如一位学者所感叹的那样：除了学校，还有什么地方可以使学生拥有机会去理解诸如责任、关爱、尊重或合作等人格特质的价值？还有什么地方有机会使他们观察到有人以合适的方式展现这些人格特质？简单的事实是，现在的学生除了从充满爱心、尽职尽责的教师那里之外，没有任何地方可

以有机会学习到这些可靠的人格特质了。① 在社会问题日益突出的美国,学校的确是实施"六特质"人格教育的主要阵地。

在美国中小学,"六特质"人格教育的实施模式多种多样,目前有影响的主要有:凯文·赖安博士创造的"六 E 人格教育模式",即 example(榜样)、explanation(解释)、exhortation(劝告)、ethos(风气)、experience(体验)、expectation of excellence(追求卓越);马库拉研究中心(the markkula center)开发的"基于学生读写能力的人格培养模式",即 CBL(character based literacy)模式等。

限于篇幅,这里着重介绍由伯巴博士提出的"五步"人格教育模式,该模式要求,人格的六种特质要分别专门进行培养,每一特质的培养都应遵循下列五个步骤。②

(一)着重强调某种人格特质

要培养学生某种新的人格特质,首先必须向学生强调这种特质。许多学校发现,每月强调一种人格特质是成功和实用的策略。当学校的每个人都在强调、实践同一种人格特质时,学生就易于掌握这种特质。强调某种人格特质的方式方法包括:利用海报,即要求学生制作所强调的人格特质的海报,并将这些海报在学校尽可能多的地方张贴,保持至少一个月;利用宣传栏,即在学校范围内的各处宣传栏中介绍这种特质的价值,或用幽默的故事告诉学生这种特质看上去像什么;利用电脑屏幕的保护程序进行宣传,即每天由一位教师或学生在学校网络的中心屏幕保护程序中写上一句描述这种人格特质好处的句子,学生一打开电脑,这个句子就会映入眼帘;利用广播进行报道,即在每一天开始上课前,利用广播宣传在所强调的人格特质方面做得比较好的同学,并公布他们的名单。

(二)告诉学生所确定的人格特质的价值和意义

永远不要假定学生已经理解了所要强调的人格特质的含义,必须在学生的知识经验和范围内,向学生清楚地说明这种人格特质的意义和学习的重要性。在向学生界定某种人格特质的含义时,可利用文学作品和新闻报道,通过向学生分析文学作品和新闻报道中的主人翁的性格特征来揭示所确定人格特质的内涵和价值。

---

① Michele Borba. Five Steps to Teaching Solid Character in Students [EB/OL]. http://www.micheleborba.com/Pages/ArtBMI06.htm.

② Michele Borba. Five Steps to Teaching Solid Character in Students [EB/OL]. http://www.micheleborba.com/Pages/ArtBMI06.htm.

也可以采用现场表扬的方式说明某种人格特质,如当教师看到或者听到某个学生的行为体现了这种人格特质时,当场表扬这位学生,并告诉他,他的行为所体现的人格特质就是所追求的人格特质。此外,还可以采取学生报告的方式,要求学生在日常生活中去寻找体现了这种人格特质的典型,并在课堂上报告该行为是如何体现这种特质的,对其他人的行为产生了什么影响。

(三) 让学生清楚这种特质看上去和听上去像什么

人格特质教育没有绝对完美的方法,不过,研究表明,要使学生践行某种行为的最好的方法是向学生展示这种行为。因此,在人格教育中,应尽可能以多种方式使所要培育的人格特质形象具体,看得见、摸得着。

在这个方面,可以采取三种方式:一是让学生进行角色扮演,一些教师发现,学生的角色扮演是一种简单有效的向学生生动地说明某种人格特质看上去或听起来像什么的手段;二是让学生讲述体现人格特质的幽默故事,在学校的集会或在教室里,让学生讲述体现人格特质的幽默故事可以使人格特质的价值和特征形象可感;三是张贴学生的照片,即将那些体现了某种人格特质的学生的相片张贴出来,展现该学生所体现出的人格特质。

(四) 给学生提供实践这种特质的机会

学习理论告诉我们,一个人习得某种新行为需要 21 天的时间。为此,对学生进行人格教育,教师必须给学生提供尽可能多的机会去实践所需要的新行为。比如,让学生用录像带,录下自己体现这种人格特质的行为,事后在教室里向其他学生播放,并进行分析。也可以让学生写反思日志,将自己每天所做的体现某一人格特质的行为记录下来,让他们"看到"自己在人格方面的发展和进步。还可以布置人格训练作业,让学生在家里进行实践,并记录在笔记本里。

(五) 给学生提供有效的信息反馈

人格教育的最后一步是尽可能方便地对学生正确或错误的行为进行反馈。这样做的好处在于,学生的正确行为可得以保持并继续下去;学生的错误行为,则可以得到及时的纠正,从而有利于形成学生良好的行为习惯、避免学生错误的行为定型。反馈的方法包括:使用建设性的批评,即如果学生的行为不对,教师应立即告诉学生,他的行为不对和为什么不对,下一次应该怎么做;现场改正,即在学生出现了错误行为的现场,让学生以正确的方式将该行为再做一遍;捕捉学生积极的行为表现,即教师应寻找机会,捕捉学生积极的行为表现,并予以强化。

美国中小学"六特质"人格教育:内涵、模式与效果

"教有法,但无定法","六特质"人格教育也是如此。教师们应记住的一点是,最好的人格教育是将人格教育的内容自然地融入教师现有的教学计划,并且每个月只强调某一种人格特质。尤其重要的是,教师不要忘记自己是学生人格方面的榜样,自己的行为如何会对学生的人格发展产生深远的影响。

三、"六特质"人格教育的实施效果

美国中小学"六特质"人格教育的实施效果显著,这一点可以从大量的研究中得到证实。

在伊利诺伊州的库克和威尔两个县,有7万多名学生接受了"六特质"的人格教育。调查发现,这两个县的90%的学校校长相信,人格教育促进了学校风气的好转,也融洽了师生之间的关系;80%的校长反映,学生的纪律问题和破坏行为已大大减少。①

内布拉斯加州(Nebraska)对教育工作者的一项新近的调查表明:85%的教师报告,"六特质"人格教育实施以后,他们所教的学生发生了全面、积极的变化;73%的教师反映学生使用了人格"六特质"语言(可信赖性、尊重、责任、公平、关爱、公民的职责与权力);75%的教师报告实施"六特质"人格教育也改变了他们自己的行为;61%的教师报告看见学生帮助他人的次数增加;55%的教师报告他们看到学生责备他人的次数明显减少;50%的教师报告他们看到更多事例证明学生值得信赖。②

美国南达科他州对该州实施"六特质"人格教育的效果也进行了全面细致的评估。评估使用了大规模的问卷调查,对象包括教师和学生共8419人,内容涉及态度和行为等方面。结果表明:由于实施了"六特质"的人格教育,1998—2000年,学生的犯罪率和使用违禁药物的人数大大降低和减少;学生破坏他人财产的行为发生率降低了50%;使用伪造身份证的人数降低了56%;掠夺他人财物的行为发生率降低了46%;喝酒的行为发生率降低了31%;使用违禁药物的行为发生率降低了32%;侮辱他人或毁坏他人财物的行为发生率降低了46%;对实施侮辱者使用暴力的行为发生率降低了33%。调查结果也表明,实施"六特质"人格教育也导致

---

① Teaching Kids to Care-A Success Story[EB/OL]. http://www.urbanext.uiuc.edu/successstories/charactered.html.

② Kristyn, Harms. Internalization of Character Traits by Those Who Teach Character Counts! [EB/OL]. http://www.joe.org/joe/2001december/a4.html.

学术道德的本质、失范与教育

学生行为其他方面的进步,如学生考试作弊的行为发生率降低了30%;留校察看或休学的行为发生率降低了28%;逃课的行为发生率降低了39%;因种族原因而嘲笑他人的行为发生率降低了45%;借钱不还的行为发生率降低了34%。

总之,美国中小学实施的"六特质"人格教育在学生的态度与行为等方面,取得了理想的效果,这种教育效果在美国得到了普遍认同,并获得师生们的高度评价。诚如美国的一些学者指出的,"六特质"人格教育对发展学生良好的人格发挥了真正的作用,并使教室的学习氛围有了很大的改善。

(原载于《外国中小学教育》,2005年第8期。)

论学术奖励制度的内涵与构成

学术制度是指社会或学术共同体,为保障知识创新,为人类提供知识增量目标的实现而确立的系统的用以规约和导引学术人学术活动的行为准则与规范。[①] 学术制度按其构成包括内在学术制度和外在学术制度。内在学术制度指学术共同体在其历史演进过程中自发形成的,不以人们的主观意志为转移的学术传统和行为习惯;外在学术制度是指由社会或学术机构(如高校及科研院所等)自觉制定的用以规范、引导学术人的各种法律、法规和规则。一般认为,学术制度主要包括学术法律制度、学术评价制度、学术奖励制度。本文主要讨论学术制度中的学术奖励制度的内涵及构成。

一、学术奖励制度的内涵

按照现代汉语词典的解释,奖励是指"给予荣誉或财物来鼓励"。依此定义,人类的奖励行为早已有之。《晋书》中就有"躬亲奖励"之说。《汉书》有云:"所以奖励太子专为后之谊。"民间也有论功行赏、重赏之下必有勇夫等说法。不过,人类早期的奖励行为多为自发行为。从所掌握的资料来看,13、14 世纪,随着商品经济的兴起,欧洲一些国家开始对发明创造采用某些鼓励措施,如免税、独家经营等。这种由统治者对发明者及其工、医、商人所给予的确认、保护、鼓励的办法,或许可以看作是有关学术奖励制度的萌芽。在学术领域,制度化的奖励制度始于 1901 年瑞典颁布的诺贝尔奖。在我国,学术奖励制度始于 20 世纪 50 年代,中断于"文革",恢复于 20 世纪 70 年代末,发展于 80 年代中期,到 90 年代才真正系统化。不过,我国学术领域的奖励制度主要局限于科技领域,很少涉及人文社会科学。因而,从一定意义上说,我国的学术奖励制度还算不上是完整的学术奖励制度,只能说是学术奖励制度的一个重要组成部分,即科技奖励制度。

对于学术奖励制度,理论界并无明确的定义。不过,理论界对于学术奖励制度的构成之一———科技奖励制度的研究较为充分。因此,我们可以通过梳理科技奖

---

① 江新华.社会制度与学术制度的应然关系分析[J].中国科技论坛,2005(1).

励制度,明确其局限性,在此基础上揭示学术奖励制度内涵。

虽然科技奖励制度的实践自1901年的诺贝尔奖开奖以来已有一百多年历史,并且作为制度化的科技奖励的实践在空间上已经涵盖了整个文明世界。① 但是,理论上的科学奖励制度直到20世纪50年代末才出现。墨顿于1957年就任美国社会学协会主席时,发表了题为《科学发现的优先权》一文,提出了科学奖励制度的概念,并分析了科学奖励制度的产生过程。墨顿从科学史上的科学发现的优先权之争这个特殊角度入手,考察了优先权之争的原因。他认为优先权之争是科学建制的目标和科学规范相互作用的结果。②

科学建制目标是扩充知识,要求科学家去做独创性发现。科学的规范结构则要求科学家为了科学的目的,即为了贡献出有独创性的知识进行研究,并公开自己的发现,以接受科学共同体成员的检验,看其是否具有普遍性。如果通过检验,则该独创性发现将成为人类的共同精神财富,为人类所共享。要保证这一点,就必须建立一种动力机制和约束机制,这种机制就是科学奖励机制。

墨顿提出的科学奖励制度主要有下列特点。

第一,它是科学共同体的内部制度,是科学共同体对其成员实现共同体的建制目标——推动科学知识发展所给予的承认。

第二,其对成员施以奖励的主要依据是纯科学知识,即旨在增加科学、技术知识和发展的探索领域的任何创造性活动,而不考虑任何特定的实际目的。③ 也就是说,墨顿的科学奖励制度所要推动的不仅不包括用以解决国民经济中所提出的实际科学技术问题的应用方面知识的进步,也不包括促进社会精神文明的人文、社会科学方面知识的进步。其对成员予以奖励的措施——承认,主要是一种精神奖励,与物质奖励无关。他指出:像其他的社会建制一样,科学也有其根据角色表现分配奖励的制度;这些奖励制度基本上是荣誉性的,因为即使到了今天,在科学已经大大职业化了的时候,对科学的追求在文化上还是被定义为主要是一种对真理的不谋私利的探索,仅仅在次要的意义上才是谋生的手段。与这种价值的强调相吻合,奖励是按成就的大小给予的。④

墨顿提出的科学奖励制度概念,无论是对科学社会学理论的完善还是对科学

---

① 王炎坤,等.科技奖励论[M].武汉:华中工大学出版社,2000.
② 张彦.科学价值系统论——对科学家和科学技术的社会学研究[M].北京:社会科学文献出版社,1994.
③ 张彦.科学价值系统论——对科学家和科学技术的社会学研究[M].北京:社会科学文献出版社,1994.
④ 王炎坤,等.科技奖励论[M].武汉:华中工大学出版社,2000.

论学术奖励制度的内涵与构成

奖励实践的发展都有着重要的历史贡献。但是,依据我们对学术概念的理解及现实的科学奖励实践本身,不难发现其概念存在的明显局限。

第一,将科学奖励制度理解为一种科学共同体的内部制度,将其仅仅视为科学共同体内部控制措施与社会普遍存在的科学奖励制度的事实不符。科学奖励不仅存在着"优先权"、"引证率"、担任各种科学学会的"荣誉会员"等内部奖励,也包括各种政府奖、民间奖及各种奖所产生的派生待遇等外部奖励。

第二,将科学奖励制度仅仅局限于促进纯科学理论的发展不仅与我们对学术概念的理解相悖,而且与现实的社会需要不符。求知可以是科学家个人的唯一动机,但从整体上看,科学发展绝非纯属个人爱好之事。社会的需要、功利的目的是科学发展更强大的动力。马克思曾说过,科学绝非自私自利的享受,有幸能够致力于科学研究的人,首先要拿自己的学识为人类服务。今天,科学在促进社会现代化方面,在促进社会物质文明和精神文明进步方面,正在发挥越来越重要的作用。因而,科学奖励制度理应促进带有功利性质的技术科学及推动社会精神文明进步的人文社会科学知识的发展。

第三,墨顿的科学奖励制度仅仅重视精神奖励,根据科学家贡献的大小来给予承认和分配荣誉,忽视经济激励也存在着欠妥之处。以学术工作为业的科学工作者,收入的高低对他们科研积极性的发挥有很大影响。目前在我国,收入问题是知识界敏感的神经,尤其在分配制度被扭曲的情况下更是这样。① 合理的报酬不但是人才流动的调节器,更是承认知识价值、尊重知识的最有力、最直接的体现。贝尔纳强调科学在社会职业化以后成为一种谋生的手段。墨顿回避了这一点,易使人误认为科学是一种不计报酬的劳动。现代社会劳动者分享自己劳动成果的主要方式是工资及待遇,科学劳动也不例外。

因而,科学奖励制度不仅要重视对科学工作者的精神奖励,也要重视对他们进行物质奖励。

对墨顿科学奖励制度局限性的剖析,有助于我们对学术奖励制度的理解。本文尝试着将学术奖励制度理解为:学术共同体或社会组织运用精神或物质激励手段,对推动人类自然科学和人文社会科学的基础理论和应用理论的发展做出贡献的研究人员予以承认、表彰和鼓励的制度。

---

① 张彦.科学价值系统论——对科学家和科学技术的社会学研究[M].北京:社会科学文献出版社,1994.

二、学术奖励制度的构成

按照我们对学术奖励制度的理解,学术奖励制度应包括学术共同体的内部奖励制度和社会组织或个人提供的外部奖励制度。学术奖励制度实际上是由内部奖励制度和外部奖励制度构成的制度体系。

(一)学术共同体内部奖励制度

学术共同体内部奖励制度就是类似于墨顿所说的科学奖励制度,即科学共同体对其成员实现共同体的建制目标——推动科学知识发展所给予的承认。不过,我们所论及的学术共同体内部奖励制度与墨顿提出的科学奖励制度又有差别。这种差别体现在其奖励的对象包括对人文社会科学及技术科学的发展有所贡献的人。因此,学术共同体内部奖励制度的实质是学术共同体对其成员实现共同体的建制目标——推动学术(自然科学和社会科学)的发展所给予的社会承认。

科学家在科学共同体内部是凭借自己在科学领域中发现的优先权来获得同行的社会承认。优先权主要是科学家对某一科学发现的所有权,这种所有权基本上是象征性的、荣誉性的,但它却表达了学界同行对其角色表现的承认。[1] 科学知识总是通过一个个具体科学工作者生产出来的,并打上了个人的标记。谁能率先生产出独创性的知识产品,谁就能首先得到科学荣誉,获得最大的社会承认。正是科学发现优先权的存在,从而给科学家造成了一种不断进取的竞争压力,极大地激发了科学工作者的首创精神。

学术共同体内部对优先权的承认方式多种多样,并表现出层次差别。

第一是面额最大而供应量最少的是对科学家创立新范式的承认,如牛顿力学理论、达尔文的进化论、爱因斯坦的相对论、贝塔朗菲的系统论等,以表彰学术工作者划时代的杰出贡献。

第二是以颁发诺贝尔奖方式予以的承认。

第三是以科学家的名字对其所做的全部或部分贡献予以命名的承认,如高斯定律、普朗克常数、库恩范式理论、胡塞尔现象学等。

第四,让科学家当选科学学会的荣誉会员,当选为学术机构或高等学府中的名誉席位等。

此外,其他科学共同体成员在自己研究成果中的引用也是一种重要的承认

---

[1] 张彦.科学价值系统论——对科学家和科学技术的社会学研究[M].北京:社会科学文献出版社,1994.

方式。

学术共同体内部奖励的主要原则是普遍主义,即根据科学家的知识产出来分配承认,其他社会属性不应对承认产生影响。普遍主义原则禁止人们按照知识生产者的性别、出身、名望、政治态度等作为附加条件和价值标准来评价他所提供的科研成果。美国科学社会学家科尔兄弟指出:对杰出研究的承认是支撑着整个科学的社会支柱,如果不是只奖励做得好的研究,科学就可能会堕落。①

(二)学术共同体外部奖励制度

学术共同体外部奖励制度是外部社会对科研人员研究成果所赋予的承认和奖励,其主要表现形式为特赏制。特赏制就是以各种奖项形式出现的奖励制度,用以表彰科学家的杰出表现。

虽然特赏制主要表现为学术共同体的外部奖励,但也包括一定的内部奖励。因此,从严格意义上讲,特赏制应包括学术共同体内部奖励和外部奖励。所以,将其划归为外部奖励只是为了研究的方便。以特赏制出现的外部奖励制度包括各种政府奖励、各种民间团体、知名人士及企业的奖励。不过,作为特赏制,学术共同体内部与学术共同体外部是内外有别的,具体体现在以下几点。

第一,两者承认的侧重点有别。内部特赏制中承认的根据是科学家做出的独创性工作,或者说是科学家对知识增长的贡献,其独创性工作价值的大小主要是要站在世界科学发展史的高度,比较他们对科学发展的重要意义;外部特赏制作为一种社会承认,虽然应以学术共同体内部承认为基础和依据,但是,社会承认的核心不是知识的增长,而是知识的应用及对社会发展的影响。具体来说,社会是根据经济效益、社会效益和认知效益来评估科学家独创性工作的价值的。②

第二,两者的奖励形式有别。内部特赏制的奖励形式主要是荣誉性的精神奖励,或以科学家的名字来命名其所获得的科研成果;或担任各种学术机构的荣誉会员;或让他人在其研究中引用自己的成果等。外部特赏制的奖励形式,既有精神奖励,也有物质奖励。例如,我国国家级的三大科技奖励(国家自然科学奖、国家发明奖、国家科技进步奖)既是一种崇高的精神荣誉,也有一定数量的奖金。更为重要的是这些奖励所产生的派生待遇(如职称、工资、住房等),往往大大超过了奖励金额本身。

---

① 张彦.科学价值系统论——对科学家和科学技术的社会学研究[M].北京:社会科学文献出版社,1994.

② 王炎坤,等.科技奖励论[M].武汉:华中理工大学出版社,2000.

第三，两者激励的作用方向有别。内部特赏制激励科学家的发现，注重知识创新；外部特赏制重在引导科学家为社会的物质文明和精神文明的发展做出贡献。两种奖励方向上的差别实际上是由各自奖励依据的差异决定的。

综上所述，学术奖励制度，是指学术共同体或社会组织运用精神或物质激励手段，对推动人类自然科学和人文社会科学的基础理论和应用理论的发展做出贡献的研究人员予以承认、表彰和鼓励的制度。其构成包括内部奖励制度和外部奖励制度，前者是指学术共同体对其成员实现共同体的建制目标——推动学术的发展所给予的社会承认；后者指学术共同体外部的社会对科研人员研究成果所赋予的承认和奖励。

（原载于《理论观察》，2005年第4期，与徐驰野共同撰写。）

中小学课堂教学重难点问题探究

教师讲课,贵在少而精。讲课面面俱到,不抓重点,不突破难点,就无法保证学生真正理解教学内容,教学目标也难以实现。对于教学重难点,几乎每一本与教育学相关的书籍都会涉及,且都强调教师在教学中要抓住重点、突破难点。但是,对于何为教学重难点,教学重难点有哪些知识表现形态,需要运用哪些讲授方法等问题,大多是语焉不详。因此,中小学课堂教学重难点是一个有必要做进一步探究的问题。

一、课堂教学重难点的含义

理论界对教学重点的一种解释是,教学重点是指教材中一些最重要最基本的知识,这种解释实际上是一种同义语反复。其实,教学重点是对知识性质的一种评价,是基于一定的标准而言的。这个标准就是知识在整个知识体系中的地位和作用。

中小学多数学科是由具有严密逻辑结构和系统性的知识所构成的知识体系。在知识体系中,不同的知识所处的地位和发挥的作用是有区别的。有些知识在整个知识体系中处于重要的地位,对它们的理解和掌握程度,影响、决定着对后续知识的理解和掌握。这些知识点就是教学重点。因此,教学重点是指在所教学科知识体系中处于重要地位,对后续知识的学习和理解会产生重要影响的那些知识点。这就意味着教学重点是一个绝对概念,它不会因教育者或教育对象的变化而发生变化。因为知识体系是确定的,不同知识在知识体系中的地位和作用也是确定的。

对于教学难点,理论界基本取得了共识。教学难点是指教材中学生较难理解和掌握的部分。不过,对于教学难点的性质,则很少有人探究。由于教学难点是相对于学生的理解力而言的,不同学生的理解能力有高低,这就决定了教学难点是一个相对概念,可以因人而异。对某些学生而言是难点的知识,对其他学生来说则未必是难点。在班级教学条件下,教师确立教学难点的标准大多是基于中等水平的学生。因为在班级教学条件下,对所授知识的可接受性的定位只能是班上大多数的中等水平的学生。揭示教学难点的这种特性对教师至少存在着下列启示:

一是确定教学难点并不是一件简单容易的事情,它要求教师对学生的接受能力有准确的把握。

二是教师在解决教学难点的过程中,不仅要考虑到大多数中等水平学生的接受能力,还要考虑到后进生的接受能力。

教学重点和教学难点两者并不完全等同,教学重点未必是教学难点。原因在于两者所确立的依据不同。前者是依据知识在知识体系中的地位和作用;后者是依据学生的理解力。不过,两者有可能交叉重合,有些知识在知识体系中既有着重要的地位,对其理解与否会对后续知识的学习和理解产生重大的影响,同时它们也是大多数学生理解之困难所在。这些知识点既是教学重点,也是教学难点。

二、课堂教学重难点的知识表现形态

(一)概念

按照心理学的观点,概念是代表一类享有共同特性的人、物体、事件的符号。概念一般包括:①概念的名称;②概念的例子,包括正例与反例,一切符合某一概念所包含的关键特征的事物便是该概念的正例,凡是不符合某一概念所包含的关键特征的事物则属于该概念的反例;③概念的属性,即概念的正例所共有的关键属性;④概念的定义,即对同类事物关键属性的概括。

(二)原理

原理也叫规则,是公式、定律、法则等的总称。原理是指具有普遍性的道理或规律。从语言形式上看,它表现为两个或两个以上概念的联结;从意义上看,它表示两个或两个以上概念之间的关系。

原理的实质是反映事物之间必然的、本质性的联系或关系。自然科学、社会科学中所阐述的规律性的知识,都属于原理范畴。"三角形的内角和等于180度"、"金属体热胀冷缩"、"当昆虫的幼虫变成蛹时发生变态"等命题分别表达了数学、物理学、生物学等方面的原理。

原理不限于语言表述,有的原理可以科学公式表现,如距离(s)=速度(v)+时间(t)。

(三)学科的基本结构

从系统论的观点来看,任何事物都是由一定的构成要素通过一定的相互联系构成的整体。事物的结构既包括事物的构成要素,也包括构成要素之间的关系。任何学科知识的主要构成要素包括概念、原理,但这些概念、原理本身只是学科的知识点,只有这些知识点相互之间建立逻辑联系,才能形成学科的基本结构。学科的基本结构,就是指学科的基本概念、原理及其内在联系所构成的知识体系。

在教学过程中,教师向学生讲清学科基本结构是非常重要的。然而,许多中小学教师在教学过程中并没有给予足够的重视。许多教师在讲授概念、原理方面愿意花精力,且一般能把这些知识点讲深、讲透,但往往不重视从结构的高度,从这些知识点的相互联系中用力,学科的基本结构并不是这些教师关注的重点。结果,学生学到的知识往往是零散的,彼此之间缺乏内在的逻辑联系。这不仅影响了学生对学科知识的整体把握,也影响了他们所学知识的迁移。

三、不同知识形态的教学重难点讲授所采用的主要方法

(一) 概念讲授的主要方法

概念讲授的目的在于使学生掌握概念的内涵与外延。具体来讲,就是使学生掌握概念所反映的一类事物共同的关键属性,掌握具有该共同关键属性的一类事物,并在理解与巩固的基础上达到应用的程度。

掌握概念有两种主要形式,概念形成与概念同化。

概念形成是指人们在日常生活中从大量的具体例证出发,以归纳的方式抽取一类事物的共同属性,从而获得关于该类事物的初级概念的过程。

概念同化则是指在课堂教学条件下,由教师以定义的方式或通过上下文的阐释直接向学生揭示概念的关键属性,使之获得科学概念的过程。

概念的获得既然有概念形成和概念同化两种形式。因而,概念的教学也可采取两种对应的方法。一种方法是先向学生呈现某个概念的正例与反例,然后要求他们总结和归纳出一个定义。另一种方法是先给学生一个定义,然后要求他们识别正例和反例。在学校教学条件下,教师在讲授概念时,大多是采取后一种方法,即先给出概念的定义,接着呈现几个正例和反例,然后分析这些例子是如何代表这一定义的。

在采用这一种方法时,为帮助学生有效地掌握概念,讲授概念时应注意:

(1) 要以准确的语言明确揭示概念的本质。

(2) 所举例子要突出概念的有关特征,控制概念的无关特征。

(3) 所举例子既要有正例,又要有反例。

（4）注意所采用的概念在无关特征上的变化。

（二）原理讲授的主要方法

原理是两个或两个以上概念的联结，所表示的是两个或两个以上概念之间的关系。学生要理解原理，必须理解原理所包含的概念及概念之间的关系。因此，教师在讲授原理时，既要讲清原理所包含的概念，又要阐明各概念之间的关系。原理的讲授方法主要包括归纳法和演绎法。归纳法就是教师在讲授原理的过程中给学生呈现若干体现原理的例证，在教师的指导下由学生自己从这些体现原理的例证中概括原理。演绎法就是教师在讲授原理的过程中直接呈现原理并举例说明的方法。如教师在讲授长方形面积的计算公式时就可以直接呈现该原理的具体内容：长方形的面积等于长乘宽，并用具体的事例来予以说明。演绎法的关键在于使学生理解原理所包含的概念及其关系。例如，要使学生理解"长方形的面积等于长乘宽"这一原理，教师就必须使学生明确"长方形"、"面积"、"长"、"宽"等概念，也必须明确表示关系的"乘"、"等于"的含义。原理教学的两种主要方法各有利弊。归纳法往往费时较多，仅适合学习比较具体的原理；演绎法费时较少，适合于讲授较抽象概念之间的关系，也有助于知识的系统化，但通过演绎法所掌握的原理的迁移效果往往不及归纳法。

（三）学科基本结构讲授的主要方法

讲授学科的基本结构，除要讲清学科的概念、原理之外，更重要的是必须讲清这些概念、原理之间的关系。在传统的教学法中，理论知识一般都采用"小块"讲解的方法，即在讲完一条或几条原理之后，立即进入实践阶段——做练习或解习题。这种"小块"讲解的方法，很难揭示概念、原理等知识的内在联系。因此，在讲授学科的基本结构时，必须从知识的整体入手，沿袭从抽象到具体的讲授路线，才能完整地把握知识及构成知识的概念、原理等的有机联系。苏联的沙塔洛夫的"纲要信号图表法"就是这样的一种教学法。

运用"纲要信号图表法"的关键在于编制纲要信号图表。所谓纲要信号图表就是一种由字母、单词、数据或其他"信号"组成的简图，它通过各种示范符号提纲挈领、简明扼要地把需要重点掌握的知识形象地表现出来，以帮助学生理解知识的整体及其内在联系。纲要信号不是单纯的信息，而是运动着的信息——迂回曲折的思路的发展。借助于这些信息，学生能直观地"看见"教师的思路，并通过重复教师的思维，渐渐学会思维，自己去把握概念、原理之间的内在逻辑联系，学会从整体上去把握教材。

"纲要信号图表法"在使用时分为六个步骤：

（1）教材讲解，教师按教材内容详细讲解；

（2）出示纲要信号进行讲解；教师出示纲要信号图表进行第二次讲解，突出重点、分析难点，指出各部分之间的联系并加以概括；

（3）消化纲要信号，教师把小型纲要信号图表发给每个学生进行消化；

（4）复习，要求学生回家后按教科书和纲要信号图表进行复习；

（5）再现，第二次上课，让学生根据记忆，在各自的练习本上画出前节课上的纲要信号表；

（6）回答，让学生在课堂上按图表回答问题。

（原载于《教学与管理》，2005年第4期。）

提高中小学教师教育研究能力的主客观条件分析

当今中小学的教育改革实践如火如荼,如何提高中小学教师的教育研究能力一直是理论界关注的一个重点。不过,理论界的讨论和探究大多限于教师的主观条件方面,对教师所在学校的客观条件方面,则关注甚少。即便是对教师主观条件方面的讨论、探究,也并不系统、不全面。理论探讨上的片面性,必然影响中小学教师教育研究能力提高的实际效果。因此,对提高中小学教师教育研究能力的主客观条件,有必要做进一步的探究和分析。

根据唯物主义辩证法,影响事物变化、发展的条件既包括内因和外因。外因是变化的条件,内因是变化的根据。因此,中小学教师教育研究能力提高的影响因素既有教师自身的内部因素,也有教师以外的因素(主要是教师所在学校的因素)。我们把影响教师教育研究能力提高的内部因素称之为主观条件,外部因素称之为客观条件。

一、提高中小学教师教育研究能力需要的主观条件

(一)教师对从事教育研究活动的意义和价值要有正确的认识

提高中小学教师的教育研究能力要求教师对从事教育研究活动的意义和价值有正确的认识。认识是行为的先导。人们要从事某种活动,只有当他充分认识到所从事活动的意义和价值时,才会有行动的动力。要使提高教育研究能力成为中小学教师的自觉追求,必须使他们对从事教育研究活动的意义和价值获得正确的认识。长期以来,相当多的中小学教师认为,自己的本职工作就是上好课。教育研究是大学教师的事情,与自己关系不大。他们满足于自己积累的教学经验,习惯于当一名以单纯传授现成知识的经验型教师。由于对自己从事教育研究活动的意义和价值认识不足,导致许多中小学教师缺乏从事教育研究活动的兴趣和热情。

教师从事教育研究活动,提高自己的教育研究能力,具有非常重要的意义和价值。

第一,这是适应基础教育改革的需要。

提高中小学教师教育研究能力的主客观条件分析

实施素质教育既要对原有的教育弊端进行改革,又要在现代教育思想和教育理论的指导下,探索使全体学生都能得到发展的新对策、新途径。中小学教师在实施素质教育的过程中必然会遇到很多理论问题和实际问题,这些问题多是书本上难以找到答案的。实施素质教育的过程实际上是一个探索和研究的过程。中小学教师不能简单模仿,更不能因循守旧,必须根据社会的要求和学生的需要进行创造性的研究工作。因此,教师具有创新精神和教育研究能力是素质教育成功实施的保证。

第二,这是培养合格人才的需要。

在知识经济时代,培养学生的创新精神和创新能力已经成为一项重要的教育教学任务。如果教师仅停留在传授所教学科的现成知识,没有创新精神和教育研究能力,不能探究教学"兴"、"废"的原因,那么就只能扮演一个"传声筒"的角色,不可能培养出适应现代社会生活和社会需要的创新型人才。

第三,这是解放教师自己、解放学生的需要。

长期以来,我国中小学教师被比喻成"红烛":燃烧了自己,照亮了别人。许多中小学教师也确实具有"红烛精神",在教学工作中,他们不辞劳苦,兢兢业业地忘我工作。对教师而言,具有红烛精神是必要的。但是,在人们推崇红烛精神的背后,似乎隐藏着这样的一种误解:教师工作可以不讲效率,只要有红烛精神就够了。不讲效率的教师,即便具有奉献精神,严格来讲,也不是好教师。因为这类教师大多是重复着低水平的劳动,他们工作虽然很苦、很累,但跟着他们学习的学生也未必轻松。因此,在当今知识经济时代,教师仅仅具备红烛精神是不够的,他还必须具有效率意识。为此,教师就必须提高自己的教学水平,将自己从繁重的低水平的重复劳动中解放出来,将学生从繁重的低效率的学习中解脱出来。

总之,教师要提高自己的教学水平,一个重要的方面是从事教育研究活动。通过教育研究活动提高自己的思维水平,进而提高自己的教学水平。

(二)教师对从事教育研究活动要有信心

提高中小学教师教育研究能力要求教师要对从事教育研究活动充满信心。许多中小学教师不愿意、不敢从事教育研究活动,一个重要的原因是对自己从事教育研究活动缺乏信心。在这类教师看来,只有在大学和教育研究机构工作的同志才有能力进行教育研究活动。不可否认,从事教育研究活动的确需要一定的条件,包括正确的理论指导、掌握科学的研究方法和先进的研究手段等。但是,从事教育研究的一个更为重要的条件是教育实践。广大教师是教育实践的主体,最了解教育实践中遇到的问题,也最清楚需要研究什么。只要教师们肯于学习、勤于思考,自觉接受正确的理论指导,掌握科学的研究方法和研究手段,也自然可以从事教育研究活动。

(三)教师要具备从事教育研究活动所需要的基本能力

教育研究有基础研究、应用研究等类别。不同类别的研究对研究者素质的要求存在差异。基础研究的目的在于促进本领域理论的完善和发展,这就要求研究者对自己的研究领域有广博的知识面、专深的理论素养和很强的研究能力。

一般而言,能够从事基础研究的大多是本领域的专家或学者。承担着繁重教学任务的中小学教师从事基础研究是不现实的。中小学教师从事应用研究,即运用一定的教育理论,解决学校和自己教学中遇到的问题,则是现实可行的。中小学教育科研侧重于教育经验的概括、提炼和升华,中小学的教师不同于研究机构的研究人员,他们的主要工作是教育教学,在研究的价值目标上,不刻意追求纯理论研究、过程的十分精密、结论的十分超前,而应该重视研究结果的实际指导意义及可推广性。[1]

如果对中小学教师从事教育科研的这种定性是正确的,那么,中小学教师从事教育研究所需要的知识和能力就可以完全不同于本领域的专家。然而,就笔者的视野所及,大多数论者在论及该问题时并不是将中小学教师的研究定位为应用研究,而是定位为类似专家的基础研究,对他们的素质要求也是面面俱到,这些素质恐怕这方面的专家也难以企及。这就不难理解一些中小学教师为什么在教育科研面前望而却步了。

作为解决实际问题的应用研究,需要教师具备哪些最低限度的知识和能力? 我们可以从一篇科研论文形成的全过程来进行分析。一般而言,应用型论文的形成过程要经历下列几个阶段:选题(发现问题)→围绕选题→收集资料→阅读资料→论文的构思与写作。

对应于上述过程,我们不难分析教师从事应用问题研究所需要的基本能力。

(1) 发现问题的能力:从教育教学实践中发现有价值的研究课题的能力。

(2) 查寻资料的能力:围绕所要研究的课题获取相关信息资料的能力。

(3) 阅读文献的能力:理解所查寻的资料,并从中撷取有助于解决所确定课题的信息的能力。

(4) 教育研究论文的写作能力:将自己解决问题的方案以论文的形式表现的能力,包括解决问题的方案设计、论文构思和写作能力。

---

[1] 王绍华.教育科研是学校发展的重要推动力[J].教育研究,1997(2).

提高中小学教师教育研究能力的主客观条件分析

此外,还有一种非常重要的能力与上述四种能力密切相关,即思维能力。无论是发现问题、查阅文献还是论文写作都离不开思维能力,这是从事研究活动最核心的能力。许多教师难以发现问题,不会写教育研究论文,最根本的原因在于他们的思维水平不高。因此,中小学教师从事教育研究,最主要的是提高自己的思维水平。

(四)教师要积极主动地参与教育研究实践

人的能力是在实践中形成和发展的。我国古代思想家王充提出"施用累能",即能力是在使用中积累的。教师教育研究能力的提高,离不开实践锻炼。科研能力也只有在科研的实践活动中才能形成和发展。[①] 教育研究实践是教育研究能力形成和提高的土壤与源泉。

二、提高中小学教师教育研究能力需要的客观条件

在提升教育研究能力方面,教师的内因固然重要,但这种内因也会因外在条件的不同而不同。因此,要提升教师的教育研究能力,仅仅局限于教师的内因而不考虑外在的条件,效果会非常有限。提高教师的教育研究能力,离不开学校提供的各种客观条件,这些条件包括以下几个方面。

(一)学校要营造一种重视科研的氛围

学校是教师生活和工作的场所,学校的科研气氛会对教师产生潜移默化的作用。浓厚的教育研究氛围,是一种无形的激励力量,鞭策着教师从事教育研究活动。为此,学校领导要营造一种适宜于教师从事教育研究活动的土壤和环境,形成鼓励和支持教师从事研究活动的氛围。

第一,学校领导必须率先垂范,带头从事教育研究活动。这可以对教师产生很强的示范效应。学校领导是学校权威的象征,他们从事科学研究,不只是代表个人行为,也代表了学校的追求。

第二,利用学校的各种媒体,宣传、报道国内外中小学教育科研的动态及本校教师中教育科研做得好的同志的先进事迹。

第三,举行各种有关教育研究活动的学术讲座,定期展示教师的科研成果。

第四,利用年级教研组或学科教研组,开展各种形式的教育科研讨论会和经验

---

① 黄希庭.心理学导论[M].北京:人民教育出版社,1991.

交流会等。

（二）学校应建立激励教师从事教育研究活动的制度

制度是系统的，用以约束人的行为规则。制度的一个非常重要的功能是激励（包括奖励和惩罚）。通过奖励符合规范的行为、惩罚不符合规范的行为，向特定的方向、目标改变人们的行为方式乃至信念。要提升中小学教师的教育研究能力，应重视制度的激励作用，重视相关激励制度的建设。基于我国中小学当前的实际，要有效地激励教师从事教育科学研究活动，应重视下列制度的建设：

一是经费保障制度，学校每年应在财政预算中划拨一定的份额用于教育研究活动，专款专用。

二是时间保障制度，学校要根据本校实际，用行政手段，规定每一个教师每一个学期用于教育科研活动的时间。

三是职称评定制度和干部选拔制度，职称评定制度和干部选拔制度要改变只重教师的教学能力，忽视教育研究能力的倾向，将职称评定和干部选拔与教师的教育研究活动的业绩直接挂钩，使教师的教育研究能力成为职称升迁和职务提拔的必备条件。

（三）学校要为教师从事教育研究活动搭建各种平台

提高教师的教育研究能力，还应该给教师搭建各种平台，易于教师的教育研究活动的开展。

1. 组织平台

学校教育研究活动的展开，离不开人力、物力、财力和各种信息资源，也离不开计划、协调、指挥和控制等各种职能。为此，必须建立专门的组织机构，负责管理学校的教育研究活动。学校的教育研究活动的组织机构应目标明确、任务具体、职责到位、任务到人，保证学校的教育研究活动才能顺利展开。

2. 专家指导平台

专家在学校教育研究活动中具有下列几个方面的作用。

首先是信息传递作用。专家身处高校和科研院所，长期从事教育研究，了解教育科研的发展动态，掌握最新的科研信息，到中小学可以起到信息传播的作用。

其次是理论指导作用。相对于中小学教师，擅长专业和研究理论是专家的优势，到中小学他们不仅可以进行专业理论指导，也可以对教师进行研究理论指导。

最后是咨询作用。专家可以就教师在教育科研中遇到的实际问题进行解答、析疑等。

因此,学校应根据自己的实际,聘请专家来指导教师的教育研究活动。专家指导的方式可以多种多样,如采用专题讲座、集中座谈和案例诊断等。

3. 信息服务平台

教师开展教育研究,离不开各种信息的支撑,学校应为教师构筑信息平台,给教师提供各种信息服务。学校给教师提供的信息服务主要包括两类:一是书籍、报刊资料;二是网络信息资料。

鉴于目前中小学科研经费的现状,大量购置图书、报刊资料及购买网络信息资源未必能为学校所承受,一种可行的解决方法是学校指派专人负责各种信息的收集工作。他们可以根据教师科研的实际需要,收集各种信息。在这方面,学校可依托地、市、州和附近高校的图书馆,并求得他们的支持与帮助。

总之,中小学教师提高教育研究能力不仅依赖于教师个人主观方面的努力,也依赖于教师所在学校提供的各种条件。只有教师和学校双方共同努力,满足这两方面的条件,才有可能使教师的教育研究能力得到真正的提高,教师的教育科研之树才能真正地开花、结果。

(原载于《中小学教师培训》,2005年第9期,与吕良珊共同撰写。)

社会制度与学术制度的应然关系分析

在我国学界,社会制度和学术制度之间的关系问题并未引起足够的注意,理论上也未予以清楚的说明。理论上的困惑必然导致实践上的混乱。学术制度受到社会政治、经济、文化制度的挤压、干扰,导致其功能变易乃至扭曲的现象时有发生。学术制度的功能不能正常发挥就无法引导和规约学术人的学术行为,学术人学术腐败行为的产生也就无法避免。因此,对学术制度与社会政治、经济、文化制度的应然关系,即理想状态下学术制度与社会政治、经济、文化制度的关系,必须加以梳理、予以澄清。

一、学术制度、社会制度的概念

(一)学术制度

任何社会组织,都存有规章。学术共同体,包括自然科学共同体和社会科学共同体,作为一种社会组织,也必然存在有自己的规章,用以规范其成员的行为,这种规章就是学术制度。

早在1954年,贝尔纳就提出了科学是一种社会组织、社会建制的思想。他指出:作为集体的有组织的机体的科学建制是一种新兴制度。[①] 默顿也认为:科学是具有独特精神的社会机构,科学是一定的社会建制,是一种社会组织形式。[②] 贝尔纳和默顿所指的科学建制主要是指自然科学,并未包括社会科学在内。

不过,依据美国社会学家巴伯的理解,社会科学的社会组织与自然科学的社会组织并无根本的区别,社会科学的社会组织,总的来讲也与自然科学的情形类似。[③]

---

① 张彦.科学价值系统论——对科学家和科学技术的社会学研究[M].北京:社会科学文献出版社,1994.
② 张彦.科学价值系统论——对科学家和科学技术的社会学研究[M].北京:社会科学文献出版社,1994.
③ 伯纳德·巴伯.科学与社会秩序[M].顾昕,等,译.北京:生活·读书·新知三联书店,1991.

社会制度与学术制度的应然关系分析

任何社会建制或组织都有其建制目标。要保证建制或组织目标得以顺利实现就必须建立一定的制度和规章,以规约组织成员的行为。无论是自然科学共同体还是社会科学共同体,都存在着自己的建制目标。自然科学共同体的建制目标在于追求真理。从科学家角色形成之日起,作为一个科学家,他的专业任务便是发现一些自然现象的秩序和规律,然后把它们系统化,并尽量把这些知识传播出去。① 社会科学的建制目标则是创立高度明晰的理论,社会科学家日益意识到他们所面临的科学任务的本质,他们的自我意识中所希望的成分越来越多的是像自然科学家那样,创造一套高度明确的理论,用来解释社会现象。② 虽然自然科学共同体和社会科学共同体的建制目标,在具体内容上存在着差别,但在本质上存在着共性,即都追求人类知识的创新,为人类知识提供增量。两种科学共同体建制目标的这种共性,使我们用一种更高层次的学术共同体来统摄它们成为可能。学术共同体建制目标就是指自然科学共同体和社会科学共同体两种社会组织的建制目标的共同点:追求人类知识创新,提供人类知识增量。

如果上述理解成立,我们就可以给学术制度进行定义。所谓学术制度,就是社会或学术共同体,为保障知识创新,为人类提供知识增量目标的实现而确立的系统的用以规约和导引学术人学术活动的行为准则与规范。

学术制度按其构成包括内在学术制度和外在学术制度。内在学术制度是指学术共同体在其历史演进过程中自发形成的,不以人们的主观意志为转移的学术传统和行为习惯;外在学术制度是指由社会或学术机构(如高校及科研院所等)自觉制定的用以规范、导引学术人的各种法律、法规和规则。对学术一词的不同理解会导致对学术制度外延的不同解释。根据我国学界对学术一词的实际指称,我们倾向于认为,学术制度主要包括学术法律制度、学术评价制度、学术奖励制度。

学术法律制度是由国家制定或认可的,以权利和义务为主要内容并为国家强力保证实施的制度,知识产权法是学术法律制度的主要表现形式;学术评价制度是为保障学术评价客观、公正、实现学术贡献与学术荣誉相一致而确立的用以规范、约束评价主体的规则,同行评议制度是学术评价制度的主要形式;学术奖励制度是指学术共同体或社会组织运用精神或物质激励手段,对推动人类自然科学和社会科学的基础理论和应用理论的发展做出贡献的研究人员予以承认、表彰和鼓励的制度。

---

① 张彦.科学价值系统论——对科学家和科学技术的社会学研究[M].北京:社会科学文献出版社,1994.
② 伯纳德·巴伯.科学与社会秩序[M].顾昕,等,译.北京:生活·读书·新知三联书店,1991.

每项制度又可具体分为亚层次的制度。外在学术制度实际上是由上述三种类别的各种不同层次的制度构成的一个完整的体系。

（二）社会制度

对于社会制度,不同的社会学家有不同的理解。不过,较为通行的说法是,社会制度是人们在一定的历史条件下确立的社会关系以及与此相联系的社会行为或社会活动的规范体系。① 一般来说,社会制度可分为以下三个层次。

一是总体社会制度,或曰社会形态。这是对社会制度大尺度的宏观考察,如原始公社制度、奴隶制度、封建制度、资本主义制度和社会主义制度等。

二是一个社会不同领域的制度,这是对制度中观尺度的考察,如政治制度、经济制度、文化制度等。中观层次制度又可分为不同的制度,如政治制度可分为政府政策、法律规章等;经济制度可分为生产资料所有制、贸易制度、分配制度等;文化制度可分为教育制度、新闻出版制度等。

三是具体的行为规则,这是对制度微观尺度的考察,如职业群体的行为规范、学生行为守则、教师行为规范等。从广义上讲,社会制度包括学术制度。不过,这里为讨论问题方便,我们对社会制度进行狭义理解,将其理解为社会政治制度、经济制度和文化制度。政治制度是人类政治生活中应遵循的规则,它主要是通过强权来规范社会中各种追逐权力的政治力量;经济制度是关于人们经济活动的行为规则,用于规范和调整人们的经济关系;文化制度是人们在文化领域应遵循的行为规则,用于规范和调整人们在文化领域中的各种关系。由于文化是一个非常复杂的概念,不同的学者有不同的理解。因而,文化制度也存在广义与狭义之分。广义的文化制度的构成非常复杂,可以说,人类一切制度无不属于广义文化制度的范畴,它既包括社会政治制度、经济制度,也包括教育制度、科技制度、新闻出版制度、文化交流制度等,因为人类的所有制度都是属于广义文化领域内的规定和规范。狭义文化制度是与社会政治、经济制度等相区别的制度,主要包括教育制度、新闻出版制度、文化交流制度等,本研究对文化制度取狭义的理解。

二、学术制度与社会制度的应然关系分析

所谓学术制度与社会制度的应然关系,是指理想状态下学术制度与社会制度应有的关系。

---

① 吴方桐,等.社会学教程[M].武汉:华中师范大学出版社,1989.

社会制度与学术制度的应然关系分析

学术制度与社会制度的应然关系主要表现为两个主要的方面:一方面,学术制度要受到社会制度的影响和制约;另一方面,学术制度具有相对独立性。

(一) 学术制度要受到社会制度的影响和制约

从制度的层次结构来看,政治、经济、文化制度属于社会制度的中间层次,学术制度则属于社会制度的微观层次。按照社会学的理解,微观层次的制度、规则、规范必然要受到宏观及中观层次制度的制约,并体现宏观和中观层次制度的要求。

然而,学术制度何以要受到社会政治、经济、文化制度的制约?是如何受到它们制约的?

1. 学术制度受到社会制度的影响和制约是保障国家安全与稳定的需要

当今世界,国家与国家、民族与民族之间的冲突依然存在,有时甚至还相当严峻。在国与国的冲突依然存在的前提下,国家利益、国家主权不受侵犯应是社会制度,尤其是社会政治制度保障的核心。维护国家主权的独立与完整是社会政治制度的一项非常重要的功能。这势必要求政治制度不仅要规范经济制度,促进社会经济的发展,也会要求政治制度制约学术制度,保障社会学术的繁荣。

国家安全及社会稳定永远是一个国家政治制度必须面对、必须保障的问题,因而,维护国家主权不受侵犯,维护社会的稳定和繁荣也将是社会政治制度所具有的一个非常重要的功能。

维护国家主权的一个最重要手段就是发展社会经济,提高国防力量,这一切都离不开科学技术的发展。因而,世界各国无不重视利用政治制度所拥有的强权通过制定各种学术法律制度,制定各种科技政策来刺激、规范学术活动,以保证科技、学术的发展能在维护国家主权方面起到应有的作用。例如,西方工业发达国家都号称是"法治国家",都把新闻自由看作是社会的基本价值,各国也都以法律条文明确宣布保护新闻自由。但是,西方各国都规定:新闻媒介不得以任何形式危害国家安全。[①]

因而,在国与国的冲突在所难免的当今形势下,政治制度对学术制度的制约作用必然存在,无法避免。与维护国家主权相联系,政治制度必然具有维护社会稳定的功能。因为只有在社会稳定的前提下,经济繁荣、科技进步、综合国力的增强才有可能。与此相应,政治制度也会通过其权力优势,制定相应的学术制度,规定相关学术制度的内容来规范研究者的研究活动,甚至在意识形态领域进行一定程度的控制,防止可能出现不利于社会稳定的因素产生。从一定意义上讲,这种控制是

---

① 李良荣.西方新闻事业概论[M].上海:复旦大学出版社.1997.

有其现实合理性的。柏林大学教授波尔逊认为,作为政治制度集中体现的国家有权期待科学研究者证实他们的工作是合理的:如果他们不愿意这样做,他们的工作对既存的秩序而言,就是一种危险的倾覆,从而对付他们的措施来看是可行并合理的,因为科学研究的机构不只由公权所创立与维持,并且也是专为国家与教会的未来官员的。① 问题不在于政治制度对学术活动及学术制度的控制,而在于这种控制的力度的大小。

2. 学术制度受到社会制度的影响和制约是保障国家经济发展和繁荣的需要

社会经济发展,一方面是维护国家独立主权不受外敌侵犯的需要,也是富国富民,实现小康社会的需要。不同的社会历史时期,社会经济发展和繁荣所依赖的手段和方法是不同的。传统社会的经济发展靠的是资本、资金、劳动力。现代社会经济的发展则靠的是知识及知识创新。

如果说在工业化时代,国际竞争主要表现为争夺工业发展所必需的资源和工业产品及工业资本输出的市场,那么,在当今世界,竞争的焦点则是科技和人才;谁能把握先进的科学知识与人才资源,谁就可能在竞争与合作中把握主动权和占优势地位。②

人才和科技在当今社会经济建设中的巨大作用,决定了我国必须走"科教兴国"的发展道路。"兴国"不仅是我国政治制度要实现的目标,也是我国经济制度要实现的目标。发展"科教"则是保障"兴国"目标得以实现的手段。然而,"科教"的发展是不会自动实现的,必须通过社会,借助于政治、经济、文化制度的力量,来为"科教"的发展导航、规定发展的路径,创设良好的制度环境。作为规范科教活动的学术制度本身,也必须充分反映政治、经济、文化制度的要求。

3. 学术制度受到社会制度的影响和制约是避免学术自由不被滥用,保障和繁荣学术发展的需要

虽然社会制度对学术制度的过分干预会导致学术制度的功能变异,不利于学术活动的正常发展,并可能导致学术腐败,但是,另一方面,学术自由的滥用,也是导致学术腐败的一个重要原因。正因为如此,社会制度,尤其是社会政治制度对学术制度的制约就成为必然。例如,日本就通过政治权力——宪法,来对学术自由进行限定,日本的"注解日本宪法"规定"假社会科学之名而传布猥亵的文字绝不被允许"③。在这里,对宪法的注解并不等于学术制度本身,从表面上看,并不反映政治

---

① 金耀基.大学之理念[M].北京:生活·读书·新知三联书店,2001.
② 本书编写组.十六大报告辅导读本[M].北京:人民出版社,2002.
③ 周志宏.学术自由与大学法[M].台北:蔚理法律出版社,1989.

社会制度与学术制度的应然关系分析

制度对学术制度的制约,而实际上,政治制度对学术制度的制约则是以更为直接的方式来体现,宪法的注解本身实际上发挥了学术制度的功能,只是宪法的注解与学术制度两者合二为一罢了。

4. 社会制度决定着外在学术制度的设立与否

一项外在学术制度的形成虽然要受到社会经济、文化、科学进步等多种因素的影响,但是,政治制度的影响无疑是非常重要,甚至是决定性的。例如,作为学术法律制度的著作权法,就是在政治制度的直接作用下产生的。世界上最早的著作权法,是英国的《安娜法令》,即《为鼓励知识创作授予作者及购买者就其已印刷成册的图书在一定时期内之权利的法》。这部法律就是英国议会运用政治权力颁布实施的。中国最早的著作权法《大清著作权律》也是通过当时政治权力的代表机构——清政府颁布的,尽管这部法律因清政府的垮台没有得以实施,但我们不难看出政治制度在一项学术法律制度设立中的重要作用。

事实上,学术法律制度也唯有通过政治制度颁布,才会具有威严,才能真正起到规范学术人的学术活动。这一点可以从各国的学术法律制度的颁布及实施效果中得到证明。学术法律制度作为一种法律制度形式本身带有政治制度的性质,其设立与否自然要受到政治制度的制约,这一点是显而易见的。

学术制度的设立与否,也会受到经济制度的制约。新中国成立后,科技奖励制度的建设历程经历了三个阶段:20世纪50年代的起始阶段;"文革"的中断阶段;1978年以后的恢复重建阶段。1978年以后科技奖励制度得到迅速恢复和发展,然而,我国经济制度的转型,可能影响更为重大。随着我国由以"阶级斗争为纲"向"以经济建设为中心"的基本国策的转变,科学技术在国家发展中的重要作用日益突出。为鼓励国家科学技术的发展,1978年和1979年,国务院分别发布了"国家发明奖励条例"和"自然科学奖励条例",1984年又发布了"科学技术奖励条例"。

新中国成立以来,我国科技奖励制度建设的兴衰历程,说明了政治制度、经济制度对科技奖励制度的设立与否所产生的重要影响作用。学术制度的设立与否,还会受到社会文化制度的制约,如随着学术腐败现象在我国大学的蔓延,许多大学都设立了整治学术腐败的机构和制定了整治学术腐败的规章,就可以视为作为文化制度的大学教育制度对学术制度的制约作用。

5. 社会制度决定着学术制度的内容,已为世界各国的历史所证实

如第二次世界大战以后,美国的政治权力机构存在着对科技发展方面的偏好,使其在科技政策和科技奖励制度方面存在着明显侧重于自然科学及技术科学方面。

早在1945年9月6日,杜鲁门总统在给国会的关于恢复时期的特别咨询文中就指出:没有一个国家能够在今天的世界上保持它的领先地位,除非它能够发展它的科技资源;一个政府,如果它不能慷慨而又明智地支持并鼓励大学、工业和政府实验室中的工作,就不能合适地履行它的职责。[①] 不仅美国总统认识到,而且美国的一些政治家也认识到科学是一种国家资源。基尔戈尔指出:正如战争所如此惊人地证实的那样,科学是一种国家资源,它对我们整个国家生活有最大的重要性;科学技巧与科学诀窍已经使我们很快在战争前线赢得决定性的胜利,同样的技巧与诀窍现在必须转移与扩展,以适应和平的需要——增进我们民族的健康、我们国防的安全,促进我们的繁荣。[②] 正是由于美国当时政治权力阶层对自然科学存有的偏好,美国政府才出台了一系列鼓励科技发展的学术制度。例如,1950年国会通过了国家科学基金法案,成立了国家科学基金会。

我国的学术奖励制度,从其实际的具体内容来看,目前政府部门也主要只有科技奖励制度。到目前为止,我国科技奖励工作和科技奖励研究基本上是以自然科学活动为主要对象,形成了一整套制度和运行体制,而人文社会科学、软科学研究成果奖励尚未制度化,处于自发的、以民间或半官方奖励为主的状态。[③]

所以,固然存在有学术方面的原因,如人文社会科学、管理科学、软科学成果奖励的标准、方法等方面在理论上还不成熟,难以对相关成果的学术价值进行准确的衡量,但是,社会政治权力部门对自然科学,尤其是对技术科学的价值偏好,也不能不说是其中的一个重要原因。

(二) 学术制度具有相对独立性

学术制度的相对独立性,有两层意思:一是指学术制度是独立的,学术制度有自己独特的功能、自己的运行规律;二是学术制度的这种独立性不是无条件的,必须受到社会政治、经济、文化制度的制约,是在社会政治、经济、文化制度制约下的独立性。

学术制度的独立性决定于其特有的功能,学术制度独立的相对性则决定于其在整个社会制度体系中的地位和所处的层次结构。

学术制度的相对独立是其实现自身功能的必要前提,缺乏独立性的学术制度是无法实现其功能的。当今学界虽然存在着学术制度供给不足的问题,但并不意

---

① 傅正华.科学技术发展的人文环境分析[M].武汉:湖北教育出版社,1999.
② 傅正华.科学技术发展的人文环境分析[M].武汉:湖北教育出版社,1999.
③ 王炎坤,等.科技奖励论[M].武汉:华中理工大学出版社,2000.

社会制度与学术制度的应然关系分析

味着没有任何学术制度。然而,已有的学术制度为什么不能发挥应有的功能?其中的一个重要原因就在于这些学术制度独立性的丧失。如学术评审制度无论在哪种评审活动中都是存在的,大学教师的职称评审,各种学术奖项的评审,无不具有一定的评审制度。评审结果之所以经常出现该评上的没评上,不该评上的却被评上了这样一种现象,其原因就在于学术制度常常受到政治制度、经济制度强烈挤压。行政权力对学术评审活动的过分干预,就是政治制度对学术评审制度过分挤压的表现;各种评审活动与人们经济利益的过分挂钩,则是经济制度,尤其是经济制度中的分配制度对学术评审活动过度干预的表现。

缺乏独立性的学术制度是难以实现其自身功能的,这一点可以从我国各种学术制度的功能变异中得到体现。

1. 学术制度的相对独立性首先表现为地位的独立性

社会的政治、经济、文化是既相互联系,又各自独立的。同样,作为规范社会政治、经济、文化活动的政治、经济、文化制度也是相互联系,又各自独立的。一个社会的健康发展,有赖于处理好人们现实的社会政治、经济、文化活动的关系。要做到这一点,就必然要求处理好用以规约人们现实的社会政治、经济、文化活动的制度之间的关系。虽然经济是社会发展的决定力量,但这种决定力量又是"归根结底"式的。经济并不是社会发展唯一起作用的因素。这是人类社会自身的特殊性所决定的。

在社会发展中,除了经济的作用,还有政治、文化的作用,而且政治和文化对经济发展起着重要的制约作用。经济、政治和文化一方面内在地联系着,另一方面又代表着社会生活的不同领域,具有相对独立性,有着自身的活动目的、功能和作用、独立的运行规律。

作为规范社会经济、政治、文化活动的相关制度,也相应获得了自身的相对独立性。作为规范学术人学术行为的学术制度自然也不例外。

正是不同制度按各自的目的、功能、运行机制既相互联系又相互独立地发挥着各自的作用,才使得社会政治、经济、文化、学术能够在各自的轨道上运行,保障了社会的有序与和谐。

2. 学术制度的相对独立性表现在它功能上的独特性

虽然社会的政治、经济、文化制度(包括学术制度)相互联系、相互作用,共同维护着社会的有序与和谐,但这种有序与和谐正是建立在各自功能的相对独立性的基础之上。

政治制度是通过权力来调节社会不同的阶级、群体、集团乃至个人之间的利益冲突,保障社会运行的良序与和谐;经济制度是通过规范人们之间的经济行为,维持社会的经济秩序,保障社会经济活动的顺利展开和繁荣发展;文化制度则是通过调节社会文化活动中人与人之间的关系,保障文化活动的繁荣和昌盛;学术制度虽然有不同的层次和类别,每一项具体的制度都有着自己的独特功能,但就整个学术制度体系的功能而言,就是保障学术活动的良序运行,增进人类知识的总量。

各种制度功能的相对独立性是社会良序运行的基础和前提。

3. 学术制度的相对独立性还表现在它具有自己的运行规律

学术制度要保障自身功能的相对独立性,就必须保证自身结构的完整性。学术制度的结构,既包括其构成要素,也包括各要素之间的相互关系。学术制度的构成要素有以下几个方面。

一是构成学术制度的各种规范,如学术评审制度的评审标准、学术奖励制度的奖励标准等。

二是指学术制度的运行程序,如学术评审制度,不仅有评价标准,还有专家的遴选标准和程序、评审的程序等等。

学术制度运行规律的独立性意味着学术规范的具体内容,学术制度内在的程序是不能受到外在其他制度的影响的,否则,标准的双重性,程序的随意性将会导致学术制度功能的变异或者丧失。

当今学界中的学术道德失范行为所以盛行,不正是由于学术制度丧失或部分丧失自身的独立性而导致的结果吗?要保证学术制度能够完成、实现自身的功能,就必须尊重学术制度自身的相对独立性,保障学术制度按照自身的结构、自身的运行程序运行。

(原载于《中国科技论坛》,2005年第1期。)

中小学道德教育应重视学生的"耻感"培育

社会道德失范、人们的行为失德,原因是多方面的。从失德的行为主体方面考察,耻感的缺失是其中的一个重要原因。对此,古人早有所云:"人之有所不为,皆赖有耻心。如无耻心,则无事不可为矣。"人既是环境的产物,又是教育的产物。反思我国中小学的道德教育,不难发现,当今社会人们耻感的普遍缺失与学校道德教育长期忽视学生的"耻感"培育不无关系。

因此,为整治社会道德失范,防止人们失德行为的大量发生,中小学学校道德教育应重视学生的耻感培育,形成他们正确的耻感。

一、"耻感"的内涵

"耻"是中国传统文化中一个非常重要的伦理范畴。《说文解字》释耻为:"辱也。从耳,心声。"实际上,在古汉语中,"耻"有三层意思:

一是指羞愧之心,如《孟子》:"人不可以无耻。"

二是指耻辱,可耻之事,见岳飞《满江红》词:"靖康耻,犹未雪;臣子恨,何时灭!"也可以指"以为耻",如《论语》:"巧言、令色、足恭,左丘明耻之,丘亦耻之。"

三是指侮辱,见《左传》:"耻匹夫,不可以无备,况耻国乎。"其中,耻的前两层意思与我们要讨论的耻感有关。

将耻作为一种道德情感,始于孟子。孟子把耻感理解为"羞恶之心"。《孟子》曰:"羞恶之心,义也。"对耻感进行较为详尽的解释是《六书总要》,其释耻为:"耻,从心耳,会意,取闻过自愧之意。凡人心惭,则耳热面赤,是其验也。"这种解释不仅揭示了耻感的产生过程,即"闻过自愧",也揭示了其外在的行为表征,即"耳热面赤"。

在我国当今学界,对耻感的研究是相当薄弱的。就笔者的视野所及,一般的心理学教科书,包括专门研究德育心理的专著,都找不到对耻感的明确解释。虽然大多数书籍在论及道德情感时提到耻感(或耻辱感),但都没有进行定义。因此,有必要揭示耻感的内涵。依据《六书总要》对耻感的描述,耻感的一个重要特征是"闻过自愧",即人在知道自己的言行过失后产生的自愧感。言行过失与否是一种价值判断,因而,人们耻感的产生必然是违背了一种判定言行过失与否的评价标准。对于这个标准,理论界并没有直接的陈述,但一般认为这个标准就是社会制定的道德标准。道德情感指的是,一个人根据社会制定的道德标准,去处理相应关系和评价自己或他人行为时所体验到的情感。[①]

耻感是道德情感的一种形式,既然道德情感赖以产生的道德行为评价标准是社会道德规范,耻感当然也只能依据该标准。若依此说,就必然得出这样的结论:凡主体感到自己的言行有悖于社会制定的道德规范,就会产生耻感。然而,这种结论明显与事实不符。在现实生活中,许多人熟谙社会制定的道德规范,但他们却明知故犯,并无耻感。这就说明,笼统地以社会制定的道德规范,作为人的耻感赖以产生的言行对错的标准是缺乏解释力的。原因何在?这是因为外在的社会道德规范并不必然会被人们自觉地内化和赞同。当人们心中有一套与社会道德规范相左的道德评价标准时,其耻感的形成依赖的是其心中所认同的道德规范,而不是外在的社会道德规范。一些人之所以违反社会道德规范不会产生耻感,就在于这些人并未将社会道德规范真正内化,为他们真正认同。在此情形下,违背了社会规范,却并未违背自己信奉的道德规范,耻感自然也就无法产生。只有当外在的社会道德规范为主体真正内化与认同,外在的社会道德规范与主体信奉的道德规范直接同一时,违反社会道德规范也就是违背自己内心赞同的道德规范。在这种情况下,社会道德规范才能成为判定自己行为对错的依据,违背社会规范才会产生耻感。

因此,人的耻感产生的对错的标准未必是社会制定的道德规范,但一定是主体内心赞同的道德规范。主体只有在自己的言行有悖于自己内心所信奉的道德规范的前提下,才会产生耻感。

基于上述分析,我们就可以给耻感进行定义:耻感是行为主体对自己的言行有悖于自己内心赞同的道德规范时产生的自愧感。耻感是一种使人产生痛苦的情感体验,正是这种痛苦的情感体验能抑制某种导致耻感的行为发生。

二、中小学道德教育对学生进行耻感培育的必要性

(一)对学生进行耻感培育是促进学生道德自律的需要

从形式上看,中小学道德教育的具体任务很多,但其核心的任务应是培养学生的道德自律。道德操守的根本是一种心灵的自律,自律是道德操守存在和发展的精神基础,是人完善自我的主要手段和方式。[②] 失去道德自律,道德就会失去规范

---

① 韩进之,等.德育心理学概论[M].上海:上海人民出版社,1986.
② 姬海云.略论社会公德与耻感培养[J].安阳师范学院学报,2001(4).

人的言行的效力而成为一种纯粹的形式。

道德自律是指道德主体赖以行动的道德标准或动机,不是受外在根据的支配和调节,而是受制于主体的道德自觉。它表现为主体既用理性为自己"立法",又靠意志来服从这些"法令"。道德主体既是"立法者",又是"臣民"。不过,主体的自我"立法"不能是出于自己的一己私利的任意胡为,而只能是将外在的社会道德规范内化为自身道德律令的过程。这是因为社会道德规范在历史长河中经历了反复的冲刷、筛选和提炼,是人类理性的结晶。社会道德规范是判定个人所立之法的合理性的主要依据。

作为外在他律的社会规范转变为道德主体自身的道德令如何可能?这要受多种影响因素的制约,如依赖于作为他律的社会规范自身的合理性程度和接受道德主体理性"审判"的承受力;依赖于作为他律的社会规范作用于道德主体的方式是单纯的心智层面的"美德知识"授受还是知、情、意的"全接触"等方面。但是,决定外在他律的社会道德规范转变为道德主体的道德律令的一个关键因素是道德主体是否拥有耻感。设定他律的社会道德规范是合理的,并经受了道德主体的理性检验、情感判决而在主体心中获得了合法性地位,如何才能保证道德主体的言行一定会遵循自己内心已有的"法律"?唯有主体拥有耻感才有可能。主体拥有耻感就会对自己的所作所为有悖于自己的内心之法感到痛苦、耻辱和憎恶,从而避免此类行为的发生。人有耻则能有所不为。①

耻感是保证道德主体形成道德自律的必要前提。因此,要促进学生的道德自律,中小学道德教育就必须重视对学生进行耻感培育。

(二)对学生进行耻感培育是提高道德教育实效性的需要

道德教育是教育者依据一定的道德教育目标对受教育者的心理施加影响,以促进受教育者发生合目的变化的活动。道德教育的实效性,是指道德教育目标经由一定的德育过程在受教育者心理素质中的实现程度。道德教育目标的实现程度是衡量道德教育实效性高低的标准。

道德教育的实效性差是我国中小学道德教育中存在的一个突出的问题,其原因是多方面的。从理性的角度分析,目前我国中小学道德教育的目标、内容、方法等方面均不同程度地存在着问题。其中,一个突出的问题就是中小学德育长期忽视学生的耻感培育。不仅由教育行政部门颁布的《小学德育纲要(试行)》(1988年)、《中学德育大纲(试行稿)》(1988年)等有关文件查不到与耻感培育相关的道

---

① 黎靖德.朱子语类(八)[M].北京:中华书局,1986.

德教育目标,而且用以指导中小学教师道德教育实践的教育理论,如教育学、德育学、教育心理学等教材,甚至有关道德心理、道德教育的专著,对耻感培育的问题也少有论及,更遑论中小学的德育实践了。

耻感教育的"缺席",必然导致学生耻感的普遍缺失。耻感是各种道德教育影响能否落实到位的一个重要前提。必有耻,则可教。① 正是由于学生耻感意识的缺乏,使中小学道德教育失却了应有的根基,各种教育影响难以到位,道德教育目标难以真正完全实现。因此,提高中小学道德教育的实效性,除了要进一步完善道德教育的目标和内容,提高道德教育方法的科学性之外,还必须重视学生的耻感培育。

(三)对学生进行耻感培育是整治社会道德失范,防治人们行为越轨的需要

道德失范可以从多个角度来考量。从社会来看,道德失范是指社会既有的道德规范丧失了应有的权威而失却对社会成员的影响力和约束力,使社会处于一种混乱状态;从个体层面考察,道德失范表现为人的不守"规矩"、破坏规范,即行为越轨。社会道德失范、人们的行为越轨的一个重要原因在于人们耻感意识的普遍缺失。耻感是人的一道极其重要的、不可或缺的道德防线。道德犹如河流一样也有它的堤防,道德防线一旦出现缺口,各种丑恶必将横行于世。在耻感缺失的情况下,人们就会无视道德规范、社会准则,不考虑自己行为的社会影响,以致无所不为、无恶不作。

对学生进行耻感培育有利于整治社会道德失范,防治人们的行为越轨。一方面,中小学教育是社会的一个重要的子系统,通过学生,它与社会的千家万户、各行各业建立了广泛的联系。学校可借助于对学生进行耻感培育,提升他们的耻感意识,养成他们良好的道德行为习惯间接地作用于现实社会,影响家庭成员和社会成员的耻感意识和道德素质,从而在一定程度上控制社会道德失范和人们的行为越轨。

另一方面,今天的学生是未来社会的主人。当下对学生进行耻感培育,培养他们的耻感意识,养成他们良好的道德行为习惯,实际上也就是为未来社会培养了合格的公民,因而有助于防治未来社会的道德失范、人们的行为越轨。

因此,对学生进行耻感培育,既是当下也是未来整治社会道德失范,防治人们行为越轨的需要。

---

① 周敦颐,等.太极图说 通书 双物篇[M].上海:上海古籍出版社,1992.

三、中小学道德教育对学生进行耻感培育的主要措施

（一）耻感培育应教育学生"知耻"，明确耻与不耻的行为标准

人的耻感的形成必须以知耻为前提。"如知耻，则己厉行，思学正人，所为皆光明正大。凡污贱淫恶，不肖下流之事，决不肯为。"[①] 只有教育学生知耻，明确耻与不耻的行为标准，才能使学生知晓何为耻，何为不耻，为耻感的形成打下认识的基础。

对于何为耻、何为不耻的行为标准，不同的民族、同一民族的不同时代有着不同的内涵。在我国古代，对于耻与不耻的标准是较为明确具体的。例如，孔子提出，言行不一，说到做不到是可耻的事情，"古者言之不出，耻躬之不逮也。"（《论语》）"君子耻其言而过其行。"（《论语》）花言巧语、容色伪善、过分恭顺、匿怨友人也是可耻的事。"巧言、令色、足恭，左丘明耻之，丘亦耻之。匿怨而友其人，左丘明耻之，丘亦耻之。"（《论语》）。古代先哲们提出的这些耻与不耻的具体标准，无疑是我国道德教育理论的宝贵遗产，值得我们批判地继承。

在社会主义初级阶段，在市场经济的条件下，如何确立以何为耻的标准是一个需要深入研究的问题。道德具有层次性，道德规范也有倡导性规范和禁止性规范，两种规范的性质是不同的。倡导性规范重在引导人们向更高的道德层次攀登；禁止性规范则是法律的"堂兄弟"，是划定人之为人的伦理底线。对倡导性规范的违反，我们只能断定人的道德境界不高，但不能断定其行为就一定属于可耻行为。但是，对于违反禁止性规范的行为，如偷盗、损人利己、违法乱纪等行为，因为它们超越了人之为人的伦理底线，我们可以将这类行为划归为可耻行为之列。

以此观之，我们大体上就可以确立中小学生道德行为的耻与不耻的评价标准：可耻行为应是中小学生有违社会道德规范中的禁止性规范的行为。

不过，对学生进行耻感培育不能满足于仅仅让学生掌握一条评价耻与不耻的行为的抽象的标准，而必须将这条评价标准具体化。对此，教育者就应该在道德教育活动中结合具体的禁止性规范进行分析，使学生掌握耻与不耻的具体的行为规范。

2. 耻感培育应教育学生"耻所当耻"，促进学生耻感的形成和发展

掌握耻与不耻的评价标准和具体的行为规范，只是解决认知层面的知耻问题，

---

① 罗国杰.中国传统道德简编本[M].北京：中国人民大学出版社，1995.

而耻感培育的核心应是教育学生"耻所当耻",即在内心深处对属于可耻行为之列的行为感到厌恶、憎恨。学生只有做到"耻所当耻",才能说明其耻感的真正形成。

如前所述,耻感是行为主体对自己的言行有悖于自己内心赞同的道德规范时产生的自愧感。因而,要使学生真正做到"耻所当耻",关键在于如何使外在的社会认定的可耻行为的评判标准和具体的可耻行为规范为学生内化与认同,变为自身的道德律令。要实现这种转化,一种较为有效的手段是在学生接受相应的标准或规范的过程中伴随有强烈的情感体验。基于此,我们认为,要使学生做到"耻所当耻",促进学生的耻感的形成和发展,学校道德教育应运用一些特殊的教育方法。

首先,学校道德教育应更多地关注社会,批判社会的假、丑、恶。长期以来,我国的中小学道德教育如同一座象牙塔,按设定的道德教育目标,依据确定的道德教材,对学生进行正面教育,很少关注社会,尤其是关注社会的负面影响。这不能不是我国学校道德教育的一大误区。掩耳盗铃式的道德教育既不利于学生适应社会生活,导致学生被动地接受社会负面影响的污染,也不利于学生的耻感培育。其实,社会的负面影响是中小学道德教育的活素材,如果学生在学校接受教育的时候,能在教师的指导下,学会对社会中的假、丑、恶等负面影响进行分析、揭露和批判,不仅有助于学生了解社会,提高对社会中的假、丑、恶的辨别能力,更有助于学生耻感的形成。借助于学校的强大的正面的舆论力量,展开对社会上存在的假、丑、恶现象的强烈批判,往往能够引起学生情感上的共鸣,使学生对社会及个人自身中的假、丑、恶现象产生厌恶和憎恨心理、形成耻感,并提高道德"免疫"能力。

其次,学校道德教育应注意多运用艺术手段对学生进行教育。长期以来,艺术教育手段多被划归为美育,而美育因受应试教育的排斥而在中小学教育中得不到应有的重视,结果,艺术教育有效的情感培育(包括耻感培育)的功能远未得到正常的开发和利用。艺术手段,如优秀的文学作品,是对学生进行耻感培育的好教材。正义与邪恶、真善美与假丑恶,永远是优秀的文学作品赞扬和鞭挞的主题。优秀的文学作品,能借助于鲜明的人物形象,唤起人们对真善美的热爱和追求,对假恶丑的痛恨和唾弃。

因此,多运用诸如优秀的文学作品之类的艺术手段教育学生,有助于学生正面的道德感的形成,也有助于学生耻感的形成。

(三)教师自身应做到"行己有耻",以身作则

《杂文报》第1107期刊登了一位中学生的文章,题为《是谁在教我们撒谎》。文章写道:"从小,我们在老师的精心指导下已经从容不迫地作弊对付上级检查团,而且弄虚作假的技术随着年龄的增长而迅速提高。"作者的表姐所在的一所高中为了

迎接"省级规范化高中"的验收,教师们"充分信任"高中生,公开下达指令要求他们编造档案。高中生们也不负老师的"厚望","谈笑之间就完成了档案的编造工作"。为了迎接"普九"检查,一些学校居然"花钱请人顶替辍学学生的位置"。上述现象在中小学教育中绝非仅有,笔者自己就不止一次闻知此类事情。老师如果在教育中如此施教,其学生恐怕难以形成耻感。

　　道德教育过程是教师和学生之间的双向交流过程。教师对学生的影响不仅存在着正式的教育影响,教师自身的人格、修养也是一个非常重要的影响源,会对学生产生潜移默化的作用。孔子曰:"其身正,不令而行;其行不正,虽令不从。"(《论语》)因此,教师要培养学生的耻感,自身必须为学生做出表率,做到"行己有耻"(出言行事应有知耻之心)。否则,教师的任何正面的影响都会在与自身的丑陋行为的比照中黯然失色。对此,上述事例就是最好的说明。

　　因此,中小学教师自身必须加强自我修养,提升自身道德素质的,做到"行己有耻",使自己在知耻方面,能够以身作则,率先垂范。

（原载于《湖北师范学学报（哲学社会科学版）》,2005年第1期,与张莲英共同撰写。）

论对我国学界科学的精神气质的培育

由于历史的原因,科学的精神气质在我国学界的发育先天不足。科学的精神气质缺乏的一个必然结果是学界自身缺乏规约群体成员学术行为的行规。当今学界的学术腐败现象日益严重,与此密切相关。因而,培育学界科学的精神气质势在必行。

一、科学的精神气质的内涵

"科学的精神气质"是由美国科学社会学家墨顿在1942年发表的《科学的规范结构》一文中提出的,它实际指称的是学人从事科学活动的社会规范,是学界自己的行规。"科学的精神气质是指约束科学家的有情感色调的价值和规范的综合体。这些规范用命令、禁止、偏爱、赞同的形式来表示。"[1]科学的精神气质是墨顿从体现科学家的偏好,从无数讨论科学精神的著述和从科学家对违反科学的精神气质表示不满的道德共识中归纳出来的。

按照墨顿的理解,科学的精神气质包括下列四条主要规范:

1. 普通主义

这条规范要求检验科学真理的标准应是客观的和普遍的。任何真理性学说,不管来源如何,都只能服从于先定的非个人标准,即观察与早被证实的知识的一致性,与真理性学说的发现者的国籍、种族、阶级、宗教和其他个人品质无关,也与权威主义、本本主义相悖。

2. 公有主义

公有主义规范要求科学上的任何有意义的发现都是人类的共同财富,而不是发现者的个人私有财产。科学家对其发现只享有优先权而没有占有权,因为任何科学发现、创新都不可能是某个人的功劳,而是社会乃至整个人类合作的产物。它只能是在继承前人的劳动成果和吸取同代人的科学思想的基础上完成。公有主义规范要求科学家所有发现、所有创新的知识都应该公共发表。

---

[1] R.默顿,林聚任.科学的规范结构[J].哲学译丛,2000(3).

3. 无私利性

无私利性规范鼓励科学家以"科学的目的"从事研究,要求科学家们不把从事研究视为带来荣誉、地位、声望或金钱的手段,谴责运用不正当的手法在科学竞争中抬高自己或压制对手。

4. 有条理的怀疑主义

这条规范要求科学家对人类所有的知识,不管它是通过科学研究获得的,还是基于其他政治、宗教等权威产生的,均应持怀疑态度。在这些知识成为确证无误的知识之前,必须经受理性和经验的严格审视和考察。合理的怀疑精神要求科学家在科研活动中,不能迷信任何绝对的权威和任何"永恒的真理"。

墨顿的上述四条规范在以后的几十年中得到了不断的修正和补充,如巴伯增加了理性精神和感情中立;斯托勒增加了客观性和概括性;齐曼强调增加创新精神;墨顿本人也在相关的论述中也增加了谦虚和创新性。

经过不断的修正和补充,墨顿提出的科学的精神气质变得更加完善,对规范和导引科学家的研究行为起到了更好的作用。

二、培育我国学界科学的精神气质的必要性

(一) 培育学界科学的精神气质是控制学人学术行为越轨的需要

学术人的学术行为越轨与否,一方面依赖于行为主体的自律,另一方面依赖于外在的制度规约。制度有两种类型:正式制度和非正式制度。

正式制度是某些人或某些组织自觉和有意识制定的各项法律、法规、规则,如社会的政治、经济、法律制度等。

非正式制度也被称为内在制度,通常是指在社会发展和历史演进过程中自发形成的,不依赖于人们主观意志为转移的文化传统和行为习惯。科学的精神气质实际上是一种非正式制度。

虽然正式制度"为人们定出选择空间的边界"①,且具有很强的强制性。但是,正式制度所发挥的作用不是无条件的。正式制度要发挥作用,必须与非正式制度相契合、相和谐。如果一个社会的社会文化传统和人们代代相传的行为习惯乃至社会意识形态,与这个社会的正式制度和谐一致,则正式制度就可以顺利地发挥作用;相反,如果社会的文化传统、行为习惯、意识形态与正式制度不相契合,甚至处

---

① 卢现祥.西方新制度经济学[M].北京:中国发展出版社,1996.

处冲突和矛盾,那么,正式制度再好,也未必能够有效地发挥作用。① 当今我国学界抄袭、剽窃等学术腐败行为盛行,并不是我们没有正式的学术制度。《知识产权法》明确规定,不得抄袭和剽窃。但这类行为为何屡禁不止？一个重要原因就在于我国学界缺乏非正式制度——科学的精神气质的强力支撑。

因此,要有效地规约学术人的学术行为,仅仅依赖于正式学术制度的建设是不够的,还必须形成与正式制度相契合、相和谐的非正式制度——学界科学的精神气质。

(二) 培育学界科学的精神气质是我国学界建立自己"行规"的需要

任何行业都有自己的行规,或职业道德,用以规约本行业从业人员的行为,保证本行业的社会声誉和促进本行业事业的繁荣和发展。学术共同体作为一种社会建制、社会组织,也应该有自己的行规——科学的精神气质。西方国家的学界就有自己的行规,这种行规就是墨顿提出科学的精神气质的事实依据。

在我国,由于文化和历史的原因,学界行规的发育先天不足。众所周知,占据中国漫长的封建社会的主流文化是儒家文化。同儒家文化相适应,中国古代学界的知识分子主要是文人知识分子,科技知识分子则处于边缘人的地位。"学而优则仕"是我国古代人文知识分子的真正追求。他们读书是为了做官,而不是为了做研究。如果说当时的知识分子有行规的话,也只能是一种"道义担当"。用道德教化民众,也力图通过政治化的途径来约束王权,"教化政治"。② 古代人文知识分子的这种行规与科学的精神气质关系不大。

近代以来,面对着民族的生死存亡,素以道义担当为使命的中国知识分子不断地寻求强国救亡之道。从器物层面的洋务运动到制度层面的维新变法,再到文化层面的五四运动,全面批判了古代文化的人文知识,举起了"民主"和"科学"两面大旗,作为救亡强国的根本方略。但这一时期的"科学"实质上不过是抛弃的传统文化的替代品而已,其道德与政治方面的意义淹没了"科学"的本来意义,科学承担着社会批判的功能,被当作了解决社会问题的万能药方。③ 科学当时所处的这种尴尬境地是不可能在学界内生出科学的精神气质的。

新中国成立以后,随着社会主义建设的展开和人民生活的稳定,学术活动理应得以正常展开。但由于当时的领导人对学术与政治关系认识上的偏差,出现了以

---

① 王跃生.没有规矩不成方圆[M].北京:生活·读书·新知三联书店.2000.
② 程新英.当代中国知识分子使命意识的变革[J].道德与文明,2002(2).
③ 程新英.当代中国知识分子使命意识的变革[J].道德与文明,2002(2).

强力政治干预学术的现象。一些学术问题往往被提升为政治问题,并遭到无情和严厉的批判。从20世纪50年代初开始,在我国学术和文化领域展开了一系列的政治批判运动。俞平伯、胡适、梁漱溟、胡风、马寅初、冯友兰等人的学术思想均遭到了批判。① "文革"期间,政治对学术的干预、批判演变为摧残。在这种氛围里,学界要形成科学的精神气质是无法想象的。

十一届三中全会后,随着关于真理标准问题大讨论的开展,"百花齐放,百家争鸣"的学术指导方针重新得到提倡并确立起来。学术思想的解放,成为新时期学术思想发展的主流。② 这是否意味着我国学界就已经形成了科学的精神气质?对这个问题做出简单的是或否的回答,无疑是草率的。单纯的肯定回答,无法解释学界已出现的众多的学术腐败行为;简单的否定回答,则无法解释学界"整治学术腐败"的呼声如此高涨的缘由。

辩证地分析,可得出下列初步结论:学界的行规意识开始觉醒,但科学的精神气质要在学界"开花结实",仍须培育。也只有培育出科学的精神气质,学界自身才能形成良好的自我约束机制,良好的学术氛围。

(三) 培育学界科学的精神气质是实现我国"科教兴国"战略的需要

早在1978年,邓小平同志在全国科学大会开幕式讲话中明确指出:四个现代化,关键是科学技术的现代化。1988年,邓小平同志又提出了"科学技术是第一生产力"的著名论断,为我国"科教兴国"战略的形成奠定了坚实的理论基础。1995年,中共中央、国务院发布了《关于加强科学技术进步的决定》,首次正式提出实施"科教兴国"的发展战略。1996年,全国人大八届四次会议正式通过了国民经济和社会发展"九五"计划和2010年远景目标,"科教兴国"成为我国的基本战略国策。"科教兴国"的目标,既包括繁荣社会的经济文化,也包括促进社会的物质文明和精神文明的进步。"科教兴国"战略目标的实现,则有赖于学界多出科研成果、快出科研成果,并将科研成果转化为现实的生产力。当然,"科教兴国"战略赖以实现的科研成果必须是真正的科研成果,是科技领域的真正创新,而不是靠抄袭、剽窃等违规手段制造的学术垃圾。

要避免学人制造学术垃圾,提升学人的学术道德素养和加强学术制度的建设是必要的。但这还不够,一方面,人都是理性的"经济人",精于算计和投机取巧是人之共性,面对名与利的诱惑,理性的经济人往往会选择违规。如果寄希望于学人

---

① 李明山,等.当代中国学术思想史[M].开封:河南大学出版社,1999.
② 李明山,等.当代中国学术思想史[M].开封:河南大学出版社,1999.

的道德自律会承担巨大的风险。另一方面,刚性的学术制度规约学术人的学术行为功能的发挥也是有条件的,它必须有非正式的学术制度与之相契合。鉴于我国学界的非正式制度——学界的科学的精神气质发育的先天不足,无法给正式学术制度功能的发挥提供强有力的支撑,培育学界科学的精神气质就成为一种必然的选择。

三、培育我国学界科学的精神气质的主要举措

从系统学的角度看,社会是一个系统。系统内部各种影响因素是相互影响和相互制约的。学界科学的精神气质作为约束科研工作者学术行为的价值和规范的综合体,属于社会意识形态领域的一个子系统,其形成必然会受到社会多种因素的影响和制约。在众多影响因素中,政府的政风,学术机构的学风,是影响学界学人科学的精神气质形成的重要的外部因素;学人自身的学术道德状况则是影响学界学人科学的精神气质形成的内部因素。

因此,学界科学精神气质的培育,既依赖于政府加强政风建设,依赖于学术机构加强学风建设,也依赖于学人们加强自我修养。

(一)政府:加强政风建设

政风是指政府的作风。政府作为一种组织机构,政府的作风实际指称的是机关工作人员的思想作风、领导作风和工作作风的综合。政风对社会风气形成具有重要的影响作用。孔子说:"其身正,不令而行;其身不正,虽令不从。"说明作为政风体现者的领导的行为和作风对社会成员具有很强的示范效应。当前,政风的主流是好的,但我们也必须看到,伴随着社会的快速转型及体制建设的滞后,一些政府机关的政风问题日益突出,主要体现在:

(1)官僚主义、形式主义严重。

(2)执法不公,热衷于部门利益。

(3)以权谋私,贪污受贿等。

学界科学的精神气质作为约束科研工作者学术行为的价值和规范的综合体,是整个社会风气的构成成分,既会反作用于社会风气,也会受到社会风气的影响和制约。因此,政风好,社会风气必然会好,学界科学的精神气质的形成就会容易;反之,政风坏,社会风气必坏,学界科学的精神气质就难以形成。面对目前政风严重滑坡的事实,必须加强政风建设,为学界科学的精神气质的形成提供一个良好的环境。

加强政风建设,一是要强化监督。既要严明纪律和法规,严格按照法律法规纠正违法用权;也要严格制约权力,减少公共权力的管辖范围和管辖力度,减少权力寻租的可能;还要完善控制公共权力滥用的监督机制,使公共权力运作的全过程都能得到有效的控制。

二是行政民主化。行政民主化就是将民主集中制的原则运用于行政管理之中。行政民主化就是要求:

第一,领导班子的建设、重大问题决策中必须实行民主集中制,形成一把手与班子其他成员和谐健康的工作氛围,遇事商量、集思广益的组织机制。

第二,上下级之间、领导与被领导之间必须实行民主集中制,上级领导要经常听取下级和群众意见,下级必须服从上级,各级人民政府服从中央政府,要坚决纠正有令不行、有禁不止、推一推动一动、不推不动,甚至推了也不动等现象。

第三,具体工作也要实行民主集中制,政府及其部门与行政相关人员之间的关系同样适用于民主集中制,即发扬行政民主,实现严格管理,建立社会主义市场经济条件下的公共管理秩序。①

三是依法行政,实现行政管理法制化。依法行政既可以保证管理有章可循,避免领导干部意志等人为因素的不确定性和主观随意性;也可以保证行政按程序办事,克服决策和管理的随机性;还可以限制权力扩张,克服滥用权力和以权谋私现象。

(二) 学术机构:加强学风建设

近几年来,伴随着社会风气恶化及学术腐败现象在学界的蔓延,全国学术机构均受到不同程度的影响,学风也有不同程度的下滑,许多学术机构出现了学术行为越轨一定程度上说明了这一点。由于历史和政治等方面的原因,我国学界科学的精神气质的发育不良,如果学术机构的学风下滑状况得不到有效整治,极不利于学界科学的精神气质的发育。

因此,学术机构应抓住学界"整治学术腐败"这一难得的历史机遇,加强学风建设。

加强学风建设,一是领导重视。学术机构要形成什么样的学风,如何形成,起关键作用的是领导。面对学界较为严重的学术腐败,学术机构的领导要给予足够的重视,重视学风,尤其是科研作风的培育。

二是全员参与。在学风的建设过程中,领导的重视固然重要,但离不开学术机

---

① 郭济,高小平.监督、民主、法治:政风建设的制度创新[J].中国行政管理,2001(11).

构成员的广泛参与。学术机构成员既是学风的作用对象,也是学风建设的主体。学风只有通过组织机构成员的广泛参与,体现在自己的学习和工作之中,才能标志该组织学风的真正形成。为此,学术机构要围绕学风建设问题定期对全体员工进行教育,统一思想,达成共识。

三是制度规约。达成共识还只是解决认知层面的问题,要使认识转变为员工们的内在精神,并外化于言行之中,就必须加强制度建设。制度的一个非常重要的功能是激励(包括奖励和惩罚)。制度通过奖励符合规范的行为,惩罚不符合规范的行为而向特定的方向、目标改变人们的行为方式乃至信念。当前,学术机构应重视两种制度建设:一种是学术越轨行为的监察制度;另一种是学术越轨行为的惩罚制度。通过两种制度的建设,使组织成员中的学术越轨行为既易于识别,也会受到应有的惩罚。此外,组织机构的职称制度、学术奖励制度等应与学术工作者的学术道德素养相联系,使良好的学术道德素养成为其职称评定和职位升迁,学术受奖励的必要条件。由于制度是刚性的,能对学术工作者的学术研究活动起到硬性的制约作用。

因此,制度在养成他们良好的学术研究行为习惯,进而形成良好的学风方面,有着重要的作用。

(三) 学人:加强自身学术道德修养

在组织机构学风的形成过程中,无论是教育还是制度规约都是外因,外因最终要通过内因才能发挥作用。要使学风真正成为学人们的自觉追求,并体现于自己的言行之中依赖于学术工作者提升自己的学术道德素养。

首先,应加强学术道德知识的学习,提高自己对学术道德的认识。认识是行为的先导。学术工作者只有把握学术道德的善恶标准和尺度,明确学术研究活动中可为与不可为的标准,自己的学术研究活动才会有明确的方向。

其次,学术工作者要将学术道德(科学道德)的理论学习与自己学术活动的实践相结合。马克思主义的道德科学认为,个人道德修养,不能离开人们的改造社会,改造世界的客观实践。[①] 学术工作者的学术道德修养,不能脱离学术研究活动的实践。与学术活动实践相结合,按照学术道德的要求不断进行自我教育和自我改造,是学术道德修养的根本方法。

最后,运用"慎独"的修养方法。"慎独"是我国古代先哲圣贤的一种极高境界的修养方法。"慎独"一词来源于《礼记·中庸》:"道也者,不可须臾离也,可离非道

---

① 王正平,郑百伟.教育伦理学——理论与实践[M].上海:上海教育出版社,1998.

也。是故君子戒慎乎其所不睹,恐惧乎其所不闻。莫见乎隐,莫显乎微。故君子慎其独也。"学术道德修养中的"慎独",就是要求在一个人独立进行学术活动中,在没有他人进行监督的情况下,自觉以学术道德规范和原则指导自己的行为,不做任何有违学术道德要求的事,学术工作者的学术道德修养达到了"慎独"的境界,才能标志学术机构良好学风的真正形成。

(原载于《内蒙古师范大学学报(教育科学版)》,2005年第5期,与吕良珊共同撰写。)

美国人格教育的"12点·综合法"及其启示

自20世纪80年代以来,出于解决学生中存在的日益严重的社会问题的需要,美国中小学普遍实施了人格教育。目前,美国的人格教育已取得初步成效,越来越多的学校加入了人格教育的行列。随着人格教育实践的普及,人格教育理论也逐渐丰富。

一、"12点·综合法"概述

(一)"12点·综合法"的含义

人格教育的"12点·综合法"是由纽约州立大学教育学院的"第四和第五尊重与责任研究中心"(The Center for the 4th and 5th Respect and Responsibility)研究得出的。该中心是致力于尊重、责任和其他作为良好人格基础的核心价值观的教学和研究工作。

理解人格教育的"12点·综合法",关键在于把握"12点"和"综合"各自的具体内涵。该方法中的"12点",实际指称的是人格教育的12个方面的策略,包括教室内部活动的9个方面的策略和教室外(学校内)活动的3个方面的策略。教室内部活动的9个方面的策略包括:构建一个充满爱心的班集体;道德纪律;创建一种民主的教室环境;通过课程传授价值观;合作学习;发展职业良心;鼓励伦理思考;指导解决冲突;教师作为监护者、榜样和良师。教室外(学校内)的3个方面的策略包括:培育教室外的关心;父母和社区作为人格教育的合作者;创造一种积极的校园道德文化,具体情况见图1。①

教室内外的12个方面的策略,共同实现一个目标,即通过授予学生道德知识、培养学生的道德情感、养成学生良好的道德习惯而造就学生健全的人格。

---

① A 12-Point Comprehensive Approach to Character Education[EB/OL]. http://www.cortland.edu/character/12pts.html.

美国人格教育的"12点·综合法"及其启示

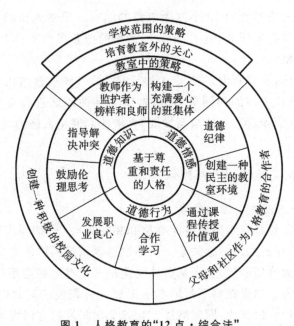

图1　人格教育的"12点·综合法"

对于该模式中的"综合",纽约州立大学教育学院的托马斯·里克拉进行了归纳[①],但其归纳比较散乱,不便于人们抓住其主要特征。为便于理解,笔者在阅读相关资料的基础上,参考托马斯·里克拉的解释,对"综合"重新进行了概括。"综合"包括下列几层含义:

一是对人格概念理解的综合。人格概念包括认知、情感和行为三个层面,良好的人格由道德的心智习惯、情感习惯和行为习惯构成。

二是对儿童活动形式的综合。儿童人格的形成是多种活动形式综合作用的结果。詹姆士·斯腾森指出:儿童是通过他们之所见、所闻及多次按照要求之所做来发展他们的人格。

三是对影响儿童人格发展的课程的综合。儿童人格的形成是多种课程,包括显性课程和隐性课程,教室内课程和教室外课程综合作用的结果。

四是对儿童实施人格教育的主体的综合。儿童人格的形成是多个教育主体,包括教师(学校的管理人员和服务人员)、家长和社区相关人员共同努力、协同作用的结果。

---

①　What is a Comprehensive Approach to Character Education? [EB/OL]. http://www.cortland.edu/character/comp_iv.htm.

五是对实施人格教育的 12 个方面策略的综合。虽然人格教育的每一个方面的策略有着自己独特的任务,但 12 个方面策略的任务集中于一个核心目标——培养学生健全的人格。

基于上述分析,不难看出,"12 点·综合法"是一种从教室内、外的 12 个方面入手,通过多个教育主体的协同努力,借助于多样性的课程和学生丰富多彩的活动,以促进学生道德知、情、意的全面发展,养成他们健全人格为目标的综合性人格培养模式。

(二)"12 点·综合法"的具体内容

1. 构建一个充满爱心的班集体

该方面的任务是教育学生要彼此尊重和相互关心。[①] 如同需要成人的情感关心一样,儿童也需要彼此的情感关心。当他们感到被所属群体接受和承认时,便倾向于接受该群体的价值和规范;同辈群体文化是一位有力的道德"教师",能够深刻地影响学生的行为。如果教师不帮助学生形成一种积极的同辈群体文化,支持成人试图传授的伦理价值文化,同辈群体文化就会向相反的方向发展,形成不利于学生良好个性发展的同辈行为规范。在教室里,当学生成为充满关爱的道德共同体中的一员时,他们生活于其中就可以有效地学习道德。如果他们受到尊重与关心,他们也会在实践中将这种尊重与关心给予他人。通过日常的经验,对他人的尊重与关心会逐渐成为习惯,成为他们人格的一部分。

教师要构建充满爱心的班集体,关键在于给学生提供下列帮助:

(1)使学生彼此之间相互了解、彼此尊重、关心和肯定,避免彼此虐待和排斥。

(2)使学生感到作为群体的一员是有价值的,并对群体负责。

2. 道德纪律

这方面的主要任务是使用规则和推理发展学生的道德推理、自控能力和对他人广泛的尊重。[②] 纪律是学生德行养成的工具,可以帮助学生发展自我控制和对他人的普遍尊重。但纪律如果缺少道德教育的配合,只能是一种外在他律的群体控制和行为约束,无助于学生的道德发展。规则应以一种通过帮助学生弄清规则的真正价值,发展学生道德推理能力的方式建立起来。对外在动机的强调会破坏内在动机,教师强调的重点不应是外在的奖赏或惩罚,而应是遵循规则。学生破坏

---

① Creating a Caring Classroom Community[EB/OL]. http://www.cortland.edu/character/wheel/4.htm.

② Moral Discipline[EB/OL]. http://www.cortland.edu/charac-ter/wheel/5.htm.

美国人格教育的"12点·综合法"及其启示

规则的结果应成为他们人格发展的契机,通过帮助学生理解何以需要规则来增加他们尊重规则的道德责任感。在教室里,教师是道德权威,对学生的道德发展、学习水平的提高、安全等都负有责任。不过,教师在行使权力的同时,应邀请学生共同承担维护教室秩序的责任,主要举措包括:

(1) 给孩子们,尤其是给低年级的孩子们,提供构建良好的班级规章制度方面的经验,使他们能够发展对道德规范必要性方面的洞察力(没有规范组织无法发挥功能)和承担履行这些规范的义务。

(2) 教师应让学生清楚,建立规范的目的不是有意使某人遭受痛苦,而是有计划地帮助他们控制自己的行为,以便他们能够有效地参与小组活动。

(3) 教师应帮助学生在他们的行为与相关的规范和价值观中间建立联系,或制订一个计划促进他们将来相关的行为。

3. 创建一种民主的教室氛围

这方面的主要任务是利用班会,让学生共同讨论如何使班级变得更好,以及使班级变得更好自己应该如何尽责。根据一般的原则,创造一种民主的教室氛围意味着使学生专心于发展合适的行为方式,分享各种决定的制定过程,增强他们使教室成为一个好的学习场所的责任;民主的教室氛围有助于人格的形成,因为民主的教室氛围既可以给学生提供一个思想得到评价,群体的需要得到强调的场所,也能创建一种支持性组织。[①]

民主的教室氛围通过加强组织的力量,促使组织成员践行尊重与责任等道德行为,号召组织成员表现最好的道德自我,并在美德方面形成一种同辈群体文化。创造民主的教室氛围的主要方法是召开班会,面对面的班会可侧重于交互式的讨论与问题解决。班会应有明确的主题,并请学生帮助制定会议议程。当班会有明确的主题,学生帮助制定会议议程时,会议会进行得更好。班会应能够处理问题(如午餐买饭时插队、对他人无礼、不按时完成家庭作业等),并帮助计划即将来临的需要处理的事件。

4. 通过课程传授价值观

该方面的任务是利用学术性科目所蕴含的丰富的伦理内容对学生进行价值观教育。人格教育不是一种独立的学科,任何学科都可以实施人格教育;课程的最高目的是道德,应帮助学生发展道德判断力,使他们清楚什么东西是高贵的、善的、值得一辈子去追求的;课程也应该帮助学生思考一些最基本的人类问题,如我们应该

---

① Creating a Democratic Classroom Environment[EB/OL]. http://www.cortland.edu/character/wheel/6.htm.

怎样生活？什么目标值得追求？什么人类品质值得赞美和效仿？通过课程传授价值观，教师要经常思考什么是自己希望传授的课程内容与希望传授的价值观的结合点。① 理科教师可以强调数据报告的准确性与真实性，社会研究的教师可以考察偏见和歧视。在这个方面，历史和文学的教师应发挥更为重要的作用。课程，尤其是历史和文学类课程能够培养年轻人向善的情感，也可以帮助学生学会热爱好人和善的观点。课程的这种功能可以通过下列途径实现：

（1）发展学生对生活、好人与坏人的理智与情感的洞察力。

（2）帮助学生通过研究文学和历史人物获得一种对贪婪和残暴的强烈的正义感和激情。

（3）使学生在情感上为一些榜样人物的生活所吸引，对恶人的生活在心理上产生排斥。

（4）开发一种用以指导学生的道德榜样的资料库。

（5）通过了解文学作品、历史英雄人物乃至恶棍的生活，认清"道德生活事实"的某些真相。这类道德生活事实包括：善良的人性是保证良好社会的基础；对父母和家庭，我们负有应尽的爱；诚实和信任在人类关系方面是至关重要的；我们有义务帮助那些比我们不幸的人；慷慨无私会带来幸福。

5. 合作学习

这方面的任务是培养学生同他人工作及欣赏他人的能力。其理论依据是：指导是人格发展的一种重要手段；合作学习是一种特别有效的人格构建过程，因为在学生学习学术性课程的同时，合作学习在发展学生重要的美德方面提供了经常性的训练，并帮助他们发展交流、获得观点的技巧，获得作为团队成员的工作能力以及欣赏与自己不同的人的能力；合作学习可以构建良好的班集体，它使班上的每一个成员结合为一体并消除各种障碍。② 合作学习作为人格构建的策略要能够吸引学生并富有成效，其设计必须考虑两个方面：学生的彼此相互依赖和学生个体独立的责任。活动的方式应多种多样，如建立学习伙伴或学生相互提问小组，确立小组方案或整个班级方案等；教师应花时间向学生传授保证他们合作学习顺利进行所需的知识和技能，并促使学生反思在给定的任务中他们合作得如何以及下一次应做什么样的改进。

6. 发展职业良心

发展职业良心的任务是发展学生的学术责任和做好自身工作的意识。理论依

---

① Teaching Values Through the Curriculum[EB/OL]. http://www.cortland.edu/character/wheel/7.htm.

② Cooperative Learning[EB/OL]. http://www.cortland.edu/character/wheel/8.htm.

据在于:我们的人格影响他人生活的最普遍的方式是我们所做工作的质量,我们工作干得好,他人就会受惠;反之,他人就有可能受害。良心的一种最重要的声音是做好工作,当人们认真履行自己的工作和完成自己的任务时,实际上就体现了他的人格。学生的学校作业为学生提供了发展自律性、可信任性、学术责任等与工作有关,对他们一辈子会产生重要影响的人格特质的机会。①

在发展职业良心方面,教师可通过自己的教学为学生树立一个认真负责工作的榜样。例如,教师认真备课和准时上课,迅速批改和分发作业,当学生需要时给予额外的帮助;将自己对学生高的期望与自己提供的强有力的支持结合起来,相信每个学生都能够学习,教育策略可以帮助每个学生学会学习;提供有意义的课程,包括培养学生的兴趣和增强学生能力的课程;给学生经常布置有意义的家庭作业,以帮助学生发展与工作有关的人格特质。

7. 鼓励伦理思考

鼓励伦理思考的任务是通过阅读、研究、写作和讨论发展学生人格的认知方面。鼓励伦理思考意味着帮助学生发展人格的认知方面,如形成道德意识,理解美德并清楚如何在具体的场景中应用它们,能够接受他人的观点,能够进行道德推理,能够做出审慎的道德决定,对自我有较好的认识(包括自我批评的能力)等。②

在每一个高级阶段,学生对于什么是对的,人们为什么要做正确的事情的原因就会有更好的理解。促进学生快速经过这些发展阶段的,是任何交互式的、使学生获得观点和解决道德问题的道德经验(如要求学生回答想象中的道德问题、道德对话、班会、合作学习、冲突解决)。教师可以多种方式培养学生的伦理思考,如指导学生读书、做研究;与学生讨论假想的道德两难问题、历史两难问题、学生生活及他们周围世界中的道德问题;教师可以通过研究道德发展阶段与学生一对一地谈话,发展自己对儿童道德思维的洞察力和刺激儿童向更高的发展阶段发展的能力。

8. 指导解决冲突

指导解决冲突的任务是教育学生如何公平地,以非暴力和非威胁的方式解决矛盾冲突。该方面的理论依据在于:传授解决矛盾冲突的技能对维护班集体良好的道德氛围非常重要;不掌握解决矛盾冲突的技能,学生在现实及未来的生活中,在人际关系处理方面,会存在着道德上的缺陷;解决矛盾冲突的技能,如倾听、表示理解、对他人的凌辱表达强烈的感受、寻求一种能够满足双方需求的共同的可接受

---

① Developing the Conscience of Craft[EB/OL]. http://www.cortland.edu/character/wheel/9.htm.
② Encouraging Ethical Reflection[EB/OL]. http://www.cortland.edu/character/wheel/10.htm.

的方案,这些是构成人格行为层面最重要的道德能力之一。①

在这个方面,教师可采取的措施包括:精心设计一种能帮助学生思考、写作和讨论如何解决各种不同矛盾冲突的课程;给学生提供有助于他们避免冲突和解决冲突的结构性训练;利用班会提醒学生班级成员之间有可能发生的普遍冲突,并在班上形成一种公平和非暴力解决冲突的班级规范;对学生之间发生的冲突应进行干预,帮助学生应用解决冲突的技能;不断增加学生们在无第三者帮助的情况下,解决他们自己冲突的责任。

9. 教师作为监护者、榜样和良师

该方面的任务是以爱和尊重的方式对待学生,鼓励学生正确的行为,纠正他们错误的行为。孩子们要形成关爱的品质需要成人的情感支持,学生的关爱品质要通过他们对学习的渴望、对成为好人的渴望来培养;在温暖、充满爱的人际关系中,价值观能够得到最好的传授。② 在学校,像在家庭一样,孩子们之所以关心我们的价值观是因为他们知道我们关心他们。如果孩子们体验的不是对他们的尊重和关爱,他们就不可能对成人敞开心扉,接受成人所希望传递的价值观。具体措施包括:

(1) 教师可以作为监护人,热爱和尊重自己的学生,帮助学生在学业方面获得成功,以尊重的方式看待他们使他们获得自尊,以道德的方式对待他们使他们能对道德的意义获得直接的评价。

(2) 教师在教室内外,在尊重与责任方面,在关心和道德推理方面给学生提供高水准的榜样。

(3) 教师可以作为道德方面的良师,通过解释、讲故事、课堂讨论、奖励积极的行为、道德反馈矫正(尤其是一对一的矫正)等方式,给学生提供直接的教育和指导。

10. 培育教室外的关心

这方面的主要任务是使用角色模式激励学生的利他行为和给他们提供学校和社区服务的机会。人格教育应扩展学生关爱的品质,学生的关爱品质不仅要超出教室,而且要扩展到更大的空间;通过角色模式的激励和在学校、家庭、社区给学生提供服务的机会,学生就能够发展对他人需要的敏感性,对助人的渴望并发展助人的技能和习惯;改变人格力量的服务机会是使孩子们处于面对面的帮助关系之中,

---

① Teaching Conflict Resolution[EB/OL]. http://www.cortland.edu/character/wheel/11.htm.
② The Teacher as Caregiver, Model, and Mentor[EB/OL]. http://www.cortland.edu/character/wheel/12.htm.

并使他们体验到触摸他人生活的满足。① 措施包括：

（1）让学生学习历史上和新闻中的那些英雄和其他富有同情心及勇敢的人，然后在他们自己的校区中寻找日常生活中的英雄并讲述他们的事迹。

（2）让学生从教室开始他们的服务，服务方式可以是从事学校的各项工作，在班级内照顾年纪小的同学，进行跨年级辅导和指导，组织各种服务性俱乐部等。

11. 创造一种积极的校园道德文化

该方面的主要任务是形成一种提升学校的核心价值观的充满爱心的校区。创造一种积极的校园文化之所以必要，是因为学校是一个拥有道德文化的社会组织。学校的道德文化要由学校实际发挥作用的价值观来定义，这些价值观是通过学校成员的实践和行为来体现的，实际发挥作用的价值观才是真正的规范。学校道德文化之所以重要，是因为它既会对学校组织成员的道德行为会产生强有力的影响（积极的道德文化提升行为，消极的道德文化堕落人的行为），也会影响学校成员的人格发展（如果学校是一种充满关爱、诚实的环境，学生就会更倾向于发展这些人格特质。在善的环境中，人也容易变善）。② 这方面的主要措施是在学校营造一种积极的道德文化。积极的道德文化有6个重要的基本成分构成：

（1）有由学校校长、其他教职员工或学生自己担任的道德领导。

（2）有在学校范围内的所有方面支持学校价值观的广泛的纪律。

（3）在学校范围内形成一种道德共识。

（4）在学生心中形成这样的感觉："这是我们的学校，我们有责任使它臻于完善"。

（5）一种遍及所有关系（成人之间、学生之间及成人和学生之间的关系）的相互尊重与合作的道德氛围。

（6）支付于道德关心方面的时间。

学校要营造一种积极的道德文化，应在这6个方面做出努力。

12. 父母和社区作为合作者

该方面的主要任务是帮助父母和整个社区与学校合作。其理论依据在于：父母是孩子第一任和最重要的道德教师，学校应尽其所能支持父母们这方面的工作；父母也应该支持学校在价值观和人格教育方面的努力；当更为广泛的社会团体（如

---

① Fostering Caring beyond the Classroom[EB/OL]. http://www.cortland.edu/character/wheel/1.htm.

② Creating a Positive Moral Culture in the School[EB/OL]. http://www.cortland.edu/character/wheel/3.htm.

教堂、商行、青少年组织和媒体)也支持和促进学校核心的价值观时,人格教育上的学校——父母关系会提高其影响作用。① 在这个方面,学校应以多种方式聘请学生父母作为人格教育的伙伴。比如,学校可以告诉学生父母,他们在自己孩子的人格发展方面的作用是多么重要;帮助父母们理解人格是如何形成的(通过孩子们之所见、所闻和被要求所做之事);同父母们分享有关父母的巨大影响力以及什么会产生影响力(爱、榜样示范、直接的教育和纪律约束)的有关研究成果;将父母,尤其是将新生的父母吸纳到学校共同体;成立一个由父母们组成的委员会,给父母们提供信息,使他们参与和计划与人格教育有关的特别的活动;帮助父母们理解和支持学校纪律政策以及这些政策是如何与全面的人格培养努力相适应;帮助父母们通过学校活动、家庭活动直接参与其孩子的人格教育;唤起父母们的期望,帮助他们降低电视、电影、电视游戏和其他媒体对孩子们的道德成长所产生的负面影响;帮助高年级的学生学习婚姻所承担的责任与义务,以及如何关心孩子等。

二、"12点·综合法"对中小学提高道德教育实效性的几点启示

(一)应重视道德教育主体的广泛性和示范性

如前所述,美国人格教育的"12点·综合法"强调,学生的人格培养不是个别专职教师的个人责任,也不是通过专门的课程来进行。对学生进行人格教育是学校全体教职员工的共同使命,并要通过自己的以身作则、率先垂范来影响、教育学生。在我国,虽然教育法规、教育学教材一直把德育、智育、体育等作为全面发展教育的组成成分,坚持在教育目的的框架下处理诸育的关系。但在中小学道德教育实际工作中,存在着将德育、智育、体育等"工作化"的倾向,在学校工作范围内处理道德教育问题,把道德教育等同于思想政治工作,与学校的教学、管理、辅助性服务工作等相提并论,由专职人员负责,通过专门的课程实施。虽然其本意是加强学校道德教育,但实际上却妨碍了学校其他教师参与道德教育工作的积极性,忽视了自身对学生的榜样和示范作用,影响了道德教育的实效性。为此,要提高我国中小学道德教育的实效性,应借鉴美国人格教育的"12点·综合法"的做法,重视学校全体教职员工、父母等在学校道德教育中的作用,强调道德教育主体的广泛性和示范性。

---

① Parents and the Community as Partners in Character Education[EB/OL]. http://www.cortland.edu/character/wheel/2.htm.

（二）要重视道德教育影响的渗透性、全面性

道德教育的一个很重要的方面是价值观教育。价值观教育离不开正面、直接的道德知识灌输，这种灌输有利于学生掌握道德知识。但是，要使学生信奉这些价值观，单靠正面、直接的知识灌输是难以达到目的的，必须注意道德教育影响的渗透性和全面性。长期以来，我国中小学教师虽然认识到正面、直接的道德教育影响在传授价值观方面的局限，也强调道德教育影响的渗透性和全面性，但由于缺乏有效的渗透手段，道德教育影响的渗透性仍停留于观念层面，现实的道德教育实践主要还是限于正面直接的道德知识灌输，道德教育影响也仅仅限于课堂教学、生产劳动等几个有限的方面。这是影响中小学道德教育实效性的一个非常重要的原因。在这个方面，我们不妨借鉴美国人格教育的"12点·综合法"的做法，将道德教育影响渗透在学校与班级环境之中、教师的言行示范之中、各学科的教育内容之中、学生的公益和其他社会实践活动之中，通过德育影响的渗透性和全面性来提高道德教育的实效性。

（三）应重视道德教育途径、方法的多样性

美国人格教育的"12点·综合法"所涉及的每个方面的策略，各自代表了一种有效的道德教育途径或方法；正是道德教育途径、方法的多样性才有可能保证人格培养目标的实现。反观我国，虽然也有各学科教育、课外与校外活动、劳动以及共青团、少先队、学生会等道德教育途径与方法，但在应试教育的影响下，多数道德教育途径与方法流于形式，并没有发挥实际作用。一些有效的教育途径与方法，如生产劳动，即便偶尔为之，也多是走走形式，或为应付上级检查。真正实际发挥作用的是专门的思想品德课的教学和相关知识的灌输。道德教育途径、方法的单一性自然很难保证道德教育的有效性。因此，借鉴美国人格教育的"12点·综合法"在道德教育途径和方法方面的具体做法，丰富道德教育的途径和方法，应是提高我国中小学道德教育实效性的现实选择。

（原载于《外国教育研究》，2006年第1期。）

论我国学术奖励制度的缺陷与创新

制度的一个重要功能在于规约和引导人的行为,当今学界学术奖励活动中的失范行为时有发生,一个重要原因在于我国的学术奖励制度存在着缺陷。何为学术奖励制度?其主要缺陷有哪些?如何进行创新?这些问题学界少有探究。本文就上述问题谈谈认识。

一、学术奖励制度的概念

科学,无论是自然科学还是社会科学,都是一种社会组织。早在1954年,贝尔纳就提出了科学是一种社会组织的思想,他指出:作为集体的有组织的机体的科学建制是一种新兴制度。① 墨顿也认为:科学是具有独特精神的社会机构,科学是一定的社会建制,是一种社会组织形式。② 贝尔纳和墨顿所指称的科学组织主要是自然科学,并未包括社会科学。不过,依据美国社会学家巴伯的理解,社会科学的社会组织与自然科学的社会组织并无根本的区别,社会科学的社会组织,总的来讲也与自然科学的情形类似。③

任何社会组织都有其目标,要保证组织目标得以顺利实现就必须建立一定的制度和规章,以规约组织成员的行为。无论是自然科学共同体还是社会科学共同体,都存在着自己的建制目标。自然科学共同体的建制目标在于追求真理。从科学家角色形成之日起,作为一个科学家,他的专业任务便是发现一些自然现象的秩序和规律,然后把它们系统化,并尽量把这些知识传播出去。④ 社会科学的建制目标则是创立高度明晰的理论,社会科学家日益意识到他们所面临的科学任务的本

---

① 张彦.科学价值系统论——对科学家和科学技术的社会学研究[M].北京:社会科学文献出版社,1994.
② 张彦.科学价值系统论——对科学家和科学技术的社会学研究[M].北京:社会科学文献出版社,1994.
③ 伯纳德·巴伯.科学与社会秩序[M].顾昕,等,译.北京:生活·读书·新知三联书店,1991.
④ 张彦.科学价值系统论——对科学家和科学技术的社会学研究[M].北京:社会科学文献出版社,1994.

论我国学术奖励制度的缺陷与创新

质,他们的自我意识中所希望的成分越来越多的是像自然科学家那样,创造一套高度明确的理论,用来解释社会现象。① 虽然自然科学共同体和社会科学共同体的组织目标在具体内容上存在着差异,但它们的建制目标在性质上存在着共性,无论是追求真理还是创立理论,都是追求人类知识的创新,为人类知识提供增量。两种科学共同体建制目标的这种共性,使我们用一种更高层次的学术共同体来统摄它们成为可能。学术共同体建制目标就是指自然科学共同体和社会科学共同体两种社会组织建制目标的共同点:追求人类知识创新,提供人类知识增量。如果上述理解成立,我们就可以给学术制度进行定义。所谓学术制度,就是社会或学术共同体,为保障知识创新,为人类提供知识增量目标的实现而确立的系统,用以规约和导引学术人学术活动的行为准则与规范。

按照现代汉语词典的解释,奖励是指给予荣誉或财物来鼓励。依此定义,人类的奖励行为早已有之。《晋书》中就有"躬亲奖励"之说。《汉书》有云:"所以奖励太子专为后之谊。"民间也有论功行赏、重赏之下必有勇夫等说法。不过,人类早期的奖励行为多为自发行为。随着商品经济的兴起,欧洲一些国家开始对发明创造采用某些鼓励措施,如免税、独家经营,这种由统治者对发明物及其商人所给予的确认、保护、鼓励的办法,或许可以看作是学术奖励制度的萌芽。在学术领域,制度化的奖励制度始于 1901 年瑞典颁布的诺贝尔奖。我国的学术奖励制度则始于 20 世纪 50 年代,中断于"文革",恢复于 20 世纪 70 年代末,发展于 20 世纪 80 年代中期,到 20 世纪 90 年代才真正系统化。

学术奖励的种类,依不同的划分标准可以有不同的分类。按照实施奖励的主体可分为学术共同体内部奖励和外部奖励。学术共同体的内部奖励,依循墨顿对科学奖励的理解,可以解释为是学术共同体对其成员实现共同体的建制目标——推动科学知识发展所给予的承认。内部奖励的主要依据是学术工作者做出的独创性工作,是他们对人类知识增长的贡献。其独创性工作价值的大小主要是要站在世界科学发展史的高度,比较这些独创性工作对科学发展的重要意义。内部奖励的方式主要是荣誉性的精神奖励:或以科学家的名字来命名其所获得的科研成果;或担任各种学术机构的荣誉会员;或让他人在其研究中引用自己的成果等。学术共同体外部奖励是外部社会对科研人员研究成果所赋予的承认和奖励,包括各种政府奖励、各种民间团体、知名人士及企业的奖励。外部奖励虽然要以学术共同体的内部承认为依据,但是,其主要依据不是知识的增长,而是知识的应用及对社会发展的影响。具体来说,社会是根据经济效益、社会效益和认知效益来评估科学家

---

① 伯纳德·巴伯.科学与社会秩序[M].顾昕,等,译.北京:生活·读书·新知三联书店,1991.

独创性工作的价值的。① 外部奖励既有精神奖励,也有物质奖励。例如,我国国家级的三大科技奖励(国家自然科学奖、国家发明奖、国家科技进步奖)既是一种崇高的精神荣誉,也有一定数量的奖金。

综上所述,所谓学术奖励制度,是指学术共同体或社会组织运用精神或物质激励手段,对推动人类自然科学和人文社会科学的基础理论和应用理论的发展做出贡献的研究人员予以承认、表彰和鼓励的制度。学术奖励活动涉及评奖专家的遴选、奖励标准的确定、评奖程序的确立及获奖异议等环节。要保证学术奖励活动能够良好运行,保证获奖结果的公正、公平,实现学术共同体的组织目标,就应该为每一个环节确立制度,以规范各环节的行为。因而,学术奖励制度不是一个具体的制度,而是由一系列制度构成的制度体系。

二、我国学术奖励制度的主要缺陷

学术奖励制度的缺陷,既可以是制度体系的缺陷,表现为制度体系中一些重要制度的缺席;也可以表现为已有制度内容上的不完整,使制度的功能难以有效发挥。就我国的学术奖励制度而言,存在的主要缺陷主要有如下几个方面。

(一)评奖专家遴选和监督制度的缺位

评奖主体既是评奖活动的组织者、实施者,也是评奖结论的判定者。在评奖对象被评特性既定的情况下,评奖主体的学识、能力、道德等方面的素养,影响甚至决定着评奖结论。评奖主体的学识和能力决定着他能否对被评对象的特性进行准确把握,决定着他能否对评奖指标正确地理解;评奖主体的道德素养则决定着他是否能客观、公正地对待评价对象。

在我国学界的各种评奖活动中,基本不存在科学、统一的专家遴选制度。不少单位在学术评奖活动中,对评奖专家的遴选随意性很大,导致评奖活动中的专家不少是外行,学识、能力和道德修养也达不到所要求的标准。评奖的结果不但不能保证科学性,也难以保证评奖结果的公正性。有人对湖北省省级评审同行评议专家的同行情况、专家的能力等方面进行了研究。研究表明,在省级的同行评议中,参加评审专家有四分之一强是作为外行参加评审的,有近三分之二是作为准同行和非同行专家参加评审的;同行专家少,非同行专家多,这一现象在评奖时有所发

---

① 王炎坤,等.科技奖励论[M].武汉:华中理工大出版社,2000.

生。① 评奖专家的研究能力,也无法达到评奖的基本要求,"从总体上看,评奖专家的科研能力偏低"缺乏评奖专家遴选制度不仅不能保证所选的专家的学识、能力及同行与否达到评奖活动所要求的基本标准,而且也很难保证所选专家的基本的道德素养。据邓晓芒、赵林、彭富春三位博导披露,在湖北省社会科学(1994—1998年)的评奖过程中,评奖主持人和个别评委利用职权,在哲学社会学组把一场严肃的评奖活动变成了一场一手遮天、结党营私、瓜分利益的丑剧。评奖专家遴选制度的缺位,既会使评奖结论的科学性难以保证,也会导致学术评奖腐败。

评奖专家监督制度的缺位集中体现为学术评奖活动是保密的暗箱操作。我国通行的评议制度都是采取秘密投票的方式,并且把透露会议情况者视为违犯学术道德。② 这样做的初衷是使专家没有任何顾虑,可以放心大胆地投票,充分体现自己的意愿,以避免公开评奖结果可能导致被评对象对专家们可能实施的打击、报复。同时,可以在中国这个非常重视人情世故的国度里,避免陷专家于"不义"。这条理由不仅很富人情味,符合中国的文化传统,而且的确能保证专家们毫无保留地表达自己的真实意愿,因而,有其存在的合理性。然而,这种合理性是建立在一个重要的前提假设之上:所有的专家都是大公无私、秉公办事的具有良好道德素养的人。专家也是人,作为人必然会存在人所具有的缺陷。面对名与利的诱惑,如果缺少必要的监督,很难保证专家个个都能做到大公无私、秉公办事。休谟在谈到自由的政治制度设计时提出了一条著名的"无赖原则":每个人都必须被设想成无赖。休谟的本意并不是相信人人在本性上都是恶的,但是他却要假定这些人在进入政治生活后可能成为无赖,以确保社会生活中理性设计的制度应当使无赖行为发生的可能性最小。休谟的"无赖原则"给我们的启示是:要防止专家的评奖行为失范,保证他们在评奖过程中做到大公无私、秉公办事,就必须在制度设计中将他们设想为"无赖"。我们只有在制度设计中假定了他们变为"无赖"的可能,才能理智地杜绝真正的无赖变为现实。

(二) 学术查新、查假(劣)制度实质性缺位

学术奖励中的查新是指针对某一报奖课题,回溯一定时期(一般 10 年)的国内外文献信息,结合必要的调查,了解该课题是否具有创造性、新进性、实用性等方面的情况,为评审专家做出评价结论提供参考。查新工作对成果鉴定评价的公正性、准确性和客观性有很大影响,同时也是防止科学骗子弄虚作假等越轨行为发生的

---

① 王平,宋子良,等.省级同行评议专家选择:理论与实现[J].科技管理研究,1997(4).
② 李申."学术"裁判应公开[N].光明日报,2002-10-22.

必要措施。正因为如此,国防科工委做出规定:凡申请国家发明奖与科技进步一、二等奖的项目,在评审前必须经授权单位进行查新。①《中华人民共和国科学技术进步奖励条例实施细则》也明确规定,申请科学技术进步奖的首要条件是成果具有创新性、先进性,或经过实践证明具有重大经济效益或社会效益。

然而,在我国科技奖励活动中,除了国家自然科学奖、国家技术发明奖、国家科技进步奖等国家级重大奖项的评审进行了查新以外,查新制度在学术评奖过程中实际上是缺位的。刘爱玲等人对某省科技进步奖励评审专家的调查表明,尽管94%的专家认为应该进行查重查新,但实际上41.3%的专家确认实际评奖过程中没有进行查新,40.8%的专家反映,只有对成果有疑义时才进行此项工作,即便是进行查新,也是流于形式,查新并不彻底。56.8%的专家确认,对报奖材料中所述经济社会效益情况,只是要求提供证明,但从不进行实地考察。事实上,项目的经济效益和社会效益是需要经过实地考察才能核实的。②

在人文社会科学,我国学界似乎还没有查新之说,这或许是因为人文社会科学缺乏自然科学那样有很强的知识发展逻辑而难以查新。但笔者认为,在人文社会科学的评奖活动中,至少应该有查假、查劣制度。对于报奖的人文社会科学课题、成果应该对其是否存在有抄袭、剽窃等进行核实。只有这样,才能避免一些学术上的伪劣产品登堂入室,混入学术成果的殿堂之中。从学理上讲,能够被评上学术成果的学术文章、专著及课题,不仅应该是真品,还应该是上品或上上品。如果学术奖励过程缺乏查假、查劣制度,则恐怕连真的、一般的标准都无法保证,更难保证是上品或是上上品了。由于学术奖励过程中缺乏必要的查假、查劣制度,常常发生一些伪劣作品被评上大奖。《丑陋的学术人》一书介绍:一名博导写了一本题为《社会文明与儒家学说》的专著,称该书是"国家哲学社会科学七五规划重点项目"研究成果。该书出版后获某省"第五次哲学社会科学优秀成果"三等奖,又获全国高校第二届"人文社会科学研究成果"三等奖。该书能频频获奖,按理应是一本质量较高的著作。实际上,由于原作者草率从事,对史书所载不懂装懂,生吞活剥或对资料不讲究剪裁而多断章取义,加上理解力和各种知识素养方面的问题,以致《社会文明与儒家学说》一书错误百出,无知妄说随处可见。③

如果说"查劣"需要较高技术,查劣制度在当今学界的缺失情有可原的话。那么,查假制度的缺位则令人难以接受。毕竟假的东西也是一种客观存在,通常是白

---

① 李世兰.对我国查新咨询工作的回顾和反思[J].四川图书馆学报,1997(1).
② 刘爱玲,王平,宋子良.科技奖励评审过程的研究[J].科学学研究,1997(1).
③ 东方善霸.丑陋的学术人[M].西安:陕西师范大学出版社,1999.

论我国学术奖励制度的缺陷与创新

纸黑字明摆着的,只要稍加查询就可以弄个水落石出。然而,当今学界就有不少假东西获奖而且还能获大奖。据杨玉圣先生披露,一套存在严重抄袭剽窃问题的丛书"陇文化丛书"就得大奖。其中有一册叫《竹木春秋》,已有不止一位专家公开撰文批评其存在的大量硬伤和大面积抄袭现象,如《学术界》2000年第4期刊登了章仁和的《"金玉其外,败絮其中"——评〈竹木春秋〉》一文,这是一篇把事实摆够、把道理讲透的长篇评论,对《竹木春秋》这部存在大量硬伤、抄袭剽窃(特别是大肆抄袭未发表的有关研究生毕业论文)现象的伪劣之作,加以严肃批评。极具讽刺意味的是,这些书评文章都发表在中国图书奖评选之前。① 尽管如此,该书还是获得了2000年"中国图书奖"。这类抄袭、剽窃的假作品所以能频频获奖,其中的一个重要原因不能不说与我国学术评奖制度缺乏查假制度有关。假如评委们在评奖时,不用查询,只需要稍加关注一下理论界对该书的评论就会杜绝这种现象的发生。

(三)异议制度不完善

异议是指社会对学术奖励中越轨行为的揭露,是人们对候选奖励对象以及其评定过程发表的不同意见。异议制则是指奖励管理过程设立异议程序制度。在学术奖励过程中,由于受到奖励系统内外部因素的干扰,常常会出现各种越轨行为,如奖励主体(科技奖励的设立、组织和评审者)中出现的剽窃、侵权奖励、送人情等越轨行为;奖励客体中出现的剽窃、抄袭、以次充好、署名中的"搭便车"、虚假的查新和效益证明等越轨行为。异议制就是为了控制这些越轨行为,维护学术奖励声誉,保障学术奖励的普遍性原则得到有效遵循的有力措施。从控制论的角度来看,异议制是一种反馈控制,它通过接受反馈信息——异议,来纠正越轨行为,尽可能把越轨行为排除在科技奖励系统之外。因而,异议制的实质是"对越轨行为和现象的揭露"②。

根据异议的性质,可分为实质性异议和非实质性异议。前者是指对奖励客体是否够获奖条件的异议,后者指对项目获奖等级和署名(优先权和名次)问题的异议。一般而言,实质性异议往往是被异议者有较严重的越轨行为。报奖项目一旦遭到实质性异议,且情况被证明属实,就会失去获奖的机会。实质性异议一般由授奖机构直接处理,结果只能是要么获奖,要么不够条件不能获奖。非实质性异议则

---

① 杨玉圣.学术评奖的负效应[J].博览群书,2001(5).
② 王炎坤,等.科技奖励论[M].武汉:华中理工大出版社,2000.

一般不涉及能否获奖,而只是涉及项目等级及署名上的争议,一般由授奖机构委托其他单位处理。

学术奖励系统的目标就是遵循普遍性原则和奖励章程的各项具体规定,评审出社会承认的获奖项目。学术奖励活动中的各种越轨行为会影响学术奖励系统目标的实现,异议制的设立则有助于排除各种越轨行为的影响。这是因为,异议制具有负反馈调节功能,它通过报奖前异议、奖前异议、奖后异议等多重反馈回路调整系统的目标,使偏离系统目标的结果不断得到修正,从而保证评奖工作达到公正、合理,保证学术奖励系统目标的实现。不仅如此,异议制还具有辅助评审的功能。评审专家也是人,他们能力再强也可能犯错误。这就需要借助全社会的力量来进行判别。异议制主要是借助学术系统外部的反馈信息来对准获奖对象进行再审核的制度,以弥补评审专家的局限,发挥辅助评审的功能。

但异议制功能的发挥不是无条件的,它要求异议制应是完善、没有缺陷的。异议应不仅指奖前异议(异议制中的"异议"二字仅指奖前异议),还应包括报奖前异议和奖后异议。① 因为报奖前异议和报奖后异议有着自己独特的作用。实践证明,实行报奖前异议是减少奖前异议、完善科技奖励管理程序,提高管理效率的行之有效的方法。② 奖后异议也非常重要,如果奖项公布以后发现获奖者有重大违规行为,如抄袭、剽窃及其他弄虚作假和侵犯他人合法权益的行为,如果不对奖励结果做出纠正,不但有违学术奖励的目标降低奖项的威严,同时也会造成恶劣的社会影响。

然而,就报奖前异议和奖后异议而言,两种异议的征集和处理是我国科技奖励工作中的一个薄弱环节,应予以加强。③ 尤其是奖后异议,目前许多科技奖项没有设立奖后异议,至少它们的奖励章程和条例中没有明确指出这一点;有些已获奖项目在报国家奖时,发现该项目早已被其他省(市、区)的科研人员研究出来,但其省级科技奖项的头衔仍然被保留着。④

学术奖励制度除了上述主要缺陷以外,还存有奖励标准过分重视量化标准,评奖过程缺乏科学、合理的程序等问题。鉴于这些问题理论界讨论较多,为避免重复,也囿于篇幅,这里就不予以讨论。

---

① 王炎坤,等.科技奖励论[M].武汉:华中理工大出版社,2000.
② 王炎坤,等.科技奖励论[M].武汉:华中理工大出版社,2000.
③ 王炎坤,等.科技奖励论[M].武汉:华中理工大出版社,2000.
④ 王炎坤,等.科技奖励论[M].武汉:华中理工大出版社,2000.

三、学术奖励制度的创新

(一) 建立科学合理的评奖专家遴选制度和监督制度

建立科学合理的评奖专家遴选制度,关键是要确立科学合理的专家遴选标准。学术活动的高深性决定了学术活动的评奖主体一般不是单个的人,而是由评奖专家组成的评审委员会。然而,并不是任何由专家组成的委员会都具有合法性。要使由专家组成的委员会具有合法性,必须满足下列条件:

一是专家必须是同行,即必须是该领域或接近领域的专家。[1] 随着科学技术的日益发展,不同的学者有着不同的研究方向,即使是同一研究领域的研究者的研究方向也有很大的差别。这就意味着历史上那种百科全书式的学者在当今社会是不存在的。评奖客体研究领域和研究方向的多样性,评奖活动中被评价对象的复杂性,决定了只能是同行对同行进行评价。只有同行才能精通本学科领域的理论和方法,了解本领域的研究动态和研究前沿,把握被评对象研究成果是否有创新及多大程度上的创新。对评奖对象的准确把握是获得科学评奖结论的前提,因而,同行评奖主体是保障学术评奖活动科学性的必要条件。

二是专家必须有较好的学识和研究能力。英国学者 Boden 指出,作为评价主体的同行,既要了解该研究领域的知识以判断申请人、研究组乃至研究领域的前景,又要了解作为一个有活力的研究人员的经历,以评审其申请项目中的措施规划能否取得预期的效果。[2]

三是评奖专家要有较好的道德素养。即便评奖专家既是同行,也具有较好的学识和较高的研究能力,并不足以保证评奖结果的科学性。评奖专家既可能客观公正地评审,也可能怀有私心。倘若评奖专家道德素质不高,评奖过程中不遵循客观公正的标准,则很难保证评奖结果的科学性和公正性。

评奖活动既是一种荣誉和利益的配置过程,也是一种权力的运用过程。孟德斯鸠对权力有一个著名的判断:一切有权力的人都容易滥用权力,这是万古不易的一条经验;有权力的人们使用权力一直到有界限的地方才休止。[3] 专家是人而不

---

[1] 王平,宋子良,刘爱玲.省级同行评议专家选择:理论与实现[J].科技管理研究,1997(4).
[2] 王平,宋子良,刘爱玲.省级同行评议专家选择:理论与实现[J].科技管理研究,1997(4).
[3] 秦德君.制度设计的前在预设[J].云南行政学院学报,2002(4).

是神,专家作为人,具有人所具有的弱点。没有监督的权力必然会导致腐败。当今学界学术评奖活动中的腐败行为之所以频频发生,与对评奖专家的监督制度的缺席有很大的关系,故建立评奖专家的监督制度势在必行。建立评奖专家监督制度的目的在于监督专家的评审活动,以保证专家能够客观公正地评审。公开评奖结果并使其制度化不失为一种有效的方法。有资格参与学术评议者,都应该公开表示自己的评价意见,并且设定制度,假如某人多次出现投票失正,则应被视为无能力担当此任,因而应取消其评议资格,或者将其评议的正误计入本人学术水平档案,作为考核之内容。这样一来,给那些不致力于学术本身,而企图以邪道取胜者设置一些障碍,使学术上的竞争较为公开和公平,以提高我们的学术水平。①

(二) 完善查新和查假制度

依据墨顿的"科学奖励系统"理论,学术奖励制度的实质是学术共同体根据科学家的角色表现来分配"承认"。在学术发展已超出纯理论研究领域的今天,学术奖励制度的实质实际上已超出了单纯的荣誉分配,它包括物质奖励。同时,学术奖励制度也不再是共同体内部的事务,而是扩展到社会领域,政府、企业乃至个人,他们都可以成为奖励的主体。尽管学术奖励制度发生了上述变化,但依据科学工作者的角色表现来分配荣誉和分配由荣誉所决定的物质利益并没有发生变化。学术奖励的基础只能是科学工作者对理论科学或应用科学发展的实际贡献。

建立查新或查假制度的目的就在于保障学术奖励的基础不发生变异。依据行为主义心理学家斯金纳的强化理论,强化是行为控制的核心。如果被期望的行为得到奖励,那么,这些行为再次发生的可能性将会增加。学术奖励系统只有授予那些理论的首创者、技术的创新者,追求理论创新和技术创新才会成为学术研究人员的期望和追求的目标。如果学术奖励系统实施奖励的基础不是理论创新或技术创新,而是过时的甚至是虚假的理论或落后的技术,或其他非学术之物,那么,奖励系统的功能就会发生变异,将科研人员的期望和追求引向错误方向,导致科研人员的行为越轨。查假和查新制度的建立,就是要将学术赝品和劣品排除于奖励系统之外,保障学术奖励系统始终沿着正确的方向引导学术人的行为。

完善查新、查假制度:一是要在学术奖励制度中做出明确的规定,不经查新、查假,任何成果都不得获奖,使查新、查假工作成为获奖的必要条件;二是要在学术奖励制度中明确规定查新、查假的主体、标准和程序,以保障查新、查假工作能够落到实处。首先,学术奖励制度既要规定查新、查假的主体必须是同行专家,也要规定

---

① 李申.学术"裁判"应公开[N].光明日报,2002-10-22.

这些同行专家必须由政府相关科研管理部门来指派，报奖者不得私自聘请查新、查假专家。由于报奖者在查新、查假人员的确定方面没有主动权，可以避免越是认真的查新、查假者，越是无人问津的现象。其次，学术奖励制度要确定评判成果新、假的标准，建立相应的评价指标。例如，在成果的创新性方面，可根据学术水平、技术难度、创新程度、社会效益和经济效益建立评审指标；在成果的造假方面，可从抄袭、剽窃、杜撰数据、伪造社会效益和经济效益等方面建立指标，使专家在查询时有据可依。第三，学术奖励制度要确定规范的查询程序，包括规范送审报奖材料、评审人员审查活动、得出评审结论等，尽可能使报奖者的干扰和评者的徇私舞弊降至最低程度。第四，要在学术奖励制度规定报奖者要有必要的资金投入，因为查新、查假是一项既费时、又费力的工作。

（三）完善异议制度

如前所述，我国学术奖励制度中，报奖前异议和奖后异议未受到应有的重视。因而，完善学术奖励中的异议制度就是要完善这两种异议形式。

报奖前异议就是一项报奖成果在进入评审领域之前就接受社会审查和监督的一种异议形式。通常表现就是对报奖项目预先的形式审查，即对报奖项目有无资格进入评奖行列的认定。报奖前异议由于在进入正式评审活动之前就借助于社会力量的审查和监督，将一些学术"次品"挡在正式评审领域之外，可以避免评审人员无谓的时间和精力的浪费，也可以保证评审人员有足够的时间和精力对真正有学术价值的项目进行认真评审。完善报奖前异议，需要在学术奖励制度中明确规定：所有报奖项目，在报奖之前，应按照严格的标准，在本单位进行预先评审，在无异议的情况下才允许上报。

奖后异议是指获奖项目在正式被认定获奖后还要接受社会的审查和监督的异议形式。虽然一个评审项目通过了报奖前异议、专家评审、奖前异议、获奖等环节，但这并不意味着评审结果就一定会百分之百正确。学术研究活动的复杂性、人的理智局限性及人的情感对理性的左右，意味着任何评审结果都有可能出错。一旦一项已获奖的项目被认定有明显错误，与其奖项不符，要不要予以纠正？回答是肯定的。要保证学术奖励制度真正评审出社会承认的获奖项目，保证对学术研究人员能起到应有的激励作用，就必须将学术领域中的赝品拒斥于学术奖励领域的门外，奖后异议无疑是必要的。完善奖后异议，主要是要建立纠偏制度，即一旦某项获奖项目被认定有明显的错误，与其奖项不符，授奖单位应坚决予以取缔。

（原载于《科研管理》，2006年第6期。）

如何防止大学生学术论文中的剽窃行为

——美国大学教师防剽窃的基本策略及其启示

我国社会的快速转型和大学各项学术制度建设的相对滞后,使得我国大学生中学术论文的剽窃行为时有发生。如何防治大学生学术论文中的剽窃行为,已成为我国大学教师必须严肃认真对待的问题。美国作为一个高等教育发展较好的国家,不仅大学有着较为完备的学术制度,而且大学教师也积累了一些有效的防剽窃策略。介绍美国大学教师的这些策略,对我国大学整治大学生中日益严重的学术剽窃行为可能不无启示。

一、美国大学教师防剽窃的基本策略

在防止大学生学术论文的剽窃方面,美国大学教师采用的基本策略包括:提高大学生对剽窃行为的认识策略、防范学生剽窃行为产生的策略、检测学生是否剽窃的策略。具体有以下几个方面。

(一)提高大学生对剽窃行为认识的策略

观念是行为的先导。教师只有让大学生清楚何为剽窃,剽窃有哪些利弊得失,才能在他们的意识层面构筑一道阻止剽窃行为产生的防线。美国大学教师在提高大学生对剽窃行为的认识方面采用的主要策略包括以下几点。

1. 告知学生何为剽窃

美国大学的许多教师认为,不能假定大学生知道何为剽窃。"教师不要假定大学生知道何为剽窃,即便是当问及学生何为剽窃时,他们以点头的方式表示知道也是如此。"[①]教师必须给学生明确地界定剽窃的概念,告知他们剽窃行为的具体表

---

① Robert Harris. Antiplagiarism Strategies for Research Paper[EB/OL]. http://www.virtualsalt.com.

如何防止大学生学术论文中的剽窃行为
——美国大学教师防剽窃的基本策略及其启示

现。在美国学界,剽窃一般是指"使用他人的观点或语句而不清楚地承认这些观点或语句来源的行为"①。剽窃按其行为方式可分为不同的种类,具体见图1。②

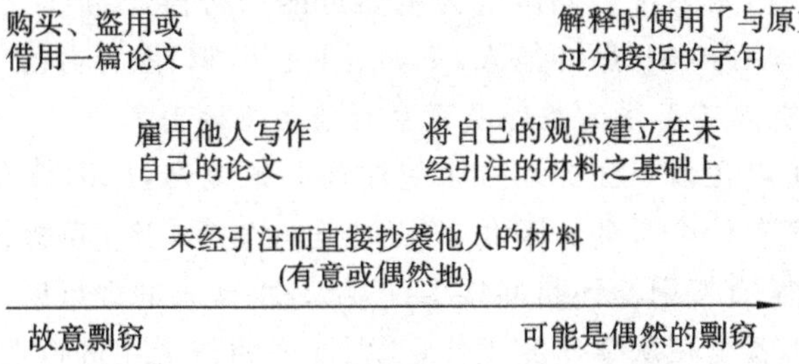

```
购买、盗用或                解释时使用了与原文
借用一篇论文                过分接近的字句

雇用他人写作                将自己的观点建立在未
自己的论文                  经引注的材料之基础上

        未经引注而直接抄袭他人的材料
              (有意或偶然地)
──────────────────────────────────────────→
故意剽窃                    可能是偶然的剽窃
```

图 1　剽窃的种类

教师应告诉学生,上述各种剽窃行为尽管严重程度不同,但是无论哪一种形式的剽窃,都是不允许的,并要使他们意识到"任何不经意的过失或者未经引注而使用了他人的思想、观点及语句都有可能被指控为剽窃"③。在学生明确了剽窃概念的内涵与外延的基础上,教师还要通过与学生讨论,借用具体的事例使他们清楚,在论文写作中合理引用与不合理引用之间的区别,以及引注的具体规范。只有这样,学生对剽窃才能获得较完整的认识。

2. 使学生明确剽窃行为的危害

教师应告诉学生,剽窃不仅是偷窃(他人的语句)而且也是撒谎(声称他人的语句是自己的);剽窃行为会受到教授、其他同学和整个学界的藐视。剽窃者的行为无异于说明,他们上大学不是为了接受教育,而是假装接受教育。他们是以不体面的方式获取毕业证书和学位证书。

使学生明确剽窃危害性的最有效的方法是使学生认识到,在剽窃活动中真正的受骗对象不是他人,而是剽窃者自己。教师要告诉学生,在论文写作过程中,无论是对整篇文章的抄袭还是对文章某部分的抄袭,都会缩短抄袭者的学习经历,使他丧失发展各种技能的机会。因为,真正的论文写作过程,才能使学习者获取与论文主题有关方面的洞察世界的知识,并提高他们研究、思考、分析、组织、写作、计划和时间安排等方面的能力。在论文写作过程中,一旦剽窃行为发生,所有这些能力

---

① Writing Tutorial Services. Indiana University, Bloomington in Plagiarism: What it is and How to Recognize and Avoid it[EB/OL]. http://www.indiana.edu/wts/plagiarism.html.

② Rollald B. Standler · Plagiarism in Colleges in USA[EB/OL]. http://www.rbs.com/plag.htm.

③ Purdue University Online Writing Lab. Avoiding Plagiarism[EB/OL]. http://www.owl.English.Edu/handouts/research/r-plagiar.html.

都将失去发展的机会。即便通过剽窃所获得的学位可以帮助剽窃者获得第一份工作,但要获得就业后职位的升迁就必须靠自己的行为表现——运用学术论文写作过程中所获技能的行为表现。剽窃行为虽然可能一时得逞,但无法永远得逞。因此,剽窃者与其说是在欺骗、愚弄他人,不如说是在欺骗、愚弄自己。

3. 使学生知晓规范引注的益处及剽窃可能受到的惩罚

许多学生之所以在该引注的地方未引注而导致剽窃,原因就在于这些学生不清楚规范引注到底有什么益处。因此,教师应告知学生,引注可以加强其论文的说服力。引注,不论是直接引注还是间接引注,都是将他人的观点融入自己的论文之中。这就意味着作者是在从事研究工作。"引注说明作者在进行观念世界的'伟大的对话',说明作者已意识到其他作者在本论题中的位置。通过引注其他作者的观点,可以加强自己观点的说服力。"① 另一方面,合理的引注表明作者对观念的创造者和他人智力财产的尊重。事实上,大多数大学生将来很可能会成为知识的生产者,至少他们未来的生活要部分地依赖于自己创造的智力成果。大学生要使自己将来的智力成果为他人所尊重,现在就必须尊重他人的智力成果,在引用他人的观点与语句时,要通过引注予以鸣谢。

在使学生明确规范引注益处的同时,教师也应使学生清楚剽窃可能给自己带来哪些惩罚。教师只有使学生明确剽窃行为可能给自己带来麻烦、受到惩罚,才能引起学生的注意,并避免剽窃。在美国,大学对剽窃学生的处罚很严厉。某大学教师在给一位大四学生的论文评分时,发现这篇文章既无参考文献,也没有任何引文,而且论文用词华丽,与该生以前的课堂作业风格迥然不同,就怀疑这是一篇剽窃之作。在查阅了一些学生网络资源之后,并没有发现所抄袭的原始材料,这位教师只好将文章交给学校学生法律事务部门处理。学生法律事务部门的一位工作人员就找这位学生谈话。在谈话中,该生承认了自己的剽窃行为。结果,他被列入了推迟毕业的学生名单。不仅如此,如果该生在此后的学习中出现了类似的违规行为,不仅论文将作零分处理,还会受到休学、开除的处罚。此外,该生还要拜访学习技能中心的一位写作专家,并撰写一篇关于诚实和剽窃内容的论文。② 在美国大学,剽窃者受到的处罚一般包括:降低课程的学分等级、取消课程学分、暂时停学、开除、扣留、拒绝给予或取消学位等。教师使学生明确剽窃可能招致的这些惩罚,

---

① Robert Harris. Antiplagiarism Strategies for Research Paper[EB/OL]. http://www.virtualsalt.com.

② Andy Jones. Plagiarism Cases Cited in the California Aggie[EB/OL]. http://cai.Udavis.edu/aggieplagiarism.html.

如何防止大学生学术论文中的剽窃行为
——美国大学教师防剽窃的基本策略及其启示

可以对学生的剽窃行为起到很好的预警作用。

（二）防范学生剽窃行为产生的策略

提高学生对剽窃行为的认识固然是防止大学生在学术论文中进行剽窃的一项重要措施，但仅仅靠提高学生的认识是不够的。许多学生所以在论文写作过程中进行剽窃，不是缺乏对剽窃行为的认识，而是教师给学生布置的论文作业本身存在着缺陷，使得一些自律性不高的学生有机可乘。基于此，美国的大学教师非常重视论文作业布置的质量，并采用有效的策略来防范学生剽窃行为的发生。这些策略包括以下几个方面。

1. 给学生提供好的论文题目

学生论文中剽窃行为的产生的一个原因是教师布置的论文作业的质量不高，如布置的论文题目过于普通，学生可以轻而易举地从网络、从其他学生以往的作业中得到可供剽窃的材料。因此，要防止学生在学术论文中进行剽窃，教师布置给学生的论文题目必须经过精心设计。对于论文题目，美国教师的一般做法是，向学生提供论文题目单，要求学生从题目单中选择题目。不过，不同学期所提供的论文题目单是不同的，这就使得所提供的论文题目富有独特性。富有独特性的论文题目可以避免学生在网络，在其他同学以往的作业中找到现成的可供剽窃的论文，从而减少了学生剽窃的可能性。

2. 为论文规定具体的写作步骤和各步骤完成的日期

教师可以为学生的论文写作规定具体的写作步骤，如把论文写作分为：选择论题或提出问题、草拟初步的参考文献、进行内容说明、收集研究资料、构建论文框架、写出论文初稿、确定最终的参考文献、定稿等步骤，并对各步骤确定完成的时间。这样做的好处一是容易识别那些有意的剽窃者，因为剽窃的论文容易颠倒既定的步骤；二是可以起到化整为零，变难为易的作用，使大多数学生认识到诚实地写论文并不是一件难事，它甚至比剽窃更容易；三是方便教师对学生的写作过程进行监督，有利于教师对学生的写作进行指导从而提高他们的写作能力。比如，在学生论文的初稿阶段，教师可以快速地发现学生的论文有无规范的引证，并有机会告诉学生什么是规范的引证。教师也可以在学生论文初稿的某一部分标上标记，要求学生加入新的材料，比如某篇文章、某本书的有关材料。教师还可以通过保留学生论文的初稿对学生进行监督，并使学生意识到教师希望他对论文做进一步的修改。

3. 要求学生写一篇学习心得

在学生提交论文时，教师可以要求学生当堂就已提交的论文写一篇学习心得，比如让他们说明在论文写作过程中，他们遇到了哪些问题以及是如何克服这些问题的？他们遵循了什么样的研究策略？他们在何处找到论文的主要资料？通过这个问题的研究，他们学到的最主要的东西是什么？对大多数亲自写过论文的学生来说，这项任务可以帮助他们反思自己的学习经验；对于教师而言，则可以得到学生论文的有关信息，获取与学生上缴的论文进行对照的材料。如果学生上交的论文质量与课堂上当场完成的学习心得的质量差别很大，说明学生的论文存有剽窃的嫌疑，有必要做进一步的调查。除采用上述主要的防范策略以外，美国大学的一些教师还采用了让学生口述自己论文的方法，让学生在自己的论文中使用最新资料作为参考文献的方法等。

（三）检测学生是否剽窃的策略

一旦怀疑学生的论文有问题，教师就可以采用检测策略，以明确学生是否真正进行了剽窃。对没有剽窃而被怀疑剽窃的学生，可以通过检测还之以清白，真正剽窃的学生就会被"绳之以法"，受到应有的惩罚。美国大学教师常用的检测策略有[1]：

1. 寻找线索

寻找线索就是指在阅读受怀疑的论文时，在文章中查找可以证明剽窃的一些线索。这些线索主要包括：混乱的引注风格、缺少参考文献和引号、内容离题、混乱的数字信息、时代错误、措辞风格异常、文体风格异常等。

2. 弄清论文的来源

弄清论文的来源是指在查找一篇受到怀疑的论文证据之前，应知道到哪里去寻找。剽窃论文一般来源于免费或收费的论文网站、免费的可视网页、免费的不可视网页（网页只能查到论文题目，内容必须直接进入指定的同站）、网上付费的数据库等。

3. 在网上查询

在确定受怀疑的文章可能是来自某个网站，就可以上网查询了。具体做法是，在进行网上查询时，教师要在受怀疑的论文中选出一个由 4～6 个词构成的词组作为查询的关键词，并尽可能使用几个较大的搜索引擎，如 Google、Northern Light 或 Fast Search。在查询过程中，教师必须清楚，任何搜索工具的搜索范围都不会超过全部可视网页的三分之一，教师在放弃查询任务之前，应尽可能多查询几个网

---

[1] Andy Jones. Plagiarism Cases Cited in the California Aggie[EB/OL]. http://cai.Udavis.edu/aggieplagiarism.html.

站。在查询可视网页数据库以后,教师若无法证实学生是否剽窃,还应根据论文题目,查询一些非可视网页数据库。利用 world wide web reach tools,可以查到许多这样的数据库。如果上述查询手段使用后,仍无法查到要查询的文章,教师还可以利用专门的剽窃检测器进行查询。

4. 利用剽窃检测器查询

在知识爆炸的当代,在网络技术高度发达的今天,面对数以亿计的学术论文,仅凭人工查询和诊断,不仅会浪费大量的人力物力和时间,而且效果也未必理想。基于此,美国的一些商业和科研部门就研制、开发了专门用于诊断剽窃的检测器。剽窃检测器实际上是一种特制的强力搜索引擎。如 plagiarism. com at http://www.plagiarism.com;plagiarism.org at http://www.plagiarism.org;wordcheck at http://www.wordchecksystems.com. 等,就是专门用于查询、诊断剽窃的网站和搜索引擎,可以为教师提供专门的查询和诊断服务。利用剽窃检测器查询,只需在剽窃检测器中输入关键词,或者论文题目。利用剽窃器查询,一般能够取得较理想的效果。学生的剽窃行为一旦被认定,就要受到学校相关部门的处罚。

二、美国大学教师防剽窃策略的几点启示

(一)学界应加强大学教师防剽窃策略的研究

大学教师在防止大学生学术论文的剽窃方面,无疑有义不容辞的责任。然而,大学教师应该做些什么和如何做才能有所作为,我国学界并没有给予高度的重视和展开深入的研究,大学教师对此也不甚明朗。从一定意义上讲,我国学界对大学教师防剽窃措施的研究至今是一片空白。在这个方面,美国学界无疑走在了我们的前面,他们已经有了较为成熟的防剽窃策略,这些策略是值得我们借鉴的,但借鉴不是照搬。由于文化传统和语言等方面的差异,直接照搬美国大学教师的防剽窃策略会有困难。解决问题还得根据我国的文化传统和语言特点。进行相关研究,形成我国大学教师的防剽窃策略。只有这样,防剽窃策略才能符合我们自己的国情,富有实效。

(二)大学教师要提升自己多方面的素养

从美国大学教师防剽窃策略中不难看出,教师要熟练地运用防剽窃策略,必须具备多方面的素养。

第一,教师要对剽窃行为有完整、系统和全面的认识。教师只有自己对剽窃行

为的内涵和外延、对剽窃行为给学生当下的学业和未来的生活等方面可能带来的负面影响获得完整的认识,其教育策略才可能具有影响力、感染力。

第二,教师必须有较强的学术论文写作能力,包括论文的选题、确定论文的写作步骤,规划论文的写作时间等方面的能力。只有这样,教师才能在学生论文写作的各个环节中,制定有效的防剽窃措施,有效地提高学生学术论文的写作能力,防止学生剽窃行为的产生。

第三,教师应具备对剽窃论文的识别和判断能力,教师要善于通过各种线索来判断论文剽窃与否。

第四,教师要有较好的责任感和事业心。即使教师怀疑学生的某篇论文为剽窃之作,如果缺乏应有的责任感和事业心,对剽窃之作视而不见,剽窃的学生就会躲避惩罚,其剽窃行为也就不可能得到有效的制止。

因此,即便我国理论界研究出有效的防剽窃策略,如果教师相应的素质得不到提升,其效果也会大打折扣。有效的策略只有基于教师多方面良好素质的基础上才能产生应有的实效。

(三) 社会相关部门应着手防剽窃工具的研制与开发

在美国大学教师所采用的检测策略中,虽然存在着凭借个人经验,利用相关线索进行剽窃行为检测的人工手段,但他们拥有的更为有效的手段则是利用先进科学的检测工具。这种工具不仅可以大大降低教师检测的工作量,提高教师相关工作的效率,也使剽窃行为的检测简便易行。更为重要的是,先进的检测工具使对剽窃行为的法律认定和制裁更为方便,这就增加了学术投机者进行剽窃的风险,使他们不敢轻易越雷池一步,从而大大降低剽窃行为的发生率。美国大学和学界的剽窃行为虽然时有发生,但能够做到有效的控制,与他们拥有先进的检测工具不无关系。不过,美国检测剽窃的工具是基于英语语言的特点研制的,无法为我国大学教师直接运用。但我们可以借鉴其做法,由一些科研或商业部门,针对汉语的特点进行研制和开发。如果我们研制出了剽窃检测器,相信我国大学教师在防止大学生学术论文剽窃方面可以有大作为,学界的学术腐败也可以得到有效的整治。

(原载于《湖北师范学院学报(哲学社会科学版)》,2006年第2期,与徐驰野共同撰写。)

高校辅导员职业的专业划分问题研究

高校辅导员是大学生日常思想政治教育和管理工作的组织者、实施者和指导者。长期以来，很多人倡导高校辅导员队伍专业化，主张由接受专业教育或专门培训的人员专职从事辅导员工作，并进行了一些积极探索。但从中国学术期刊网所查到的资料来看，目前，辅导员职业专业化的一些深层次的理论问题并未得到讨论。高校辅导员职业的专业划分就是其中的一个问题，本文围绕该问题进行初步探讨。

一、高校辅导员是不是一种职业

讨论高校辅导员职业的专业构成，首先应该明确高校辅导员是不是一种职业。关于高校辅导员是不是一种职业，学界目前有两种不同的理解。一种理解认为，高校辅导员还算不上是一种职业。如有学者认为"辅导员到目前为止，还称不上是一种职业"。理由在于，无论是社会还是辅导员自身都没有把它看作是可以长期甚至终身从事的工作。[①] 另一种观点认为，辅导员是一种职业。我国高校辅导员制度越来越健全，进入高速发展时期，逐渐走向成熟，辅导员越来越被社会认可为一种职业。[②] 如何看待两种相互对立的观点？要正确地认识这个问题，必须明确职业的内涵。依据职业发展理论，职业是指从业人员为获取主要生活来源而从事的社会性工作类别。[③]

按照此定义，不难看出职业的两个重要规定性：一是职业是一种工作，这种工作是从事该项工作人员的主要生活来源；二是这种工作具有社会性，满足了一定的社会需要，并有一定数量的人员参与。根据职业的这两种规定性，不难看出，目前我国高校辅导员应该是一种职业。其一，目前我国高校的确存在着一个数量不小

[①] 朱平.高校辅导员的职业化、专业化解读[J].安徽师范大学学报(人文社会科学版),2007(2).
[②] 武增勇.高校辅导员专业化问题研究[D].上海:华东师范大学,2007.
[③] 杨东.高校辅导员的专业化及保障制度研究——基于上海高校的调查与分析[D].上海:华东师范大学,2007.

的群体在专职地从事辅导员这项工作,并以此领取自己生活所需要的报酬;其二,从政府部门多次颁布文件,要求高校配备专职辅导员的情况来看,该项工作无疑是现实社会所需的。当然,高校辅导员职业是否具有吸引力,使人们愿意长期从事这项工作,反映的是这项职业的特性,而与该项工作是不是职业无关。

虽然我国高校辅导员目前是一种职业,但其职业特性的获得经历了一个从无到有的发展过程。从职业发展历程来看,我国高校辅导员经历了"兼职"到"专兼结合,兼职为主"到"专职为主,专兼结合"的发展过程。辅导员在清华诞生之初是"双肩挑"模式。"双肩挑",即一肩挑业务学习,另一肩挑思想政治工作。当时兼任辅导员工作的主要是从全校各系的三年级中精心挑选出来的学生。可见,当时的高校辅导员还不具有职业性质,只是学生在学习之余兼任的一项工作。

随着清华大学的成功尝试,辅导员这种形式得到了中央的认可和重视。1961年9月,中共中央批准试行《教育部直属高等学校暂行工作条例(草案)》明确指出:为了加强思想政治工作,在一、二年级设政治辅导员或者班主任,从专职的党政干部、政治理论课教师和其他青年教师中挑选有一定政治工作经验的人担任。同时,要逐步培养和配备一批专职的政治辅导员。此后,高校辅导员队伍开始出现了"兼专结合"的情形。如果说,此时的兼职辅导员的职业特性并不很明显,辅导员须兼任党政工作、政治理论课教学等工作,才能获取生活所需的资源。那么,专职辅导员的出现,则使辅导员的职业特性得以初步显现。专职辅导员,实际上就是通过从事辅导员工作,获取自己的主要生活资源。"文革"期间,辅导员制度遭到了破坏,实际上处于被取消的状态。改革开放以后,辅导员制度得到恢复。1980年,国家教委、团中央在《关于加强高等学校学生思想政治工作的意见》中指出:各校要根据具体情况建立政治辅导员制或班主任制度。1981年,国家教委进一步指出:做好学生思想政治工作,需要有一支又红又专、专职与兼职相结合的队伍。1987年,中共中央《关于改进和加强高等学校思想政治工作的决定》指出:高等学校的思想政治工作队伍应由精干的专职人员与较多的兼职人员组成。这个时期形成的辅导员队伍,其主要人员构成是"少量专职,较多兼职"。1999年,高校扩招,在校大学生数量剧增,辅导员工作任务迅速增加,学生事务趋于复杂,兼职辅导员难以胜任"双肩挑"工作。辅导员队伍由"兼职为主"向"专职为主,专兼结合"转变。2000年,教育部在《关于进一步加强高等学校学生思想政治工作队伍建设的若干意见》中提出:根据各高校的经验和实际工作的需要,影响较大、稳定工作任务较重的高校,原则上可按一定的比例配备专职学生思想政治工作人员。2006年,教育部《普通高等学校辅导员队伍建设规定》指出:辅导员的配备应专职为主、专兼结合,每个院(系)的每个年级应当设专职辅导员。至此,高校辅导员的专职队伍的社会地位得以确立,辅导员作为高校的一种职业不仅获得了政府制度上的认可,而且成为近几年许多研究生就业的一条重要渠道。

二、高校辅导员作为一种职业应不应该划分专业

高校辅导员作为一种职业应不应像教师、医生职业那样,划分为各种专业?从高校辅导员工作实际来看,答案是否定的。目前的高校辅导员,几乎没有明确的专业分工,与学生工作有关的工作都干。用辅导员自己的话说:"我们每个人都是通吃的。"①

从理论上看,对该问题的回答,学界有两种主要观点。一种观点认为辅导员职业是一个专业,代表性的观点有:辅导员应具备的专业知识是跨学科的,辅导员工作是一门科学、一门艺术、一门学问,不是谁都可以做的。② 辅导员是个必须具备多门专业知识和综合技能的岗位。③ 辅导员工作是教育功能、管理功能和服务功能的多元统一,思想政治教育是辅导员的核心任务,同时辅导员的工作内容又涉及学生工作的方方面面。④ 辅导员要负责学生的思政教育,教学管理和日常生活等一系列工作,优秀的辅导员需要汇多"专"于一体,集多"家"于一身。⑤ 上述观点虽然说法不同,但他们的主要思想是一致的,即高校辅导员职业实际上是一个专业。

另一种观点认为辅导员职业应进一步细分为专业。如有学者根据国外辅导员角色定位的经验,以及我国辅导员队伍职业定位中存在的问题,提出辅导员职业应进一步划分专业。国外高校辅导员分类非常详细,既有专职的心理辅导员、职业辅导员、学习辅导员、生活辅导员,也有兼职的学习辅导员、生活辅导员、住宿辅导员等。这些辅导员大多具有相应的硕士和博士学位。我国高校的辅导员在过去的50多年里没有进行过分类,统称为政治辅导员,不仅负责学生的理想信念和思想品德教育,而且要开展专业学习、心理健康、职业规划等各种辅导,是一种综合性角色。这就要求辅导员必须具有很高的综合素质。但多数人很难达到,辅导员往往成为"万金油",缺少专业特色。为此,对辅导员职业"鼓励专业细分"⑥。

高校辅导员应不应该划分专业,取决于辅导员以何种形式存在更有助于其社

---

① 武增勇.高校辅导员专业化问题研究[D].上海:华东师范大学,2007.
② 王涛.关于高校辅导员队伍职业化的思考[J].思想教育研究,2007(7).
③ 张礼超,张婷婷.论高校政治辅导员职业化的实现[J].湖州职业技术学院学报,2007(2).
④ 徐静.关于高校辅导员角色定位的思考[J].民办高等教育研究,2006(4).
⑤ 周新兰.高校辅导员队伍专业化建设初探[J].西部法学评论,2006(3).
⑥ 罗公利,聂广明,陈刚.从国际比较中看我国高校辅导员的角色定位[J].中国高等教育,2007(7).

会职能的实现。从发生学的角度看，一种职业之所以产生和发展，在于该项职业负有不可替代的社会职能，否则这种职业就没有产生与发展的必要。目前，我国高校辅导员的社会职能是什么？教育部《普通高等学校辅导员队伍建设规定》中对辅导员的社会职能做出了明确的规定：高校辅导员"是开展大学生思想政治教育的骨干力量，是大学生日常思想政治教育和管理工作的组织者、实施者和指导者"，"是大学生健康成长的指导者和引路人"。不难看出，教育部对辅导员社会职能的规定的涵盖面是非常广泛的。

辅导员的职责究竟如何界定呢？一般的认识是做学生的思想政治教育和学生的日常行政管理工作。但是这两个概念的内容可谓包罗万象。仅思想政治教育就包括思想教育、政治教育、道德教育、心理健康咨询和能力素质培养的指导等；学生行政管理工作更是将学生从进校到离校的日常事务囊括其中，如奖、惩、贷、社会实践、学生活动指导等。[①] 这种宽泛的规定，对一个职业群体而言，应该是可以的。将一个职业群体应该完成的社会职能，赋予个体来完成，即要求每个辅导员都履行这些职能，而且还要达到专业化，其可能性恐怕是一个很大的问题。辅导员队伍应该是由思想理论教育、人际交往、心理咨询、学习指导、就业指导、人生规划等方面的专家所组成，作为辅导员个人，同时成为这几个方面的专家是困难的。[②] 辅导员不分专业，在实际工作中造成了很大的消极影响，严重影响了其社会职能的实现。辅导员的这种职责宽泛不明确、工作繁杂无中心的状态，必然造成其工作的针对性不强、实效性差、效率不高。[③]

出路何在？就在于对辅导员职业进行进一步的专业划分，使每个辅导员承担职业群体的某一项社会职能，这不仅是必要的，也是可能的。

从必要性来看，只有辅导员进一步划分专业，才能提高自己的工作能力和水平，更好地履行社会赋予辅导员的各项社会职能，提高其工作质量和效率，为社会和学生提供更好的服务，并为自身职业赢得应有的社会声誉。不仅如此，辅导员职业只有进一步划分专业，使每个辅导员业有专攻，才能使他们在学术上有所归依，有所收获，在工作中取得应有的成就，避免辅导员"未上岗就想着换岗"的情况发生，保障辅导员队伍的稳定与繁荣。

从可能性上讲，政府部门高度重视辅导员队伍建设，并制定了相应的政策，这为辅导员职业的专业化提供了良好的外部环境。只要高校重视，配备足够数量的

---

① 张臣.高校政治辅导员职业化建设浅析[J].山西高等学校社会科学学报，2006(2).
② 朱平.高校辅导员的职业化、专业化解读[J].安徽师范大学学报（人文社会科学版），2007(2).
③ 向莉莉.关于高校辅导员职业化必要性的探讨[J].科技信息，2007(5).

辅导员,改革现行的辅导员的管理体制,将辅导员划归学校的某一职能部门(如学工处)统一管理,明确专业分工。同时,对现有辅导员进行一定时间的针对性的进修与培训,使每个辅导员长于某一专业应该是没有多大问题的。在一个相对独立的整体中,如在一所学校或一个学院,建立一支专业全面、专长互补、结构合理、功能优化的辅导员队伍,既是必要的,也是可能的。①

三、高校辅导员职业划分专业的标准是什么

高校辅导员职业划分专业的标准可以有两种取向,即工作取向和学理取向。

工作取向是根据辅导员现实的工作岗位需要来决定辅导员应该设立哪些专业,这种取向是以实际的工作岗位需求状况作为辅导员专业的划分标准,现实中有什么岗位需求,就可以设立什么专业。在我国学界,目前还没有人明确地采取工作取向对辅导员职业进行专业划分。但在许多讨论辅导员专业化的文献中,可以看到这种取向的影子。许多学者在讨论辅导员专业化、职业化问题时,感觉到对什么工作都"通吃"的辅导员会导致一系列的问题,于是就提出要对辅导员进行分工,分工的标准就是现实的工作需要。如有人建议结合当前形势和实际工作的需要,尝试在学生社区管理、心理健康教育、职业发展辅导、形势与政策教育、学生事务管理、研究生思想政治辅导等方面配备专业化的辅导员。② 按现实需要取向分类的最大的好处在于方便,简单易行。但由于缺少学理上的依据,其随意性很大。不同的学校、不同的人都可能因不同的客观需要(乃至主观需要)对辅导员职业进行不同的专业分类,势必导致理论与实践上的混乱。

学理取向是根据学理上所认定的专业的生存条件来决定辅导员专业的划分标准。专业生存的条件就是必须拥有一套系统的专业理论,专业理论是职业进一步被认可为专业的理论依据。职业之间之所以不同是因为它们所从事的活动不同,而专业区别于一般职业则在于它们非同寻常的深奥知识和复杂技能——每一个专业都有一个科学的知识体系(a scientific knowledge base)。③ 系统的专业理论如何理解?我国学者赵康在吸收西方学者观点中的合理成分的基础上,提出了一个

---

① 朱平.高校辅导员的职业化、专业化解读[J].安徽师范大学学报(人文社会科学版),2007(2).
② 侯藏,周玉,房姝.高校辅导员队伍职业化建设初探[J].华南理工大学学报(社会科学版),2006,8(s1).
③ 赵康.专业、专业属性及判断成熟专业的六条标准——一个社会学角度的分析[J].社会学研究,2000(5).

关于专业科学知识体系的"描述性结构模型"①。

根据赵康的理解,专业知识体系有两类知识构成,即"关于这一专业的知识"和"为这一专业的知识"。"关于这一专业的知识"是从事这一职业的人们进行实践的必备知识,舍此无法科学地工作,它的存在奠定了一个职业的专业地位,并以此与其他专业相区分。"为这一专业的知识"是与这一职业相关联的各个方面的知识。一个专业的科学知识体系结构犹如一棵向日葵的脸盘,中心部分代表了关于这一专业的知识,周围的叶片代表了为这一专业的知识,叶片的数量随着专业不同会有增减。关于这一专业的知识落入一个科学(学科)领域,通常由这一科学领域内的总体知识加上几个分支学科的知识所构成。

因此,以是否具有系统的专业理论作为划分专业的标准是较为科学的,可以避免人为的主观性因素对专业划分造成的不良影响。本文将依据辅导员职业是否拥有系统的专业理论作为其划分专业的标准,并以其所拥有的专业理论数量来确定专业的数量。

四、高校辅导员职业应该划分为哪些专业

要明确高校辅导员职业应该划分哪些专业,首先应该明确辅导员的工作职责范围。在此基础上,再根据这个工作范围所涉及的专业领域及拥有的系统专业理论的数量来确定专业的数量与类别。

辅导员的工作职责范围如何确定?一种方法是依据辅导员的工作实际来确定,即通过调查研究,弄清高校辅导员实际在履行哪些工作职责。另一种方法是根据政府颁布的文件规定来确定,即根据政府对辅导员职责的具体规定来界定辅导员的工作职责范围。第一种方法虽然有明确的事实依据,但这种方法难以得出一致的结论。因为各高校的校情不同,对辅导员的管理方式也存在着差别,对辅导员工作职责的具体规定自然会存在很大的差别。因此,从研究的角度来看,第二种办法可能更好。一来虽然各高校对辅导员工作职责的范围的具体规定不同,但万变不离其宗。政府对辅导员工作职责的规定是各高校制定辅导员工作职责的政策依据。另外,依据政府的规定来确定辅导员的工作职责范围有一个统一的标准,便于进行研究。

根据教育部《普通高等学校辅导员队伍建设规定》,高校辅导员应该履行八项

---

① 赵康.专业、专业属性及判断成熟专业的六条标准——一个社会学角度的分析[J].社会学研究,2000(5).

高校辅导员职业的专业划分问题研究

职责。这八项职责可概括为五项任务:①思想政治教育;②道德教育;③学生事务;④班级建设与管理工作;⑤学生党组织的建设工作。依据辅导员的这五项工作任务及这些任务所涉及的专业领域和拥有的系统专业理论的数量,就可以明确辅导员职业应该划分几个专业。从这五个方面任务所涉及的专业领域和拥有的系统的专业知识数量来看,主要有三个:思想政治教育(上述第①、②、④、⑤项任务);学生事务管理(上述第③项);心理咨询(上述第②项任务,按学界的一般理解心理咨询属于大德育范畴)。基于此,我们认为,目前我国高校的辅导员职业至少应该划分为三个专业:思想政治教育专业、学生事务管理专业、心理咨询专业。当然,随着我国高校的发展,辅导员工作职责范围的扩大,辅导员职业的专业数量可以进行调整。

将辅导员职业划分为三个专业,从学理上是否成立?具体来说,是否能为这三个专业各自找到"为这一专业的知识"和"关于这一专业的知识"?答案是肯定的。例如,在思想政治教育专业中,"为这一专业的知识"应为思想政治教育原理与方法;"关于这一专业的知识"则是与之相关的马克思主义基本原理、中国思想道德教育史、中国共产党思想政治教育理论、比较思想道德教育理论、人生观理论、网络思想政治教育理论、青年心理、宪法与宪法教育理论等。在心理咨询专业中,"为这一专业的知识"为心理咨询理论;"关于这一专业的知识"则包括普通心理学、社会心理学、发展心理学、心理保健、心理测量、心理治疗、不良嗜好的调适和人格完善、人格障碍的治疗、神经症的治疗等内容。学生事务管理是典型的美国式术语,其含义为高校对学生事务的计划、组织与领导。① 从该定义中不难看出,该专业应隶属于管理专业。但在美国,这个专业又有自身的特点,即"学生事务管理是多学科交叉研究的领域"②。或许正因为如此,高校学生事务管理专业从其诞生的那一天起,在美国就饱受争议。即便如此,这个专业"为这一专业的知识"还是明确的,这就是管理理论,包括学生管理、公共管理、学术管理和社区管理。③ "关于这一专业的知识"则包括高等教育基础、教育学、心理学、职业生涯规划、就业指导与咨询等。

(原载于《湖北师范学院学报(哲学社会科学版)》,2008年第6期。)

---

① 马和民,高旭平.教育社会学研究[M].上海:上海教育出版社,1988.
② 邢国忠.美国高校学生事务管理专业化概况及其启示[J].教育发展研究,2007(z2).
③ 邢国忠.美国高校学生事务管理专业化概况及其启示[J].教育发展研究,2007(z2).

推动中国高等院校研究的条件分析

近年来,在以华中科技大学教科院院校研究中心为代表的组织的推动下,产生于20世纪初期并为美国高等教育和高等学校管理的发展做出巨大贡献的院校研究正日益引起我国高等教育研究者的广泛关注。院校研究实际上涉及两个层面的研究:一个是关于院校研究自身相关理论建设的理论性研究;另一个是在各高校实际开展的以解决自身管理问题的应用性研究。两个层面的研究都是必要的,理论性研究是基础,应用性研究是目的,前者为后者服务。就所能收集到的资料来看,前一种研究受到的关注程度要远远高于后一种研究。从期刊发表的文章数量中可以得到明显的体现,有关院校研究的理论性研究文章要远远多于应用性研究文章。

对高校自身的发展而言,院校研究的应用性研究的意义更大。原因是多方面的,一个可能的原因在于我国现在从事后一种形式的院校研究的条件还不充分,本文尝试着对该问题进行探究。

一、推动院校研究要求政府的支持

(一)制度支持:建立"高校问责制"

院校研究是指在一定理论关照下运用科学的方法与程式,特别是定量的方法和程式,对单个院校运行中的实际问题进行的研究。[①] 依此定义,院校研究不是探究高校普遍性问题,揭示共性规律的研究,而是各高校针对自己管理上所存在的问题而展开的研究。这种研究,不仅需要学校领导有直面自身管理问题的勇气,而且要求学校为之提供大量的人力、物力和财力。在高校大扩招以后,多数院校面临财政压力。在缺少外部压力的情况下,高校自身很难有主动开展院校研究的内部动力。因此,要真正推动各学校应用层面的院校研究,必须有一定的外部压力,迫使高校不得不从事这种性质的研究。市场竞争无疑是一种外部压力,但从我国高等教育的现状来看,目前高等教育市场还主要是卖方市场,高等教育供不应求。不管

---

① 程星,周川.院校研究与美国高校管理[M].长沙:湖南人民出版社,2003.

什么管理水平的学校,只要学校能招生,学校就不用担心办不下去。在这种情景下,市场竞争的压力还不足以促使高校主动地从事院校研究。

为此,要推动我国高校主动地进行院校研究,必须依靠政府的力量,通过制度性安排、规约、引导高校,使高校感觉到从事院校研究是一种明智的选择。

政府通过什么样的制度安排才能使高校自愿地进行院校研究?参照国外的经验,我们认为应该推行"高校问责制"。

问责制起源于公共行政领域。问责就是追究分内应为之事。问责制即追究责任的制度,就是关于特定组织或个人通过一定的程序追究没有履行好分内之事的公共权力使用者;使其承担政治责任、道德责任或法律责任,接受谴责、处罚等消极后果的所有办法、条例等制度的总称。① 伴随着西方民主化浪潮的推进,问责制也被西方一些国家引入教育管理体制中,形成了高校问责制。

所谓高校问责制,就是"以绩效为核心,通过系统的规制,使高校领导能真正树立高度的责任意识和危机意识,并令行为失当或违法、渎职、失职等而造成的后果者承担责任"②。高校问责制的内容主要包含③:

(1) 问责主体,是指高等教育机构的利益相关者。

(2) 问责客体,包含高校主管行政部门及其官员和高校自身。

(3) 问责内容,指高校的利益相关者的利益诉求。

(4) 问责方式,依据问责主体的不同,基本划分为同体问责与异体问责。同体问责的主体是上级教育行政管理部门,异体问责的主体是高校利益相关者。

高校问责制的主要目的是通过汇报、解释、证明等方式,来确保政府部门、社会机构和个人对高等院校的经费使用情况及效果进行监督。

政府通过建立高校问责制,规约、引导高校从事院校研究。从问责制的内容不难看出,不论是高校同体问责还是异体问责,高校必须用充分的事实证明学校的经费使用情况是合理的,并且取得了预期的效果;否则,将会因自己的违法、渎职、失职等造成的不良后果而承担责任。要用充分的事实证明学校的经费使用情况是合理的,且取得了预期的效果,高校就必须切实提高自己的管理水平,提高自己的管理效率。于是,高校就不得不直面自身管理工作中的问题,并通过院校研究找到解决这些管理问题的最佳方案。这样,来自外部高校问责制的压力就必然转变成学校内部进行院校研究的内部动力,从而调动高校从事院校研究的积极性,进而推动

---

① 邹健.问责制概念及特征探讨[J].中共南宁市委党校学报,2006(3).
② 高耀丽.英国高等教育问责制及其启示[J].高等教育研究,2006(2).
③ 吴景松,程宜康.我国高校问责制之现实困境及其治理路径[J].江苏高教,2007(1).

院校研究的发展。

(二) 信息支持:建立院校研究数据库

院校研究不同于传统高等教育管理研究的一个重要特点在于:院校研究强调"用事实说话",将数据作为其研究的基础。"数据是院校研究的重要资源,是院校研究工作的基础"[1][2]。

由于数据在院校研究中具有重要的作用,美国高校和政府非常重视反映高校资源使用、运行状况和办学效益等方面的信息数据库建设。据蔡国春在其博士论文中介绍,美国高校都建立有内部数据库,包括"OLTP"(online transactional processing,联机即时业务处理系统)和"OLAP"(online analytical processing,联机分析处理数据系统)。"OLTP"是组织内部为进行各种业务交易而建立的,在高校内部这些业务包括录取学生、登记课程、交纳学费、给予助学金等。这个数据系统存放着学校最新的即时性的数据,且随着业务的进行而不断地得到更新。美国的高校至少有一个业务处理数据系统,大多数有多个业务处理数据系统。"OLAP"则是院校研究机构主持或协助建立的能够满足自身工作需要的分析数据库。除高校之外,政府和专业协会也建立有相关的数据库。其中,全国教育统计中心的"高等教育综合数据系统"即"IPEDS"(integrated postsecondary education data system)是美国高等教育数据的核心项目。该系统的设计旨在全面收集包括所有主要提供高等教育的学校和教育组织的数据,包括院校特征、秋季入学人数、学位获得人数、毕业率调查、教师薪水调查、院校财务调查等方面的数据。这些数据库为研究人员进行院校研究提供了极大的便利,为院校研究在美国高校的全面展开打下了良好的基础。

从以上的介绍中不难看出,建立这些数据库是一项巨大的工程,必须依靠政府的力量。在美国,事实上也是如此,向"IPEDS"提供数据是联邦政府要求所有高等学校必须完成的一项强制性工作,是每一所高校的义务。

没有反映高校运行状态的相关数据,要进行科学的院校研究是不可想象的。要推动我国院校研究,必须建立系统、完整、易于查询的,反映我国高校自身运行状况的各类数据库。目前,我国高校实际上存在着一些反映自身某些方面运行状况,如招生人数、就业率等方面的数据。但这些数据主要是供上报之用,存在的主要问题有:不同学校对各类数据的理解存在着差异;数据不系统、不完整、不真实;数据

---

[1] 蔡国春.美国院校研究的性质与功能及其借鉴[J].南京师范大学,2004(11).
[2] 周川.院校研究的职能、功能及其条件分析[J].高等教育研究,2005(1).

的存在方式多种多样等等。因而,这些数据难以为院校研究人员使用。

　　基于这种状况,笔者认为,最好是由政府(如教育部)出面,建立一个反映高校运行状况的专门的数据库中心。政府可通过行政命令的方式,要求高校按照统一数据的内涵和类别,每年定期向该中心提供所要求的数据,经过几年的建设应该可以建立起一个满足研究人员需要的数据库。

二、推动院校研究要求学界给予多方面的扶持

(一)教育扶持:培养和训练院校研究的专业人员

　　院校研究作为一个特殊的专业领域对从业者的素质和能力有一些特殊的要求。这种特殊的素质和能力被称为"组织化智能"。"组织化智能"(organizational intelligence)由特伦兹尼提出,用以描述院校研究人员所需要的专业素养。特伦兹尼认为,专业的研究人员需要"收集院校数据、分析数据获得信息、解释这些院校信息"等三方面的能力。对应于这三方面的能力,"组织化智能"被分为三个层次:技术与分析智能、问题性智能和背景性智能。技术与分析智能包括两个方面:一是事实性的知识或信息,二是分析技能和方法论。"事实性知识"意味着对于院校研究对象的基本要素的了解,这些要素包括学生、教师、财务和设备等;"分析技能和方法论"包括研究设计、取样设计、统计学、测量、定性研究方法等。问题性智能是关于院校重大问题和决策领域的知识,如招生目标设定、教师工作量分析、资源分配与调节、设备使用规则等。背景性智能是指既应对高等教育的总体状况有所了解,又要对研究者所在院校的校园文化有清楚的认识。

　　虽然我国高校近几年普遍设立了高等教育研究所(室)、发展规划办公室(处)等机构,这些机构也拥有一定数量的高等教育研究人员,但对照院校研究人员的素质要求,不难看出这些研究人员的素质与之相去甚远。整个高等教育研究群体总体上忽视研究方法的训练,量化研究不足,质化研究不当,研究程式缺乏必要的学术规范。① 其结果自然是许多研究者在专业素养和研究能力,特别在研究方法和数据技术方面,与承担真正的院校研究尚有较大的差距。② 院校研究者的素质,将直接影响到院校研究能否正常展开。因此,推进我国的院校研究,需要学界培养和训练一批有良好专业素养的院校研究人员。

---

① 蔡国春.美国院校研究的性质与功能及其借鉴[J].南京师范大学,2004(11).
② 周川.院校研究的职能、功能及其条件分析[J].高等教育研究,2005(1).

学界培养和训练院校研究人员可以从以下几个方面入手。一是在一些有院校研究基础且具有高等教育学硕士点、博士点的学校建立院校研究的硕士点、博士点。通过正规的教育,不断地为高等学校培养专业的院校研究人员。

二是我国院校研究协会对现有的高等教育研究人员进行定期、不定期的有针对性的培训。

三是每年定期召开院校研究年会,为院校研究人员提供一个交流与对话的平台,通过对话与交流,提高他们的院校研究能力。

(二)技术扶持:提供系统的院校研究方法

院校研究需要人去做,人做研究首先必须掌握研究方法。随着对院校研究功能认识的逐步提高,人们对在我国高校推行院校研究的意义有了更深刻的理解。但对院校研究意义的认识毕竟无法指导人们怎样去进行院校研究。另一方面,无论对院校研究人员进行培养、培训,还是在职人员的自修,院校研究的理论也必须先行。因此,要推动我国高校的院校研究,需要学界在研究方法方面的扶持,提供相关的理论支持。

目前,我国学界对院校研究方法已经进行了一些零星的介绍。例如,华中科技大学刘献君教授就院校研究的基本范式问题发表了自己的看法,赵炬明教授就如何做案例介绍了自己的经验,南京师范大学的蔡国春博士在其论文中介绍了几种美国院校研究的程式等。这些研究对院校研究者不无启发,但这些介绍毕竟是零星的,难以保证其系统性,可操作性也有待进一步探究。

院校研究在我国刚刚起步,其理论的积累需要有一个过程,这个过程可长可短。"摸着石头过河""从做中学",通过经验来提炼和概括院校研究方法的理论固然不失为一种策略,但所需时间太长。所幸的是,华中科技大学教科院在这个方面已经开始起步。据了解,华中科技大学教科院将与美国院校研究协会合作,编写"院校研究理论与方法"方面的教材。但华中科技大学教科院的力量毕竟是有限的,如果能够获得整个学界的支持,这个积累过程将大大缩短。为此,期盼更多的院校和更多的研究人员能够加入这个队伍。

(三)刊物扶持:使院校研究成果有发表的机会

推动我国院校研究的发展,需要学术刊物的扶持,给院校研究成果提供发表的机会。因为,无论对学校还是对研究者本人而言,成果的发表直接地影响到他们对院校研究的重视程度。学校发展涉及多个因素。通过院校研究,不断解决自身管理领域中存在的现实问题,不断提升自身的管理水平无疑是一个重要因素。但学校发展又受到其他多种因素的影响,如学校社会声誉的好坏,学校办学层次的高低;学校所拥有的国家级、省级重点学科、硕士点和博士点的个数等,都会对学校的发展产生重要的影响。所有这些方面,都与学校所发表的论文的数量与质量直接相关。院校研究要获得学校的支持,仅让学校管理者了解院校研究的意义还不够,还必须满足学校对发表论文方面的要求。只有这样,院校研究才有可能得到学校管理者的重视,并给予大力的支持。对于研究者本人而言,研究成果能否发表,对他们是否参与院校研究影响更大。因为"不发表,就死亡"(publish or perish)这个国外的学术名言正在开始走进我们的生活,走进我们每一位大学教师的生活。我们知道,无论是高校教师评职称,还是被评为硕士导师、博士生导师,抑或是学术(学科)带头人,发表文章的数量和质量,都是一个重要的衡量指标,且这些方面又与他们的利益直接相关。按照新制度经济学的假设,人都是"理性的经济人"。作为"理性的经济人"的大学教师恐怕没有人不会算这样一笔账:从事什么样的研究对自己有利。如果应用性院校研究成果难以发表,就意味着自己的努力难以得到应有的回报。那么,他们就不可能以积极的态度对待院校研究,院校研究在我国的发展也自然就成为无源之水。

从我国刊物实际刊发院校研究的文章的情况来看,已经有不少刊物,如《高等教育研究》、《教育研究》、《江苏高教》、《比较教育研究》、《现代大学教育》等发表过院校研究的论文,但所发表的论文大多属于院校研究理论方面的文章。真正发表应用性院校研究的刊物,从所掌握的资料来看,只有《高等教育研究》等少数的几家。这种状况如果长期存在,将会影响高校和研究人员从事应用性院校研究的积极性,不利于院校研究的发展。所以,这与我国教育理论界长期持有的研究取向有关:重视教育(高等教育)共性问题的讨论和一般规律的揭示,忽视个性问题的研究和特殊规律的探寻。学界的这种取向必然影响到刊物对研究文章的取舍。因为刊物需要读者的支持,读者的"口味"自然会左右刊物在刊发论文时的偏好。

为此,要扶持院校研究,不仅要求教育理论界,也要求教育类刊物,尤其是高等教育类刊物改变原有的研究取向。高等教育类刊物不仅要重视发表揭示高等教育一般规律的研究成果,也要重视发表研究某一学校具体管理问题的应用性的院校研究成果。只有这样,高等教育类刊物才有可能为推动我国的院校研究做出自己应有的贡献。

三、推动院校研究要求高校给予支持

(一)人员扶持:成立专门的院校研究机构和配置专门的研究人员

院校研究作为解决院校自身管理问题的研究,其主战场在高校。为保障研究的顺利展开,各高校必须建立一个专门的组织机构——院校研究机构,负责本校院校研究工作的计划、组织及实施等工作。美国的院校研究能够得以在各高校蓬勃发展,与各大学成立有专门的院校研究机构是分不开的。在美国,几乎每一所高校都设有专门的院校研究机构,为本校的改革与发展服务。[1]

鉴于我国各高校都建立有高等教育研究机构这个现实,可以通过赋予高等教育研究机构以新的使命,实现其职能的转换,将其主要任务转移到院校研究上来。以单个院校的实际问题为研究对象,以改进管理实践为目的,具有自我研究、咨询研究、行动研究特征的院校研究,更符合大学决策者建立教育研究机构的初衷,应该成为多数大学教育研究机构的主要任务。[2]

院校研究机构的配置,可参照美国院校研究机构的做法,设置主任、副主任各一名,外加一些专业人员组成,人员的数量可根据学校的实际情况来定。考虑到院校研究工作的复杂性,专业人员要求有较高的学历,最好是硕士或博士,且应该具有不同的学科背景,如具有教育学、心理学、统计学、计算机等学科背景,以便于院校研究工作的展开。

基于我国高等教育研究人员的实际情况,对于不符合院校研究要求的相关人员,或进修,或培训,或转岗,采取各种方法,使他们的素质达到院校研究的要求。为便于院校研究机构在开展工作时能够得到学校其他部门的支持,该机构最好作为一个处级单位,直接隶属于学校主管科研的副校长。

(二)财物支持:为院校研究机构和研究人员提供专项资金和相应的物质条件

院校研究在我国还刚刚起步,各高校开展院校研究的条件很不成熟,为保障院校研究能够在各高校顺利展开,需要学校为院校研究提供专项资金和相应的物质

---

[1] 朱剑,杨颉.美国著名大学院校研究机构解读[J].比较教育研究,2007(1).
[2] 刘献君.大学教育研究机构的主要任务是进行院校研究[J].中国高教研究,2005(4).

条件,如:为研究人员提供专项的培养、训练、进修和学术交流费用;院校研究专项课题资助费用;购买研究设备、资料费用等。此外,学校还应保障院校研究机构有专门的办公场地等基本的物质条件。

(原载于《黑龙江高教研究,2008年第6期》。)

研究生写好学术论文需要哪些素养

从主体方面看,研究生在论文写作过程中出现越轨行为有两个方面的原因:

一是因为"无德"而导致越轨,即因学术道德素养低下而导致抄袭、剽窃、伪造数据等学术越轨行为。

二是因为"无能",即因缺乏学术论文写作相关方面的素养而"不得不"铤而走险。

学术论文写作能力是多种素养与能力的综合。写好学术论文既需要具备丰富的理论知识,较强的思维能力,还需要掌握研究方法和写作方法。可见,防治研究生论文写作过程中的越轨行为,除了要提升研究生学术道德水平之外,还需全面提升研究生从事学术论文写作所需要的素养。

一、写好学术论文需要研究生掌握丰富的理论知识

众所周知,选择新颖、有价值的课题,提出独创性的论点,并以科学的论据支持自己的观点,是一篇好的学术论文的必备条件。要具备这些条件,要求研究生具备较好的理论知识素养。

第一,只有具备系统、丰富的理论知识素养才能提出新颖和有价值的选题。选题正确与否既决定着研究方向是否正确,也决定着研究成果的优劣和价值的高低。要选好论文题目,一个重要的条件是需要作者拥有丰富的理论知识。理论知识越丰富,视野就越开阔,对前人在本领域解决了哪些问题,还存在哪些问题就会越清楚,对所选题目是否有价值、是否新颖的把握就会越准确。

第二,只有具备丰富的理论知识才能提出新颖和具有创新性的论点。学术论文的论点表明作者对某一事物的看法和态度,是作者立场和世界观的直接反映。论文价值的大小首先要看其论点是否正确。论点从哪里来?从对材料的分析、比较和研究中来。研究者理论知识的占有状况,直接制约着可供分析、比较和研究材料的多寡,从而影响所提出论点的质量。掌握的材料越全面,从中概括出的论点越

研究生写好学术论文需要哪些素养

具有普遍意义。① 知识越丰富,鉴别材料真伪的能力、判断论点是否新颖、是否具有创新性的能力就会越强。

第三,具备丰富的理论知识便于为自己的论点找到论据。论据,是用来证实论点的根据,主要包括事实论据和理论论据。事实论据是指有代表性的确凿的事例、史实及统计数字等。理论论据是指经过实践检验的、已为人们公认的名人的言论、科学领域的定理及生活中的常识等。理论知识丰富的人,无论是在事实论据还是在理论论据的积累方面,较之知识不丰富的人要多。因为任何理论在阐述过程中都离不开事实论据或理论论据支持,掌握理论的过程实际上也就是占有与各种理论相关的各种论据的过程。掌握的理论越丰富,积累的各种论据也就越多。一旦自己提出了某一个论点,为之寻求合适的论据也就会越容易。

写好学术论文需要掌握哪些理论知识?一般而言,一个人掌握的知识越多越好。但人的时间和精力是一个常量。当今信息爆炸的年代,知识浩如烟海,一个人穷尽自己的一生,所学到的知识都是有限的。在有限的时间和精力的前提下,就必然存在着对知识的选择问题,即如何选择最有价值的知识来武装自己。

我们知道,研究生教育是本科教育的一种延续。因而,研究生教育具有专业教育的性质,要为社会某一行业或专业领域培养高级专门人才。但研究生教育不仅仅是一种专业教育,还要在专业教育的基础上接受系统的科研训练。本科教育主要注重对基础知识的学习,而研究生教育更提倡对创新精神的培养。② 对于拥有创新精神的高级专门人才——研究生而言,到底哪些领域的知识最有价值?

我们知道,研究生学习,首先必须打好专业知识基础,在此基础上进一步确定研究方向;最后,在所选定的研究方向中确定自己的研究课题。从研究生的学习历程中不难看出,研究生至少应该具备所在专业的专业基础理论知识、与自己的研究方向和研究课题领域相关的基础知识。

这些领域的知识到底应该包括哪些具体内容?有专家对此进行了概括,认为研究生应该具备"史"、"著"、"论"三方面的理论素养。③

"史"就是每个专业、每个研究方向甚至每个选题的学说史。研究生做研究、做学问必须站在巨人的肩膀上,也就是站在前人知识积淀的基础上。

"著"指的是古今中外关于这个专业、这个研究方向、这个选题的经典著作、文

---

① 吴保国,等.领导干部竞争上岗面试指导[M].北京:中共中央党校出版社,2001.
② 周博,冯涛,许海涛.国务院学位办主任杨玉良称本科教育应试化值得警惕[N].中国青年报,2006-11-27.
③ 陈国新,赵晓刚.谈谈文科研究生的读书、研究和论文写作[J].学位与研究生教育,2007(2).

献。研究生掌握了原著、文献,就知道教材内容的出处、来龙去脉,即源头所在,这样研究生就可以在更高的层次上去驾驭教材,理解教材。

"论"就是学术论文。研究生就是通过不断发展着的学术论文掌握学术动态,跟踪学术前沿的。按照"史"、"著"、"论"的范围进行学习,由已知领域向未知领域推进,理论知识功底就会越来越扎实。

如何才能掌握好这些知识?从"史"、"著"、"论"的知识载体形式来看,主要有以下两种:一是以学科形式出现的书本,二是以论文形式出现的期刊文献。

对于书本知识的掌握,我们可以采用美国心理学家布鲁纳提出的掌握"学科的基本结构"的方法。所谓学科基本结构,是指某学科的基本概念、基本原理及其相互之间的关联性。布鲁纳认为,任何学科都有其基本结构,任何与该学科有联系的事实、论据、观念、概念等都可以不断地纳入一个处于不断统一的结构之内。如果掌握了学科知识的基本结构,就可以独立地面对并深入新的知识领域,从而不断独立地认识新问题,增多新知识。长期以来,由于应试教育的影响,我国学生掌握知识的主要目的是应考,考什么就学什么。中小学是如此,大学也不例外。这样的知识,学生虽然学了不少,但由于没有从学科的基本结构入手,以至于所学到的知识是零散的,知识之间缺乏有机的内在联系,大大影响了知识对能力的提升作用和知识的实际运用效果。

因此,研究生在掌握书本知识的过程中,应从学科结构入手,不仅要弄清学科的基本概念、基本原理,还必须弄清这些概念和原理之间的内在逻辑联系。

对于期刊文献,可以按照论文展开思路的方式掌握相关的知识。在阅读期刊文献时尽可能按照一定的顺序,弄清下列问题:研究的问题是什么,采用了什么研究视角,问题(文章)展开的逻辑思路如何,运用了哪些新材料,研究方法上有什么独特之处,提出了哪些富有建设性的观点(结论),文章有哪些可借鉴之处,还存在哪些不足。这种方法不仅可以有序地内化相对零散的知识,丰富自己的知识面,而且可以培养自己的质疑与批判精神,还可以内化他人好的论文写作范式,提高自己架构文章结构的能力。

二、写好学术论文需要研究生提升思维能力

思维能力,就是指一个人科学地组织思想的能力,也就是使思想合乎逻辑的能力。[1] 写好学术论文之所以能提升研究生的思维能力,是因为学术论文写作从选

---

[1] 章建.下功夫锻炼思维能力[J].新闻战线,1962(3).

研究生写好学术论文需要哪些素养

题、选材,到构思、谋篇直至表述、修改,最后成章,一刻也离不开思维。思维能力的高低,对论文写作的全过程都会产生深刻的影响。

思维能力对学术论文的作用集中体现在论文的谋篇布局,即论文的结构上。如果说主题是论文的灵魂,材料是论文的血肉,那么,结构就是论文的骨骼。有了完美的结构,才有可能把论文的主题、材料和谐自然地结合成有机的整体。学术论文的结构应该包括宏观结构、中观结构和微观结构。宏观结构是指论文的各大部分及各大部分之间的关联方式;中观结构指论文某一大部分中各个小部分及其关联方式;微观结构是指段落的构成(展开)方式。无论是哪一个层次的结构安排,都必须分清哪些内容是主要的,哪些内容是次要的;哪些内容之间的关系是递进的,哪些内容之间的关系是并列的;哪些内容应当先说,哪些内容应当后说。所有这些都离不开思维。只有具备较强的思维能力,才能建构出条理分明,层次清楚,合乎逻辑的论文结构。

思维能力的种类很多,但就笔者个人的经验而言,对学术论文写作起主要作用的有三类思维能力:逻辑思维能力,即采用科学的逻辑方法,正确、合理地进行思考的能力;辩证思维能力,即采用联系、发展、全面、矛盾的观点进行思考的能力;系统思维能力,即采用系统的观点,多角度、多层次、多变量地思考思维对象的能力。虽然在论文写作中创造性思维能力很重要,但严格地讲,创造性思维能力不是某一种能力,而是多种思维能力的有机结合与提升。提高这三种基本能力,可以有效地保证学术论文的严密性、逻辑性和系统性。

研究生要提高思维能力,一是要学习思维科学,掌握正确的思维形式、思维规律和思维方法。思维科学是人类在长期的思维活动中,通过成功的经验和失败的教训,对思维形式、规律和方法的科学总结。思维科学主要包括《形式逻辑》、《辩证逻辑》和《系统科学》等。学习这些学科,不仅可以掌握思维的基本形式,包括掌握什么是概念,概念是怎么形成的,概念的外延和内涵指的是什么,怎样区分相近的概念,怎样给概念下定义,什么是判断,判断的分类是什么,如何应用,什么叫推理,什么叫演绎推理、归纳推理和类比推理,不同类别的推理之间有什么异同,怎样使推理科学严密等;也可以掌握思维的规律,包括掌握形式逻辑中的思维的同一律、矛盾律和排中律和辩证逻辑中的对立统一思维规律、量变质变思维规律、否定之否定思维规律等;还可以掌握思维的方法,包括掌握分析、综合、比较、抽象、概括、分类、归纳、演绎、系统化、具体化等。

二是要进行系统的思维训练,形成良好的思维模式。虽然掌握正确的思维方法后可以大大提高思维能力,但从掌握思维方法到形成良好的思维模式必须经过长期大量的系统思维训练。进行思维训练,首先要培养问题意识。要使自己的思维积极活动起来,最有效的办法是把自己置身于问题之中,当有了问题和需要解决问题时,思维才能活动起来,思维能力才可能在解决问题的过程中发展起来。①

培养问题意识,可以从生活、学习和科研等多方面入手,方法就是凡事多问几个为什么。巴尔扎克说,打开一切科学的钥匙都毫无疑问是问号,我们的大部分的伟大发现都应当归功于如何,而生活的智慧就在于逢事问个为什么。

其次,要注意在平时的思维活动中自觉地运用所掌握的思维形式、规律和方法方面的理论。不重视这些理论的学习,大量的训练只会是低水平的重复,劳而无功;不加强训练,学到的理论就转化不成技能,无法形成高效的思维模式。②

三是要养成独立思考的习惯,即养成不盲从、不轻信、不依赖,独立发现问题,独立分析问题,独立解决问题的习惯。

四是要在上述几个方面的基础上,形成良好的思维模式。每个人在平时的学习、生活和研究中都会形成一定的思维模式。思维模式有正确与错误之分、高效与低效之别。思维训练的最终目的就是形成正确、高效的思维模式。思维能力的提高也集中表现为正确、高效思维模式的形成。正确高效的思维模式实际上是上述几个方面长期训练的一种固化的结果,具体内容应该包括"强烈的问题意识、正确的思维方法、独立的思考习惯"。其中,"正确的思维方法"不是一种方法,而是逻辑思维、辩证思维、系统思维等多种方法的结构性组合,这种结构性组合因思维活动要解决的问题的不同而互有差异。

三、写好学术论文需要研究生掌握科研方法和论文写作方法

写好学术论文需要掌握科研方法,是因为学术论文与一般论文存在着本质的区别。学术论文与一般论文的区别就在于对论点(或结论)和论据的要求不同。前者要求较高,后者要求较低。一般论文所给出的观点只是作者自己的观点,他人可以认同作者的观点,也可以不认同作者的观点;论据可以是生活里的事例,也可以是凭空想出来的例子,只要大体能证明作者的观点就行。学术论文则不同,论点不能凭空产生,必须建立在科学的数据与事实的基础之上。作为证明论点的论据,必须是通过采用科学研究方法所获得的准确的数据与事实。科学研究方法在学术论文写作中的作用主要体现在为论点的产生和论点的证明提供科学的数据与事

---

① 进入学习成功隧道——怎样提高思维能力[EB/OL]. http://www.mxms.net/htmV3/28/2006/6/li576453596600022410-0.htm.
② 提高思维力要遵循的其他原理[EB/OL]. http://edu.sina.com.cn/l/2006-03-13/1406133115.htm.

实上。

研究生写好学术论文,需要掌握哪些研究方法?

第一,从事科学研究,获取科学的数据与事实,离不开方法论的指导。方法论总是与一定的哲学观点相联系,不同的哲学流派有着不同的方法论。如同样研究社会现象,实证主义哲学主张运用自然科学的实证方法来解释客观的社会事实,并采用精确的数量分析来发现社会现象之间的因果规律;人文主义学派则主张用阐释或理解等主观的方法来说明具体的历史事件。

第二,从事科学研究,获取科学的数据与事实,需要遵循一定的研究范式。无论是获取什么样的数据与事实,都需要综合运用思维工具,技术工具和符号工具,都有一套从发现问题、获取数据与事实,到检验结论正确性所必须遵循的顺序与规范。这些工具、程序、规范的特定的结构性组合,就是研究范式。

第三,从事科学研究,获取科学的数据与事实,需要掌握具体的数据或资料的收集方法。如问卷法、访谈法、实验法和文献法等。方法论指导研究者收集数据与事实的方向,研究范式指导研究者应该按照什么"样式"收集,而具体的技术手段则帮助研究者直接获取数据与事实。因此,掌握研究方法不只是掌握一些具体的方法和技术,而是掌握从方法论、研究范式到具体的方法和手段的方法体系。

学术论文写作作为一种写作活动,自然需要掌握写作方法。写作学上有这样一句熟语,"文无定则,体有定例"。"文无定则"指的是文章没有绝对固定的模式。如果所有文章的只按一个绝对固定的模式去写,百文一面、千篇一律,文章就会僵化,就会缺乏生气与活力。但"文无定法"并不是反对文章没有基本的"法"(规则与体例要求),而是反对将文章基本的"法"绝对化。"体有定例"是指论文写作要遵循一定的规则和业已形成的体例。写文章如果不遵循一定的规则和业已形成的体例,既无法体现主题和中心,也难以使同行之间通过文章进行交流与沟通。"八股文"讲究章法,讲究起承转合这一点并没有错,错就错在将这种章法绝对化,把"活法"变成了"死法",死硬地规定每篇文章都必须具有八股,甚至连每股讲什么,用多少字,都有明文规定。僵化的结果只能使"八股文"走向腐朽与没落。

学术论文有不同的类别(如调查报告、实验报告、学位论文等),不同类别的文章有着不同的规则与体例要求。掌握学术论文写作方法,需要掌握什么?

一是要掌握不同类别的学术论文写作的基本"法"。如1978年,美国、英国、加拿大的生物医学期刊编辑在加拿大温哥华通过了《生物医学期刊文稿的统一要求》,即"温哥华格式"。该格式的构成包括:①标题;②作者及单位;③提要;④关键词;⑤前言;⑥材料和方法;⑦结果;⑧讨论;⑨结论;⑩参考文献;⑪致谢;⑫附录等。"温哥华格式"后来逐渐成为全球医药类论文通用的规则与体例(写作格式)。

二是要掌握规则与体例的每一个部分具体的写作目的与要求。以掌握"温哥华格式"为例,掌握该格式只需要几分钟时间,但掌握了"温哥华格式"并不等于掌握了学术论文的写作方法,问题何在?在于其中的每个部分都有自己的目的与要求,掌握这些目的与要求才是掌握"温哥华格式"的核心所在。掌握"温哥华格式"是如此,掌握学术论文的其他格式也是如此。

如何掌握科学研究方法和论文写作方法?一是要用理论来武装自己,掌握相关的理论。例如,掌握唯物辩证法,可以帮助我们形成科学的世界观,使我们在论文写作过程中辩证地看问题,抓住主要矛盾;学习本学科的研究方法论和具体的研究技术可以帮助我们选择并掌握自己感兴趣的研究范式和研究手段。学习论文写作方法可以帮助我们选择并掌握自己感兴趣的文体形式。

二是要多阅读名家的范文。名家之谓名家,就在于取得了本学科公认的研究成果,而成果又是凭借范文流传于世。学习名家的范文不仅可以在思维方法、研究方法和写作方法得到有益的启示,而且还可以从其行文风格中得到很好的熏陶。不过,读名家的范文,不能从知识一个纬度来读,而必须从思维方法、研究方法、写作方法,乃至行文风格多个角度来读,仔细揣摩其妙处所在。

三是要多进行科研和写作实践。游泳的理论学得再多,不下水终究不会游泳。研究也好,写作也罢,从根本上讲都是技能,技能的提高要靠实践。虽然从有关研究方法的著作中或多或少可以获得相关知识,而某种研究方法的精义,只能从运用这种方法所获得的研究成果中领略。[①] 掌握研究方法是如此,掌握写作方法也不例外。天道酬勤,勤能补拙。只有勤学苦练,坚持不懈,才会熟能生巧,真正掌握科研方法和写作的方法。

(原载于《内蒙古师范大学(教育科学版),2008年第9期。》)

[①] 陈桂生.略论"教育研究方法"[J].当代教育论坛,2006(7).

基础教育对高师院校人才培养服务需要的调查

一、问题的提出

高师院校作为现代高校的一个重要组成部分,同样具有教学、科研、服务的三大功能。高师院校服务功能的一个重要特色就是为基础教育服务。高师院校服务基础教育表现在多方面,具体包括:为基础教育培养合格的师资,为基础教育在职教师提供继续教育,为基础教育教师提供教育科研和教育改革指导,为基础教育教师提供信息服务等等。其中,培养合格的师资和提供继续教育体现了高师院校人才培养的功能,这是其服务基础教育最重要的功能。

但是在我国,由于历史和现实的原因,高师院校服务基础教育的意识不强,主要表现在:高师院校关起门来办学,专业和课程设置不尽合理,理论与实践脱节。这造成师范生能力结构不合理,培养的高师生不能很好地适应基础教育的需要。随着近年来高校的不断扩招,出现人才相对过剩的局面。基础教育特别需要的教师没有,而基础教育接近饱和的教师高师院校又培养了很多,结果高师生就业难。

另一方面,基础教育改革日益深化,基础教育对教师的要求越来越严格,教师同时还担负着班级管理者、教育科研者、心理辅导者等多重角色,教师面临着巨大压力,迫切希望高师院校能够切实发挥其服务基础教育的功能,给予他们实质性的帮助。因此,高等师范院校面临着严峻的挑战。

2008年8月29日,时任国务院总理、国家科技教育领导小组组长温家宝主持召开国家科技教育领导小组第一次会议,听取教育部关于制定《国家中长期教育改革和发展规划纲要(2010—2020年)》工作情况的汇报。在该会议上,重点强调教师培养问题。不少专家学者也认识到问题的严重性,纷纷撰文提出改革的设想和措施。他们的研究大致可以分为三种思路:①从理论上进行探讨[1][2];②介绍别国高师教育

---

① 陈平水.高校服务基础教育问题初探[J].教育理论与实践,2004(5).
② 王俊明.基础教育的师资需求变化与高等师范教育的改革[J].黑龙江高教研究,2004(7).

改革的成功经验,给我国以借鉴[1][2];③从基础教育的实际中进行调查研究。[3]

对于以上研究思路,都有一个共识,那就是高等教育改革要立足于基础教育的实际需要,这对推动我国高师教育改革起到一定的指导作用。但是,从总体上来看,以上从实证角度来进行的研究并不是很多,也不够系统和深入。

基于以上分析,本调查从基础教育的实际入手,自制调查问卷和访谈目录,以基础教育对高师院校人才服务需要为切入点,对基础教育的中学教师进行实地调查和访谈,对收集来的数据结果进行不同地域之间的横向比较,以求获得更多、更有效的信息,从而为高等师范教育改革提供更科学、更有针对性的实践依据。

二、调查对象与方法

(一)调查对象的基本信息

本次调查的对象包括湖北省武汉市和黄石市两地的中学教师,共发放调查问卷 300 份。其中,武汉市抽样 9 所中学,发放问卷 230 份;黄石市抽样 3 所中学,发放问卷 70 份。此次调查共回收 258 份,回收率 86.0%,其中有效问卷 246 份,有效率为 82.0%。

调查的中学教师男女比例基本上是 1∶1。调查的中学教师具有不同的教龄,从刚入职到 20 年以上;来自城市、郊区和农村不同的地域。调查中学教师的具体情况见表 1。

表 1 调查中学教师的基本情况

		人数/人	百分比/(%)
性别	男	109	44.3
	女	137	55.7
教龄	5 年以下	105	42.6
	5—10 年	54	22.0
	10—20 年	70	28.5
	20 年以上	17	6.9

---

[1] 黄裕胜,陈冀平.国外高等师范教育改革给我们的启示[J].高等师范教育研究,1996(4).
[2] 刘兆伟.日本高等师范教育改革及其对我们之启示——访问日本高等学校后之思考[J].辽宁高等教育研究,1996(3).
[3] 周东明.中学教育实际应作为高等师范教育改革的重要参照——关于《高等师范教育调查问卷》的报告[J].高等师范教育研究,2001(3).

续表

学校地域		人数/人	百分比/(%)
学校地域	城市	101	41.1
	郊区	91	37.0
	农村	54	22.0

(二) 调查方法

1. 问卷调查

在走访武汉市部分中学的基础上,有针对性地设计和编制了问卷。问卷共16题,以选择题为主。问卷调查对象主要以武汉和黄石两地中学教师为例,了解基础教育教师在人才培养方面的需要。人才培养从职前师资培养和职后继续教育两个阶段进行调查,每一个阶段又从两个维度进行:一是现状调查,包括对中学教师在高师院校职前人才培养的满意度和对高师院校举办的继续教育的满意度;二是需求调查,包括中学教师在职前师资培养方面的需要和职后继续教育方面的需要。

2. 个别访谈

针对调查问卷的不足,进一步拟订了统一、具体的访谈问题,对随机抽样的被调查教师进行个别访谈。一方面,对问卷调查中获得的某些信息做出进一步的深入调查,比如,问该教师在问卷调查中做出某些选择的原因。另一方面,为了获得某些在调查问卷中没有体现的问题。对所有个别访谈的回答进行认真分析,以供定量和定性结合研究之用。

三、调查结果统计分析

(一) 基础教育教师对高师院校职前师资培养现状的看法和需要情况

为基础教育服务是我国高师教育的职责和根本任务,而高师院校服务基础教育的首要任务就是培养高质量的师资。

那么,目前高师院校培养的师资能适应基础教育发展的需要吗?目前高师院校最需要什么样的师资?目前高师院校培养的师资还非常缺乏哪些方面的能力和素质?今后在教育和培养的过程中还要突出哪些方面的能力和素质?对此,我们进行了问卷调查和个别访谈。

1. 基础教育教师对当前高师院校职前师资培养现状的看法

在调查中,当问及"您认为目前高师院校培养的中学教师能适应基础教育发展的需要吗"时,选择"非常适应"和"基本适应"的中学教师共有223人,占总数的90.7%,仅有9.3%的中学教师选择"基本不适应"和"非常不适应"。从调查结果中,我们不难发现,高师院校培养的人才从总体上来看是适应基础教育发展需要的。这说明高师院校在师资培养上有其自身优势。

通过进一步的调查我们了解到,他们认为高师院校在人才培养上的主要优势首先是师资力量雄厚(32.9%),其次是学习资料丰富(19.5%)和学习氛围浓厚(18.7%)。

另一方面,从调查结果中,我们也应该看到选择"非常适应"的教师的人数比例(3.3%)明显低于"基本适应"的(87.4%)。这说明中学教师认为高师院校在人才培养上还是有其不足之处。

通过进一步的调查和访谈我们也了解到,中学教师普遍认为目前高师院校在人才培养上的主要不足之处一是重理论、轻实践(48.0%),二是脱离中学实际(26.0%)。一位年长的老师就明确表示:目前高师院校培养的师资理论知识较强,这是其优势;但是在中学任教除了要有扎实的理论知识以外,更为重要的是要了解目前中学的实际,了解中学生的身心特点和存在的突出问题,能够解决他们的实际问题。这些深刻见解给我们很大的启示。

进一步统计我们还发现,城市中学的教师对高师院校人才培养的满意度高于郊区和农村教师,三者的人数比例分别是49.5%、38.0%、12.5%。这从一个侧面说明城市教师的质量高于郊区和农村教师。究其原因,主要是目前高师生的择业观造成的,他们宁可失业,也不愿到艰苦的农村。另外,通过农村教师的个别访谈,我们还了解到,目前农村优秀教师流失严重,这使得本就薄弱的基础教育雪上加霜。因此,农村中学教师特别需要高师院校鼓励优秀的毕业生到农村基础教育服务。

2. 基础教育教师对高师院校职前师资培养的需要

那么什么样的毕业生才算是优秀的毕业生呢?或者说基础教育希望高师院校培养什么样的优秀人才呢?在调查中,当问及"作为一名优秀的中学教师,应该突出地表现在什么方面"时,给教师六个选项,要求教师按照重要程度进行排序,结果按重要程度依次是:良好的职业道德＞较高的教学水平＞较强的与学生沟通的能力＞较强的班级管理能力＞良好的身心素质＞较强的科研能力。如图1所示。

当问及中学教师"目前高师院校培养的教师最缺乏哪些方面的能力和素质"时,结果是:＞缺乏良好的职业道德＞缺乏较强的班级管理能力＞缺乏较高的教学

基础教育对高师院校人才培养服务需要的调查

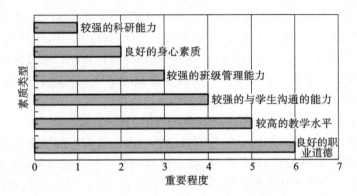

图1 中学教师对优秀教师素质要求的认识情况

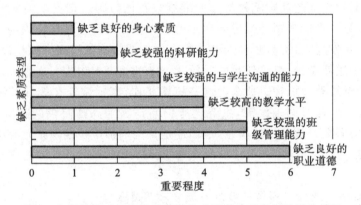

图2 中学教师对目前高师院校人才培养缺乏素质的评价情况

水平＞缺乏较强的与学生沟通的能力＞缺乏较强的科研能力＞缺乏良好的身心素质。如图2所示。

从中我们不难发现，中学教师认为最重要的教师素质是职业道德，而高师院校培养的师资最缺乏的也是职业道德，这在一定程度上说明目前高师院校在职业道德教育方面要加强。另外，我们还发现，教学水平和班级管理能力也是目前教师比较缺乏的，所以，高师院校在人才培养的过程中，应该重点加强职业道德、教学能力和班级管理能力的培养和提高。

（二）基础教育教师对高师院校职后继续教育的看法和需要情况

师范教育是培养教师的专业教育，它同其他一切职业教育一样是职前的教育，是获得教师资格的教育，是准备性教育。因此，职前教育的主要任务是打基础，即掌握"双基"——教师专业的基本知识和基本技能。虽然在教育过程中设有实践环节,但由于时间短,掌握学校教育实际工作中所需要的知识、技能、观念、态度等是不可能的。因此,有必要在职后进行具体的和有针对性的指导,这就是教师的在职继续教育。从这个意义上讲,教师教育应该是职前教育和职后教育的统一,二者缺一不可。① 那么目前中学教师参与继续教育的情况如何?反馈的效果怎样?他们又最需要哪些方面的服务呢?

1. 基础教育教师对当前高师院校职后继续教育的看法

调查结果显示,78.0%的中学教师表示曾经参加过高师院校举办的继续教育,通过进一步的统计和分析,我们发现:城市教师相对于郊区教师和农村教师有更多的学习机会,三者的人数比例分别是41.2%、37.0%、21.8%。这说明高师院校应该更多地关注农村基础教育,更多地为他们提供服务。

那么,对于参加过高师院校举办的继续教育的教师反馈又如何呢?从调查中我们发现有近一半的教师还是感到满意的。为什么教师会这样认为呢?通过访谈和调查进一步发现,目前教师参加继续教育的主要机构除了高师院校以外,还有教育学院,教师进修学校,自己任教的学校等。与这些机构相比,教师认为高师院校是最理想的继续教育机构。那么与这些机构相比,高师院校在教师继续教育方面有哪些优势呢?通过调查发现,主要优势仍然是因为高师院校的师资力量雄厚。当然,尽管大多数的教师比较满意,他们还是认为高师院校在继续教育中存在着诸多不足之处,主要体现在一是脱离中学实际(49.3%),二是重理论、轻实践(28.2%)。

2. 基础教育教师对高师院校职后继续教育需要情况

当问及"您认为当前中学教师最需要的是什么"时,排在第一位的是能力培养(67.5%),如图3所示。我们知道,教师的能力主要包括教学能力、教育能力、科研能力、班级管理能力、师生沟通能力等,其中教师的核心能力是教学能力。当我们进一步调查中学教师当前最需要提高的能力时发现,有29.7%的教师选择了教学能力,排在第一位。通过调查和访谈我们也发现,有高达68.7%的教师坦言他们在教学中存在诸多问题,主要表现在缺乏课堂调控能力和师生互动。当然,提高教师的教学能力和水平,教师本人也必须在实践中不断提高自身实施素质教育的能力和水平。因为就教师个人而言,其教学能力的提高是一个长期的过程,是其实际经验累积的结果,不能仅仅依靠高师院校。

排在第二位的是知识更新(25.2%)。那么,教师最需要什么样的新知识呢?当要教师选择目前他们最需要学习的知识时,有39.8%的中学教师选择了教育学

---

① 陈孝彬.教育管理学[M].北京:北京师范大学出版社,1999.

基础教育对高师院校人才培养服务需要的调查

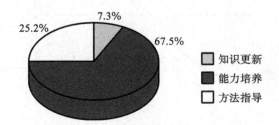

图3　中学教师最需要的方面

心理学知识,有37.4%的中学教师选择了学生学习及其发展的知识。为什么中学教师最需要教育学心理学和学生学习的知识呢?我们知道,教学是教与学的双边互动活动,教师主要互动的对象是学生,因此教师必须深刻理解学生的身心发展特点和学习心理,才能创造出"最近发展区",科学合理地安排教育教学活动,有效地激发和促进学生学习,才能把自己所拥有的学科知识以适当的表征方式呈现给学生。因此,高师院校要改革课程结构,不仅要加大教育学和心理学的比重,而且要结合基础教育实际进行教学。

排在第三位的是方法指导(7.3%)。通过访谈发现,大部分的教师采用的是传统的讲授法。大家普遍认为这种教学方法还是最适应基础教育的,因此,大多不愿意接受和尝试新的教学方法。

(三) 基础教育教师对高师院校职前师资培养和职后继续教育看法需要情况的比较

如前所述,教师教育应该是职前教育和职后教育的统一,二者缺一不可。那么这两个阶段在人才培养的导向上有没有什么不同呢?如果有不同,两者的侧重点又各是什么呢?我们也进行了调查和访谈。

通过调查我们发现,有39.4%的教师认为高师院校在职前教育的最重要的导向是教育教学能力,其次是拓展专业知识(27.2%),再次是树立新的教育观念(26.1%),最后是提高科研能力和其他(7.3%)。与此对应,有38.6%的教师认为高师院校在职后教育的最重要的导向是教育教学能力,其次是树立新的教育观念(26.4%),再次是拓展专业知识(17.5%)和提高科研能力(17.5%)。如图4所示。

从对比中我们不难发现,基础教育教师认为,提高教育教学能力始终是高师院校在人才培养上的最重要的导向。因为教师的最主要的任务就是教书育人,教师的核心能力是教育教学能力。另外,我们还发现,选择拓展专业知识的教师人数从职前的27.2%下降到17.5%,下降了9.7个百分点,而选择提高科研能力和其他

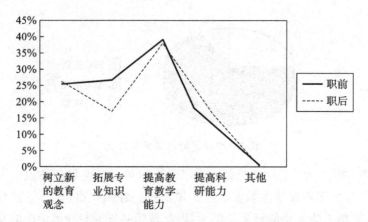

图 4　高校院校教师在职前和职后教育的导向比较

的教师人数由职前的 7.3% 上升到 17.5%，上升了 10.2 个百分点。这一降一升说明了什么呢？通过个别访谈我们了解到，教师认为，高师院校在教师职前应更多地关注专业知识的拓展，而在职后教育应更多地关注科研能力的提高。因为高师生是学习专业知识的重要阶段，所以需要掌握牢固的专业知识，为今后的教师工作做准备。在职后教育中，他们在实际的教育教学过程中，能把自己所学的知识加以运用，因此，知识上的问题对于教师而言已不是主要问题。此时他们会遇到些更为实际的问题，诸如如何有效传递所学的知识，如何有效地与学生沟通等等，而这些问题又是很好的研究课题。但是，由于教师缺乏科研意识，很少把它作为教育课题加以研究。因此，他们希望提高这方面的意识和能力。

四、结论和建议

（一）高师院校应该着力加强对农村教师人才培养的工作

从调查中可以发现，城市中学教师对高师院校人才培养的满意度高于郊区和农村教师，城市教师相对于郊区教师和农村教师有更多的学习机会。这在一定程度上说明了高师院校对农村和郊区人才服务的乏力。所以，高师院校应该加强对农村教师人才培养的工作。

我们可喜地发现，目前，高师院校尤其是地方高师院校在农村支教中发挥着重要作用。以湖北省范围内 2004 年以来开展的"农村教师资助行动计划"为例，该计划是湖北省引导大学生下基层就业的重点项目之一。省内各高校尤其是高师院校发挥着巨大作用。据《中国青年报》的有关报道,2005 年,湖北有 2380 人报名参加"农村教师资助行动计划",有 1029 人签约;2006 年,有 3801 人报名,已签约 1700 多人。① 到目前为止,该计划仍在继续,每年报名的人数有增无减。当然,高师院校不仅仅只是做好一次或几次"支教"活动,而要把它作为一项长期工作来抓和一项长期的制度来建设。

(二)高师院校应该加强理论和基础教育当前实际结合

调查发现,中学教师无论在职前教育还是职后教育对高师院校师资培养共同看法就是理论和实际脱节。因此,高师院校应该重视加强理论与基础教育当前实际结合。

高师院校只有在了解基础教育实际的基础上,才能结合基础教育的实际。高师院校如何了解当前基础教育的实际呢?一个重要的平台就是高师院校在校外建立相对稳定的教育实习和实验基地。作为高师院校要扩展基地建设内涵,将教育实习基地同时建成地方高师院校的"基础教育新课程改革协作基地"和"教师专业发展服务基地",基地建设实现"三位一体"。另外,高师院校应该根据基础教育的实际需要进行专业设置和改革课程结构,针对基础教育亟待解决的问题进行教育研究,尤其是教育实验研究和纵向研究。

(三)高师院校应该有侧重点地做好职前和职后一体化的教育

从调查中我们还发现,高师院校无论在举办职前教育和职后教育,始终要抓住培养学生的教育教学能力这个核心,但是两个阶段的教育还是有所不同的侧重点,在职前教育主要是加强专业知识的学习,打好专业基础;在职后教育则主要是加强教育观念的更新和科研能力的提高。

因此,高师院校要以终身教育思想为指导,根据教师专业发展的理论,对中小学教师职前与职后教育进行全程的规划设计,把基础教育师资的培养和在职教师的培训渠道打通、融合,从而形成教师教育各个阶段相互衔接、各有侧重的一体化办学模式。

(原载于《教师教育研究》,2009 年第 5 期,与郭艳彪共同撰写。)

---

① 程墨. 湖北出台优惠政策鼓励大学生赴西部下基层[N]. 中国教育报,2006-05-29.

引领社团活动提升大学生的就业竞争力

——湖北师范学院"教师技能促进协会"社团活动课程化案例研究

一、研究的背景与问题

在高校持续扩招的形势下,大学生的就业日益成为一个严峻的问题。这引起了政府的高度重视和社会的广泛关注。政府将大学生就业率的高低作为衡量高校教育质量的重要标准,并与学校的招生数量直接挂钩;社会将大学生就业率的高低作为衡量学校办学水平的重要尺度,这个尺度成为学生择校的一个重要指示器。

在这种背景下,高校越来越重视大学生就业竞争力的培养。大学生就业竞争力的培养是一项系统工程,需要大学师生员工的共同努力,需要大学各方面工作的协调与配合。教学工作是学校的中心工作,也是培养大学生就业竞争力的主要阵地。然而,除了教学这个主阵地以外,学生社团活动由于自由、自愿和形式多样等特点,在培养大学生就业竞争力方面有着不可替代的作用。遗憾的是,社团活动在提升大学生就业竞争力中的独特作用并没有引起高校的普遍重视。湖北师范学院"教师技能促进协会"在这个方面进行了有益的尝试,探索了一条社团活动课程化的新路子,并取得了明显的成效。现将该社团活动的做法介绍给大家,希望能够对兄弟院校的社团活动提供启示。

二、"教师技能促进协会"社团活动课程化案例

教师技能促进协会成立于1999年9月10日。该社团成立初期,与其他社团活动一样,学生自愿参与,活动有名义上的指导教师,且面临经费不足、活动场所受限等问题。这使社团的活动基本流于形式,学生参与度也不高。

到2003年,高校经过连续多年扩招,大学生的就业压力越来越大。作为一所处于地方城市的高校,师资和生源等方面无法与省会城市同类学校相比,这个问题

引领社团活动提升大学生的就业竞争力
——湖北师范学院"教师技能促进协会"社团活动课程化案例研究

就变得更加突出。在这种背景下,学校召开了"提高教育质量、提高大学生就业率的应对举措"学术研讨会,其基本共识是:提高大学生的就业率,关键在于提高大学生的就业竞争力。大学生就业竞争力的提高,不仅取决于学校的教育教学质量、科研水平,也取决于学校学生活动开展的质量。按照学校的部署,就学生工作如何有效地提升大学生的就业竞争力召开了有教务处、学工处、教科院等相关单位领导和专家参加的座谈会。讨论的焦点集中在"如何搞好社团活动提升大学生就业竞争力"的问题上。基于湖北师范学院社团活动基本流于形式这个现实和学校现有财力,提出着力打造一个对学生将来在中小学就业有全面提升作用的精品社团——教师技能促进协会,并指派化学与环境工程学院的一名在学术上和教育教学上具有突出成就的教授担任该社团的指导教师。

协会解决的第一个问题是实现社团活动的常规化。一方面,指导教师为社团活动的开展尽可能多地提供指导。从确定社团的指导思想、宗旨到社团的发展思路与工作策略以及解答各会员提出的许多问题,都予以认真对待,耐心解说,细致指导。另一方面,着力培养社团的骨干力量。既给社团干部分任务、压担子,也给他们讲方法和思路,激发他们的工作热情。使他们的工作能力得到明显提高,同时基于教师职业特色的传统的"三字一话"(毛笔字、钢笔字、粉笔字和普通话)讲座与比赛等活动正常进行,社团活动基本步入了正轨。

协会解决的第二个问题是改造现有社团,使社团活动能够全面提升高师生的就业竞争力。随着社团活动的进一步深入,潜藏在社团活动中的深层次的问题逐渐暴露出来,主要表现在以下几个方面。

一是学生参与该社团的积极性不高,参与的人数相当有限,每年招收到的新学员不到50人。这与学校当初打造该社团的期望相距甚远。社团也就难以起到大面积提升大学生就业竞争力的作用。这既有学生认识方面的原因,如一些学生认为社团活动比较松散,对自己锻炼的价值不大,参加社团活动浪费自己的时间和精力;也有社团活动自身的原因,如"三字一话"的程式化的活动方式,难以维持学生对该社团活动的持久兴趣。

二是社团经费紧张,有些活动无法取得理想的效果。众所周知,高校社团活动经费主要由三块构成:会员的会费、团委下拨的经费和会员到外面单位拉的赞助费。会员收取会费是象征性的,团委下拨的经费数量也非常有限。一旦遇到学校搞大型活动就会挤占和挪用经费。该社团所需要的经费也就无从落实。学校所在地黄石是一个中等城市,能够出赞助费的单位本来就不多,加上各社团成员的"多次全面出击",社会赞助费几近枯竭。随着社团人数的逐年增加,社团活动经费无法满足社团活动正常开展的需要。

三是社团的组织形式松散，对学生缺少应有的约束力。作为一种非正式的群众组织，社团组织本来就松散。这种组织的好处在于学生来去自由，自由度比较大，坏处在于自由过大就缺少对会员应有的约束力。社团开展的活动学生有兴趣、有时间就来，没有兴趣、没有时间就不来，从而使社团活动的实际效能大打折扣。

"三字一话"的确是教师所必备的基本技能，也是未来到中学当教师的高师生就业竞争力的重要构成要素，但未必是高师大学生就业竞争力的全部。基于这种认识，协会于2004年5月采用问卷调查的方法（发放问卷300份，回收有效问卷258份），调查了武汉和黄石的12所中学对教师素质的实际需要，在此基础上概括出高师生就业竞争力的核心要素依次包括教育教学能力、专业知识、新的教育观念和科研能力。调查结果证实教师技能促进协会的"三字一话"活动，无法全面提升高师毕业生的就业竞争力。

问题客观地摆在协会面前：一方面，现实的各种困难使协会的各种活动受到限制，无法有效开展；另一方面，现有的"三字一话"的社团活动在提升高师生素质方面离中学的实际需要相距甚远，难以全面提升高师生的就业竞争力。怎么办？

经过近一个学期的探索与研究，指导教师提出了一个大胆的构想：创新社团组织与活动形式，将社团活动课程化。其基本思路是将社团组织作为课程的组织载体，将丰富多彩的学术讲座和社团活动作为课程内容，以提高大学生就业竞争力为主要目的，由教师进行指导，由教务处进行评价。

社团活动课程化的构想，可以有效地解决教师技能促进会所面临的各种困难。

第一，社团活动课程化，可以根据提升高师生就业竞争力的需要，有针对性地开展学术讲座和相应的活动，从而避免"三字一话"活动模式的单调、高师生就业竞争力不全面的缺陷。

第二，课程化使社团组织构架得到改善。传统意义上的社团对于会员是不具备任何约束性的，所有会员的参加都出于自愿而非强迫，不参加活动也不会有人追究责任。这是社团给予会员的权利，使会员在学习的同时享受到充分掌握时间的自由，可这种权利也在一定程度上增加了社团开展活动的困难，甚至会导致社团活动资源得不到充分利用。课程化给了会员一种约束，教务处规定的学分又给了他们一个不得不来的理由，再加上学校所安排的固定时间与固定地点，使得每次常规活动的开展都能顺利进行，保证了学生真正从社团活动中受益。

第三，课程化使社团能争取到更多资源。课程化以后，社团的活动划归教学活动，这样，许多单凭社团不易解决的问题就能通过教务处得到解决。大多数社团活动浪费大把时间来寻觅适合的地点或预约某间教室。一旦将社团活动课程化了以后，每个人都同时属于社团，教务处会因其为教学活动而给予教室安排，讲座所需

引领社团活动提升大学生的就业竞争力
——湖北师范学院"教师技能促进协会"社团活动课程化案例研究

要的费用也可由教务处开支,从而保障社团每次活动所需要的条件。

第四,课程化能调动学生的参与热情。许多学生不参加社团并不是因为毫无爱好,而只是觉得在课业繁忙的同时参加社团得不偿失,课程化后对参加的学生给予一定学分奖励的措施,正好对症下药地解开了这些学生的心结,激起他们的学习兴趣和热情。

然而,要实现社团活动课程化,还必须改革现行社团的领导体制,必须将教师技能促进协会由团委划归到教务处,由教务处领导,并纳入到教务处选修课体系之中,作为一种特殊的选修课程进行运作。

2006年9月初,由教师技能促进协会全力协办的一门特殊的跨系选修课程——"教师职业能力训练"顺利开出。该课程的指导思想是:着眼于高师生就业竞争力培养的需要,采用系列化的讲座内容,聘请各类名师教授,运用多样化的活动方式,帮助高等师范院校师范专业学生更新教育观念,拓展知识面,了解当前基础教育改革的现状和变化规律,亲身感受、探询、思考和研究教育教学问题,培养并切实提高师范生的教育教学能力,使毕业生就业时具有较强的竞争力。

思想与方案有了,能否将其变为现实?要将10多名专家教授、中学一线教师的思想、教学风格有机地统一起来,形成一个有目的、有层次、有侧重、有联系、深受学生欢迎并切实提升高师生的就业竞争力的课程体系,其难度还是很大的,至少在当时的高校是没有先例的。理念、内容、模式、方法等许多细节问题需要在课程开设中逐步解决。

2006年9月18日,教师职业能力训练课程第一届课程开设成功。之后,根据培养高师生就业竞争力的需要,确定系列讲座内容主要围绕三个层面展开:一是教育与教学的基本理念;二是教师的基本素质与能力;三是课堂教学艺术与学生模拟教学实践。三个层面既独立又相互联系,既有宏观又有微观,既有理论也有实践。

除了在课程内容方面根据培养学生就业竞争力的需要进行创新以外,在课程的授课方式、方法方面也进行了大胆的改革。

一是授课主体多元。该课程采用系列讲座的形式,由十几位教师共同完成,每个教师只讲一个专题。该课程聘请的教师包括本校校长、党委书记、教务处长、校长助理、教务处长以及相关教授、博士等,还有黄石、大冶、黄冈等周边地区10多所中学30多名校长、特级教师、优秀青年教师等。

二是授课方式灵活多样。该课程将教师课堂讲解、现场学生评价、师生互动交流、课前学生能力展示、学生模拟教学、课后能力训练、网络课程服务、课程论文写作有机地结合起来,体现了重视实践体验以及自主、合作、探究的新课程教学改革的发展方向。如为了让会员能有更多的锻炼机会,协会实施了课前一刻钟的能力展示和每学期一次的讲课实践活动(包括练习、预赛、复赛、决赛)。多元的授课主体、灵活多样的方法,加上多层面的讲课内容,不仅能够满足会员多样化的需要,提高他们对该课程的学习兴趣,同时也切实地拓展了他们的视野,提升了他们教育理论素养和就业时所需要的各种能力,深受学生欢迎。

教师职业能力训练课程已经开展了七届,总共进行了近百次讲座,开展了百余次的活动。该系列讲座虽然主要是面向师范专业学生,但每次讲座都有许多非师范专业的学生旁听,教室每次都挤满了学生,不少学生都是站着听课,成了湖北师范学院最独特的一道风景线,听课学生超过2.5万人次(有2003—2009七届学生,涵盖全院各院系各专业)。同学之间、师生之间相互交流,在学校形成了学生重视对新课改的了解和重视就业竞争力培养的良好氛围,对每届学生的就业产生了积极的影响。

后期进行问卷调查,发现教师技能促进协会社团活动课程化对会员的就业竞争力有了明显的提升作用:孙娟(2006届毕业生),协会干事,获全国化学讲课比赛特等奖,湖北省讲课比赛一等奖,现为黄冈市重点中学教师;杨昊(2002届毕业生),协会成员,获全国政治讲课比赛二等奖,湖北省讲课比赛一等奖,现为黄石实验高中副校长;常川(2009届毕业生),协会成员,获全校教师职业技能讲课比赛一等奖,全国首届师范大学化学专业综合素质大赛特等奖,湖北省高校大学生科研论文一等奖;何随箔(2009届毕业生),协会成员,获全校教师职业技能讲课比赛二等奖,黄石两所重点中学竞相与其签约;王江(2009届毕业生),协会成员,获全校教师职业技能讲课比赛一等奖,一次性签约到外省一重点中学;夏双双(2009届毕业生),协会干事,获全校教师职业技能讲课比赛二等奖,签约襄樊职业技术学院;李红祥(2009届毕业生),协会成员,获全校教师职业技能讲课比赛一等奖,签约到黄陂第七中学。

正因为该社团成绩突出,2007年和2009年,该社团连续被评为全国高校百强社团,指导教师也被评为中国高校社团十佳指导老师。

三、启示

(一)重视社团活动在提升大学生就业竞争力中的重要作用

就业竞争力是就业主体在就业过程中战胜对手获得相应职位的能力。大学生的就业竞争力就是大学生在就业过程中满足用人单位需要,战胜对手获得相应职位的能力。众所周知,大学教育是一种专业教育,大学生就业主要是一种专业对口

引领社团活动提升大学生的就业竞争力
——湖北师范学院"教师技能促进协会"社团活动课程化案例研究

就业。专业素质的是影响大学生就业竞争力的一个很重要的因素。专业素质的提升,既要靠课堂教学,又不能局限于课堂教学。课堂教学的一个最大优势在于给学生提供系统的专业知识,形成学生相对完善的专业知识结构。但它的一个明显缺陷是难以提升学生实际的动手能力,而这个方面是构成大学生专业素质的一个极为重要的方面。不可否认,近几年大学生难以就业,除了招生规模超过了社会的实际需求,导致结构性失调这一原因之外,另一个很重要的原因是高校过分重视课堂教学,忽视社团等社会实践活动,而使大学生的专业素质片面发展。社团活动虽然难以给学生以系统的知识,但它的实践活动特性决定其在学生实践能力的提升方面,有着课堂教学不可替代的作用。湖北师范学院"教师技能促进协会"之所以在提升大学生就业竞争力中发挥了应有的作用,与学校对社团活动在提升大学生就业竞争力中的作用高度重视不无关系。因为只有予以重视,才会有人、财、物各方面的投入,才有可能保证社团团活动的正常开展,取得理想的实效。

因此,在高校就业压力日益严峻的今天,各高校在狠抓教学工作的同时,也应该重视社团活动在提升大学生就业竞争力中的重要作用,使社团活动在提升大学生就业竞争力方面做出应有的贡献。

(二)着力打造少数精品社团和聘请责任感强的教师

引领社团活动,提升大学生的就业竞争力,需要着力打造少数精品社团。原因主要有两个方面:

其一,并非所有的社团对大学生的就业竞争力的提升具有同等价值。社团活动多种多样,对大学生实践能力提升的着力点各不相同,对大学生就业竞争力的提升作用也各异。我们的研究表明,大学生社团活动对大学生实践能力的提升作用,大致可以分为三种类型:一是实践能力为社会所需要,是就业竞争力的构成要素;二是实践能力虽然为社会需要,但对学生就业竞争力的提升并没有实质性的所用;三是实践能力纯属于个人的业余爱好,并不为社会所需要。既然社团活动对大学生就业竞争力的提升作用存在明显的差别,因此有必要对社团进行挑选,挑选出那些能够有效地提升大学生就业竞争力的社团重点打造。

其二,大学社团活动存在的一个普遍性问题是资金不足、缺少指导、活动场地有限。各高校社团的数量很多,对每个社团进行扶持,会面临人力、财力和物力的实际困难。引领社团活动提升大学生的就业竞争力,也必然面临这个问题。在此情况下,一种可行的方法是本着"有所不为才能有所为"的原则,精心挑选少数社团进行打造。湖北师范学院根据其师范性及自身财力,精选教师技能促进协会作为重点打造的社团是符合校情的,实践证明也是可行的,其经验应该给兄弟院校提供一定的借鉴。

引领社团活动,提升大学生的就业竞争力,除了需要着力打造少数精品社团,还必须为这些精品社团聘请责任感强,有能力的教师担任指导。一些学校的社团活动之所以流于形式,恐怕与指导教师没有履行到指导责任有关。社团活动,问题复杂、困难大,要给会员有益的指导,要求指导教师必须全身心地投入,没有一定的事业心和责任感,不具备一定的能力,是难以胜任的。湖北师范学院教师技能促进协会之所以能够在培养大学生就业竞争力方面取得理想的效果,很大程度上应该归于学校给该社团选聘的指导教师。当然,学校在赋予指导教师一定责任的同时,也应该给这些教师以合理的报酬,保证权利与义务相称。

(三)创新社团管理体制,实现社团活动课程化

精选少数社团以后,如何保障社团活动获得人力、物力和财力的支持,如何保障社团活动真正有效地提升大学生的就业竞争力?湖北师范学院教师技能促进协会创新社团管理体制,实现社团活动课程化的具体做法给出了一个可供参考的答案。

创新社团管理体制,解决的是由谁负责社团的问题。传统的由团委管理社团的体制,在计划体制下是可行的。因为当时的大学生并不存在就业压力,社团也没有必要在提升大学生就业竞争力方面做文章。然而,在就业形式日益严峻的形势下,还是由团委管理几十个,甚至上百个社团,并指望社团活动能够提升大学生的就业竞争力,不仅超出了团委的能力范围,也超出了其财力范围。湖北师范学院教师技能促进协会在提升大学生就业竞争力方面之所以取得了较理想的效果,在于将该社团的管理从团委划到了教务处,获得了教务处领导在人力、财力和物力等方面的大力扶持。

为此,社团活动的管理体制应该进行创新,应该将那些对大学生的核心竞争力具有提升作用的社团挂靠到相关单位。湖北师范学院作为师范院校,其师范性特点决定"教师技能促进协会"可以名正言顺地挂靠教务处,但非师范院校的社团活动,挂靠教务处则未必可行,但至少可以挂靠二级学院,获得二级学院的支持。这是因为学生就业竞争力的提升,尤其是作为就业竞争力的专业素质的提升,主要的力量在二级学院,这是由大学的学术性特点决定的。而且二级学院也有提供这种支持的义务,提高学生的就业竞争力也是二级学院新时期工作的一个极为重要的目标。

社团活动课程化,实际上是利用课程这一载体,整合各种资源,调动主管单位、教师和会员多方积极性,最大限度地提升大学生就业竞争力的一个有力举措。湖

引领社团活动提升大学生的就业竞争力
——湖北师范学院"教师技能促进协会"社团活动课程化案例研究

北师范学院教师技能促进协会,利用教师技能培训课程,能够有效地提升高师生的就业竞争力,我们也相信其他院校也可以利用这种方式,有效地提升毕业生的就业竞争力。当然,在具体的运作过程中,社团活动课程化的方式、方法,在不同类别的学校中可能有所不同,这需要不同类别的学校,根据自身的实际进行探索和研究。

(原载于《内蒙古师范大学学报(教育科学版),2010年第5期》,与余新武共同撰写。)

"科研兴校"的内涵、机制与条件

对中小学而言,"科研兴校"是一个非常重要的问题。对该问题理论界不乏探讨,仅《中国学术期刊网》就可查到相关文章近两百篇。不过,只要经过仔细分析,就不难发现这些文章介绍"科研兴校"经验的多,探究"科研兴校"理论的少。迄今为止,对"科研兴校"的一些基本理论问题,如"科研兴校"的内涵、机制和所需条件等,理论界并未给予应有的说明。理论是行动的指南,理论上的迷茫必然会带来实践上的困惑。许多学校虽然科研搞得轰轰烈烈,却并未达到"兴校"的目的,这与"科研兴校"理论研究的滞后可能不无关系。因此,有必要加强该方面的理论研究。

一、"科研兴校"的内涵

目前,理论界直接揭示"科研兴校"内涵的文章并不多。有一篇文章从方法、目标和模式方面解释了"科研兴校"的内涵,该文指出:从方法上讲,"科研兴校"的内涵包括教师成为研究者,教学科研一体化,以校为本的研究,行动研究法等;从主体来讲,"科研兴校"的内涵包括学校、教育工作者和学生;从目标上讲,"科研兴校"的内涵包括教学成绩和科研成果;从模式上讲,"科研兴校"的内涵包括组织模式和运行模式。① 表面上看,该文对"科研兴校"的内涵从多个角度进行了说明,解释似乎很全面、详细、具体。但实际上,该文所解释的并不是"科研兴校"这一概念的内涵,而是对科研兴校所涉及内容从不同角度进行的简单列举。按照形式逻辑的规定,概念的内涵是概念所反映的事物的本质属性的总和,是对概念所反映的事物的本质属性的概括。上述对"科研兴校"内涵的规定明显不符合形式逻辑的有关要求,缺乏理论上的依据。

要科学地揭示"科研兴校"这一概念的准确内涵,笔者以为,一是要正确理解"科研兴校"中"科研"与"兴校"两者的关系,二是要从学理上准确把握"兴校"的真正含义。

要理解"科研"与"兴校"两者之间的关系,必须从发生学的角度弄清"科研兴

---

① 刘尧.中小学"科研兴校"论纲[J].辽宁教育研究,2001(3).

"科研兴校"的内涵、机制与条件

校"这一概念的由来。"科研兴校"这一提法产生于我国实施"科教兴国"战略之后。1995年5月6日,中共中央、国务院在发布的《关于加速科学技术进步的决定》(以下简称《决定》)中正式提出"科教兴国"战略。为响应国家制定的科教兴国战略,1998年12月24日,教育部颁布了《面向21世纪教育振兴行动计划》(以下简称《计划》)。《计划》指出:加强教育科学研究,要统筹规划,突出重点,促进研究成果向实际应用的转化,为教育宏观决策科学化、民主化服务,为教育改革和发展的实践服务,为繁荣教育科学服务。为了贯彻落实教育部《计划》,一些中小学相应提出了"科研兴校"的口号,并且以不同形式予以实施。从这一概念的由来中不难看出,"科研兴校"的提法直接套用了"科教兴国"的提法,两者在词法结构上是一致的。为此,要了解"科研"与"兴校"的关系,就必须了解"科教"与"兴国"的关系。《决定》中对"科教兴国"战略解释是:科教兴国,是指全面落实科学技术是第一生产力的思想,坚持教育为本,把科技和教育摆在经济、社会发展的重要地位,增强国家的科技实力向现实生产力转化的能力,提高全民族的科技文化素质,把经济建设转移到依靠科技进步和提高劳动者素质的轨道上来,加速实现国家的繁荣昌盛。从《决定》中不难看出,在我国实施的"科教兴国战略"中,"科学和教育"是手段,"兴国"是目的,两者的关系是手段与目的的关系。同样不难看出,此后教育部在《计划》中所强调的"加强教育科学研究"是手段,"为繁荣教育科学服务"是目的,教育研究与教育繁荣两者是手段与目的的关系。以此类推,"科研"与"兴校"之间的关系也应是手段与目的的关系,即"科研"是"兴校"手段,"兴校"是"科研"的目的。理解了"科研"与"兴校"两者之间的关系,还不足以揭示其具体内涵。因为这至多说明了各学校开展教育科研的目的是为了"兴校",而"兴校"又可以作不同的解释。这样,准确地理解"兴校"的含义就成为理解"科研兴校"内涵的关键。"兴校"字面的解释是"振兴学校",其学理性的解释应是促进学校的发展。何谓学校的发展?学校的发展是指学校由落后到先进、由薄弱到雄厚、由劣质到优质、由不完善到完善的前进变化过程。① 学校发展有两种方式:"外延式"发展与"内涵式"发展。外延式发展主要是指通过扩大学校的招生数量,扩展学校的面积等措施来促进学校的发展;内涵式发展是指通过挖掘学校的潜力,提高学校的管理水平,优化学校内部的资源,提升学校的校园文化,提高教学质量和创建学校的品牌来促进学校发展。科研"兴校",要促进内涵式发展还是外延式发展?还是两者兼有之?就一所学校而言,其发展的方式是采用内涵式发还是外延式发展,应根据学校的实际情况来定,不能绝对化。因为,从理论上讲,内涵发展与外延发展也不矛盾,内涵发展不应排斥外延发

---

① 张斌.在有限的教育资源下学校发展的思考[J].思想·理论·教育,2004(6).

展,外延发展也不应忽视内涵发展,内涵与外延是统一的。① 学校的校情不同,所处的发展阶段不同,面临的发展任务就会存在差异,采取的发展模式也可能有所不同。不过,就中小学教师的科研而言,所能推动的学校发展主要是内涵式发展。因为学校外延式发展只是一个招生数量的增多或学校面积的扩大问题,这些问题的解决虽然也需要研究和进行科学论证,但总体上讲,学校教师科研发挥的作用有限。学校教师的科研却能在解决学校存在的各种问题,挖掘学校的潜力,提高学校的管理水平,优化学校内部的资源,提升学校的校园文化,提高教学质量和创建学校的品牌等方面——学校的内涵式发展方面,发挥更大的作用。

根据"科研"与"兴校"的上述关系,以及科研在学校发展方面的可能作用,我们可以对"科研兴校"的内涵进行界定。"科研兴校"是指学校借助科研活动这一手段来促进学校的发展,尤其是促进学校的内涵式发展。

二、"科研兴校"的机制

按照《现代汉语词典》的解释,机制是泛指一个工作系统的组织或部分之间相互作用的过程和方式。② 学校是一个系统,在这个系统中,存在着各个部分之间的关系,其中包括"科研活动(科研)"与"学校发展"(兴校)之间的关系。"科研兴校"的机制所探讨的不是这种关系本身,而是探究这种关系的内在机理,即科研活动是通过什么方式或途径促进学校发展的。"科研兴校"的机制就是指科研活动促进学校发展的方式或途径。如果这种理解成立,科研活动促进学校发展的方式与途径主要包括以下几种。

(一)科研活动通过提高教师的专业素质促进学校的发展

学校发展的一个重要衡量指标是学校的社会声誉,学校的声誉要靠学校教育质量来支撑,只有教育质量好的学校才会有好的社会声誉。教育质量的高低程度,学生素质的发展程度,决定性因素是教师自身的素质。教师是教育的主体,教师素质的高低是制约学校教育质量,学生素质发展程度的一个决定性的因素。学校发展的一个重要前提是教师素质的提高,科研所以能"兴校",一个重要的方面是通过提高教师的素质实现的。

教师素质的提高可以通过多种途径。有目的的校本培训是一种重要的方式,

---

① 毕宪顺.改革开放以来高等教育发展的轨迹[J].教育研究,2003(4).
② 汪利兵,等.教育行动研究:意义、制度与方法[M].杭州:浙江大学出版社,2003.

"科研兴校"的内涵、机制与条件

学校可以通过定期不定期的方式进行。但校本培训也有一定的缺陷。首先,作为教师,在校本培训的过程中,主要是以一个被动者的角色出现,其自身的主体性发挥程度明显不足,结果可能只限于学校开什么"药方",老师吃什么"药",培训对教师专业素质提升的针对性不强,教师的热情、兴趣也未必高。其次,校本培训也总是受到特定培训主题和培训时间的限制,对教师专业素质的提升范围、提升的持续作用有限。科研活动则不同,它不仅对教师专业素质的提升有很强的现实针对性,而且也有很好的提升面与持续性。任何研究都源于问题,不同问题对教师的素质要求不一样。教师要从事教育研究,解决教育问题,必须围绕问题查阅、消化、吸收各种资料。这本身就是教师不断重构自身知识结构,提升自身素质的过程。而且,由问题引发的解决问题的研究"冲动"会给研究者以持久的动力,使解决问题的过程变成一个持久的学习过程,直到问题解决为止。旧的问题解决了,会产生新的问题。围绕着新问题的研究又会产生新的查阅、消化、吸收各种资料,重构自身知识结构,提升自身素质的过程。可见,科研活动对教师素质的提升不仅有很强的现实针对性,也会持续地激发教师改变自身素质结构的动机,扩展自己的知识面,起到校本培训无法起到的作用。科研活动可以通过提高教师的素质,进而提高教育质量、学生的素质来促进学校发展。

(二)科研活动通过提高学校领导的管理水平促进学校的发展

任何一所学校的发展都离不开教育资源的支持,教育资源是学校发展的必要前提。学校发展所需要的资源包括教育过程中所占用、使用和消耗的人力、物力和财力资源。由于目前我国还是处于社会主义初级阶段,社会财富积累的程度有限,政府对教育的投入无法满足学校实际发展的需要。在教育资源有限的情况下,学校发展必须立足现实,充分利用和深度挖掘学校现有的教育资源,使其得到最大限度的利用,只有这样,才能推动学校走上持续发展的轨道。要做到这一点,必须提高学校领导的管理水平。因为学校领导是学校资源的组织者、利用者和开发者,学校人力、物力和财力等资源的组织、利用和开发程度,直接取决于他们的管理水平。

从事教育管理研究活动是提高学校领导管理水平的重要途径。提高学校领导的管理水平,可以通过多种途径,如外出进修学习和管理实践经验的积累等。进修和管理经验的积累等对学校领导管理水平的提高无疑是有帮助的。但外出进修学习,一般主要是学习管理理论,且要受到进修时间和学校经费的限制,管理经验的积累则需要较长的周期。从事教育管理方面的研究活动则可以避免从理论到理论、受进修时间和经费限制、见效周期长等缺陷。它可以直接从学校管理实践中提出需要解决的问题,进行针对性研究,使学校管理领域中存在的问题得到及时解决,提高管理效率,同时可以扩展领导的管理知识面,提高学校领导的管理能力,这些都有助于加快学校的发展步伐。科研活动(尤其是学校管理领域中的科研活动)通过解决学校管理中的现实问题,提高学校领导的管理水平促进学校的发展。

(三)科研活动通过营造学校良好的校园文化促进学校的发展

任何社会上存在的由人组成的具有特定目标和结构的集合体,都有自己的组织文化。组织文化是组织在长期的生存和发展中形成的,为本组织所特有的,且为组织多数成员共同遵守的目标、价值标准、基本信念和行为规范的总和。这种组织文化,在政府部门体现为机关文化,在企业体现为企业文化,在学校则体现为校园文化。

学校发展,离不开良好的校园文化。第一,良好的校园文化对学校的师生员工具有导向作用。它可以将学校师生员工的价值和行为取向引导到学校所确定的发展目标上,并为之努力奋斗。第二,良好的校园文化具有凝聚作用。校园文化是全体师生员工共同创造的群体意识,是一种黏合剂,可以把师生员工团结起来,对学校产生一种凝聚力和向心力,对学校产生归属感与认同感,将学校视为自己的家园,认识到学校的利益是大家的根本利益,从而愿意为学校的发展做出自己应有的贡献。第三,良好的校园文化具有激励作用。它可以创造出一种人人受重视、受尊重的文化氛围,使每个教师员工做出的贡献都能及时得到其他教师员工和领导的赞赏和奖励,由此激励他们为学校的发展不断拼搏、进取。第四,校园文化具有辐射作用。良好的校园文化不仅可以对本地区的社会公众产生影响,而且这种影响可以向国内外辐射,提高学校的知名度。良好的校园文化既是学校发展的重要条件,也是学校获得发展的重要标志。

科研活动,可以营造良好的校园文化。客观存在的校园文化,有优良的文化,也有不良的文化。只有优良的校园文化,才有助于学校的发展。科研活动营造良好的校园文化,是通过有意识地培养学校的优良文化、克服不良文化的过程实现的。科研活动,通过对学校的过去、现在和未来各阶段的目标、价值标准、基本信念和行为规范等进行深入的调查、研究,可以理清学校中现实存在的校园文化,哪些是适应学校的内外环境,有利于学校发展的;哪些是不适应学校的内外环境,不利于学校发展的。不仅如此,通过科研活动,可以明确对优良的校园文化发扬光大、不良校园文化有效克服的途径与方法。从一定意义上说,离开了科学研究,很难营造优良的校园文化。

三、"科研兴校"的条件

科研要"兴校",不是无条件的,"科研兴校"要受到多种条件的制约。

(一)科研能否"兴校"受制于研究的类别

研究有不同的种类,按研究的目的来分,可分为基础研究和应用研究。基础研究的目的在于探索新知识、发现新规律、说明新关系。一般说来,基础研究对中小学领导和教师而言,难度较大。基础研究需要严格的专业训练,需要对已有研究进行完整的文献分析,需要取样的典型性和代表性,需要对资料进行统计和测量分析。即便是中小学领导和教师介入这种研究,常常会因占有资料、研究时间、思维能力等方面的限制而事倍功半。更为重要的是,这种研究大多是外在于中小学领导和教师工作的,从事这种研究需要他们"另起炉灶",与他们日常管理和教学实践相分离。因此,从事这种研究,会分散他们的工作精力,无助于他们工作的开展,自然也不利于推动学校的发展。

应用研究的目的在于运用已有的理论解决实际工作中的某些特定的问题。中小学领导、教师从事这类研究有助于学校发展。首先,这类研究是中小学领导和教师能够胜任的研究。应用性研究的对象一般是中小学管理、教育教学中碰到的实际问题,问题具体明确,调查方便,所涉及的研究程序也比较容易控制,研究的难度不大。其次,应用研究所研究的问题一般是学校管理、教育教学中存在的现实问题。这类问题的解决,不仅可以提高他们的专业素养,也可以提高他们的工作效率,保证学校管理、教育、教学工作的有序运行,推动学校各项工作的发展。不过,值得注意的是,即便是进行应用研究,也应着力研究自己学校中的问题。因为应用研究的问题可以来源于书本、来源于专家、来源于其他学校。如果这类问题并不是自己学校管理、教育教学等方面存在的问题,对这类问题的研究,就未必有助于学校的发展。当今学校的发展面临着新情况,出现了新问题。只有通过研究,解决好学校发展中的障碍,学校的发展才有现实的可能。因此,中小学科研要实现"兴校"的目的,必须保证教育科研与学校自身问题的解决相结合。中小学有必要把解决学校实际问题作为一切科研活动的根本出发点和归宿,作为检验中小学教育科研行为的最终依据,从根本上杜绝没有问题针对性的学校科研,跨越学校教育科研与学校问题解决的鸿沟。[①]

---

① 郑金洲.教师如何做研究[M].上海:华东师范大学出版社,2005.

(二) 科研能否"兴校"受制于科研的主体

科研要实现兴校的目的,其研究主体只能是教师。随着人们对科研"兴校"意义认识的提高,不少学校为提高学校的科研水平,都请高校或科研机构的专家参与到学校科研活动中来。在学校科研整体水平不高的情况下,聘请校外专家指导科研,的确有助于学校科研活动的开展,保证学校的科研质量。但一些学校对专家参与科研的方式认识不清,对专家存在过强的依赖心理,以至于学校科研活动主要由校外专家来进行。也就是说,一些中小学从事教育研究的实际主体不是教师,而是校外的专家。在科研活动中,中小学教师只是扮演着静听的角色,很少发表自己的见解,话语的权利自始至终是校外专家掌握着。校外专家制定着研究方案,通过讲座培训着中小学教师,对中小学教师的科研工作进行着规划、点评。[1] 如果学校科研的主体是专家学者,而不是中小学教师,学校申报的课题、发表的文章再多,也只能是隔靴搔痒,不可能真正提高教师教育研究能力,也无法有效、及时地解决学校发展中存在的各种问题,学校的发展只能是空中楼阁。为此,对校外专家的作用必须正确地认识,校外专家只能充当学校科研活动的顾问,他们只能在教师们从事科研遇到困难时予以点拨、指导,中小学的研究应是教师的研究,而不是专家的研究。校外专家的指导必须以教师自身的研究需求为出发点。只有当教师在研究过程中出现问题或困难时,专家才可以做适当的介入。[2]

(三) 科研能否"兴校"受制于科研的目的

科研能否兴校,决定于学校进行科研活动的目的。在这个问题上,不少学校存在着错误的认识。其突出的表现,一是课题至上,即科研的目的在于争取多少课题和项目。在这些学校看来,如果一所学校在科研方面做到了"人人有项目,个个有课题",就算是"兴校"了。不可否认,科研是以课题的形式出现,课题也可以在一定的时间内集中人力、物力解决学校中突出的问题,这些问题的解决一定程度上有助于学校的发展。但只问课题数量,不问课题质量,不问课题是否解决了自己学校的问题,是否有助于学校的发展,这种课题申报再多,也未必有助于学校的发展。二是论文情节,即搞科研就必须发论文,似乎没有论文发表,就不能称之为研究,不发文章,就谈不上"兴校"。没有认识到论文只是教师科研活动成果的一种表达方式,甚至不是主要的表达方式。结果,一些教师为了发文章,东拼西凑,或抄袭,或剽

---

[1] 郑金洲,等.学校教育研究方法[M].北京:教育科学出版社,2003.
[2] 汪利兵,等.教育行动研究:意义、制度与方法[M].杭州:浙江大学出版社,2003.

窃,文章发表了一大堆,却无法解决学校管理或自身教育教学中的一个问题。这样的科研,自然谈不上兴校,促进学校发展。其实,中小学教师的研究,有自己独特的问题表达方式。案例、叙事、日志、反思记录等,都是教师研究活动的重要载体,它们既可以成为教师教研活动过程的记录,也可以成为教科研活动结果的体现方式。① 教师的科研活动未必一定要发表论文,它可以是诸如案例、叙事、日志、反思记录等多种形式的对教育现场的把握,对教育事件的意义分析,或对教育问题解决的对策。可见,学校科研的目的不能单纯追求申报课题、发表文章的数量,而应该追求解决学校的实际问题,提升学校的管理水平和教师的教育、教学水平。因为学校只能在解决自己的实际问题中、在提高学校领导的管理水平、教师的教育教学水平中得以振兴,获得发展。

(原载于《湖北师范学院(哲学社会科学版)》,2010年第2期,与戴海青共同撰写。)

---

① 郑金洲.教师如何做研究[M].上海:华东师范大学出版社,2005.

高师生应充分利用各种学习资源提升自己的核心竞争力

当前,高师生就业难的一个主要原因在于毕业生个体的核心竞争力不足。这既有学校教育的原因,即高师院校教育存在诸多弊端;也有学生自身的原因,即高师生充分利用各种资源提升自己核心竞争力的主观努力不够。本文仅就学生方面,谈谈认识。

一、何谓高师生的核心竞争力

核心竞争力原是企业管理学中的一个概念,由美国著名管理学者普拉哈德和哈默尔于1990年在《哈佛商业评论》中提出。其本义是指某一组织内部一系列互补的技能和知识的结合,它具有使一项或多项业务达到竞争领域一流水平、具有明显优势的能力。[①] 虽然核心竞争力是针对经济规律提出的,但由于它具有深厚的哲学根基及符合社会的发展规律,也可以将其应用到个体发展上面来。作为人的核心竞争力,有人把它概括为人所掌握的知识、技能和专长。[②] 随着高校持续扩招和大学生就业压力日益严峻,有学者将该概念运用于大学生,提出大学生核心竞争力的概念。大学生核心竞争力就是大学生在就业市场上,具有战胜竞争对手、找到适合才能发挥和实现自身价值的适当工作岗位的能力,即满足社会和用人单位对人才需求的能力。[③]

由于大学有不同的类别和层次,不同类别和层次高校的毕业生,他们将来就业走向不同的就业领域和不同的就业岗位。因此,不同层次和类别学校学生的核心竞争力还必须结合他们将来的就业领域和就业岗位来进行进一步的定义。高师生将来就业的主要领域是中小学,主要竞争岗位是教师工作。因而,高师生是否具有核心竞争力,关键在于他们的素质能否满足中小学教师岗位的需要。如果上述理

---

① 王增新,刘湘欣.企业的生命线——核心竞争力[J].现代企业,2006(2).
② 海风.营造你的核心竞争力[J].经营管理者,2001(7).
③ 李敏.大学生就业竞争力的内涵及其培养[J].煤炭高等教育,2006(1).

高师生应充分利用各种学习资源提升自己的核心竞争力

解成立,那么我们就可以将高师生的核心竞争力定义为:高师生在中小学就业时,具有战胜竞争对手、找到适合才能发挥和实现自身价值的教师工作岗位的能力。

高师生内部竞争力的具体由哪些要素构成?目前理论界少有探究。回答该问题可能有不同的研究取向。本研究采用的是一种市场取向,即根据高师生将来就业的市场——中小学对教师岗位的实际需要来确定高师生核心竞争力的具体构成。根据这种取向,我们通过问卷调查和访谈的方式来把握高师院校大学生核心竞争力的构成。调查共发放问卷 300 份,回收 258 份,回收率 86%,其中有效问卷 246 份,有效率 82%。调查的对象包括湖北省武汉市和黄石市两地的中学教师,其中武汉市抽样的中学包括关山中学、挽月中学、天兴学校、和平中学等 9 所中学;黄石市抽样的中学包括黄石七中、黄石十四中、销铺中学 3 所中学。针对调查问卷的不足,研究还进一步拟订了统一、具体的访谈问题,对随机抽样的被调查教师进行个别访谈,目的在于对问卷调查中获得的某些信息做出进一步的深入调查,并获得某些在调查问卷中没有体现的问题的信息。调查和访谈的结果是①:高师生为中小学所需要的最重要的素质构成要素按照重要程度依次包括教育教学能力、专业知识、新的教育观念、科研能力等,如表 1 所示。如果我们将中小学比较注重的素质作为高师生的核心竞争力,那么高师生核心竞争力的构成应是教育教学能力、专业知识、新的教育观念、科研能力几种素质的综合。

表 1 高师生为中小学所需要的最重要的素质构成要素

素质类别	教育教学能力	专业知识	新的教育观念	科研能力	其他
重要程度	1	2	3	4	5
占调查人数的百分比	39.4%	27.2%	26.0%	6.5%	0.8%

二、高师生提升核心竞争力何以需要利用各种资源

高师生提升核心竞争力之所以需要利用各种资源,主要原因在于高师教育存在种种弊端,高师生利用各种资源的主观努力不够。

(一)高师教育存在着种种弊端

1. 适应基础教育新课改要求的教育理念没有真正确立

随着社会经济的增长与教育水平的提高,高师毕业生的就业市场已由过去的

---

① 郭艳彪,江新华.基础教育对高师院校人才培养服务需要的调查——以武汉、黄石两地中学教师为例[J].教师教育研究,2009(3).

"卖方市场"转变为现在的"买方市场"。面对高师毕业生就业已经完全市场化的现实,一些高师院校,尤其是地方高师院校或者重视不够,或者并未真正地认识到这一点,其教育、教学理念并没有根据变化的市场需求进行及时的调整与变革,依然只是停留在传统的教师中心、知识本位的原有理念层面。缺少适应新课改所需要的教育理念、专业知识和教育教学能力,学生的核心竞争力又如何能够得到提升?

2. 一些专业的设置脱离基础教育的需要

高师院校,尤其是一些地方高师院校,几乎仍然遵循着计划经济时代的国有化办学体制和高度集中的管理体制,政府对高师院校的控制和限制仍然很多,学校的专业设置、招生计划、教学内容等方面基本上是按部就班,并未能根据就业市场的实际需要进行有效的调整。近年来,一些高师院校想根据变化的市场调整专业,却缺少权限。新专业难上,没有市场的专业就舍不得放弃。例如,高师的教育学专业,找不到对口的就业市场,弃之可惜,继续办下去,专业的发展又不知路在何方。像这类没有市场的专业,学生学得再努力、学得再好,恐难有核心竞争力可言。

3. 课堂教学存在着明显缺陷

高师课堂教学存在的突出问题是教学观念陈旧、教学方法单一。受传统教学观念的影响,高师教学中,45分钟的课堂,教师讲学生听的"满堂灌"的现象随处可见。虽然一些学校也有一些与基础教育教学改革相联系的教研项目,但多数项目是"纸上谈兵",限于出几篇结题所需要的论文,研究成果很难进入高师课堂,对课堂教学产生富有成效的影响。这种课堂教学模式与新课改的要求相距甚远,无法培养出学生适应新课改要求的各种能力,如收集和处理信息的能力、获得新知识的能力、分析和解决问题的能力以及交流与合作能力。高师毕业生的主要就业场所就是中小学,不具备中小学新课改所需要的各种能力,自然谈不上拥有核心竞争力。

4. 高师教育实践存在着突出的问题

高师教育实践存在的问题很多,突出的问题表现在以下几个方面。

一是实习时间短。目前大部分高师院校的本科教学培养计划规定,教育实习时间为8周,只占其时间总量的5%。[①] 西方教师教育的实习时间普遍较长。以美国为例,最短为15周、最长为半年。

二是实习形式单一。合理的教育实习形式应该包括模拟实习,教育见习和教育实习三种形式。但由于近些年来高校大规模的扩招,学生人数大量增多,带来教学设备和见习学校等见习资源的高度紧张,使得许多学校的模拟实习,教育见习方

---

① 刘彦波.高师教育实习存在的若干问题探讨[J].安庆师范学院学报(社会科学版),2008(12).

式大多流于形式。

三是教育实习高度集中。大部分高师院校基本上安排在第 7 学期的上半学期 9—11 月。① 实习流于形式。高师生缺少教育教学技能,自然在就业的过程中,难以具备较强的竞争力。

(二)高师生在利用各种资源提升自己核心竞争力方面存在着明显不足

高师生就业核心竞争力的缺失,与学校教育缺陷不无关系,但又不能完全归咎于学校,毕竟学校只是高师生就业核心竞争力形成与提升的外部影响因素。高师生自身主观能动性的发挥程度是影响自身核心竞争力形成与提升最重要的因素。主观能动性发挥的所有方面都离不开资源的利用,对各种资源的利用存在明显不足。这既是高师生主观能动性发挥不够的集中体现,也是主观能动性发挥方面存在明显缺陷的表征。

1. 对利用各种资源的重要性认识不足

对许多高师生而言,他们脑海中没有占有各种资源提升自身核心竞争力的概念及认识。笔者了解到,很多高师生是用读中小学的方式来读大学,不清楚读大学与读中小学有着本质性的区别就是利用各种校内和校外资源提升自己的核心竞争力。"唯分数论英雄"的价值取向在中小学生的头脑中根深蒂固,许多学生考入高师院校以后,指导他们学习的还是这种价值取向。在他们看来,读大学就是按部就班地上好学校安排的各门课程,保障各门课程达到规定的分数,四年后能够保障拿到毕业文凭。只是一味地埋头苦读,不会利用校内外的各种资源提升自己的核心竞争力,结果是很多学生大学四年的学习成绩很好,但由于缺少就业时所需要的核心竞争力,难以找到工作。

2. 对应该利用哪些资源认识片面或者模糊

面对严峻的就业压力,一些大学生意识到用人单位在招聘教师时非常注重实际工作能力,也非常希望能够提升自己的核心竞争力。但由于不清楚高师生核心竞争力的内涵,他们对利用哪些资源提升自己的核心竞争力认识模糊。笔者在与一些高师生的交谈中发现,不少大学生对学习资源的理解仅仅局限于大学所提供的课程,图书馆的图书资料和各种数据库等少数资源上面,对其他各种重要的可资利用的资源,如教师、社团活动、学术报告、同学交流以及各种校外实践活动等缺乏明晰的认识。笔者给青年教师进行岗前培训时,同他们谈到要注意引导学生利用

---

① 刘彦波. 高师教育实习存在的若干问题探讨[J]. 安庆师范学院学报(社会科学版),2008(12).

各种校内外资源提升大学生的核心竞争力。一位年轻教师曾经深有感触地说:在整个大学期间,她只是有效地利用了学校的外语学习资源,其他的各种资源几乎没用,实在可惜、可悲。这位青年教师的说法未免言过其实,但其说法至少反映了一个现实:许多大学生对在大学学习期间应该利用哪些资源认识模糊。

3. 利用各种资源方面的方法不对

对一些大家都明了的学习资源,高师生在使用这些资源时也存在方法不当的问题。一种表现是根本不用。比如,图书馆的图书资料及各种数据库,不少高师生大学四年没有从图书馆借过一本书,读过一篇期刊论文;有的学生甚至连借书证都不办。这种现象在艺术类、体育类专业体现得尤为明显。另一种表现是过度使用。如大家都意识到社团活动对提升综合素质有较大的帮助,不少大学生不做任何选择,凡是能够参加的社团都参加,结果是综合素质的确得到一定程度的提升,但却荒废了学业。我院曾经有一个女学生,因参与社团活动过多,以至于毕业时因多门功课不及格而无法拿到毕业证。

三、高师生如何利用各种资源提升核心竞争力

1. 提高对利用各种资源重要性的认识

高师生要提升自己的核心竞争力,首先要认识到利用各种资源的重要性。课程资源是高师生在大学学习期间最重要的学习资源。但仅仅利用该资源,还不足以提升自己的核心竞争力。一来,高师教育本身存在着缺陷;二来各种资源有着自身的优势与局限。只有充分利用各种资源,才能弥补高师教育的缺陷,才能实现各种资源的优势互补,也才有可能最大限度地发挥自己的主观能动性。

提高对利用各种资源重要性认识的关键,一是要明确大学教育与基础教育的本质性的区别。虽然两者在学理层面都重视全面发展,但在现实层面的确存在着"唯分数取向"和"提升核心竞争力"取向的分野。这主要是由于两者面临的主要压力不同。中小学学生面临的主要压力是升学;大学生面临的主要压力是就业。二是要清楚中小学和大学提供的资源上的区别。大学同中学相比,无论是所提供的资源的种类还是提供的资源的数量都要比中小学多。但这些资源是以不明显的方式、公平地提供给每个学习者。学习者只有充分发挥自己的主观能动性,认识到其重要性并加以利用才有实质性意义。

2. 明确哪些可资利用的资源

高师生要提升自己的核心竞争力,除了要认识到利用各种资源的重要性之外,还必须清楚提升自己的核心竞争力有哪些资源可资利用。大学中可资利用的资源

很多，从大的方面看，有校内资源和校外资源。校内资源是大学自身所拥有的资源，包括教学领域中的教师资源、课程资源、设备资源等；科研领域中的期刊图书资源、各种数据库、电子图书等网络资源；其他各种拓展素质、培养特长所需要的资源，如学术讲座、社团活动、各种竞赛活动、学术沙龙，同学之间的学术交流等。校外资源，包括家教活动、暑期社会调查、中小学课堂等等。

明确哪些可利用的资源，不仅要清楚各自的种类，还要清楚各种资源的优点所在。比如利用教师资源，既可以为自己在学术方面排难解惑，也可以为自己人生问题指点迷津；利用社团活动，可以提升自己的胆量、与人交往的能力、培养兴趣特长；家教活动可以锻炼自己了解学生、把握教学重难点、积累教学经验；社会调查可以了解社情民意、提升调查研究的能力……只有了解了各种资源的优势所在，才能根据提升自己竞争力的需要，有选择地加以利用，达到理想的效果。

3. 在利用各种资源方面要注意正确的方法

利用各种资源方面正确的方法很多，主要包括：

一是资源的利用要学会统筹兼顾。在利用资源方面要避免采用形而上学的极端方法，比如看到一种资源有用，心中就只有这种资源而不考虑其他，应兼顾到其他有助于提升自己核心竞争力的资源。

二是资源的利用要抓主要矛盾。要根据自己将来的职业取向、奋斗目标来取舍资源。不能跟风，看见别人使用某种资源自己也盲目地效仿。因为每个人未来职业选择和奋斗目标是不同的，只有围绕未来职业取向和奋斗目标来选择、利用资源才有意义。

三是资源的利用要有系统观。根据核心竞争力的构成要素及其之间的关系，有针对性地利用和整合各种资源。

（原载于《湖北师范学院学报（哲学社会科学版）》，2011年第5期》）

美国大学 PARE 服务学习模式及其启示

服务学习是一种将社区服务和课堂教学相结合的教学策略,在服务学习中,学生通过积极参与、精心组织,在满足社区需要的服务活动中,促进自身学术课程的学习,并获得进一步发展,同时将所掌握的知识应用于社区服务以提高社区服务水平。由于美国大学中的 PARE 服务学习模式与我国大学开展的大学生实践活动存在一定的相似之处,借鉴该模式的一些做法,对完善我国大学生的社会实践活动可能有所裨益。

一、PARE 服务学习模式概述

服务学习在美国有较长的历史,其源头可追溯到 1862 年林肯总统签署的《莫里尔法案》[①],迄今已有一百多年的历史。在这一百多年的历史中,经多位总统的推动,服务学习规模越来越大,几乎每一所大学都开展了服务学习,服务学习的理论也更加成熟,形成的模式也多姿多彩。但相对成熟、影响较大的模式只有少数的几种,如:"纯"服务学习模式;基于纪律的服务学习模式;基于问题的服务学习模式;顶极课程模式;服务助理模式等。相对于这些模式而言,PARE 服务学习模式更为简洁,更具可操作性。

PARE 服务学习模式最先出现在美国马里兰大学(Maryland University)的社区服务计划,现已推广到许多高校,并产生了较大影响。PARE 服务学习模式,强调服务学习与大学学术课程的结合。该模式提出者认为,虽然服务学习未必适合于所有的学术课程,但适合于大多数学术课程,如工程设计、都市美化设计、计算机科学、语言学、生物化学等课程,都可以与服务学习相结合。服务学习与学术课程的结合,不仅能够"保证给学生提供成功和有意义的服务学习经验"[②],而且可以使

---

① Peter Title Baum, Gabrielle Williamson, Corinne Daprano, Janine Baer, Jayne Brahler. Annotated Histiry of Service Learning:1862-2002[EB/OL]. http://www.servicelearning.org/filemanager/dow-nload/142/SL%20Comp%20Timeline%203-15-04_rev.pdf.
② Effective Practice:Using the PARE Model in Service-learning [EB/OL]. http://epicenter.national-serviceresources.org/index.taf?_function=pract-ice&show=summary&Layout_0_uid1=33401.

学生有效地达成学术性课程的学习目标,使他们从事更积极的学习活动,将书本理论与实践经验结合起来,创造新知识,并加深对复杂社会问题的了解。在强调服务学习与学术课程结合的同时,也强调培养大学生的公民意识、社会责任感、奉献及合作精神,以及帮助大学生确定职业兴趣和方向。

PARE服务学习模式中的PARE是四个英文单词"preparation"、"action"、"reflection"、"evaluation"的缩写,分别代表"准备"、"行动"、"反思"和"评价"四个环节。这四个环节的具体内容如下。

(一)准备

准备就是指为学生的服务学习做好前提性的基础工作。PARE服务学习模式非常重视学生服务学习前的准备工作。准备阶段除了要建立服务活动小组、确定周密的活动计划等工作以外,还应在以下方面做好准备。

1. 总体目标与要求

总体目标与要求包括明确服务学习的课程目标;提供服务的数量(用小时数或其他类别限定);确定与课程学习目标相适应的服务类型;明确学生需要提交的用以证明其服务完成的材料类型;如果要求写日记,日记上交和批阅的时间。

2. 后勤服务

后勤服务包括交通安排、合适的穿着、风险处理、服务场所出现问题时的联系人、期望参与管理的机构提供什么样的训练与管理。

3. 服务学习的观念

服务学习的观念包括服务学习的方法是什么;本课程要采用服务学习的缘由;所选择的服务类型如何与课程相关;要指导什么样的反思;学生与其管理机构要促进什么样的学习目标;学习目标与服务目标在多大程度上相关。

4. 与计划相关的扩展性内容

与计划相关的扩展性内容包括学生将要与之一起工作的人员;管理机构或学生将要为之服务的管理机构所关注的问题;经济、公共政策、历史背景和社会问题影响学生要与之工作的人员的程度。

5. 学生的期望和假设

学生的期望和假设包括学生希望从服务学习中得到什么;学生与不同背景的人员一起工作的先前经验是什么;学生已有的服务学习经验是积极的还是消极的,并解释原因。

（二）行动

行动指的是服务学习活动本身。根据所确定的学习目标，可以要求学生在服务课程中根据社区的需要选择不同类型的服务方式，使服务的效果最大化。学生的服务方式有三种基本的类型：一是直接的服务，即在社区或其管理机构为其中的成员提供直接的服务，如给社区的一些孩子们授课，为某个护理室的成员举行晚会，在避难所进行健康指导等；二是非直接的服务，即只为社区的管理机构提供服务，而不是为该管理机构的服务对象提供服务，如为某个儿童医院的病人制作礼物，在社区食物配给中心给食物分类等；三是间接的服务，即为了某个社会问题、某类人或其他有关社区的利益所提供的服务，但服务场所是在服务对象所在现场之外，如募捐、为某个组织进行研究或撰写文章等。

在这一阶段，要使学生获得有意义、有价值的经验，关键是要为学生选择最好的服务区管理机构和制订良好的计划。充分了解服务区管理机构的目的、期望、历史、人员及相关志愿者等信息，有助于选择与学生服务小组的兴趣、技能和学习目标相符的服务地点，而这些信息的获得依靠与服务区管理机构中的志愿者协助人员之间的有效沟通。在准备为某个服务区提供服务前，要了解清楚该服务区的组织机构及其目标、存在时间的长短、基金状况，是否有其他的志愿人员或学生为该服务区及其管理机构提供过服务，并了解相邻服务区的人们是如何看待该服务区的。在确定在何地实施服务计划时，应获取足够的信息。

（三）反思

仅凭经验还不足以构成学习，如果不给学生提供反思的机会，学生很可能会遗漏重要的学习。没有结构性的反思，学生可能会拥有许多经验，但他们的学习潜能却远未得到发挥，给学生提供服务社区的机会不足以保证有效学习的必然发生。为加强学生的学习，教师必须花时间和精力为学生设计反思活动。有效的反思活动是与课堂中的特殊学习目标连在一起的，并贯穿在整个学习过程之中。反思包括服务前对准备工作的反思、服务中对服务过程的反思和服务后对课程成果的反思。将反思活动与课堂讨论、考试结合在一起能提高学生对课程的满意感，并从经验中获得最大的学术方面的收获。

对经验的富有成效的反思包括对经验进行系统考察、将经验与其他经验进行比较，对经验进行合理的概括。反思作为一个过程，要求学生在学习过程中做到：批判性地思考他们的服务经验；深入理解他们所提供的服务经验对满足社会需要的复杂性；考察他们自己的态度、信念、假设或成见；将自己的服务经验与课程中的

美国大学 PARE 服务学习模式及其启示

概念联系起来；在实践场所检验理论；根据自己的服务经验形成自己的理论观点；用课堂上所学的知识提供更多的有效服务。

（四）评价

评价有助于明确课程学习目标与服务目标是否一致，它有助于学生自我监督学习和提高服务效果，也有助于保证下一次服务计划的成功——通过完善服务设计和服务活动。对实施的服务计划的评价要从下列几个方面进行：所服务之地的管理机构对服务计划的满意度如何？服务机构的服务对象对服务计划的满意度如何？参与者通过服务计划在多大程度上获得了成功？服务小组通过服务计划在多大程度上获得了成功？要促进服务计划获得整体上的成功，还要进行什么改变？此外，在反思环节中还要设计一些评价问题要求参与者进行书面回答或讨论，这些问题包括：经验在多大程度上实现了期望？如何才能获得更好的经验？经验是否满足了服务单位的需要？服务单位的什么需要未得到关注？

二、对我国开展大学生社会实践活动的几点启示

美国大学开展的 PARE 服务学习模式与我国大学实施的社会实践活动存在一定的相似之处，但两者在目标、实施的具体过程以及对社会需要的关注程度等方面存在一定程度的区别。借鉴美国大学开展的 PARE 服务学习模式，对改进我国大学生的社会实践活动，提高社会实践活动的有效性有一定的启示意义。

（一）社会实践活动应拓展活动目标

PARE 服务学习模式的学习目标是多重的，它不仅强调学生道德方面的发展，强调学生了解社会，提高服务意识，培养学生的社会责任感、奉献及合作精神，而且也非常关注学生学术方面的发展，强调服务学习内容与专业课程的结合。这既增强了学生参与服务学习的学习动机和学习兴趣，也提高了他们的专业水平，理论联系实际的能力，并在联系实际的过程中把握社会对本专业的现实需求，明确自身专业的缺陷，提高专业学习的社会适应性，培养自己为社会需要的专业技能。

反观我国大学开展的社会实践活动，目标相对单一，即仅仅把社会实践活动的目标定位于提升大学生政治道德素质，让学生了解社会，培养学生的社会责任感等几个有限的方面。由于社会实践活动与大学生的学术性学习相互脱节，难以引起学生的参与兴趣，所以学生的参与度明显不高。许多学校的社会实践活动实际上流于形式，对学生政治道德素质的提升也因此大打折扣。尤其在大学生就业形势

日益严峻的情况下,这个问题尤为突出。要使学生对社会实践活动由消极应付变为积极参与,切实提升学生的政治思想道德素质,应从美国大学中的 PARE 服务学习模式中吸取营养,拓展我国社会实践活动的目标,将政治思想教育目标与专业学术性目标作为社会实践活动的双重目标,让学生在参与社会实践活动中不仅仅提高政治思想道德素质,而且提升他们的专业素养和能力,提高他们的专业社会适应能力和就业竞争力。

(二)社会实践活动应精心组织与设计活动过程

PARE 服务学习模式能够取得理想的效果,与其精心的组织与设计密不可分。从大的方面看,"准备""行动""反思"和"评价"四个环节,环环相扣,前一阶段为下一阶段的顺利展开提供了条件,保障服务学习有条不紊地进行与展开;后一阶段则巩固、提高了前一阶段的成果。从每一个具体的阶段来看,每个方面的组织与设计非常具体、细致、明确。比如,在准备阶段,既规定了服务学习的具体目标、服务数量、服务类型、服务后需要提交的材料,乃至服务学习进行时的乘车安排、合适的穿戴等细节都考虑到了。正是这种周密的组织与设计,使服务学习具有很强的可操作性,保障服务学习能够取得应有的成效。

我国一些大学开展的社会实践活动,则与之形成了鲜明的对照。在学校组织的一些社会实践活动中,有些活动无论是在知识培养方面还是在道德培养方面尚缺乏明确的目的性,或者实际执行的情况和预定的目标严重脱离。[①] 社会活动的目的都不明确,或不甚明确,其他方面的组织与设计工作就更可想而知了。活动缺乏精心的组织与设计,自然难以取得理想的效果。学生既未在活动中达到对知识的不断积累与运用,也未能在活动中提升自身的道德意识,增强自身的道德观念,[②]当然也是一种必然的结果。为此,我们应借鉴美国大学 PARE 服务学习模式的做法,加强对大学生社会实践活动的组织与计划,以增强其可操作性和实施效果。

(三)社会实践活动应关注社会的需要

PARE 服务学习模式一个鲜明的特征是非常关注服务学习要符合所服务社区的需要。PARE 服务学习模式对服务学习目标的确定有两个主要的依据,一个是

---

① 高凤彦,包睿欣,李会霞. 美国高校服务学习产生及发展动力初探[J]. 河北科技大学学报(社会科学版),2005(2).

② 单玉. "服务学习"(SL)与负责任公民的生成[J]. 外国中小学教育,2004(3).

美国大学 PARE 服务学习模式及其启示

所服务社区的需要,一个是学术课程的需要,服务学习目标是在这两者之间达成一种平衡。PARE 服务学习模式评价环节中重要的一项就是所服务之地的管理机构的满意度与服务对象的满意度。正是对社区需要的高度关注,服务学习赢得了社区的广泛支持,使社区的教育资源得到了有效的开发,保证了服务学习效果的最大化。服务学习解决的问题是社区(或社会)真正需要的。一方面有利于社区与学校的合作,尤其是长远的合作,使社区珍视学生,把他们看作是有价值的资源,是社区的积极贡献者;另一方面增强了学生对社区的责任感。

我国大学开展的社会实践活动则多是从学校自身的需要出发,或主要是从培养和教育人的目的出发,很少关注学生所从事社会实践活动单位的需要。在公民教育领域,我们也将社区服务作为方法之一,但在实施的过程中有明显的缺陷,例如,在组织学生为社区服务时往往不考虑社区的实际需要,不能切实为社区解决问题,只是走过场,搞形式。① 由此导致的一个必然结果是社区或社会单位往往把学生的社会实践活动当作是负担,不欢迎乃至拒斥学生的介入。这种无视社会(社区)需要的做法或许在计划经济条件下靠上级的行政命令还行得通,但在市场经济条件下,在各单位注重自身效益的情况下,恐怕难以维持。因此,大学在开展社会实践活动中,不妨借鉴美国"PARE"服务学习模式充分考虑社区需要的做法,在学校和社区之间形成一种双赢机制,既让学校有效地实现人才培养目标,又推动社区的发展与进步。

(原载于《黑龙江教育(高教研究与评估)》,2012 年第 1 期。)

---

① 单玉."服务学习"(SL)与负责任公民的生成[J].外国中小学教育,2004(3).

农村大学生专业承诺现状调查

——以湖北师范学院为例

大学生学习心理的研究是当前国内外大学教育研究的热点问题。有调查显示,大约28%的大学生不喜欢自己的专业,有将近三分之一的学生愿意换专业,有31.3%的学生专业学习行为比较消极。[1] 这说明相当一部分大学生的专业承诺水平比较低。专业承诺是大学生认同所学专业并愿意付出相应努力的积极态度和行为。[2] 这直接影响学业卷入度、学习效果、专业满意感等。[3] 专业承诺水平低会导致学习倦怠,甚至影响生活满意度[4],造成个人教育成本、国家教育资源的严重浪费。农村大学生在高校中所占比例较大,每年从农村考入大学的学生约占高校在校学生的70%左右。[5] 由于其特有的成长背景,会出现较多的不适应和心理健康问题,这日益引起社会和高校的普遍关注。[6] 本研究拟对农村大学生的专业承诺状况进行调查,为高校的教学改革提供依据。

一、研究方法

(一)研究对象

采取分层随机抽样的方法,从湖北师范学院抽取大学生500人进行问卷调查。剔除无效问卷37份,有效被试为463人。其中农村大学生260人,城镇大学生

---

[1] 彭春妹,罗润生.对地方高校大学生专业承诺状况及影响因素的调查研究[J].江西教育科研,2007(2).
[2] 连榕,杨丽娴,吴兰花.大学生的专业承诺、学习倦怠的关系与量表编制[J].心理学报,2005(5).
[3] 严瑜.大学生专业承诺的实证研究[J].湖北大学学报(哲学社会科学版),2008(6).
[4] 罗亚莉,刘云波.大学生专业承诺与生活满意度的研究[J].黑龙江高教研究,2008(1).
[5] 秦希军.农村籍大学生在校心理特点分析及其教育对策[J].榆林学院学报,2005(1).
[6] 张亿全,王毅杰.农村籍大学生大学生活适应调查[J].青年研究,2006(12).

农村大学生专业承诺现状调查——以湖北师范学院为例

203 人;男生 160 人,女生 303 人;文科 237 人,理科 226 人;大一 112 人,大二 116 人,大三 122 人,大四 113 人。

(二)研究工具

采用由连榕等人编制的"大学生专业承诺量表",该量表共 27 个项目,包括情感承诺、理想承诺、继续承诺、规范承诺 4 个维度。从"完全不符合"到"完全符合"5 级记分,得分越高表示专业承诺水平越高。内部一致性信度系数为 0.927,各维度的信度系数分别为:情感承诺 0.843、理想承诺 0.791、继续承诺 0.676、规范承诺 0.821。

(三)施测与数据处理

由应用心理学专业的学生按照统一的指导语进行团体施测。当场发放、回收问卷。所有数据均采用 SPSS13.0 进行描述性统计、t 检验、方差分析等统计处理。

二、结果

(一)农村大学生专业承诺的整体状况

农村大学生专业承诺的整体水平并不高,呈中上水平(中间值 3)。得分最高的是规范承诺,最低的是理想承诺,情感承诺和继续承诺处于中间水平,见表 1 所示。

表 1 农村大学生专业承诺的整体状况

	M	SD	项目	每题平均得分
情感承诺	30.38	5.86	9	3.38
理想承诺	21.75	4.45	7	3.11
规范承诺	19.28	3.32	5	3.86
继续承诺	19.13	3.32	6	3.19
承诺总分	90.55	14.03	27	3.35

(二)农村大学生与城镇大学生专业承诺的差异

规范承诺存在显著的生源差异,来自农村的大学生显著高于来自城镇的大学生,见表 2 所示。

表2 农村大学生与城镇大学生专业承诺的差异比较($M±SD$)

	城镇($n=203$)	农村($n=260$)	t
情感承诺	29.66±5.98	30.38±5.86	1.286
理想承诺	21.80±4.94	21.75±4.45	0.110
规范承诺	18.64±3.56	19.28±3.32	2.009*
继续承诺	19.27±3.74	19.13±3.32	0.418
承诺总分	89.38±15.44	90.55±14.03	0.854

(注：* 表示 $P<0.05$。)

(三) 农村大学生专业承诺的性别差异

农村大学生的规范承诺存在显著的性别差异，女生高于男生，见表3所示。

表3 农村大学生专业承诺的性别差异比较($M±SD$)

	男($n=95$)	女($n=165$)	t
情感承诺	29.84±6.06	30.68±5.74	1.116
理想承诺	22.08±5.00	21.56±4.11	0.908
规范承诺	18.67±3.89	19.64±2.90	2.269*
继续承诺	19.07±3.56	19.17±3.18	0.224
承诺总分	89.67±15.99	91.05±12.80	0.763

(注：* 表示 $P<0.05$。)

(四) 农村大学生专业承诺的专业差异

情感承诺、理想承诺、承诺总分存在显著的专业差异，文科生显著高于理科生，如表4所示。

表4 农村大学生专业承诺的专业差异比较($M±SD$)

	文($n=125$)	理($n=135$)	t
情感承诺	31.64±5.76	29.21±5.74	3.410**
理想承诺	22.33±4.52	21.22±4.33	2.014*
规范承诺	19.57±3.28	19.02±3.35	1.326
继续承诺	19.46±3.40	18.84±3.22	1.508
承诺总分	92.99±14.28	88.29±13.46	2.734**

(注：* 表示 $P<0.05$，** 表示 $P<0.01$。)

农村大学生专业承诺现状调查——以湖北师范学院为例

（五）农村大学生专业承诺的年级差异

专业承诺的四个维度及总分均存在显著的年级差异。大体呈现出大一至大三逐步下降，大四略有回升的趋势。进一步多重比较发现，大三学生的情感承诺、理想承诺、继续承诺及总分均显著低于大一学生；大四学生的情感承诺及总分显著低于大一学生，其规范承诺显著低于大一、大二学生，如表5所示。

表5 农村大学生专业承诺的年级差异比较（$M \pm SD$）

	大一	大二	大三	大四	F	多重比较
情感承诺	32.73±5.26	30.55±5.54	29.09±5.93	29.27±6.15	5.321**	3**,4*<1
理想承诺	22.98±4.28	21.45±3.80	20.91±4.91	21.98±4.58	2.39**	3*<1
规范承诺	19.92±3.11	19.99±2.54	18.91±3.20	18.12±4.25	4.454**	4<1*,2*
继续承诺	19.75±3.61	19.68±2.85	18.47±3.57	18.62±3.00	2.860*	3<1*
承诺总分	95.38±13.41	91.67±11.65	87.3±14.86	87.98±15.14	4.572**	3*,4*<1

（注：* 表示 $P<0.05$，** 表示 $P<0.01$。）

（六）农村大学生专业承诺的学习成绩差异

农村大学生的情感承诺、规范承诺及承诺总分存在显著的学习成绩差异。进一步多重比较发现，成绩差的学生专业承诺显著低于成绩优良的学生，如表6所示。

表6 农村大学生专业承诺的学习成绩差异比较（$M \pm SD$）

	优($n=94$)	中($n=115$)	差($n=51$)	F	多重比较
情感承诺	31.57±5.64	30.49±5.19	27.92±6.97	6.738**	差<优**,中*
理想承诺	22.31±4.51	21.80±4.43	20.63±4.26	2.396	
规范承诺	19.77±3.20	19.73±2.84	17.39±3.90	11.107***	差<优**,中***
继续承诺	19.47±3.13	19.10±3.28	18.61±3.70	1.129	
承诺总分	93.12±13.88	91.11±12.28	84.55±16.38	6.603**	差<优**,中*

（注：* 表示 $P<0.05$，** 表示 $P<0.01$，*** 表示 $P<0.001$。）

三、讨论

(一) 农村大学生专业承诺的整体状况分析

农村大学生专业承诺的整体水平不高,与众多研究结论一致。[①] 四个维度中规范承诺得分最高,理想承诺最低。这说明许多农村大学生留在所学专业是来自学科规范的约束,对专业能发挥自己的特长,实现理想抱负的态度并不乐观。造成这种状况可能与多方面因素有关:志愿填报时的自主性程度、志愿录取与志愿填报的符合程度、对专业的了解程度、学校对专业思想稳定性的重视程度、就业前景评估等。[②] 深层原因还有待进一步研究。

(二) 农村大学生与城镇大学生专业承诺的差异分析

来自农村的大学生规范承诺显著高于来自城镇的大学生。农村大学生从农村地区进入城市,将实现农村生活向城市生活的转变。[③] 在这个过程中,他们必然比城镇大学生更小心谨慎,更遵从制度,更易接受、认同学科规范。此外,很多农村大学生家庭经济条件不好,他们自知进入大学学习很不容易,因此非常珍惜这难得的学习机会,更可能会出于义务和责任的考虑而留在所学专业。

(三) 农村大学生专业承诺的性别差异分析

女生的规范承诺高于男生,与严瑜[④]的研究结论一致。这种性别差异与性别角色观念有关,女生从小就被期待是顺从听话的,这种角色观念在个体成长中逐渐被内化。因而女生更易认同所学专业的规范和要求。

(四) 农村大学生专业承诺的专业差异分析

文科生情感承诺、理想承诺显著高于理科生。理科课程内容衔接紧凑,不能靠突击来应付,而且实验课程、课后作业很多,学习任务重、压力大。这可能在某种程度上削弱了理科学生的学习兴趣。此外,理科生的就业选择性似乎不如文科生宽

[①] 谢超,文烨.大学生专业承诺研究综述[J].中国成人教育,2011(21).
[②] 罗亚莉,刘衍玲,刘云波.大学生专业承诺现状的调查研究[J].高教探索,2008(2).
[③] 童玉英.农村籍大学生城市社会化问题初探[J].青年研究,2000(10).
[④] 严瑜,龙立荣.大学生专业承诺的心理结构及影响因素研究[J].高等教育研究,2008(6).

泛,导致理科生学习热情不如文科生高,对专业学习能实现理想抱负的态度不如文科生乐观。

(五)农村大学生专业承诺的年级差异分析

农村大学生的专业承诺呈现出大一至大三逐步下降,大四略有回升的趋势。从总体上看,大一、大二学生专业承诺高于大三、大四学生,与以往研究结论有共同之处。低年级学生将大学视为人生历程中一个崭新的开端,对大学生活充满信心,加之学校对新生的专业思想教育颇为重视,因而他们的学习热情较高。高年级学生经过几年的大学生活,产生了厌倦感,学校也放松了对他们的专业思想教育,考证、过级、辅修、兼职、找工作占用了大量时间,因而专业承诺水平较低。

(六)农村大学生专业承诺的学习成绩差异分析

调查发现,学习成绩越差,专业承诺水平越低。学习成绩差的学生往往有逃课、不爱听课、不努力、迟到、早退等不良的学习行为,对学习的兴趣、热情、满意度都低,难以培养起对专业的认同感。同时也正因为对专业不认同,学习的积极性和主动性不强,投入不够,因此成绩也越来越差,由此形成一个恶性循环。

(原载于《湖北师范学院学报(自然科学版)》,2012年第3期,与谭雪晴、田澜、向光富共同撰写。)

高校二级学院的发展特色策略探究

——以湖北师范学院教育科学学院为例

湖北师范学院教育科学学院（下称湖师教科院）自1999年成立至今，经过十多年的大发展。目前，湖师教科院已经拥有了五个本科专业——教育学、应用心理学、学前教育、小学教育和特殊教育；拥有了教育学一级学科硕士点和省级重点特色学科；本科学生招生人数已经突破了1000人，研究生加上今年的招生人数（含各二级学科方向）也有60多人。可以说，湖北师院教科院作为师范大学的教育学院的"架子"已经基本成型。但在以后的发展过程中，如何丰富这个"架子"的内涵，能否走特色发展之路，不仅关系到学院自身的发展，也影响到学校教师教育特色的形成。因而，直面挑战、抓住难得的发展机遇，深化改革，在推进学院内涵式发展的过程中，逐步形成自己的办学特色应是湖师教科院现实的选择。

一、湖师教科院特色发展的现实处境：机遇与挑战并重

（一）教科院面临的发展机遇

1. 各级政府重视发展教育

把教育摆在优先发展的战略地位，是党和国家提出并长期坚持的指导思想和重大方针。党的十三大强调"必须坚持把发展教育事业放在突出的战略位置"。十四大第一次提出"必须把教育摆在优先发展的战略地位"。十五大再一次强调这一指导方针。十六大以来，党中央对教育优先发展高度重视。十八大报告把"努力办好人民满意的教育"放在改善民生和加强社会建设之首，做出了坚持优先发展教育的战略决策。

为落实党和国家的教育优先发展战略，湖北省采取了一系列措施，主要包括以下几个方面。

一是加大教育投入。"十一五"期间，湖北教育经费年均增长27.8%，至2009

年已达到318亿元,优先发展教育战略得到充分彰显。① 按照湖北省教育中长期发展规划,将在"十二五"期间继续加大教育投入,举全社会之力办教育,促进教育大发展,实现由教育大省向教育强省跨越的目标。在具体操作过程中,湖北将采取可行的措施,确保教育事业"规划优先、保障优先、资源分配优先"将教育投入当成全省的"第一财务"。

二是在2008年湖北省与教育部签订了共建"武汉城市圈教育综合改革国家试验区",内容包括实施教育综合改革试验,探索教育管理新体制、统筹协调新机制、科学发展新模式,促进各级各类教育协调发展等多项政策和措施,使武汉城市圈率先在中部地区基本实现教育现代化,为实施促进中部地区崛起战略和推进武汉城市圈"两型社会"建设提供人才保障和智力支撑,为全国教育改革发展提供依据。

三是加大了对师范类学校基础学科——教育学的扶持力度。2012年,湖北省省级重点学科的审批过程中,几乎所有的省属本科师范院校的教育学学科,都被立项为省级重点特色学科(或扶持学科),并给予了一定经费的支持。

各级政府对发展教育的重视与支持,无疑为教科院的特色发展提供了良好的外部生态和政策环境。

2. 学校高度重视发展教师教育

作为师范院校,湖北师范学院历来重视教师教育。自新领导班子任职以来,学校对教师教育的重视由观念层面落实到了实践层面。在多次学校教学工作会议上,校长都高举师范教育旗帜,强调要彰显学校的教师教育特色。新近颁布的《湖北师范学院教学院系"特色发展"工作实施方案》强调:"十二五"期间,学校要实施"特色发展战略",努力彰显教师教育特色和地方地域特色,并指出教师教育是学校的立校之本。

学校对教师教育的重视还体现在校园文化、专业设置、平台建设、学科建设、硕士点建设等多个层面。在学校的中心地带,矗立的是教育大楼;专业设置,优先发展教育专业;平台建设,优先发展教师教育平台;重点学科和硕士点申报,优先扶持教育学等,都是学校重视教师教育的具体体现。

学校对发展教师教育的重视,可以为教科院的特色发展提供人、财、物等各方面的保障,使教科院的特色发展具有良好的内部环境。

3. 学院拥有多种发展平台

在各级政府重视和学校的大力扶持下,教科院目前拥有了多种重要的发展平

---

① 田豆豆.湖北"十一五"期间财政教育经费年均增长近三成[EB/OL]. http://news.cnhubei.com/gdxw/201012/t1573663.shtml.

台;学科建设平台——教育学省级重点特色学科;学位点建设平台——教育学一级学科硕士授权点(下设六个二级学科方向);专业发展平台——拥有五个本科专业(教育学、应用心理学、学前教育、小学教育和特殊教育);教师技能训练平台——中央财政专款建设的教师教育平台;教师职后训练平台——学前教育国家级教师培训基地(国培)。

可以说,教科院发展所需要的重要平台,基本上都具备了,这无疑为学院下一步的特色发展奠定了良好的物质基础。

(二)教科院面对的挑战

1. 外部竞争日益激烈

随着社会主义市场经济体制的逐步建立与完善,国家对高等教育体制也实行了系列改革。我国大学由计划经济时代实行"统招统分"政策到现在面临着激烈的生源竞争、资金竞争和就业竞争。残酷的市场竞争是中国所有大学面临的共同的生态。对于地方本科师范院校而言,这种竞争的残酷性更加突出,主要表现以下几个方面。

一是地缘上处于劣势。地方师范院校由于不在省城,无法具备省城学校所拥有的地方政治、经济、文化中心所具备的优势。省城外的学校同省城内的学校相比,既难以吸引到优秀的生源,优秀的教师,也难以吸引到资金等其他办学资源,而这些又是学校(二级学院)形成竞争力的重要基石。

二是学校类别上的劣势。师范院校主要是培养教师,毕业生就业主要在中小学。当下我国教师人事制度存在明显缺陷(如只能聘用教师,不能解聘不合格的教师),各地中小学为编制所限,进人名额非常有限。加上近几年每年有近700万的大学生需要就业,就业压力越来越大。在此背景下,师范院校的这种比较劣势更为明显。多种劣势叠加,地方本科师范院校所面临的竞争更加激烈。

从师范院校内部来看,湖北师院教科院也是处于竞争劣势。从全国范围来看,与兄弟省的省属师范院校相比,湖北师院没有优势可言。例如,南京师范大学、华南师范大学,这类省属师范大学不仅是大学,且拥有教育学一级学科博士点。有人说,这些位于省城的师范大学,湖北师院没办法比。其实,即便是地方的师范高校,湖北师院与之相比也有较大的差距。例如,徐州师范大学(位于徐州)、浙江师范大学(位于金华),其综合实力也在湖北师院之上。这从每年的各类大学的综合排名中得以体现。

从全省范围来看,目前湖北师院虽然拥有多种发展平台,但湖北师院有的别人未必没有,别人有的湖北师院未必有。例如,教育学省级重点学科,湖北二师、黄冈

高校二级学院的发展特色策略探究
——以湖北师范学院教育科学学院为例

师范学院等学校都有；湖北师院拥有学术型教育学科一级学科硕士点，黄冈师范学院等学校拥有教育学专业硕士学位点。湖北二师拥有的省城地域优势、黄冈师范学院拥有的老区优势，湖北师院则没有。因此，即便是在省内的同类学校的比较中，湖北师院也没有明显的优势。

以上是从师范学校层面的比较，结论是如此，如果具体到各学校的二级学院——教育科学学院层面的比较，结果也大体如此。

2. 内部自身存在多种发展障碍

第一，学院特色发展方向不明确。

从宏观角度看，作为学校的二级学院特色发展定位应与学校的特色发展定位相一致。湖北师院第六次教学工作会议校长的报告中已经明确学校的定位是：立足湖北，服务地方，面向全国，坚持以本科教育为主体，积极发展研究生、留学生教育、成人教育、坚持教师教育特色，坚持以教学为中心，以科研促进教学，推进各项事业协调发展。依据学校的特色发展定位，教科院特色发展方向也应该是教师教育特色。作为师范院校的教育科学学院，要彰显教师教育特色是毫无疑问的。但是，仅从宏观角度与学校发展特色的定位相一致，无法使学院形成自身的特色。因为彰显教师教育特色是所有师范院校及所有师范专业的共同的"类"的特色。部属师范院校、省属师范院校乃至一些专科师范学校，以及语文教育、数学教育、化学教育等所有师范专业，都要彰显教师教育特色。作为地方师范院校的教育科学学院，要彰显的教师教育的"个体"特色，着力点在哪里？特色发展方向应该在何处？这些问题目前似乎并不太明确。学院特色方向不明，必然造成工作重点不清，其结果只能是在教科院的各个专业方向、各个学科方向在人、财、物等的投入方面，平均使用力量。长此以往，难以打造学院的特色。

第二，学院师资队伍数量不够，整体素质不高。

学院特色发展最重要的因素是人的因素。人的因素既包括数量因素，也包括质量因素。教师数量不足，教师整天忙于上课，不仅科研上不去，社会服务难以开展，教学质量也难以保障，更不用谈形成学院的特色了。目前，教科院拥有五个本科专业、承担全校的公共课——教育学、心理学的教学任务。不仅如此，教育学一级学科的研究生的教学与管理、省级重点特色学科的建设工作都挂靠在学院。教科院现有的教师只有36人（加上将引进的44人），保障基本的教学运行很困难，每学期都要外聘教师至少要3～4人。教师数量不足是制约学院特色发展的一个重要因素。

教育科学学院教师队伍的整体素质不高，体现在：缺少在全国有影响的大师级的领军人物；高职称、高学位的教师数量太少。目前，教授只有4人（其中两人是学校相关处室的处长),副教授有 12 人,博士 7 名(含在读的两名和今年将引进的 1 名)。各专业方向的带头人水平参差不齐,各专业方向力量缺少整合,缺少高水平的学科团队,导致整体的学术攻关和研究能力不强,难以获得有影响的科研项目和奖项。学院师资队伍整体素质不高是制约教科院特色发展的另一个重要因素。

第三,学院缺少高级别的教学与科研平台。从教科院的情况来看,可属于省级以上的教学与科研平台实际上只有一个——学前教育国家级教师培训基地(国培)。至今,学院没有一门省级精品资源共享课程、没有省级重点实验室,也没有省级人文重点研究基地。高级别平台的不足,不仅难以聚集高水平的教学团队,也难以支撑高水平的研究成果,对学院的人才培养、科学研究和社会服务的影响也不利。

第四,学院整体的科研实力不强。这既体现在缺少国家级项目、国家级奖项等标志性研究成果上,也体现在缺少特色鲜明的研究领域上。我院虽然有教师近 40 人,但大家是各自为战,力量缺少必要的整合,研究方向分散也必然导致研究力量分散。尤其是在体现我校教师教育特色的"课程与教学论"方向上,本来应该是我院最强的一个领域,实际上却是最弱的一个方向,至今没有一个本方向的博士。学院整体实力不强,学院追求特色发展的目标最终可能落空。

第五,学院战略管理水平有待进一步提高。在学院特色形成和发展过程中,战略管理起着非常重要的作用。战略管理是指对一个企业或组织在一定时期的全局的、长远的发展方向、目标、任务和政策,以及资源调配做出的决策和管理艺术。①学院的特色发展是一项系统工程,必须从战略管理的高度做好顶层设计,明确学院的办学定位与发展目标、理清办学理念与发展思路。近几年来,由于学院的跨越式发展、各方面的矛盾突出,学院管理只能局限于烦琐的具体事务管理,宏观的战略管理重视不够,思考不多,学院领导班子成员的战略管理水平有限。学院领导班子战略管理水平不高,就难以领导学院走特色发展之路。因此,学院要实现特色发展,必须提升班子成员的战略管理水平。

二、湖北师院教科院特色发展的推进策略

(一) 明确学院的特色发展方向

建设师范大学是湖北师范学院的一个奋斗目标。与这个目标相适应,教育学

---

① 什么是战略管理[EB/OL]. http://www.dongao.com/zckjs/fxzd/201304/99447.shtml.

高校二级学院的发展特色策略探究
——以湖北师范学院教育科学学院为例

要努力争取博士点立项,这是学校教育学学科应该达到的高度目标,也是教科院发展应该达到的高度目标。另外,博士点立项选择的突破口或着力点,从学校层面看应是强化学科课程与教学论方向,毕竟这个学科方向涉及全校的所有师范专业,既影响到多个师范专业的发展质量,也影响到这些师范专业所培养的人才质量。从学院层面看,教科院即便是学科课程与教学论方向,也应该与其他学院有所不同。根据学院现有的专业,教科院应该强化课程与教学论、小学课程与教学论、学前教育课程与教学论等几个学科。学院的各个专业方向,以及教学、科研和社会服务各领域,都应该围绕上述几个方面展开,做强、做实。学院在特色方向的选择上,应该有所不为,有所为。

基于上述分析,学院的特色发展方向,从高度上讲,应该是争取教育学博士点立项;从特色方面看,所有专业,在教学、科研和社会服务各个领域,都应该围绕课程与教学论、小学课程与教学论、学前教育课程与教学论等几个学科做文章。学院的特色发展方向只有与学校的特色发展方向保持相对一致,才能形成合力,在形成自身特色的同时,促进学校特色的形成。

(二)加强学院教师队伍建设

无论是实现博士点立项,还是在课程与教学论方向形成鲜明的特色,最重要的因素是人的因素。因此,加强学院教师队伍建设就成为一种必然的选择。

学校要使教育学学科经过三至五年的努力,能够成功申报博士点立项,全校必须依据学科的特色方向——学科课程与教学论方向,在全国招聘大师级的领军人物,并以该人物为中心,组建强大的学科团队。另外,各二级师范类学院,应将学科课程与教学论方向的人才的引进和培养,作为自己师资队伍建设的重中之重,至少要保障每个学院拥有1~2名该方向的教授或博士,并形成相应的学科梯队。在教育科学学院,应引进或者培养课程与教学论、小学课程与教学论、学前教育课程与教学论的博士各1~2名。只有学院学科课程与教学论师资队伍的整体素质得到大幅度的提升,学校的博士点立项目标及学院的特色目标才能够最终达成。

(三)加强高水平平台的建设力度

基于教科院教育与科研平台的实际,必须加大建设力度。一是要加强申报博士点立项和彰显学科特色直接相关的平台建设,包括建设省级人文社科重点研究基地——湖北省基础教育改革与发展研究中心,建设省级精品资源共享课程——"教育学"、"课程与教学论"、"小学课程与教学论"和"学前课程与教学论"等。这些平台建设既要有具体的建设规划,又要有操作性强的落实方案,还需要责任到人。

二是为这些平台建设提供条件保障,包括人力、物力和财力保障,保证平台建设能够得以顺利展开。

(四)提升学院的整体科研实力

提高学院整体科研实力,除了引进高水平的人才以外,还必须大力培养人才。人才培养,一是要选好"苗子",即根据学院建设的需要,选出一批有培养前途的人才,作为重点培养的对象。二是采用多样化的培养方法。利用省级重点学科的资助,外派教师出国短期访学;到名校脱产进修;对青年教师采用导师制;组建科研创新团队集体攻关;开展各种形式的学术沙龙活动等。这都是有效的方式和方法。三是为科研上优秀的人才减轻教学压力,保证他们有足够的时间和精力从事科学研究。

(五)提升院系战略管理水平

学校、学院和专业层面(系层面)都有自己的战略思维,也都需要战略管理。从学院来讲,要实现学院的特色发展,必须提升学院领导和系领导的战略管理水平。提升学院领导和系领导的战略管理水平:一是加强理论学习,提升管理者的战略管理理论素养,这可以通过观看网络视频,阅读相关书籍来实现;二是阅读大量战略管理案例,领悟他人战略管理的精髓,明确他人是如何有效地将战略管理理论运用于自身的管理实践;三是在平时的管理活动中,如制定专业发展规划,课程发展规划,院、系学科发展规划等规划中,多实践、多运用战略管理思想,最终提升自己的战略管理水平和能力。

(原载于《集美大学学报》,2013年第4期,与张昌英共同撰写。)

地方院校如何培养大学生的创新能力

——湖北师范学院生命科学学院的教育探索

创新能力的构成要素可归纳为创新思维能力、非智力因素与创新实践能力,对创新能力的考核也主要集中在此。[①] 如今,高水平研究型大学提高了硕士研究生入学门槛,大学生的创新能力成为其重点考察项目。湖北师范学院生命科学学院在近几年的硕士研究生考试中均取得了突出成绩,其考研录取率始终保持在40以上。2008—2013年,生科院毕业生考取中国科学院以及985、211高校的硕士研究生人数已达到235人,其中考取清华大学共29人,仅2013年就有11人,占清华大学生科院2013年总录取人数的1/3。生科院也因此成为清华大学创新人才培养的优质生源地。此外,近年来生科院学生在挑战杯、实验技能竞赛、社会实践中获省级以上奖励30余项;公开发表论文20余篇;毕业生获省级优秀学士学位论文奖40人次。生命科学学院对在校大学生创新能力的培养是其成绩取得的不二法宝。

一、生科院培养大学生创新能力的做法

(一)以先进的育人理念为指导

育人理念是建立在客观的育人规律之上,反映育人活动的本质和时代特征,具有指导性、前瞻性、规范性,是教育教学活动的指南针,是人们现实教育理想的催化剂。[②]

生科院树立"以人为本,质量为先,创新为魂"的育人理念,用先进的观念体系指导育人实践活动。"以人为本",即强调教育教学以学生的发展为本,尊重学生的

---

① 周新晔,李娜,邓秋军.大学生创新能力培养体系的问题与对策探讨——从个人、高校与社会三个维度[J].价值工程,2012(14).
② 韩延明.理念、教育理念及大学理念探析[J].教育研究,2003(9).

个性。"质量为先",即充分考虑市场要求和学生需求,严把人才质量关,最终输送出适应不同层次、不同类别的高素质、多规格的人才。"创新为魂",是将创新贯穿于教学过程的每一个环节,让学生创造出新的认识成果,包括了解到前沿的知识,掌握新的学习方法,构建新的思维模式,实现知识增值。① 近年来,在先进育人理念指导下,生科院从多方面进行深入改革,树立"夯实基础,注重理论知识、实践能力、科学素质协调发展,注重学思结合,知行统一"的实践育人和创新人才培养观。在课程设置上,生科院积淀了"理论与实验、基础与实践、开放与交流"的创新思想对课程体系进行系统改革。在教学方法上,生科院采用多种教学方式,并将"让学生接触前沿信息,帮助学生构建创新思维,强调独立思考与合作学习并重"的要求贯穿于教学的始终;在科研实践上,生科院开放实验室,致力于组建科研创新团队,形成"导师、研究生、本科生"多层次的指导模式,为创新能力培养创造良好的环境。基于此,2008年,生科院被国家教育部批准成为"国家级生物学实验教学示范中心"并得到中央财政资金建设的支持。

（二）以优化课程体系为关键

为激发学生的创新意识,生科院多次修订人才培养方案,坚持"厚基础,宽口径,求创新"的原则,优化课程体系。优化课程体系主要体现在加强基础课程,建立多元化的实验体系和丰富社会实践课程三个方面。

1. 强化基础课程

所谓基础课程,是指某一专业或科系的学生必须进修的基础知识、基础理论和基本技能的课程。认为基础课程与创新能力无关的陈旧教育理念是不正确的。因为创新是知识沉淀的结果,而基础课程的学习正是为创新能力的培养奠定基础。如果把创新能力构成的三要素比作砖块,那么基础课程就好似地基,高耸的楼房永远离不开坚固的地基。生科院从结构、内容两个维度对基础课程进行了改革和完善,为进一步提高大学生创新能力做好前期准备。

第一,突出课程结构的层次性。生物学是一门交叉性很强的学科。针对这一特点,生科院将基础课程分为一般基础课程和专业基础课程。在一年级着重安排数学、物理、化学等一般基础课程,拓宽知识面,了解相邻学科知识,掌握分析、处理数据的基本技能。在此基础上,生科院继续开设专业基础课程,如微生物学、遗传学、细胞生物学、分子生物学和微生物工程等,为高深知识的学习打下坚实的基础。此外,生科院还将专业基础课程分为专业基础理论课和专业实验课,将理论课与实

---

① 许克毅,杨稣.新世纪高等教育人才理念探讨[J].清华大学教育研究,2002(1).

地方院校如何培养大学生的创新能力——湖北师范学院生命科学学院的教育探索

验课分开授课,分开计算学分,此举将有助于学生保质保量地完成专业课程各个环节的学习。

第二,强调课程内容的广博性。耶鲁大学校长莱文曾说过,美国的一流大学在课程设置上都强调要先博后专,先博后深。① 生科院根据学生创新能力培养的需要,对生物科学、生物技术、食品科学与工程三个专业的课程内容进行有效整合,删减课程中重复的教学内容,提高知识传授的有效性。根据各专业的特色,有针对性地开设专业课。同时,为满足不同学生的需求,生科院扩充了专业选修课的门类,保证了学科知识体系的完整性和系统性。此外,生科院课程内容的广博性还体现在前沿知识的传授上。教师把最新的学术信息和科研成果转化为授课内容。课外,生科院创办"名家讲坛"活动,邀请国内外知名学者来校讲学,为学生拓宽知识面和学术交流创造了良好的氛围。

2. 创新实验课程体系

实验课程体系是在专业要求和培养目标的指导下,将实验技术理论和实验操作能力的培养有效组合的课程系统②。大学生创新能力的培养并不能一蹴而就,而是需要建立在对大学生的创新思维能力与创新实践能力的长期训练的基础之上的。虽然不能把创新能力的培养视为各个独立阶段的目标,但是有效的分类实验课程有助于从不同侧重点对创新能力进行培养。

生科院不仅在课程安排上将实验课单独计分,引起学生对实验课程的重视,而且创建了"3×2"实验体系,开展"协同创新、联合培养"活动,努力激发学生的创新思维和锻炼学生的创新实践能力。

"3×2"实验体系是生科院潘继承教授主持完成的"地方师范类本科院校生物科学专业实践育人体系的探索与实践"项目的成果之一。该体系中的"3"为三个实验课程:基础型实验课程、综合设计型实验课程和研究创新型实验课程。基础型实验课程以学习基本的实验技能,规范操作为主,是创新能力培养的开始;综合设计型实验课程要求学生在教师的指导下,综合运用所学的知识和技能,学会提出问题、解决问题,从而可以有效地锻炼学生的综合实验技能,是激发创新思维的重要环节;研究创新型实验课程强调学生的自主性,要求学生自主设定并完成实验,通过反复地探究实验使学生的创新能力得到全面提升。体系中的"2"指中学基础生物实验教学及实验研究、学生的科学探究兴趣两方面。"3×2"实验体系就是要将这两方面始终与三个实验课程相结合,从而形成完善的训练体系。经过系统的训

---

① 邹晓燕.高校公共基础课程促进创新型人才培养的路径研究[J].湖北社会科学,2012(5).
② 赵建华.实验课程体系建设的系统思考[J].高教探索,2005(3).

练,生科院学生的创新实践能力得到极大提高,并多次在湖北省挑战杯大学生课外学术科技竞赛、湖北省高校实验技能竞赛中获奖。

生科院不仅把实验课程设在校内,同时加强与高层次研究型大学合作交流,让学生在新的实验环境下,通过与外界学者的思想碰撞,擦出创新的火花。例如,2012年暑假,有三名学生被推荐到北京大学生科院实验室进行学习;2013年3月,有六名同学被推荐进入华中农业大学微生物实验室开展研究。同时,生科院联合武汉大学、华中农业大学的相关院系和实验室组织成立了"湖北省高校生物学科实验教学中心联席会",发挥了其辐射示范作用,丰富了实验教学资源,为学生创新能力的培养创造了有利的条件。

3. 丰富社会实践课程

社会实践是学生根据学校培养目标有组织、有计划地参与经济、社会政治、文化的教育活动。① 社会实践有助于学生将理论与实际相结合,促进感性认识和理论知识升华为理性认识,为培养具有个性化、高素质的创新人才创造条件。②

生科院为学生安排了丰富多彩的社会实践课程,并配备经验丰富的指导教师。实践课程与专业紧密结合,学生根据自己的偏好自由选择课程,最大程度激活学生的学习兴趣,发挥非智力因素在创新能力培养中的作用。通过多年的努力,社会实践课程成为生科院创新人才培养的特色课程。同时,学生的实践成果也得到了充分的肯定和认可,如"关于长江黄石江段江豚生存现状及其保护对策"研究团队获得湖北省大中专学生暑期社会实践活动"优秀团队";《黄石地区通江湖泊开展"灌江纳苗"项目的意义及相关问题的调查与分析》获得湖北高校"新农村 新希望"主题实践征文调查报告类三等奖等。广泛深入的社会实践课程,让学生深入社会问题、寻找解决对策、提高解决问题的能力,有助于在今后求学深造和就业的道路上开拓创新奠定基础。

(三)以革新教学方法为核心

教学方法是影响学生行为方式和思维方式的直接因素。③ 受传统传道、授业、解惑思想的影响,教师在教学过程中侧重对知识的灌输,学生则是上课做笔记,下课整理笔记,考前背笔记。整个教学过程单调乏味,学生的积极性不高,创新能力被统一化的标准逐渐磨灭。因此,教学方法迫切需要改革。生科院教师打破传统

---

① 王小云,等.大学生社会实践概论[M].北京:中国经济出版社,2005.
② 励立庆,王志军,苏志强.大学生社会实践课程体系的建设[J].高教与经济,2006(4).
③ 姚玉环.制约大学生创新能力发展的教学因素及改革路径[J].中国高等教育,2008(8).

地方院校如何培养大学生的创新能力——湖北师范学院生命科学学院的教育探索

的"灌输式"的教学方式,充分发挥学生的主体作用,把学生创新能力放在首要位置,注重培养学生学习能力和思维能力的培养,采用多种教学方式创设有利于学生个性发展的课堂氛围。

1. 采用双语教学法

双语教学最初在美国、加拿大等国家运用,是用一种外语或第二语言进行教学的方法。2001年教育部发布的《关于加强高等学校本科教学工作,提高教学质量的若干意见》中要求本科教育要使用英语对专业课进行讲授,特别是生物技术专业要先行。

双语教学模式对学生的创新能力培养具有重要的意义。首先,双语教学有助于学生把握前沿信息。大学教育应该为学生敞开一扇门,使他们有机会接触到新思想,获得新的观点。① 生物学知识要求与国际接轨,教育教学则应该面向现代化、面向世界、面向未来,学生才有捕捉到最新信息才能从中寻找创新切入点。其次,双语教学有助于学生在学习外来文化时掌握新的思维方式。创新思维在创新能力培养中起着先导性的作用。当学生沉浸到英语的环境中,其思维方式也受到潜移默化,面对问题时学生就会主动从多角度进行思考。最后,将专业知识的学习和英语学习相结合,有利于学生学习兴趣的相互转换,做到"补短促长"和"以长补短"②,通过发挥学生学习强项克服学习困难,充分发挥学生的非智力因素在创新能力培养中的作用。生科院以创新教育理念为指导,将双语教学运用到《分子生物学》的教学实践中③,其教学方式经过三个阶段的完善取得了较好的效果。首先,教师充分运用多媒体教学,其丰富、生动的画面感吸引了学生的注意力,而学生采用联系记忆便可牢固地掌握所学知识。此举激发了学生的非智力因素,提升了创新思维能力。其次,教师布置适量的作业和思考题,鼓励学生进行小组讨论学习后动手制作课件。学生根据自己的兴趣搜集资料的过程实际是一个主动获取知识、思考问题的过程。最后,课程考试采用全英文试卷,帮助学生克服畏难情绪,当学生学有所获时自信心也随之增加了。

2. 推行 PBL 教学法

PBL 即问题教学法(problem based learning),于1969年在加拿大麦克马斯特大学问世,是目前国际上广为流行的一种教学方式。PBL 教学法以问题为中心,

---

① 德雷克·博克.回归大学之道:对美国大学本科教育的反思与展望[M].侯定凯,等,译.上海:华东师范大学出版社.2008.
② 夏正江.论因材施教的实施策略[J].教育研究与实验,2008(4).
③ 王友如,潘继承.使用原版英文教材进行分子生物学双语教学的实践与思考[J].湖北师范学院学报(自然科学版),2007(2).

学生为主,教师为辅。教师通过创设问题情境,让学生以小组讨论的方式解决问题,学习问题背后隐藏的学科知识,最终使问题得以解决。PBL 教学法对大学生创新能力的培养更多地体现在对创新思维能力和非智力因素的影响上。生科院的老师在帮助学生打牢基础知识的前提下,采用 PBL 教学法激发学生的创新思维。首先,通过有价值的问题激发学生的学习兴趣,调动学生解决问题的积极性。当提出的问题带有时代气息,与生活息息相关时,则能引起学生的共鸣,激发学习动机。其次,合理的小组搭配,教师角色的准确定位为教学创造良好的氛围。教师在活动中扮演组织者,根据学生特性进行异质分组,有助于学生从多层次、多角度去思考问题,完善自己的思维结构。最后,采用多维度的教学评价。老师对学生的评价不再局限于答案的对错与否,侧重于对学生学习态度、小组综合表现、思考问题的角度等方面进行评价。通过反馈与评价,教师能及时把握学生掌握知识的情况,对争议较大的问题进行集体讲解。学生通过教学训练不仅能够掌握知识,而且能够掌握学习方法,构建思维方法,激活创新思维,正如诺贝尔物理奖获得者丁肇中教授所说:不要教死知识,要授之以方法,打开学生的思路,培养他们的自学能力。[①]

(四)以科研训练为着力点

高校科研实验室的科研设备精密,科研实力雄厚,科研氛围浓厚,是从事学术交流、科研研究的重要场所,同时也是传授知识、培养动手能力、激发创新能力和创新思维的重要基地。[②] 同时,规范的科研流程能使学生树立了严谨的科学研究思维,培养学生独立思考问题的能力和创新意识,锻炼学生的动手实践能力和团队合作能力,全面提升学生的综合素质。

1. 导生制的实施

优秀科研团队的建设和榜样的示范均为创新人才的培养营造了良好的氛围。优秀的团队离不开合理的人员构成。导师作为科研团队的核心人物,规划科研计划,把握团队走向的大趋势。团队中还需要精英成员即研究生和高年级学生,发挥示范、带头作用,对本科生进行个性化辅导。此外,本科生扮演着后备军的角色,通过不断学习,提升能力最终成为精英成员。

生科院将"导生制"运用到实验教学环节,请研究生作助研,并由其带动本科生开展科学研究,将具有创新能力的个人组建成为一个具有创新能力的团队。首先,本科生在研究生的帮助下设定学习目标、解决实际问题、提前了解有关专业知识。

---

① 辜胜阻.变革传统教学模式的实践探索[J].教育研究,2003(8).
② 吴元喜,谢青,周蓬蓬,肖靓.本科生创新意识和实践能力的培养[J].实验室研究与探索,2009(3).

地方院校如何培养大学生的创新能力——湖北师范学院生命科学学院的教育探索

不同层次的学习合作有利于本科生寻找自我提升点,有助于端正学习态度。其次,高年级学生对低年级学生进行指导是一个双赢的过程。引导低年级学生进行创新实践的过程不仅可以锻炼学生的逻辑思维能力和综合运用能力,还有利于学生产生成就感,树立自信心,有助于自己的成长。① 生科院毕业生在考研取得的佳绩与"导生制"的实施有着密切的关系。

2. 导师制的实施

早在14世纪,英国牛津大学就提出了本科生导师制,部分导师带头组建了学生团队。1996年,清华大学启动"大学生研究训练计划"。1998年,北京大学设立3项基金鼓励和引导学有余力的优秀本科生在导师的指导下参加科研活动。② 教育部自2007年开始组织实施"国家大学生创新性实验计划",引起许多大学纷纷推行本科生导师制,培养学生的创新能力。

生科院将"本科生科研训练"写入人才培养方案,并于2007年开始实行导师制,将实验室对学生开放,让本科生享受研究生的待遇。优秀的本科生在第四学期可根据自己的研究兴趣选择导师,进入相关实验室,了解科研流程和方法。

导师不断地将已结题的科研成果和基本成熟的科研成果转化为实验室训练项目,保证了实验内容的动态性和前沿性。在训练体系中,学生可以自由地在实验项目库中选择,通过小组协作的方式完成整个实验过程。导师作为科研活动的指导者,在科研过程中了解每个学生的特点,设定不同的培养方法,进行因材施教,充分发挥每个人的特点。导师不定期地召开小组会议,与大家共同制定科研计划,分享学习心得,给予学生新的启示。

二、生科院培养大学生创新能力的相关启示

大学生创新能力的培养需要指导思想与配套制度的结合,需要学生、老师、学校、社会共同努力。大学生创新能力的培养是一个长期性、综合性、动态性、系统性的工程。湖北师范学院生命科学学院在创新人才培养过程中积极有效探索和实践,为地方院校的创新人才培养提供了重要启示。

---

① 王雅静,齐宁,袁海萍."创新导生制"的探析与实践——导生制在大学生创新活动中的应用[J].高校辅导员,2012(1).

② 朱昌平,刘昌伟,黄波,张秀平.通过团队建设促进IT大学生实践创新能力的提高[J].实验技术与管理,2010(5).

（一）地方院校可有效提升大学生的创新能力

如今,许多地方院校认为创新人才培养的主力军在高水平研究型大学,将自己的人才培养目标定位为单纯地培养应用型人才。其实,创新人才分为多个层次,地方院校所培养的是创新型应用人才。地方院校在全国高校中占有较大比重,在高等教育中发挥着巨大作用,应当成为创新人才培养的主要阵地。地方院校要充分发挥地方特色,服务基层,把学生的就业与创新能力的培养相结合,为一线输送创新型应用人才。生科院依据学校的办学方针,结合自身特色,以升学和就业为切入点,将大学生创新能力的培养融入教学的各个层面。学生创新能力的提高不仅在考研中得到展现,学院还为地方教育提供了大量的新型生物学教师,为生物学及其相关领域从事科研、技术开发及管理工作的机构输送了具有创新精神的专门人才。近年来,生科院毕业生就业率保持一直在95％以上,学生的综合素质得到用人单位的一致好评。

（二）创新人才培养需要系统设计与推进

创新人才的培养是一个系统的、全员性的工程,培养目标和模式要根据社会对人才要求的变化,不断进行完善和变革。高校对大学生创新能力的培养要树立正确的育人理念。先进的思想能够保证行动的科学性。此外,要从课程设置、教学方式、科研实践等方面进行有步骤、分阶段地改革,借鉴国内外其他院校在培养创新人才方面的成功经验,完善自身的培养模式。生科院在先进育人理念地指引下,以创新能力培养为指挥棒,对人才培养方案进行多次修订,有针对性地调整课程设置,满足了不同层次学生所需。教师积极采用多种教学方式,努力提升自身教学技能水平,激活了学生的创新思维。开放的实验室、多层次的指导模式为提高学生科研创新能力创造了良好的外部环境。从思想到行动、从老师到学生,生科院的创新人才培养模式是通过多方面共同努力才得以形成。

（三）创新人才培养需要结合专业实际

不同专业对人才的要求不一样,创新能力培养的侧重点不同,采用的培养方式和培养途径也就因专业而异。创新人才的培养要综合考虑社会需求和专业特点,以学生的实际情况为基础,从创新思维能力、非智力因素和创新实践能力多角度出发,最大限度地激发学生的创新潜力。生物学是一门应用性较强的学科。因此,生科院注重在实验操作和社会实践中锻炼学生的创新能力。生科院以多种形式对学

地方院校如何培养大学生的创新能力——湖北师范学院生命科学学院的教育探索

生开放实验室,引导学生参与导师的科研项目,参加社会实践调查。长期的训练促进了学生学习能力、动手能力的提高,思维方式的转变,创新能力也逐渐得以具备。

（原载于《湖北师范学院学报（哲学社会科学版）》,2013年第5期,与刘清、张毅、朱小备共同撰写。）

特色学校顶层设计策略初探

目前,为追求教育的均衡发展及提升学校自身的竞争力,许多中小学选择了创建特色学校,追求特色发展之路。其中,不少学校取得了成功,如洋思中学、杜郎口中学等一批学校,因办学业绩突出、特色明显而享誉全国。但更多学校的结果则不尽如人意。除了特色学校建设本身的复杂性之外,一个重要的原因是一些学校在创建特色学校的过程中忽视了顶层设计,缺少对特色学校建设的通盘考虑与系统思考。

本文对特色学校顶层设计的内涵及具体策略进行了讨论,希望对中小学创建特色学校有所帮助。

一、特色学校顶层设计的含义

顶层设计,这一概念来自于"系统工程学",其字面含义是自高端开始的总体构想。现在,顶层设计被广泛运用于不同的学科领域。不同学者对其定义也各不相同。本文取纪大海先生对顶层设计的理解:顶层设计就是自上而下,自高端至低端层层系统推进的设计方法。具体讲,顶层设计就是用系统方法,以全局视角,对各要素进行系统配置和组合,制定实施路径和策略。[1]

按照纪大海先生的理解,顶层设计有四个主要特征[2]:一是顶层决定性,高端决定低端,顶层决定底层,核心理念与顶层目标是顶层设计之魂;二是整体关联性,顶层设计看重大系统与子系统、子系统与子系统之间围绕核心理念和顶层目标所形成的关联、匹配与有机衔接;三是表述简明性,核心理念和顶层目标在表述上要简洁明了;四是体用一体性,核心理念、顶层目标与子系统目标、路径、方法相一致,设计愿望与实际可行性相一致。

特色学校是指在全面贯彻教育方针的过程中和长期的教育教学实践活动中,从学校教育工作的整体上或全局上形成的、具有比较稳定的、区别于其他学校的独

---

[1] 纪大海,杜萍.顶层设计:高校人才培养新视角[J].中国高等教育,2010(7).
[2] 纪大海.学校科学发展的"顶层设计"[J].教育科学论坛,2009(11).

特风格或独特风貌,并培养出具有特色的人才的学校。特色学校不同于学校特色,前者是学校整体性和全局性特色,后者则是学校单项性和局部性特色。

结合顶层设计和特色学校两个概念,我们可以对特色学校顶层设计有一个明确的认识:特色学校顶层设计,就是一种从学校的特色理念以及由特色理念衍生的顶层目标出发,以全局的视角、运用系统的方法,自上而下,对影响学校特色理念与顶层目标实现的各方面、各层次、各种要素进行统筹考虑,制定正确的实施路径和策略的设计。

二、特色学校进行顶层设计的策略

(一)提炼学校特色办学理念

提炼学校特色办学理念,是特色学校建设顶层设计的起点和关键。办学理念即学校办学的理想信念,是"学校成员对学校的基本认识、办学的理想追求及对教育本质把握的统一体,是学校在办学实践中自主构建起来的总体的办学指导思想"[①]。

提炼特色办学理念的方法多种多样,可依据学校的实际选择适合自己的方法。这里简要介绍三种方法。

1. 立足于学校自身的传统和经验进行提炼

对于一些办学历史较长的学校而言,理想地提炼特色办学理念的方式是立足于学校自身,从自己的办学历史传统与经验中寻求亮点,从中提炼出自己的特色办学理念。因为来源于实践的特色办学理念可以更好地指导实践。在现实的办学实践中,一些学校不同程度地存在着这样一种倾向,不注意在自身的办学实践中、在自己的办学传统和办学经验中去提炼和概括特色办学理念,而是习惯于到书本和文章中去照抄有关词句作为自己的特色办学理念,这种做法的结果是所提炼的特色理念往往"水土不服",无法有效指导特色学校建设实践。

立足于学校自身的传统和经验提炼特色办学理念,可以从学校历史文化传承中发掘有重大影响的思想、口号、实例;或者从某方面取得的成功经验,来进行提炼和概括。例如,重庆市复旦中学的"努力前程,成功成人"的特色办学理念,就是在自己的办学传统中提炼出来的。"努力前程"是孙中山对复旦学子的殷切希望。努力前程既表明了重庆复旦中学独特的文化底蕴、文化传统,也显示出重庆复旦中学

---

① 龚春燕,等.重庆:特色学校建设[M].北京:首都师范大学出版社,2012.

的精神追求——不满足于已经取得的成绩,在不断的追求中实现"学生成功、教师成功、学校成功"。成功成人则是学校在办人民满意的学校的工作中,面对青少年中普遍存在的问题,从传统和现实出发,借鉴成功教育经验逐渐提炼出来的。

立足于学校自身的传统和经验提炼特色办学理念的关键是,要抓住学校文化传统或学校经验的亮点,保留形式,改造内容,形成既有传统品味,又有时代精神的新理念。

2. 借鉴先进的理论及他人成功的经验进行提炼

对于一些办学历史较短的新建学校而言,可借鉴先进的理论及他人成功的经验形成自己的特色办学理念。具体来讲,就是从先进的理论、模式、方法或者他人成功的经验中借鉴有价值的因素,结合学校实际,概括形成自己的特色办学理念。现实中,许多中小学就是依据主体教育思想、素质教育思想、多元智力理论,或者其他学校的"成功教育"和"愉快教育"等成功经验,来提炼自己的特色办学理念的。以借鉴的方式提炼自身的特色办学理念,关键在于选准借鉴的东西,并结合实际予以消化,进而形成创新的理念。

3. 从基础教育带有全局性问题的解决方案中进行提炼

在基础教育领域,会存在一些普遍性、全局性的问题。学校可以通过寻求对这些普遍性、全局性问题的解决方案,从中提炼出自己的特色办学理念。例如,杜郎口中学的办学理念是"以人为本,关注生命"。该理念实际上是从解决中国基础教育普遍存在的"知识本位,过分重视考试分数,忽视学生的发展"的共性问题的解决方案中,提炼出自己的特色办学理念的。以这种方式提出的特色办学理念,具有很强的现实感和浓郁的时代气息,以这种理念为指导所形成的特色学校也有很强的示范效应。杜郎口中学的成功,就是很好的例证。以这种方式提炼特色办学理念的关键在于所针对的问题应该具有普遍性和全局性,问题的解决方案切实有效,从有效的解决方案中提炼出特色办学理念。

特色理念的提出要注意请专家指导和论证,需要广大师生反复讨论,这样提炼出来的特色办学理念才能够经得起理性、历史和实践的检验,同时具有广泛的群众基础。

(二) 确定顶层目标

确定顶层目标就是依据学校提炼出的特色办学理念,制定特色学校发展所要追求的最高目标。顶层目标是学校各系统必须通力合作,保障实现的目标。在表述上,顶层目标可以与学校的特色办学理念一致,也可以不同。当顶层目标的表述与特色办学理念的表述不同时,要保障顶层目标是特色办学理念的延伸与拓展。

例如,重庆市永川中学,其前身是成立于1900年的"达用学堂"。100多年来,该学校秉承了达用学堂的"明体达用"的办学理念,并随着时代的发展不断充实、丰富和发展其内涵。该校特色建设的顶层目标是其明体达用办学理念的逻辑的展开,即培养"明万物之体,达百工之用"的经世济用的人才,学校的各项工作都围绕该目标的实现来进行。经过100多年的建设与发展,该校成为重庆市的一所特色鲜明的学校。

(三)确定各二级系统的目标

依据特色办学理念所制定的学校顶层目标,最终要通过学校各二级系统的通力合作加以落实。在落实学校顶层目标的过程中,学校的所有系统可按照功能的不同分为两类系统。

一类是落实系统,即直接将顶层目标结合自身实际,进一步具体化,并将具体化的目标作为本系统的工作目标的系统,如学校的教学工作系统、德育工作系统、课外校外活动系统、校园文化建设系统等,构成这类系统的主要是育人系统。

另一类是保障系统,其功能不是具体化顶层目标,而是为顶层目标的实现提供保障,这类系统包括学校的组织、人员、制度、物质、环境等系统。

在以上两类系统中,落实系统的各二级系统工作目标的制定最为关键。不同类型的特色学校,其顶层目标具体的表述可以各种各样,但所有学校顶层目标的设计,最终都要落脚于学生的素质发展上才有意义,毕竟学校是以培养人为使命的。顶层目标由于其高度抽象,最终要具体化为学校的各育人系统的工作目标,如教学工作目标、德育工作目标、课外校外活动目标、校园文化建设目标等,才能够最终被落实、被实现。

这些系统目标的制定方法就是如何将学校的顶层目标在自己的领域进一步具体化。如前述的永川中学,在确立培养"明万物之体,达百工之用"的经世致用的人才的顶层目标的基础上,确立了学校环境建设、德育、智育各系统的分目标。环境建设系统的工作目标是彰显"明体达用",通过多种方式使明体达用深入人心,让学生看得懂、记得住、吃得透;德育系统的工作目标是推行"明德达行",即达到使学生识是非大体,明德性之规范,得之于心,付之于行的目的;智育系统的工作目标是倡导"明智达用",即达到使学生知自然之规律、知科学之法则,学以致用,以学济事的目的。

保障系统工作目标制定的依据是各落实系统完成自身目标的实际需要。顶层目标要通过"落实系统"加以具体化,转化为各二级育人系统的工作目标。但各二级育人系统要实现自身的目标,需要人、财、物、制度、环境等各方面的条件。保障系统的作用就是为这些系统实现自身目标提供所需的条件。如前述的永川中学，其顶层目标主要是通过环境建设、德育、智育三个系统来落实。三个系统依据顶层目标制定出了自身系统的工作目标，但三个系统要实现自己的工作目标，必然会提出人、财、物、制度等各种条件方面的需要。满足这三个系统实现自身目标的各方面的需求，即该校保障系统的工作目标。

因此，保障系统是为学校顶层目标的实现提供条件保障的系统，但这类系统目标的制定依据不是顶层目标，而是各二级育人系统实现顶层目标所需要的条件。

（四）拟订各二级系统的实施方案

无论是落实系统还是保障系统，在明确自身系统工作目标以后，就要制定落实本系统目标的完整的实施方案。各系统完整的实施方案，包括各系统的工作目标、组织机构、人员构成、人员分工、具体的工作思路与计划、条件保障等。

在制定二级系统的实施方案中，尤其要重视"落实系统"的实施方案。落实系统实施方案的好坏，直接制约着本系统的工作目标能否达成，进而决定学校顶层目标能否最终实现。中小学特色学校建设的实践表明，特色学校往往在落实系统的实施方案中有特殊的举措。以永川中学为例，该校在实现环境建设系统、德育系统和智育系统等工作目标时，都采取了一些特殊的举措。环境建设为有效彰显"明体达用"的目标，学校不仅采用了校训、"三风"（教风、学风、校风）、育人目标等从不同角度、不同层面来凸显其内涵；还利用"达用亭"、悬挂校友中"明体达用"的佼佼者画像等文化环境建设，使"明体达用"可知可感，加深学生的印象；此外，还通过建设各类"达用"平台，让学生有机会学以致用，亲身实践，增强对"明体达用"的感性认识与体悟。

德育系统为实现"明德达行"的目标，建构了"主体—活动—体验—发展"的德育工作模式，让学生"在活动中参与，在参与中体验，在体验中感悟，在感悟中升华，在践行中巩固"。

智育系统为实现"明智达用"的目标，一是建立了20多种课堂教学模式，让学生在课堂上"活"起来，不仅让学生上课带耳听，还要学生动眼、动口、动手、动脑；二是大力开展实践活动课，以研究性学习为主，分学科、分板块、分单元组织实践活动课，以激发学生的学习探究兴趣、增强学生的实践和创新意识、促进学生的体用兼备，知行合一。

在拟订实施方案的过程中，各系统既要有明确的分工，又要通力合作。分工，即各系统负责制定各自的落实方案和细则；合作，即各系统在制定落实方案和细则的过程中，要互通信息，尤其是落实系统与保障系统之间，要随时保持信息沟通，最终保障两大系统实施方案的有效匹配，从而最大限度提高实施方案的可操作性和有效性。

　　各二级系统的实施方案完成以后,应提交给学校汇总,形成整个特色学校建设的顶层设计方案。为保证顶层设计的质量,最好请相关专家及各系统人员一起进行科学论证和进一步完善。完善后的顶层设计方案,就成为特色学校建设的蓝图,下一步就是学校各系统根据顶层设计的蓝图组织"施工",有序推进特色学校建设的各项工作。

（原载于《教学与管理》,2014 年第 7 期,与张昌英共同撰写。）

高师课堂教学如何适应新课改的要求

——湖北师范学院教科院"六步"课堂教学模式的实践探索

2010年春季,湖北师范学院教育科学学院(下称教科院)的有关教师在《教学艺术论》课程开始实施"定向—自学—讨论—汇报—自结—探究"六步课堂教学模式(下称"六步"课堂教学模式)改革实验。至今,试验已经进行了四轮,参与实验的学生有137人。调查结果表明,模式实施基本达到了预期的目的。教科院教师为什么要进行"六步"课堂教学模式改革实验?"六步"课堂教学模式的构成要素有哪些?效果如何?为什么能够取得这些效果?对这些问题的回答构成本文的主要内容。

一、"六步"课堂教学模式提出的缘由

(一)教科院教师采用的课堂教学模式落后于基础教育新课改的需要

湖北师范学院是位于湖北黄石的一所地方师范院校,主要是为省城及以外的城市和农村中学培养教师。但由于地处二线城市,教科院教师对社会变革普遍缺少敏感性。到2010年,虽然中小学实施新课程已有多年,但学院的教师们很少关注中小学新课所引发的基础教育课堂教学模式的变化。因而,教师的课堂教学无论从教学理念、教学目标,还是教学方法及评价标准等方面,仍遵循传统:教学理念遵从学科本位,教学目标主要是授予学生系统的知识,教学方法主要是采用"教师讲,学生听"的传授法,对学生的评价主要是采用以考察知识为核心的闭卷考试。这就使得学院的课堂教学与新课改的要求相距甚远。

按照新课改的要求,教师的教学理念应以学生的发展为本,改革教学必须进行

高师课堂教学如何适应新课改的要求
——湖北师范学院教科院"六步"课堂教学模式的实践探索

价值本位的转移,即由学科本位转向以人的发展为本。① 教师的教学目标,应着眼于学生的全面发展,即从单纯注重知识传授转变为引导学生学会学习,学会合作,学会生存,学会做人,打破传统的基于精英主义的思想和升学取向的过于狭窄的课程定位,而关注学生"全人"的发展。② 课堂教学的方法,不是"以教定学"即由教师的教支配学生的学,而是"以学论教"即根据学生的学习需要,确定教师教的方法和教的内容。对学生的学业评价应是对学生的全面评价,新课程评价关注学生的全面发展,不仅关注学生的知识和技能的获得情况,而且更关注学生的学习过程、方法,以及相应的情感态度和价值观等方面的发展。③ 由于学院的课堂教学与新课改的要求相距甚远,结果是所培养的学生难以满足用人单位的需要,许多毕业生就业时因缺少中小学新课改所需要的教学能力而难以就业;一些勉强在中小学就业的毕业生在教学过程中也难以满足岗位的要求。

(二)学院生源在素质上存在明显的缺陷

多年来,教科院的学生,除学前教育专业以外(该专业从音乐方向招生),教育学、应用心理学、小学教育等专业的学生,绝大多数是来自农村。这些来自农村的学生,具有许多优点,如学习态度端正,努力、认真、刻苦等。但这些学生身上所存在的缺点也很明显,主要有以下几个方面。

一是胆子小。胆子小会使这些学生在公众场合影响自身能力的正常发挥。在学校和学院举行的多次教学比赛中,我们发现,获得一等奖的大多是艺术类的学生,非艺术类的学生很少能拿一等奖。艺术类学生进校时的高考分数要远远低于非艺术类学生(前者的高考分数大多数是300多分,后者则在500分左右)。为什么高考分数高的学生在教学比赛中比不过高考分数低的学生?对此笔者进行了分析,结论是:导致这个现象产生的原因可能是多方面的,但其中一个重要的原因是艺术类的学生胆子大,在比赛过程中自己有多大能量就能够发挥出多大能量;非艺术类学生大多胆子小,在教学比赛的过程中,无法发挥自己的正常水平。

这使我们意识到,来自农村的那些将来要承担教师工作的师范生的胆子小的问题是一个必须解决的问题。

二是自主学习、合作学习、探究学习的能力较差。我们的调查表明,农村中小学由于受应试教育的影响,在教学过程中很少对学生进行自主学习、合作学习和探

---

① 朱慕菊.走进新课程:与课程实施者对话[M].北京:北京师范大学出版社,2002.
② 朱慕菊.走进新课程:与课程实施者对话[M].北京:北京师范大学出版社,2002.
③ 朱慕菊.走进新课程:与课程实施者对话[M].北京:北京师范大学出版社,2002.

究学习方面的训练,导致来自农村的学生在这些方面存在明显的缺陷。而这些能力是这些学生将来从事新课改的课堂教学必须具备的。学院生源在素质上存在的这些问题,靠传统的"教师讲—学生听"的课堂教学模式是无法解决的,必须采用新的课堂教学模式。正是为了解决上述问题,我们提出了"六步"课堂教学模式。

二、"六步"课堂教学模式的构成要素

教学模式是为达到一定的教学目标,在一定教学思想或理论指导下,为特定的条件设计和组织教学活动而构建的教学过程的基本结构和范型。① 教学模式的要素则是构成教学模式的主要元素。② 一般而言,一个完整的教学模式由理论基础、教学目标、教学程序、教学条件和评价标准等五个要素构成。

(一)"六步"课堂教学模式的理论基础

教学模式的理论基础是指教学模式赖以建立的理论、思想或者观念。每一种教学模式都必须反映一定的教学思想,体现某种理论,表达某种教学理念,并将其渗透在教学模式的各个环节之中。③ 如国外的"无指导教学模式"的理论基础是人本主义思想。"六步"课堂教学模式的理论基础是素质教育思想。

素质教育不是一套固定的模式和方案,而是体现中国教育方针的教育思想,潘懋元先生指出:从素质教育的内涵来看,素质教育是一种教育思想、教育观念,而不是一套具体的教育方案。④ 素质教育与全面发展教育是一致的,二者本质上一致,方向一致,基本内涵一致,都是为了全面提高国民的素质,全面提高人才的素质,促进人的全面发展。⑤ 作为一种教育思想,素质教育所强调的是要在人才的培养过程中,融传授知识、培养能力和提高素质为一体,或者说在传授知识、培养能力的同时,要更加注重素质的提高。⑥

"六步"课堂教学模式,从模式教学目标的设定、教学程序的设计以及教学评价标准的确定等方面,所依据的是素质教育思想。

---

① 曲艺,徐英俊.现代教育理论:教学原理与方法[M].哈尔滨:东北林业大学出版社,2002.
② 曲艺.教学模式的构成要素分析[J].教育探索,2005(5).
③ 曲艺.教学模式的构成要素分析[J].教育探索,2005(5).
④ 潘懋元.素质教育思想的先驱——杨贤江的"全人生指导"思想[J].教育史研究,2001(3).
⑤ 潘懋元.试论素质教育[J].教育评论,1997(5).
⑥ 周远清.素质·素质教育·文化素质教育——关于高等教育思想观念改革的再思考[J].中国高等教育,2000(8).

（二）"六步"课堂教学模式的教学目标

模式的教学目标指教学模式所应达到的教学结果，是对模式运行在学生身上将产生的效果的预先估计。"六步"课堂教学模式按照素质教育思想、针对目前学院课堂教学突出存在的问题，结合师范生未来的工作需要，将模式的教学目标确定为知识目标、能力目标和性格养成目标三个维度。知识目标是掌握学科的基本结构；能力目标是提高自主学习、合作学习和探究学习的能力；性格养成目标是培养胆量。

（三）"六步"课堂教学模式的教学程序

模式的操作程序是指教学活动在时间上展开的逻辑步骤以及每个步骤的主要做法。"六步"课堂教学模式的操作程序为下列六个步骤。

1. 定向

任务是要求学生明确每次课的学习目标（学习任务一般为教材内容中的一章）。每次课的学习目标包括以下几个方面。

（1）应掌握的知识。掌握本章的知识结构（掌握本章的概念、原理、定律以及他们之间的关系所形成的知识系统）。

（2）应该明确的问题。自己知识学习中不理解的问题；自己认为教材在知识、逻辑结构等方面可能存在的问题；本章节需要进一步探究的重要问题。

2. 自学

任务是学生按照定向阶段的目标要求进行自学。在学生自学过程中，要求学生完成下列任务。

（1）在理解的基础上在笔记本中画出本章的纲要信号图表。

（2）记下自己知识学习中不理解的问题、自己认为教材在知识、知识结构等方面存在的问题。

（3）记下本章节中还需要进一步探究的重要问题，并能给出理由。

3. 讨论

任务是要求学生通过小组讨论尽可能解决自学阶段个人无法解决的问题。学生按照自己的意愿进行分组（但要求组员之间在知识、能力、性格等方面有互补性），6～7人为一个小组，小组成员在整个学期相对固定，每个小组指定一人担任组长。小组每次讨论要指定一个汇报人（由小组成员轮流担任）。汇报人要对小组讨论中解决的问题、未解决的问题和需要进一步探究的问题进行详细的记录，并列出汇报提纲。小组的其他成员也要做好相应记录，以便于后面进行自我总结。

4. 汇报

各小组的汇报人依次汇报本小组讨论的主要问题、未解决的问题,以及小组认为需要进一步探究的问题。汇报过程中允许本小组同学补充、其他小组成员和教师质疑。通过汇报,各小组提出的一些问题可以借助于全班的力量加以解决。对各小组无法解决的共性问题,教师进行答疑,教师的答疑也允许学生质疑。最后,在集体讨论的基础上,全班共同确认本章内容中一个需要进一步研究的问题,作为学生课后探究的选题。

5. 自结

任务是要求学生在讨论和汇报两个环节的基础上,结合自己的笔记进行自我总结。总结内容包括本章的知识重点、知识结构、所解决的问题及本章需要进一步探究的问题。

6. 探究

任务是进行探究活动。任务的布置在课内,但完成在课外。学生的探究任务以两种方式进行。

一是个人单独完成。每个学生每学期从各章所提出的探究选题中,结合自己的兴趣从中选择一个问题进行探究,写成论文。论文要求前后写三次(两次修改),每次上交后教师要及时进行批阅,提出修改意见,学生每次要求按照老师的修改意见进行修改,最后的定稿作为课程论文。

二是小组合作完成。每个人必须和小组成员一起合作完成一篇论文,题目既可以从各章的探究选题中选择,也可以自选。两种论文都要求按照规范的学术论文的格式来写,字数在 3000 字以上。

(四)"六步"课堂教学模式的教学条件

教学条件是指完成一定的教学目标,使教学模式发挥效用所需要的支持。[①] 教学条件包括多个方面:对教学材料的要求、对教师和学生的要求、对班级人数的要求等。本模式顺利开展需要的条件包括以下几个方面。

(1) 对教学材料的要求。适合运用该模式的主要是教育类学科或者与教育类学科类似的文科,理工科、艺术类、体育类学科不太适合运用该模式。

(2) 对教师的要求。运用该模式既要求教师具有丰富的知识,能够回答学生提出的各类问题,也要求教师有较好的组织能力、学习能力和研究能力,以便于指导学生顺利开展自主学习、合作学习和探究学习,还要求教师具备高度的责任心,

---

① 黄甫全,王本陆. 现代教学论学程[M]. 北京:教育科学出版社,1998.

毕竟多次批阅学生的论文不是一项轻松的工作。

（3）对学生的要求。学生在实施该模式之前,要求掌握纲要信号图表法（便于按照纲要信号图表法进行自主学习）,具备合作学习、探究学习以及研究方法、论文写作方法等方面的初步知识。

（4）对班级人数要求。一个班级人数最好是控制在50人以内。此外,一章的内容三节课连上效果较好,两节课连上往往导致一章的任务要分成两个单位时间进行,各种活动的开展不顺畅。

（五）"六步"课堂教学模式的评价标准

评价是教学模式的一个重要因素,包括评价标准和方法。本模式的评价标准包括:学生对学科知识结构的掌握情况;学生自主学习、合作学习和探究学习的参与情况;学生论文的质量;学生的性格发展,尤其是胆量的提升情况等。评价方法包括学生自我评价,小组互评和教师评价。具体做法是:学生的成绩由三个成绩构成,即平时成绩、期中考核成绩和期末考核成绩,所有成绩都采用百分制。平时成绩的评价主体是学生个人和学生所在的小组。学生的个人评价和小组评价的考核点（评价标准）是一样的,即将学生自主学习时的自觉性、记学习笔记的认真程度和完整程度、小组讨论发言的积极程度,每次提出问题的价值大小,汇报时的胆量的大小、陈述时的逻辑性、感染力等列入评价范围。学生根据评价考察点先进行自评,给出分数,提交给小组组长;小组组长召集小组成员,根据考核点,对本组的每个成员进行小组评价,给出一个分数。自评分数占平时成绩30%,小组评价占平时成绩70%。期中考核和期末考核的评价主体是教师。教师对小组合作论文的评价作为期中考核。教师对小组合作论文的评价既要看小组最终写出的论文质量,也要看小组合作学习的过程性资料,包括小组讨论的次数、每次讨论和解决的问题,所搜集到的资料等。在此基础上,教师给每个小组一个分数。学生的课程论文作为期末考核论文。教师对期末论文评价主要依据是论文的质量。学生平时成绩、期中考核成绩和期末考核成绩各以20%、30%和50%的比例计入学生的课程总成绩。

三、"六步"课堂教学模式的实施效果及其成因分析

（一）"六步"课堂教学模式的实施效果

2013年8月上旬,我们利用网络对第四轮参与实验的57名学生中的46名同

学进行了调查,以了解"六步"课堂教学模式的实施效果,结果如表1所示。

表1 学生对"六步"课堂教学模式实施效果的看法

模式达成教学效果的类别	学生的看法/(%)		
	认同	说不清	不认同
有助于学生系统掌握知识	54.4	26	19.6
有助于学生自主学习能力的提升	50	41	9
有助于学生合作学习能力的提升	82.6	10.8	6
有助于学生探究学习能力的提升	40	52	7
有助于提升与他人交流及口头表达能力	83	11	6
有助于提升学生的胆量	46	39	15

上表的各种数据,是学生对该项指标认同的百分比。各种数据反映的是学生对"六步"课堂教学模式实施效果的主观看法,并不等于模式的实际效果(模式的实际效果应通过参与模式的学生的实际行为变化来体现)。为说明问题的需要,我们假定这些数据可以作为判断模式实施效果的近似指标。如果这种假定成立,那么,模式实施效果显著的有两个指标(超过80%的学生认同),模式实施效果一般的有两个指标(超过50%的学生认同),模式实施效果较差的也有两个指标(50%以下的学生认同)。这些指标,既反映了本模式的长处,也体现了其不足,应该大体上与该模式的实际效果相符。

(二)"六步"课堂教学模式的实施效果的成因分析

1. 模式实施效果显著的两个指标的成因分析

模式实施效果显著的两个指标是:"有助于学生合作学习能力的提升"(82.6%的学生认同)和"有助于提升与他人交流及口头表达能力"(83%的学生认同)。学生为什么对这两个指标有这么高的认同度?原因在于本模式为学生的合作学习、口头交流与表达提供了较充分的训练机会,使学生的相关能力得到了很好的训练。合作学习就是在教学上运用小组使学生共同活动,以最大限度地促进自己以及他人的学习。[①] 提升学生合作学习能力既要让学生明确什么是合作学习、如何进行合作学习,更重要的是要让学生在掌握合作学习的相关理论的基础上,给学生提供进行合作学习的实践机会。在模式实验开始前,我们通过1~2节的专题讲授,使

---

① 赵敏.初中英语教学中小组合作学习初探[J].课程教材教学研究:中教研究,2012(Z1).

高师课堂教学如何适应新课改的要求
——湖北师范学院教科院"六步"课堂教学模式的实践探索

学生掌握合作学习的相关理论和操作程序。实验过程中,模式中的讨论环节、探究环节都离不开学生的合作学习,都是学生合作学习训练的舞台。学生既系统地掌握了合作学习的理论,又进行了大量的合作学习的实践,自然可以有效地提升合作学习的能力。合作学习大多是通过借助于学生的口头语言交流来实现的。两种能力的相关度很高。因此,学生在提升合作学习能力的同时,自然会提升交流与口头表达能力。

2. 模式实施效果一般的两个指标的成因分析

模式实施效果一般的两个指标是"有助于学生系统掌握知识"(54.4%的学生认同)和"有助于学生自主学习能力的提升"(50%的学生认同)。但这两个指标学生"说不清"的比例也较高,前者为26%,后者为41%。学生对模式效果的认识为什么会出现这种情况?可能的原因是,模式在这两个指标方面的确产生一定的效果(50%以上的学生对此表示了认同),但效果不显著(24%和41%的学生不能确定)。

模式对学生系统掌握知识有一定效果,原因何在?可能在于本模式使学生学会了运用"纲要信号图表法"。纲要信号图表法由苏联的沙塔洛夫作为教学方法提出的。他提出该方法是希望为教师提供一种方法,能够减轻学生的负担,提高教学质量。纲要信号图表是一种由字母、单词、数字或其他信号组成的直观性很强的教学辅助工具。利用该图表进行教学,就是一种教学方法;利用该图标进行学习,则可变成一种学习方法。"六步"课堂教学模式每章内容都要求学生利用纲要信号图表法来进行学习,并画出本章的纲要信号图表,便于学生从总体上明确章节各部分内容之间的逻辑关系,系统地掌握知识。因为纲要信号图表作为一种直观图示,具有概括性强、逻辑性强和直观性强的特点。它要求把教材中大量复杂的知识内容,归纳概括成简明扼要的纲要信号图表。在学习中运用纲要信号图示便于提纲挈领地理解和掌握知识的要点及其逻辑联系。

模式对"学生自主学习能力的提升"发挥了一定作用,原因可能在于模式把握了提升学生自主学习的几个关键要素。自主学习就是自己作为学习的主人,学习是我的事情、我能够学、我尽量自己学,不懂的不会的,我在同学的帮助下,在教师的引导下再思考。① 自主学习能力形成的关键是使学习者知道学什么、如何学、并且愿意学。本模式的定向环节,实际上是让学生清楚,对于教育类课程来讲,每章要学习的主要内容是什么。纲要信号图表法,本身就是一种有效的学习教育类课程的方法。本模式中,不仅要求学生学习教材内容时要运用该方法,而且要求学生

---

① 靳玉乐.自主学习[M].成都:四川教育出版社,2005.

在探究环节,阅读文献资料时,也必须运用该方法。长期使用该方法,无疑有助于学生掌握该方法。本模式通过充分发挥学生在教学过程中的主体作用,最大限度地调动学生学习的积极性。本模式的课堂从自学、讨论、汇报乃至探究各环节,学习的主人始终是学生,教师在其中只起指导、辅助等作用。

从上述分析可知,模式应该能对学生系统掌握知识和提升自主学习能力有一定的作用,但学生的认同程度为什么不高?这可能既有学生主观认识上的原因,也有模式自身存在的缺陷。从学生主观方面看,有些学生可能不一定很清楚"模式有助于学生系统掌握知识"和"有助于学生自主学习能力的提升"两个选项实际指什么,或者可能清楚这两个选项的确切内涵,但自己也说不清楚自己在这两个方面是否获得了真正的进步。因而,在回答相应指标时,有些学生不能肯定。从模式自身来看,一方面,模式希望学生借助纲要信号图表法,让他们自己系统掌握知识。这就意味着,教材的一些重要知识点(包括难点),教材中各部分内容之间的逻辑联系等的掌握,完全依赖于学生自身。这种以自主学习为主的方式与"教师讲—学生听"的方式相比,学生对知识点的理解深度、对教材中各部分内容之间的逻辑把握的准确度上,可能信心不足。另一方面,模式希望通过最大限度地发挥学生在学习过程中的主体性及利用纲要信号图表法来提高学生自主学习的能力,本身可能过于理想化。因为自主学习能力除了包括与特定的学习内容相联系的"特殊自学能力"之外(纲要信号图表发比较适合教育学科的学习),还应包括适用于所有学科内容的"一般学习能力"即心理学所指称的元认知能力。一般学习能力是特殊学习能力的形成基础。模式明显缺少对学生一般学习能力的训练,效果因而难以到达预期,一些学生自然就"说不清"了。

3. 模式实施效果较差的两个指标的成因分析

模式实施效果较差的两个指标是"对学生探究学习能力的提升作用"(40%的学生认同,52%的学生"不清楚")和"有助于提升学生的胆量"(46%的学生认同,39%的学生"不清楚")。这些数据说明,模式在这两个指标上有一定效果,但效果不理想。

模式"对学生探究学习能力的提升"有一定的效果,原因在哪里?探究学习,就是在教师的指导下,学生利用类似科学探究的方式进行主动学习,培养学生探究能力关键在于使学生接受系统的科学探究方式的训练。[①] 从事科学探究活动,首先需要提出探究的问题。本模式从多个环节对学生提出探究问题进行了训练。自学

---

① 郑金洲.基于新课程的课堂教学改革——"新课改"教师必读丛书[M].福州:福建教育出版社,2004.

高师课堂教学如何适应新课改的要求
——湖北师范学院教科院"六步"课堂教学模式的实践探索

环节个人提出的探究问题,要接受小组的讨论与认可;只有为小组成员普遍认可的探究问题,才可以提交到全班。只有全班普遍认可的探究问题,才可以作为个人或者小组研究的问题。这些环节无疑有助于提升学生的问题意识以及保证学生提出问题的质量。其次,科学探究活动,是一个完整的过程。从科学探究的成果——学术论文的写作过程来看,包括选题、明确问题研究的意义、选择研究方法、明确研究思路、论文写作与修改等多个环节。本模式对学生探究能力训练的作用主要体现在——多次让学生接受这种系统训练。训练不仅有个人训练(个人独自完整一篇论文),也有合作训练(小组合作完成一篇论文),而且要接受多次的反馈修改(个人完成的论文,教师要反馈两遍,学生要修改两遍),或者多次的讨论(小组合作论文一般讨论3~5次)。多次的训练,有可能使学生系统内化科学探究的整个过程,进而提升研究的基础能力。

模式对学生探究学习能力的提升作用不够理想,如何解释?我们知道,探究能力是一种综合能力,与学生的专业理论知识的掌握情况、思维水平、研究能力和写作能力都存在着必然的联系。本模式所能够发挥的作用在于提高学生的问题意识,及给学生学术论文方面的系统训练。其他方面则要依赖于学生过去的知识、经验与能力。在这些方面,本模式虽然在学生进行探究的活动中可以进行补差,但力度有限。因而,学生对该模式在这方面作用的认同度不高也属正常。

"六步"课堂教学模式对学生胆量的训练作用主要体现在学生的汇报环节。当面对全班学生代表小组进行系统汇报,还要接受其他成员乃至教师的质疑时,学生的胆量无疑可以得到锻炼。但对这种效果学生不是普遍认同,原因可能有两个。一是班级规模较大,学生在班级汇报的次数不够。本次受调查学生的班级的人数有57人,小组有8组,学生每学期上讲台汇报的次数不超过3次。在公众场合训练次数过少,效果自然不明显。二是对胆子本来就大的部分学生而言,本模式对他们的训练价值就非常有限。

(原载于《湖北师范学院学报(哲学社会科学版)》,2014年第34期。)